劉智の自然学

――中国イスラーム思想研究序説――

佐藤　実　著

汲古書院

はじめに

唐代にアラブ・ペルシア商人がはじめて来華し、モンゴル帝国が版図を西アジアにまでひろげて以来、イスラームは中国に定着していく。現在の中国に住まうムスリムはおおきくふたつに分けることができる。ひとつは中国の西北にある新疆地区を中心に居住するウイグル族、カザフ族、キルギス族など。もうひとつは回族、東郷族、保安族など中国の内陸部に住むムスリムたちである。前者がウイグル語、カザフ語など民族固有の言語を使用してきたのにたいし、後者は漢語を使用する。その漢語を使用するムスリムのなかで、東郷族、保安族は甘粛省を中心に比較的かぎられた地域で活動するが、回族は寧夏、甘粛、新疆、青海、陝西、河北、雲南、江蘇をはじめ中国全土にひろがっていて、一九九〇年の統計では八六一万人と中国のムスリムのなかでもっともおおいのが回族である。北京や上海にもモスク（中国語では「清真寺 qingzhensi」）があり、回族が生活しているのである。回族の祖先は唐宋期にアラブやペルシアからやってきた人々で、かれらは漢族など他の民族との婚姻をかさねるうちに次第に漢化していったとされる。ただし民族として認定をうけたのは中華人民共和国成立以後であり、それまでは回教を信仰する民つまり回民あるいは回回などと呼ばれていた。

明代末期ころになると回族（当時は回民）たちのなかに自分たちが信仰するイスラームの教義や思想を漢語で書き著そうとする者が登場する。かれらは儒学をはじめとする中国の伝統的な学術に精通した知識人ということで「回儒」とも呼びならわされる。一般には一七世紀から一九世紀にかけて著作、翻訳をおこなった回族の知識人を指す。

本書の中心人物である劉智は南京に生まれ、おもに南京で活動した回儒である。イスラーム漢籍を著した最初の人物、王岱輿も南京の人であるし、王岱輿のつぎに登場する馬注は雲南の人ではあるが南京に遊んだこともあり、明末清初の南京をふくむ江南地方はイスラーム漢籍発信地域であった。劉智は十五歳頃に学問をこころざし、父について学問をはじめる。経堂教育とよばれる組織的なムスリムの宗教教育が明代中期以降に陝西を中心におこなわれるようになるが、それまでは一般に家庭で教育されていたようである。劉智はそれ以降、イスラームの原典、儒仏道の諸経典、さらには西洋の書もよみこんだという。

劉智が著した書で現在つたわるものにはまず『天方典礼』『天方性理』『天方至聖実録』がある。「天方」とは狭義ではメッカのこと。広義ではアラブ地方を指す。おおまかにいえば『天方典礼』は宗教的儀礼、日常規範、『天方性理』はイスラームの教義、思想、『天方至聖実録』はムハンマド（至聖はムハンマドを指す）の伝記をそれぞれあきらかにしたものである。劉智にいわせれば、この三書は、「階段を昇り、表座敷にあがり、奥座敷に入るようなもの」（『天方至聖実録』著書述）であり、劉智を代表する書である。これら以外には五功（ムスリムが行うべき五つの信仰行為。日本では五行という）について専論した『五功釈義』、月の位置になぞらえてイスラームの教理を韻文であらわした『五更月』、アラビア文字を神秘学的に解釈した『天方字母解義』、三字一句でイスラームの教義をまとめた啓蒙書『天方三字経』、ペルシアの詩人であり思想家であるジャーミーの『閃光』を翻訳した『真境昭微』などがつたわっている。

さて劉智の著作の特徴はといえば、筆者のかんがえでは形而上的な精神世界と形而下的な物質世界をともに重視していたということである。一般にいわれるのは、回儒の思想はイスラームのスーフィズムの影響をつよくうけ、人間の精神的内面をふかくほりさげていき、最終的には神との合一を目指すというものである。もちろんそうした思想が解説されているのだが、とりわけ劉智に顕著であるのは、神がうみだした宇宙や万物といった形而下のものどもについての説明にも重きをおいているということである。神が創造した、あるいは神が自己顕現した万物を知るということは、そのまま神の知識や能力を知ることになる。たとえば『天方性理』が万物の生成過程や、宇宙や身体の構造などについておおくの紙幅をさいて説明しているのはそのためである。それは中国思想史の文脈からみれば、朱熹が内と外、つまり人の心にたいする内省と外在する物にたいする認識の両者を重視したのとにている。また生成論的には最後に誕生する人、そしてそのさらにあとに生じる人の本性は最終的に神へと向かうことから、人の本性が神の創造のなかでもっとも神にちかいものとされる。すると、人よりさきに生成する天地万物、それらを包括する宇宙の広大さ、精巧さを理解し認識することがあらためて人の偉大さを確認することにもなるのである。換言すれば、天地万物をふくむ大世界を知るということは人間の位置を知ることでもある。本書でとりあつかう劉智の自然学は神、そして人間を知るための序説なのである。

ここで『天方性理』を刊刻し、さらに『天方性理』の各図説にコメントをかいた黒鳴鳳の『天方性理』によせた跋文をみてみたい。本書で中心的にとりあげる『天方性理』が刊刻された当時のムスリムの認識がうかがえるからである。長くなるが、全文を訳出する。

わがイスラームの性学（神学）は中土にはこれまで知られていなかったが、ひとたび翻訳されて世にでれば、おどろいて奇異におもわれるにちがいない。だがありふれたものと奇異なものとはどのようにきまるのか。布帛（ぬのときぬ）や菽粟（まめと穀物）はみなれているのでありふれたもの、火浣布（石綿）やゴマはめったにないので奇異なものとする。だが火浣布やゴマの産地にいけば、それらは布帛や菽粟のようなものである。毛皮を着て、肉を割いて食べる人びとに布帛、菽粟のことをはなせば、蜀（四川）に太陽が出たり、粤（広東）に雪がふるように珍しがるだろう。火浣布やゴマが中土にひろがれば、衣装箱のなかにしまわれたままの服、倉庫のなかの古米のようになるだろう。したがってわがイスラームの性学はわれわれにとっては布帛、菽粟のようなものだが、中土では火浣布やゴマのようにみえてしまうのである。たしかに、わがイスラームは漢、晋以前には知られておらず、唐から知られるようになった。だが、わがイスラームがいわんとする内容についてはまだ知られていない。いま劉子介廉が出て、わがイスラームの原典をあつめて翻訳し、図示し、注釈をつけて上梓した。たとえるならば璞（玉の原石）のようなもので、千年あまり、人びとがありふれた石とみなしていたものが、ひとたび割れると中から連城（戦国時代の趙の恵文王がもっていた名玉）があらわれたのである。これを飛びあがって奇異におもってみない者があろうか。この書が世にでることで、おどろいて奇異におもわれるにちがいない、と先ほどいったのはそのためである。だが性理（物事の原理）は天下のだれもがそなえているはずだし、その性理をかいた書は天下のだれもが口にできるはずである。おおやけのものであるならばおなじであるはずだし、おなじであればどうして奇異とみなすのか。いまここに、中土がわがイスラームを奇異だとみなすにちがいない事柄を推察してみよう。中土では太極を先天とみなし、天を理とする。金と木を五行にくみいれ、それを東と西にあてて定位とする。さかんな土を四時のなかにいれる。それにたいしてわがイスラームでは理気を唯一の真（神）によって基礎づけ、太極以前を先天として性（人の原理）と理（物の原理）をそれぞれ九段階にわける。太極以後を後天として人と物をそれぞれ九段階にわける。天地を大世界とし、その生成を理から気にむかうものとする。人を小世界とし、気から理にむかうものとする。水火気土を四行とし、金木活を四行の子とする。四行を四時にわりふり、金木を気土のあまりものとする。それでは、われわれがいう性理とは結局のところなになのか。つまりは、適切なことばによって、ただしい道理をあきらかにしようとすることなのである。適切なことばによって天と人を基礎づけ、人倫に合致させ、誤謬なく、違背ないようにすればありふれたもの、奇異なものといった物さしで中土と西方のかんがえかたをみることはない。ことばによって虚無に沈没させ、寂滅におとしいれ、道をそこない、人びとを惑わせば、たとえそれが聖人、賢者、親族のことばであっても、かれらを鴆毒あるいは武器のようにそのことばをとおざけるものである。いまわがイスラームがいう性学はすべてが中土のそれと合致するわけではない。だがさいわいなことに、火浣布、ゴマは布帛、菽粟といっしょに着ることもできるし、食べることもできるのである。ちがいといえば、北方では麦を食べ皮衣を着、南では稲を食べて綿を着るぐらいのものにすぎない。ほかの説が鴆毒、武器であるのとはわけがちがう。しかも、いまでもなお蜀の太陽、粤の雪はみられないのにたいし、衣装箱の衣装、倉庫の古米はずっとあったものであり同列に語れるはずがない。（だが）わたしはこの書をよんだ者がこの書を連城とはみなさず、火浣布やゴマのような（ありふれた）ものとしてみることを心配する。よって最後に一言した。

朝陽黒鳴鳳敬跋

この跋文からいろいろなことがよみとれる。回儒を研究するうえで、回儒はいったいだれにむけて書をあらわしたのかという問題がある。アラビア語やペルシア語がよめなくなったムスリムにたいして、イスラームの教義をわかりやすいにように漢文であらわしたとする説。ムスリムにたいしてではなく漢族に理解してもらうため、あるいは布教のためであるとする説。おおきくわければふたつになるが、黒鳴鳳はあきらかに漢族を読者対象に設定しているのである。また道教（虚無）と仏教（寂滅）を糾弾し、イスラームと儒学（中土）の類似を強調していることもみのがせない。ただここでこの黒鳴鳳の跋文をひいたのはほかでもない。黒鳴鳳は漢族がイスラームを奇異にかんじるであろう点、つまり儒学とイスラームのちがいを、主宰のちがい、先天と後天の意味内容のちがい、そして四行と五行のちがいに集約しているからである。主宰のちがいは当然だが、先天と後天の意味内容、そして四行と五行のちがいというのはまさに自然学にかかわるものである。本書でおもに検討したのは、黒鳴鳳が指摘した中国とイスラームの決定的な自然学思想のずれと、中国にいきるムスリムとして劉智がそのずれをどのように咀嚼したかについてである。とくに五行思想については、当時イエズス会士が四元素説を将来したことにより、中国の知識人は再考を余儀なくされていた。そうした時代背景もかかわってくる。

これまで、中国イスラーム漢籍は戦前の日本において中国侵略のために回族を利用しようとしたからみでよまれていたし、回儒研究もさかんにおこなわれていた。回儒という呼称はこのときにはじまる。だがその潮流も戦後になると完全に止まってしまい、それ以後、ほとんど注目されなくなった。イエズス会士が明代にもちこんだキリスト教にかんする研究が豊富であるのにくらべると非常に対照的である。ところが最近になって、この中国イスラーム漢籍の研究がしずかなブームになりつつある。たとえば筆者も参加する「回儒の著作研究会」は、一九九九年から劉智の『天方性理』の翻訳作業をすすめている。また最近では中国においてイスラーム漢籍が影印され叢書化されたり、あるいは活字化されて現代中国語に翻訳されたものも出版されている。

イスラーム漢籍を解読することは、ひとつには中国思想史としての側面がある。中国で宗教といえば儒仏道であり、外来宗教としてはキリスト教が注目されてきた。だがイスラームもふるくから存在し定着していた。まさに黒鳴鳳がいうように衣装箱のなかにしまわれたままの服だったのである。イスラーム漢籍は「中国人」が中国語でかいたものであるから、当然、中国の伝統的な思想や宗教とかかわってくる。中国のイスラームを中国史のなかにどのように位置づけるか。イスラーム漢籍によって解決されるべき問題である。それは豊穣な中国文化を見つめなおすきっかけを与えてくれることにもなるだろう。またイスラームの中国におけるありかた、つまりイスラーム地域研究としての側面も持っている。中国のイスラームにはどのような地域的特徴があるのか。大多数の漢族のなかで生活する回族が著した書にこそ、そうした問題を解く鍵があるはずである。そしてそのことは大局的にみれば、イスラームと非イスラームが共存するひとつのテストケースにもなるだろう。

最後に本書の構成について簡単にのべておきたい。本書は第I部の論文篇と第II部の考証篇からなる。論文篇は劉智の伝記の再検討からはじまるが、劉智の自然学思想にかんする議論は第2章からである。気、五行、動物、人間の順に章がならんでいるが、これはそのまま劉智のかんがえる万物生成の順番である。第II部の考証篇は劉智の代表的著作の版本についての検討、そして『天方性理』の定本が中心となる。『天方性理』には校訂本がなく、またそれほど入手しやすい本ではないことを鑑み、定本を作成した。斯界に寄与することができれば幸甚である。

目　次

劉智の自然学

第Ⅰ部

論文篇

第1章　劉 智 伝

本章ではこれまであまり精密によまれてこなかった序文などの史料をもとに劉智の一生をできるだけ追跡し、生没年について若干の訂正をおこないたい。

第1節　習 学 期

劉智の字は介廉、みずから一斎と号した。金陵（今の南京）の生まれである。劉智にかぎらず、回族のイスラーム学者は『清史稿』や『碑伝集』などで伝として取りあげられることは少ない。したがって劉智の伝記はかれの著作の序文から再構成するしかない。もっとも有力な手がかりとなるのが『天方至聖実録』所収の「著書述」と『天方性理』自序である。『天方至聖実録』はカーザルーニー（九六三年～一〇三三年）の『ムハンマド伝』を漢訳したものである。この書は劉智が晩年に著したもので、それまでの艱難辛苦を述懐したのが「著書述」と題された自序である。この「著書述」と「自序」を中心に劉智の伝記を再構成していきたい。「著書述」はまずつぎのように書き始められる。

書を著すは至って易からざるなり。予、年十五にして学に志すこと有り、八年膏晷して儒者の経史子集及び雑家の書閲すること遍し。又六年、天方の経を読む。又三年、釈蔵を閲し竟わる。又一年、道蔵を閲し竟わる。道蔵は無物なり。継いで西洋の書を閲すること一百三十七種、諸家を会通して天方の学に折衷す。

著書至不易也。予年十五而有志于学、八年膏晷而儒者之経史子集及雑家之書閲遍。又六年読天方経。又三年閲釈蔵竟。又一年閲道蔵竟。道蔵無物也。継而閲西洋書一百三十七種、会通諸家而折衷于天方之学（「著書述」）。

かれは十五歳から学問をこころざす。八年間で経史子集および雑家の書をよみあさり、六年間でイスラーム経典、三年で仏典を読了し、一年で道教経典をよんでいる。さらに西洋の書物、百三十七種類をよみ、それらの知識とイスラームの学問とを折衷しようとしたのである。かれの伝記史料として念頭に置いておきたいのは、十五歳から八年、六年、三年、一年の合計十八年間（プラス西洋の書をよむ期間）をへて、かれの学問はある程度に達したのであり、そのころの年齢ははやくても三十三歳以降ということになる。

習学時代の劉智にかんしては、『天方性理』の自序にも記述がある。

智や、固より天方の学を学ぶ者なり。然れども私窃に自ら謂えらく、尽く経史を窺い、旁く百氏を捜さざれば、則ち天方の学は猶お止だ一隅に行わるるのみにして、天下の公学に非ざるなり、と。

智也、固学天方之学者也。然私窃自謂不尽窺経史、旁捜百氏、則天方之学猶止行乎一隅而非天下之公学也（『天方性理』自序）。

諸子の学問を修めようとしたのは、ひとえに天方の学問を天下の公学にするために他ならなかった。みずからが信仰するイスラームの思想を総合的に把握しようとする態度がここにみとめられる。このことは劉智の書をよむうえで念頭においておきたい。つまり劉智は、イスラームが次にみるように家学であったということがあるにせよ、排他的な態度でイスラームを学んだのではなく、諸学も研究し、普遍的に通じる公学を目指していたのである。「自序」は次のようにつづく。

智少くして先君子漢英公に従い、趨庭問学し、即ち好みて群書を泛覧す。而して先君子、天人性命の旨に深し。

亦た嘗て己が黙喩する所の者を以て、諸を同人に示す。居嘗に膺を撫でて歎きて曰く、天方の経、理を析くこと甚だ精し。但だ恨むらくは未だこれを漢訳し、其れをして広く斯の土に昭らかにせしむること能わず、と。是れ先君子、智を啓きて以て斯に従事せしむるなり。因りて深探力索し、以て天方の経に通ぜんことを求む。而るに未だ敢えて以て自ら是とせざるなり。

智少従先君子漢英公、趨庭問学即好泛覧群書。而先君子深於天人性命之旨。亦嘗以己所黙喩者示諸同人。居嘗撫膺而歎曰、天方之経、析理甚精。但恨未能漢訳之、俾其広昭於斯土也。是先君子啓智以従事於斯也。因深探力索、以求通天方之経。而未敢以自是也（『天方性理』自序）。

劉智の父である劉三傑（字は漢英）は経師（イスラームの教育者、指導者）であり、同時期に活躍したイスラーム学者である馬注の『清真指南』を校訂し、さらにかれに詩を贈っている。また著作はないものの「清真教説」なる文章が『天方至聖実録』巻二十におさめられている。劉智はその父について勉強を開始する。三傑が嘆いているように、清初においてイスラームの経典はまだあまり漢訳されていなかった。父の嘆きを胸にいだき、劉智は勉学に勤しむことになる。つづけていう。

何くも無く先君子逝く。智、遺経を尋覧し、手沢を揩摩す。輒ち泫然として以て悲しみ、益ます復た自ら奮う。是に於いて人事を謝絶し、傾嚢を惜しまず、百家の書を購いて之を読む。復た藍笈・蓮蔵に及び、山林の間に僻居すること蓋し十年。

無何先君子逝。智尋覧遺経、揩摩手沢。輒泫然以悲、益復自奮。於是謝絶人事、不惜傾嚢、購百家之書而読之。復及藍笈蓮蔵、僻居於山林間者蓋十年焉（『天方性理』自序）。

父が亡くなった悲しみと、父がのこした経典を前にして、父の遺志を継ぐことを決意する。つまり、人事を謝絶して、百家の書籍を購入し、道教[1]、仏教の書を読みあさる。「山林の間に僻居すること蓋し十年」の「十年」はあとでのべる楊斐菉の『天方典礼』序と符合する。以上、『天方性理』自序から習学時期をみた。ふたたび『天方至聖実録』の「著書述」にもどろう。

書を著すこと数百巻、已に刊せし者は什に一。典礼、性理の数種のみ。典礼とは明教の書なり。性理とは明道の書なり。今復た至聖録を著わし、以て教道淵源の自りて出づるところを明らかにして、天下に示し、以て道の全体を証らかにするなり。蓋し三書は三にして一なる者なり。階を履みて登り、堂に升りて室に入る、其れ庶幾きかな。

著書数百巻、已刊者什一。典礼、性理数種而已。典礼者明教之書也。性理者明道之書也。今復著至聖録、以明教道淵源之自出、而示天下、以証道之全体也。蓋三書者三而一者也。履階而登、升堂入室、其庶幾矣（「著書述」）。

数百巻も著したが刊行されたのはその十分の一ほどであった。『典礼』とは『天方典礼択要解』（以下『天方典礼』と略称）のことで、イスラームの儀礼について記した書である。その『天方典礼』自序によると、父である劉漢英の遺志を受け継ぎ、『天方礼法書』なる書を訳出したが、分量がおおく煩雑であったため、日常的な事柄に項目をしぼって『典礼択要』とし、さらに初学者のために節をわけて解説をくわえて成った書である[2]。付言しておけば、この『天方典礼』が「教」（儀礼、規範）を、『天方性理』が「道」（哲理、理論）をあきらかにする書であるのにたいして、『天方至聖実録』はその「教」と「道」との淵源を闡明する。イスラームの教えはもちろん神から出てくるのだが、それはムハンマドを通じてあきらかになるのであり、そのムハンマドについて解説するのが『天方至聖実録』ということになる。そしてこれら三書がイスラームを体得する階梯となるのである。なお、劉智の著作の中では、『天方典礼』のみが『四庫全書総目提要』子部雑家類の存目に著録されている。

ついで「著書述」ではみずからの歩んできた道程が述懐される。

憶うに、初めて学びしより以て今に至ること四十余年、諸家を覧遍し、読書すること万巻、天下の名都勝迹は過半を游歴し、車塵驢背と雖も未だ嘗て吟哦を廃せず。而るに成る所の者は幾ばくも無く、且つ未だ善ならざるなり。書を著すは豈に易易ならんや。尤も難き者有るは、生くるに同志無く、業に同事無し。即ち族属親友すら且つ予の生産を治めざるを以て不祥と為す。而るに予、孳孳の意息まず、篤く天方の学を闡きて以て中人に暁らせんことを志す。自ら稿を立て、自ら謄清し、自ら修し自ら潤す。

憶自初学以至于今四十余年、覧遍諸家、読書万巻、天下名都勝迹游歴過半、雖車塵驢背未嘗廃吟哦。而所成者無幾、且未善也。著書豈易易哉。尤有難者、生無同志、業無同事。即族属親友且以予不治生産為不祥。而予孳孳之意不息、篤志闡天方之学以暁中人。自立稿、自謄清、自修自潤（「著書述」）。

いついかなる時にも勉学を忘れることなく励んでいるのに、成果があらわれない。もっともつらいのは孤立無援であること。著書の難しさを告白する「著書述」はこのようにもの悲しい雰囲気がみなぎっている(3)。とりわけ身近な人々の賛助を得ることができなかったのはつらい。また「天方の学」を「中人」に示そうとしている点も注意しておきたい。著書の動機は同胞ムスリムのためではなく、一般の人々に理解してもらいたいという思いが強かったのである。この「著書述」を書いているのが「今」であり、初めて学に志したのが十五歳であったことから「今」は五十五プラス余歳ということになり、この時期に『天方至聖実録』が成ったことになる。

第2節　遊学期（一）「著書述」と『天方性理』自序からみた

さて、劉智は『天方典礼』『天方性理』などの原稿作り、清書、校正、潤色を手ずから行う。すべてをひとりでおこなったからであろう、その可否を訊ねる旅にでる。

而して又敢えて自ら是とせず。乃ち糧を裹み笈を負い、斉魯を歴て、都門に走り、正を朝紳先達に就く。

而又不敢自是。乃裹糧負笈、歴斉魯、走都門、就正朝紳先達（「著書述」）。

劉智は自分の学問に対して慎重かつ厳格であった。『天方典礼』を著す際にも人に読ませて感想を聞き、それにもとづいて修正している。[4]「不敢自是（敢えて自ら是とせず）」は劉智の人となりを描写する際によくつかわれている。『天方性理』自序でも、「山林の間に僻居すること蓋し十年」のあとに、つぎのようにのべている。

恍然として天方の経を会する有り、大いに孔孟の旨に同じ。然れども猶お未だ敢えて以て自ら是とせず、天方の学者に質疑問難し、必ず其の始終を貫徹し、表裏精粗、各おの其の致を極めざる無きを求む。

恍然有会於天方之経、大同孔孟之旨也。然猶未敢以自是、質疑問難於天方之学者、必求其貫徹始終、而表裏精粗無不各極其致（『天方性理』自序）。

恍然とイスラームの経典が孔孟の教えとおなじであることを悟る。だが「不敢自是」とし、自分のかんがえを精緻にすべく「天方の学者に質疑問難」する旅にでる。「著書述」がのべる遊学がこれからはじまるのである。金陵（南京）をでた劉智は斉魯（山東）を経て都門（北京）にいたる。これが北京への旅。のちにのべるが、この旅程で『天方典礼』『天方性理』の批正をイスラームの知識人に乞うている。

ところで、「恍然有会於天方之経、大同孔孟之旨也」という言明は敬虔なムスリムからすれば言語道断である。イスラームの教えが儒学とおなじであるはずがないのである。しかし劉智はイスラームと儒学の根底にながれる共通性を見いだしたのである。このことは劉智の思想をみていくうえで非常に重要である。回儒の特徴として宋学のタームを使用していることがよくあげられるが、ただ単に儒学のタームをもちいてイスラームの思想をあきらかにしようとしたのではない。思想の構造がイスラームと儒学は似ている、劉智はそうかんがえたうえで、儒学のタームを使用しているのである。

さて著述のための旅はほかにもある。「著書述」はつづけていう。

襄楚より西秦に入り、宿学遺経を訪求す。呉門を過ぎ、武林に游び、会稽を越え、粤東に抵り、文を考べ字を問う。胡氏の天祿閣の蔵書を閲し、未だ曾て有らざるものを得たり。天童より大嵩珠山に至り、海を観、大いに游ぶ所に暢ぶ。帰りて自ら謂いて曰く、学問は是くの如きのみか。道理は是くの如きのみか。文章は我が事に非ず、功利は我が図に非ず。坐して万山を擁し、聖賢の窩中に老うも可なり。庚子冬、兗府の馬公の召に赴き、孔陵を謁し、感有りて帰る。

由襄楚入西秦、訪求宿学遺経。過呉門、游武林、越会稽、抵粤東、考文問字。閲胡氏天祿閣蔵書、得未曾有。由天童至大嵩珠山、観海、大暢所游。帰而自謂曰、学問如是而已乎。道理如是而已乎。文章非我事、功利非我図。坐擁万山、老于聖賢窩中可也。庚子冬、赴兗府馬公召、謁孔陵、有感而帰（「著書述」）。

今度は襄楚（湖南・湖北）から陝西へむかう旅で、知識人を訪問し、経典をさがしている。さらには呉門（蘇州）、武林（杭州）、会稽（紹興）を経て粤東（広東）にわたる旅。テキストクリティークのために経典を所有する清真寺をまわっている。「胡氏の天祿閣」とは当時の南京で有名であった書肆の一つである。(5) 一般の書店にもイスラームの経典がならんでいたことになる。

天童山（今の浙江省寧波市の東南）から大嵩、珠山に登り東シナ海をながめる旅では、劉智がめずらしく楽しんでいるようすがうかがえる。しかしその遊歴からもどると、現在の学問的状況を自問自答し、反省し、みずからを鼓舞する。[6]

康煕庚子は康煕五十九年（一七二〇年）で、この年に兗府（今の山東省兗州）の馬公の招聘に答えて兗府に赴き、そのすぐ東にある曲阜に詣でている。この馬公は馬伯良であろう。馬伯良、字は中卿、忠卿。山東済寧（今の山東省の南。兗州の西）の人。著に『教款捷要』がある。余浩洲の『真功発微』に劉智が「弁言」という序文をかいているが、そこに「……。昔済寧馬中卿師、注『教款捷要』伝訓于今、可謂簡矣」とある。また金宜久編『伊斯蘭教辞典』（上海辞書出版社、一九九七年）の馬伯良の項（四八二頁）に、「劉智の師」とあるのは「著書述」のこの記事と、『真功発微』の「弁言」をもとにしているのだろう。孔子廟を参観して、遍歴をつづけた孔子と我が身を重ねたのではないだろうか。これが契機となり『天方至聖実録』の執筆を開始する。

第3節　遊学期（二）序文等からみた

ここで「著書述」、『天方性理』自序からしばらくはなれ、右にみてきた劉智の遊歴を『天方性理』『天方典礼』に掲載されている序文から追跡してみたい。初刻本に掲載された序文は『天方性理』が六つ、『天方典礼』が四つある。まず、その序文が記された年代がわかっているもの、あるいは序文中に年代が明示されているもの、また劉智自身が書いた『天方典礼』の凡例である「例言」などを年代順に表にして図示したい。場所欄と年代はその序がかかれた場

場所	年代	人名	書名	記事
金陵	康熙43年（一七〇四年）季夏	梁潘賞	【性】	「序」
金陵	康熙43年（一七〇四年）秋月朔	袁汝琦	【性】	学既成、避世居山、殫二十年、苦功著書十数種。性理則其首編也。其余礼書楽書典礼（「序」）。
京師	康熙45年（一七〇六年）	劉智	【典】	丙戌歳、予遊京師、値海陽兪子曰……。予猶未敢自信、復質諸山陽諸先生曰……。遂付之剞劂（例言）。
	康熙46年（一七〇七年）	王沢弘	【性】	及丁亥春、居白下、秋田自都下、郵介廉劉子所訳天方経伝寄余且曰願先生序之（「序」）。
京師	康熙46年（一七〇七年）夏	景日昣	【典】	丁亥夏、五謁余於京邸、出所著天方之書数十冊……（「一斎書序」）。
	康熙47年（一七〇八年）	徐元正	【性】	海陽兪子、持書問閲于余。更乞一序、即以所管見者書之、以告夫世之言性理者（「天方性理書序」）。
京師	康熙47年（一七〇八年）春	鹿祐	【典】	戊子春、接劉子一斎於京邸間、暢論天人性命、無微弗透（「天方礼経序」）。
山陽	康熙48年（一七〇九年）	楊斐菉	【典】	『天方典礼』序
寧波	康熙49年（一七一〇年）暮春下浣	黒鳴鳳	【性】	「序」
江夏（武漢）	康熙49年（一七一〇年）長至月	定成隆	【典】	「天方典礼跋」
南京	康熙51年（一七一二年）長夏	丁灦	【性】	予頃答山陽楊広文、扎有曰此書可謂前無古人、後無来者。非虚也。憶十載前、介廉以所著相質。予閲一二帰之。尚慮其落落難合也。不数年而介廉遊京師過淮上、梓其典礼竣。又数年、遊銭塘過甬東、梓其性理亦竣（「天方性理書序」）。

所と年代であり、ゴチックになっているのは序文の内容から劉智が滞在していたことがわかる地名、年代である。書名の【性】【典】はそれぞれ『天方性理』『天方典礼』をさす。(7)

また、年代などの情報がまったくない序には兪楷「天方性理図説序」、徐倬「天方典礼序」がある。徐倬は『清史列伝』巻七十・文苑伝に息子の徐元正とともに伝があり、それによると、徐倬は字は方虎、浙江徳清の人、康熙十二年の進士で、官は順天郷試正考官に至る。康熙三十九年、七十歳のころには退老して帰郷しているので、「天方典礼序」はそれ以後に浙江でかかれたことになる。またその子、徐元正は康熙四十八年の進士である。

さて、表をみていくと、劉智自身がかいた『天方典礼』の「例言」から、康熙四十五（丙戌）年（一七〇六年）にはすくなくとも京師（北京）には到着していたことがわかる。また康熙四十六年（一七〇七年）春には、白下（金陵の別称）にいた王沢弘(8)が都下（北京）にいる友人、秋田（馬秋田）から劉智が訳した『天方経伝』を送られ、序の執筆を依頼されている。京師に滞在中の劉智が馬秋田に書をみてもらったのである。つづく景日昣(9)の序では劉智は五度も京師にある景日昣宅を訪問している。序文からわかる京師滞在の下限は鹿祐(10)「天方礼経序」により、康熙四十七年（一七〇八年）となる。したがって康熙四十五年から康熙四十七年の春まではすくなくとも京師に滞在していた。

また『天方典礼』の「例言」にもう一度もどると、劉智は海陽（広東潮州府）出身の兪子、山陽（淮安府、今の江蘇省淮安）の諸先生に助言をもとめている。海陽の兪子は「天方性理図説序」の兪楷であり、山陽の諸先生は『天方典礼』序の楊斐菉を中心とするムスリムたちである。(11)兪楷は徐元正に劉智の書を持ちこみ、序の執筆を懇願している（康熙四十七年、徐元正「天方性理書序」の記事を参照）。そして山陽の楊広文は丁灝に手紙をおくり、劉智の書を絶賛して「此の書、前に古人無く、後に来たる者無しと謂うべきなり」とのべている。劉智が京師をおとずれて助言をもとめた兪楷、そして山陽の諸先生は、ともに劉智の書を賞賛し、喧伝したのである。

第4節　『天方性理』と『天方典礼』の刊行

『天方性理』『天方典礼』二書の刊行については、まず康熙四十三年（一七〇四年）の袁汝琦[12]の序に注目したい。「学既に成り、世を避け山に居り、二十年を殫くし、苦功して書を著すこと十数種。性理は則ち其の首編なり。其の余は礼書、楽書、典礼なり」とある。つまり、習学期でふれた「著書述」の西洋書閲読をふくめた習学期間は二十年となり、三十五歳以降に遊学にでたことになる。さらに、この年に劉智が三十五歳くらいであれば、劉智の生年は一六七〇年（康熙九年）頃になる。この時、袁汝琦がよんだ劉智の書は留智の遊学以前のもので、『天方性理』『天方典礼』の稿本である。この二書の稿本いがいに『礼書』『楽書』という書もみえるが、劉智の『五功釈義』が『礼書五功義』ともよばれるので、『礼書』は『五功釈義』のことであろう。『楽書』についてはつたわっていない[13]。

また、劉智がたずさえていた書は「天方経伝」とよばれたり（王沢弘序）、『天方典礼』の序が景日昣では「一斎書序」、鹿祐では「天方礼経序」などと表記されていて、書名がまださだまっていないことがわかる。

ところで『天方性理』と『天方典礼』の稿本だが、丁灝「天方性理書序」に

憶うに、十載前、介廉著わす所を以て相い質す。予閲すること一二にして、これを帰す。尚お其の落落として合い難きを慮るなり。数年ならずして介廉、京師に遊び淮上を過ぎ、其の典礼を梓し竣わる。又た数年、銭塘に遊び甬東を過ぎ、其の性理を梓すこと亦た竣わる。

とある。十年前、つまり康熙四十一年（一七〇二年）に丁灝は一度『天方性理』『天方典礼』の稿本をよんでいる。したがって康熙四十一年にはある程度完成していたことがわかる。ただ、丁灝はその書をよみ、完成はむずかしいので

はないのか、とおもんぱかっている。ところが丁灦の心配をよそに、劉智は数年後に京師、淮上（淮安）の遊学のなかで『天方典礼』を刊行する。これはさきほどみた「著書述」の北京への旅に相当するのだろう。北京からの帰途に淮安で楊斐菉らの援助のもと刊行したとかんがえられる。またしばらくして銭塘（杭州）、甬東（今の浙江省定海県の海中の洲）の遊学の過程で『天方性理』を刊行した、とあるが、これは「著書述」でみた蘇州、杭州から広東への旅か、天童山から大嵩そして珠山の旅のどちらかだが、おそらく後者であろう。天童山のある寧波は『天方性理』を刊刻した黒鳴鳳[14]の任地であり、『天方典礼』にひきつづき『天方性理』を刊刻しおえたという安堵感から、さきの劉智にしてはめずらしい愉悦したようすが述懐されたのだろう。楊斐菉の協力について、『天方典礼』例言には、

丙戌の歳、予京師に遊び、海陽兪子に値いて曰く……。予、猶お未だ敢えて自ら信ぜず、復た諸れを山陽の諸先生に質して曰く……。遂にこれを付して剞劂す。

とあることから、楊斐菉を中心とする山陽の諸先生にただして『天方典礼』は刊行されたことがわかる。それでは康熙四十八年（一七〇九年）にかかれた[15]楊斐菉『天方典礼』序をみてみたい。

……劉子介廉、天才俊朗、逸思雕華、幼くして天方の経を習い、長じて儒者の学を功む。既にして二氏・欧羅巴の文を旁捜博採し、心を悉して殫究せざる靡し。清涼山中に鍵して、十たび寒暑を経、翻閲すること既に多く、著作益ます富むも、中華・天方の人両つながら相い遇いて、而も両つながら相い通ずること能わざるを見、因りて慨然として曰く、「其の文を訳して其の義を解き、中外をして翕然として風を同じくせしむること、是れ殆んど余の責なり」と。夫れ遂に我朝の典礼を挙げ、訳して天方文字と為し、遠く至る者をして彬雅明らかに備わること此くの如く、其の啇啇皇皇たるを知らしめ、既にこれを楽と為す。又た天方の礼を取り、訳して漢文と為すも、委曲繁重、盈尺にして其の緒を竟うる能わず。読む者これを難しとするを恐れ、復た礼中に於いて、其の倫

常、食用、吉凶の最も切要なる者を択び、詳らかに解釈を為し、書成り、願いてこれを楽しまんとするも、敢え

て自ら其の学を是とせず、笈を負い、京華に走り、諸を先正に質し、交ごも口に称許さる。劉子南帰し、書を以

て示され、予受けてこれを読むに、忠君孝親の心、居室交友の道、悉く至性至情に本づき、流通貫浹す。……昔

孔子、衛より魯に反り、礼を定め詩を刪り、雅頌既に正しく、又た十五国の風を存して、以て全詩を為す。今の

天方典礼を刻するは、亦た雅頌、国風を遺てざるの意なり。

……劉子介廉、天才俊朗、逸思雕華、幼習天方之経、長功儒者之学。既而旁捜博採二氏、欧羅巴之文、靡不悉

心殫究。鍵清涼山中、十経寒暑、翻閲既多、著作益富、見中華天方之人両相遇而不能両相通、因慨然曰、訳其

文而解其義、俾中外翕然同風、是殆余之責也。夫遂挙我朝典礼、訳為天方文字、使遠至者知彬彬雅明備如此、其

喬喬皇皇、既為楽之。又取天方之礼、訳為漢文、委曲繁重、盈尺而不能竟其緒。恐読者難之、復於礼中、択其

倫常、食用、吉凶之最切要者、詳為解釈、書成、願而楽之、不敢自是其学、負笈走京華、質諸先正、交口称許。

劉子南帰以書見示、予受而読之、忠君孝親之心、居室交友之道、悉本至性至情、流通貫浹。……昔孔子自衛反

魯、定礼刪詩、雅頌既正、又存十五国之風、以為全詩。今之刻天方典礼者、亦雅頌不遺国風之意也（楊斐菉

『天方典礼』序）。

冒頭に「清涼山中に鍵して、十たび寒暑を経」とある。習学期でみた『天方性理』自序の「山林の間に僻居すること

蓋し十年」と符合する。ほぼ二十年の習学期間の後半は人事を謝絶してこの清涼山で翻訳著作にはげんだことになる。

清涼山はいまでも南京市街の西、南京師範大学の西隣に清涼山公園としてのこっている。中国と天方の人々が交流で

きるよう、そしてそれぞれの風俗をきちんと共存させることが自分の使命であるとかんがえ、中国の典礼を天方文字

（アラビア語あるいはペルシア語）に翻訳して天方の人々にしらしめ、天方の礼を漢訳しようとしたのである。というこ

とは『天方典礼』も「天方の人」に対比される「中国の人」に理解してもらうために書かれたことになる。そして漢訳した天方の礼はいちおうの完成をみたが、「敢て自ら其の学を是とせず」に、くだんの遊学にでたのである。

ここで注目したいのはつづけて「劉子南帰し、書を以て示され、予受けてこれを読む」とあり、さらに最後には「今の天方典礼を刻するは……」とあることである。劉智は京師から南の金陵にかえる道すがら、楊斐菉がいる山陽（江蘇淮安府）に立ちより、『天方典礼』を刊行したのである。先に見た丁灦「天方性理書序」の「数年せずして介廉、京師に遊び淮上を過ぎ、其の典礼を梓し竣わる」の「淮上」は楊斐菉がいた山陽である。そして刊刻された時期はこの序がかかれた康熙四十八年（一七〇九年）ころになる。(16)

一方、『天方性理』の刊行年はというと、もっとも古いとおもわれる早稲田大学図書館蔵の敬畏堂本に掲載されている序からかんがえると、黒鳴鳳の序がもっともあたらしく、康熙四十九年（一七一〇年）である。『天方性理』はその年に刊行されたのであろう。(17)

また、『天方典礼』例言に「欲求其細、於全書問之。欲悉其理、於性理書求之」とあり、『天方性理』はイスラームの根本原理の要諦を説き、『天方典礼』は儀礼の細目をしるした書であることもうかがえる。『天方性理』『天方典礼』の序文、例言などから以上のことがわかった。

第5節　『天方至聖実録』の執筆期

ここでふたたび「著書述」の記述にもどりたい。孔子廟を参拝して、感じるところがあって、金陵にもどってきたあとである。

明年辛丑二月、三山市の肆に寓し、甫めて天方至聖録を訳す。俄に復た姑蘇の役有り。年余にして聖録未だ半ばせず、一同志を得て襄成せんことを思い、久しく寿春に人有るを知る。姑を辞して北し、亳に至り復た寿に至る。諸君子皆な姑息にして予を謬とせず。陳留の許氏、多く経を蔵すと聞き、之れを訪れんとして、朱仙鎮を過ぐるに、偶たま賽氏家蔵の至聖録を得たり。西経の原本なり。之れを閲するに、吾れ昔得る所の者と大較真に詳らかなり。愕然快然として喜びて曰く、造物の我を成就すること、此くの如く其れ巧みなるや。

明年辛丑二月、寓三山市肆、甫訳天方至聖録。俄復有姑蘇之役。年余而聖録未半、思得一同志襄成、久知寿春有人。辞姑而北、至亳復至寿、諸君子皆姑息而不予謬。聞陳留許氏多蔵経、訪之、過朱仙鎮、偶得賽氏家蔵至聖録。西経原本也。閲之、与吾昔所得者大較真詳。愕然快然喜曰、造物之成就我、如此其巧耶（「著書述」）。

明年つまり康熙六十年（一七二一年）に三山市の書肆で劉智は『天方至聖実録』の翻訳を開始する。塩密売の横行による姑蘇の役が勃発する。[18] そのために一年あまりたつも、ムハンマド伝は半分も進まない。実際には資料が不足していたものとかんがえられる。そこで、同志のたすけをもとめるべくふたたび旅だつ。今度はふるくからの知人をたずねて、亳州（いまの安徽省亳県）、寿春（いまの安徽省寿県）への旅である。だが「姑息にして予を謬とせず」、つまりだれもが寛容で、誤りを指摘されることはなかった。ムハンマドの伝記について知る人がいなかったということなのだろうか。『天方性理』『天方典礼』をたずさえての遊学では多くの助言があったが、それとは趣を異にする。そして陳留（河南省開封市の東南）の許氏をたずねる途中で立ちよった朱仙鎮（河南省開封市の南）で、賽氏家蔵の『至聖録』を発見する。おそらくこの書がカーザルーニーの『ムハンマド伝』であろう。その書はそれまでよんでいた書より正確でくわしかった。よろこんだ劉智は、この邂逅をアッラーの御心とする。「造物主が私を成就させて下さるのは、このように巧なのだ」と。ここで、劉智は以前におなじようなことがあったことを思いだすのである。

向に、吾れ三極会編を著さんと欲するに、其の学無きに苦しみ、遍く書肆に求む。天地人三者の書、言多く陳腐にして実無し。これを天方の書に求むるに、従りて得べき無し。早夜、皇を思うに、俄に京師に于て諸を呉氏蔵の経数十冊に得たり。皆な西国の原本なり。元世より載入し、之を府庫に蔵するも、流冦発出せらる者なり。天文地理の学、思い半ばを過ぐ。継いで秦中に于て復た人鏡経、格致全経を得て、三極の学皆な焉に在り。

向也、吾欲著三極会編、苦無其学、遍求書肆。天地人三者之書言多陳腐無実。求之天方之書、無従可得。早夜思皇、俄于京師得諸呉氏蔵経数十冊。皆西国原本。自元世載入、蔵之府庫、而為流冦発出者。天文地理之学、思過半矣。継而于秦中復得人鏡経、格致全経、而三極之学皆在焉（「著書述」）。

劉智は以前に『三極会編』なる書物を著そうとしていた。残念ながらこの書は現在にはつたわらないのだが、天と地と人の関係を説く書物なのであろう。その『三極会編』執筆の際にもおもうように書籍が蒐集できなかった。「皇を思う」の「皇」はアッラーを指すのであろうか、突然めざす書はあらわれたのである。呉氏が所蔵していた経典はわからないが、秦中（陝西）でえた『人鏡経』『格致全経』は『天方性理』の採輯経書目にみえる。『人鏡経』は不明だが、『格致全経』はイランの神学者イージー（一二八一年～一三五六年）の *Mawāqif fī 'ilm al-kalām*。

今、至聖録を著すに、正に真本無きに苦しむ。而るに不意の中に于て又たこれを得たり。豈に造物意を吾れに篤くして吾れに厥の志を成さしめんと欲するや。吾れ其の命を受けたり。旧きを置き新しきに翻し、至聖録を重訂す。

今著至聖録、正苦無真本。而于不意中又得之。豈造物篤意于吾而欲吾成厥志耶。吾其受命矣。置旧翻新、重訂至聖録（「著書述」）。

こうして、捜していた真本と、「不意中」に遭遇する。これを劉智はアッラーによる必然ととらえる。劉智のムハンマド伝を完成させたいという意志は、アッラーの意図に背中を押されることで、ますます昂進したことであろう。

時に陳留の歉疫大いに漸み、居るべからず。許子の一序を得て帰る。復た三山市の肆に寓し、日び鈎提筆削に沈浸す。これを求むること難くしてこれを得ること易く、これを得ること易くしてこれを成すこと復た難きを患う。何ぞや。造物の人を成就する処固より多く、而して人を顚播する処も亦た多し。人心の反覆、世道の崎嶇、塵粉の搶攘、毀誉の凌瀆、日に寧晷無し、心に寧刻無し。室に入れば則ち咿唔嚅嘰、寓を仮りれば則ち是非糅雑し、一椽隠るべきを謀るも、而るに力贍らず。兄弟戚友、初め未だ嘗て吾れを愛し吾れを居らさざるにあらざるも、吾れを視ること迂腐疏狂、これを去りこれを遠ざくに暇あらず。嘗て一歳に遷徙すること数処に至り、恒に其の友無く、凡そ皆な造物の吾れを顚播するなり。心志の苦、筋骨の労、至れりと謂うべし。然れども志は奪うべからず。

時陳留歉疫大漸、不可居。得許子一序而帰。復寓三山市肆、日沈浸于鈎提筆削。患乎求之難而得之易、得之易而成之復難。何也。造物之成就人処固多、而顚播人処亦多。人心之反覆、世道之崎嶇、塵粉之搶攘、毀誉之凌瀆、日無寧晷、心無寧刻。入室則咿唔嚅嘰、仮寓則是非糅雑、謀一椽可隠而力不贍。兄弟戚友、初未嘗不愛吾居吾也、視吾迂腐疏狂、去之遠之不暇。嘗至一歳遷徙数処、無恒其友、凡皆造物之顚播我也。心志之苦、筋骨之労、可謂至矣。然而志不可奪（「著書述」）。

朱仙鎮の賽氏からえた『至聖録』をたずさえて、陳留の許氏のところに滞在していた劉智は、飢饉と疫病の流行によって、陳留を去らねばならなくなる。金陵にもどった劉智は、一本の丸太にも過ぎない自分すら住まわせる財力がないことをなげく。兄弟、親戚、友人たちの視線もつめたい。だが、これらすべての逆境もアッラーがあたえた試練であると劉智はかんがえ、自身のムハンマド伝完成に対する強い意志を確認する。

乃ち三山を去りて和陽の市に就き、三たび月を閲て録し竟わる。計うるに辛丑二月筆を発してより、今甲辰正月に迄ぶまで、三たび春秋を易え、十たび居処を更え、南北星霜数千里、三たび稿を脱して、乃ち小成を見る。

乃去三山而就和陽之市、三閲月而録竟。計自辛丑二月発筆、迄今甲辰正月、三易春秋、十更居処、南北星霜数千里、三脱稿乃見小成（「著書述」）。

劉智は住みにくい三山書肆街をはなれ、和陽（和州、いまの安徽省和県）[19]に移る。そこで三ヶ月滞在して『天方至聖実録』は完成する。辛丑二月つまり康熙六十年（一七二一年）から甲辰正月つまり雍正二年（一七二四年）の三年間に十回も引っ越しをかさねての完成である。「小成」は初歩的完成ではなく、ほとんど完成したとの意味でとりたい。なぜなら「著書述」の最後に

尚お冀わくは、世の君子、我孤人にして、聞見広からず、辞語工ならざるを念いて、志を倡明正学に一にするや、其の紕繆を正し、其の闕略を補い、之れを修め、之れを潤し、共に厥の美を襄け、以て大観を成し、鑑を永遠に垂るは則ち斯道の幸いなり。

尚冀世之君子念我孤人、聞見不広、辞語不工、而一志於倡明正学也、正其紕繆、補其闕略、修之潤之、共襄厥美、以成大観、垂鑑永遠則斯道之幸也。

とあるように、この書を出版し、人びとに読んでもらい訂正してもらうことで「大観を成す」ことになると劉智はかんがえていたからである。

この時にこの「著書述」をかいたのであるから雍正二年（一七二四年）に五十五歳から六十歳くらいである。したがって生まれた時期は康熙四年から康熙九年（一六六五年～一六七〇年）となる。さきに袁汝琦『天方性理』序によって推定した劉智の生年は一六七〇年（康熙九年）であったから、ほぼこの年に生まれたといえよう。[20]

劉智の没年だが、さきほどふれた余浩洲『真功発微』におさめられた劉智の「弁言」には「問閲于余、余方沈疴在身、不能為之討論修潤、了弁数言以表大義云爾」とあるので、『真功発微』の序を頼まれた時にはすでに持病に侵されていたことがわかる。『真功発微』は雍正年間（一七二三年～一七三五年）に稿が成り、乾隆五十八年（一七九三年）に刊刻されたという。[21]しかしこのことから劉智の没年を決定することはできない。

いっぽう金陵叢書所収『天方典礼』には金鼎という人物による「劉介廉先生墓碑」がおさめられていて、そこには「晩年始著至聖実録年譜一書。転博採天方羣籍、臚列至聖生平事蹟。（中略）蓋数十年心力之所萃、垂老而成之者也。先生晩帰金陵、居清涼山掃葉楼十余年、閉戸覃思。一時名公賢士、無不知金陵劉居士者」とあり、晩年は金陵にもどり、その昔、人事を謝絶して勉学にはげんだ清涼山の掃葉楼にふたたび隠居した。だが「嗚呼、信乎。先生墓在聚宝門外、粤匪之乱全家殲焉、譜牒無徴」と金鼎が嘆くように、粤匪の乱によって聚宝門（いまの中華門）の外にあった墓や家系図もうしなわれてしまった。したがって「其世自漢英先生以上、殆不可考。先生生平歳月亦不能詳。以年輩計之、自康熙中葉迄乾隆初年、享寿蓋五六十歳」という。「晩、金陵に帰る」というのが和陽から帰ったことを指すのであれば、和陽で「著書述」を書いたのが五十五歳から六十歳くらいなので、なくなったのは六十五歳から七十歳になる。「五、六十歳」はありえない。また乾隆元年（一七三六年）に亡くなったとしたら「著書述」を執筆した年齢からかんがえて六十三歳から六十八歳。六十三歳であれば金鼎のいう没年の許容範囲だろう。すると雍正二年（一七二四年）に五十五歳となり、生年はやはり康熙九年（一六七〇年）となる。ただこの墓碑銘は宣統二年（一九一〇年）にかかれたもので、族譜もなく、そもそも金鼎じしんが「先生の生平歳月も亦た詳らかにすること能わず」といっているように信用に足るものかはわからない。

以上の考察から劉智の生年は康熙九年（一六七〇年）頃で、六十五歳から七十歳に亡くなったとかんがえられる。

康熙9年（一六七〇年）	劉智生まれる
康熙23年（一六八四年）	学に志す（十五歳）
	二十五歳頃から清涼山にて人事を謝絶
康熙41年（一七〇二年）	『天方性理』『天方典礼』の稿本ができあがる
康熙43年（一七〇四年）	金陵で梁潘賞、袁汝琦等に序をもらう（三十五歳）
	遊学を始める　斉魯から京師へ
康熙45年～47年（一七〇六年～〇八年）	京師に遊ぶ
康熙48年（一七〇九年）	金陵への帰路、山陽で『天方典礼』を刊行
康熙49年（一七一〇年）	『天方性理』刊行
康熙59年（一七二〇年）	馬公の招きに応じて兗州へ
康熙60年（一七二一年）	『天方至聖実録』執筆開始
康熙61年（一七二二年）	朱仙鎮でムハンマド伝の原本を発見
雍正2年（一七二四年）	『天方至聖実録』完成

注

（1）「蓝笈」は道教経典を指す。

（2）『天方典礼択要解』自序「愚承先君子志、訳天方礼法書訖。覧者曰、巻目浩繁、読者病之、蓋択其要以便初読者。因於全書中、択其最関於民生日用者、彙為一帙、曰典礼択要。覧者曰、簡矣。第恐初学有所不解也。因復於択要中、撮其初学之所当暁者、分節而解之」。

（3）張承志『回教から見た中国』（中公新書、一九九三年）にそうした劉智像が紹介されている（五六頁～五八頁参照）。

（4）注（2）参照。

（5）徐雁、譚華軍著『南京的書香』（南京出版社、一九九六年）五一頁「金陵三山書肆街和夫子廟書攤区」参照。三山書肆街、夫子廟には当時、天祿閣をはじめとして三十あまりの書店がひしめいていたという。

（6）『寧波府志』（曹秉仁纂、雍正十一年修、乾隆六年補刊本）によると珠山は鄞県（今の浙江省寧波市）の東南六十里にある。大嵩とは大嵩所、大嵩塘のこと。また同書によると天童山は鄞県の東六十里。

（7）表の最後の二つの序跋は初刻本に掲載されていたかが微妙なもの。

（8）王沢弘、字は涓来。黄岡の人。順治乙未（十二）年の進士。官は礼部尚書にまでなった。致仕後は南京に移り住んだ。伝は『重刊江寧府志』（清・呂燕昭修、嘉慶十六年修、光緒六年刊本）巻四十二・流寓にみえる（ただし王沢宏に作る）。

（9）景日昣、河南登封の人。康熙三十年の進士。官は礼部右侍郎。

（10）鹿祐、字は有上。号は不詳。安徽穎州府阜陽の人。康熙二十一年（一六八二年）の進士。康熙四十八年（一七〇九年）に河南巡撫。伝は『阜陽県志』（周天爵等修、道光九年刊本）巻十一人物志・仕績にみえる。

（11）『天方典礼』では各巻の最初に「較梓」「参訂」といった校正をおこなった人物が列挙されている。全二十巻中で、もっともおおいのが楊斐菉で、巻一から巻八、巻十、巻十一、巻十四から巻二十の「較梓」をおこなっている。『天方典礼』の出版にかれがもっとも尽力したことがうかがえる。かれ以外に山陽の人物としては巻九で金学舒が「参訂」を、楊斐葱が「較梓」を、巻十、巻十一で楊斐菉が「較梓」を、巻十二で陳祖孝が「参訂」を、楊廷桂が「較梓」を、巻十三で楊九霞が「参訂」を、それぞれおこなっている。楊氏がおおいことがわかる。なお白寿彝主編『回族人物志・清代』（寧夏人民出版社、一九九二年）によると、楊斐菉兄弟がいたという。

（12）袁汝琦、字は懋昭。金陵の人。生没年は不詳だが、劉智の師匠である経師。『天方性理』の考経に携わる。『天方至聖実録』を刊行した袁国祚は袁汝琦の孫である。

(13)『楽書』は『天方典礼』後編に「戒音楽。音楽所以和性情、鎔習俗。古聖人制之、本以為教也。然今之楽非古之楽矣。古人用之、所以節性。今人用之、乃以恣情。既不能帰人於善、反足導人於靡。故吾教聖人一切禁之、不復用」とあり双行注に「詳見天方楽書」とある。したがって音楽について解説した『楽書』という書があった。

(14)黒鳴鳳、字は羽輝、号は朝陽。臨清（いまの山東省臨清県）の人。康熙四十二年（一七〇三年）の武進士。康熙四十六年（一七〇七年）浙江提標右営遊撃に徐せらる。伝は『寧波府志』（曹秉仁修、雍正十一年修、乾隆六年補刊本）巻十六下・秩宮下に見える。

(15)楊斐菉の序が康熙四十八年にかかれたのは序の冒頭にある「聖天子御宇四十有八年、……」の記述からわかる。

(16)定成隆の「天方典礼跋」が康熙四十九年（一七一〇年）に書かれていて、この年に刊刻された可能性もあるのだが、この跋文を掲載していない版本もあり（くわしくは第8章第2節「『天方典礼』の版本」を参照）、楊斐菉が刊刻したあとにつけられたものとかんがえた。

(17)康熙五十一年（一七一二年）にかかれた丁灝の序のほうがあたらしいのだが、早稲田大学蔵本にこの序はなく、また掲載していない版本がほかにもあること、そしてその序のなかで「又た数年、銭塘に遊び甬東を過ぎ、其の性理を梓すこと亦た竣わる」とのべていることから、初刻のあとに掲載されたものとかんがえた。

(18)『清実録』巻二九五・康熙六十年十二月の条に「丙寅、諭大学士等、聞江浙私塩盛行、尽流為盗賊。地方官員明知、並不査拏。応令江寧杭州京口将軍等、派出官兵、厳行査拏」「丁丑（中略）江浙行塩地方遼潤、応交与江南浙江将軍。毎年派協領各一員、佐領防禦等各八員、率領兵丁厳拏販売私塩匪類」とある。

(19)和州と歴陽郡をあわせた和陽という呼称は明代以降にみられる。『明史』には巻一二二・翰林児伝、巻一二五・常遇春伝、巻一三三愈通海伝など。

(20)劉智の生没年は概説書によってかなりのひらきがある。おもな概説書の生没年は以下のとおり。
・約一六五五年〜一七四五年説：『中国伊斯蘭百科全書』劉智項（羅万寿担当）、中国伊斯蘭百家全書編輯委員会編、四川辞書出版社、一九九四年。

・約一六六〇年～一七三〇年説：『中国大百科全書・心理学』劉智項（朱永新担当）、中国大百科全書出版。『名人与南京』六〇頁（劉振華担当）陳安吉主編、南京出版社、一九九六年。『伊斯蘭教概論』三五三頁（戴康生担当）、金宜久主編、青海人民出版社、一九八七年。『伊斯蘭教文化面面観』二八七頁、中国社科院世界宗教研究所伊斯蘭教研究室、斉魯書社、一九九一年。

・約一六六二年～一七三〇年説：『伊斯蘭教辞典』金宜久主編、上海辞書出版社、一九九七年。

・約一六六四年～一七三〇年説：『天方至聖実録』重印天方至聖実録序言（穆罕默徳・阿里・張傑）、中国伊斯蘭教協会印、一九八四年。

・その他：「他大概是生于康熙初年（一六六二年）。『天方性理』『天方典礼』成稿時、可能是在四十歳左右。雍正二年、『天方至聖実録』作成時可能是在六十歳左右、他的年寿、総在六十歳以上」（白寿彝主編『回族人物志・清代』六二頁）。

一六六〇年を劉智の生年とする説が圧倒的におおい。だが「著書述」が雍正二年（一七二四年）にかかれ、そのときに五十五歳から六十歳ぐらいなのだから、たとえ一七二四年に六十歳であったとしても生年は一六六四年よりまえにさかのぼることはない。

(21)　注（20）前掲書『伊斯蘭教辞典』一三四頁。

第2章　気

本章では劉智『天方性理』において天地万物がどのように生成するかについて劉智の説くところをみながら、かれの気の概念について検討したい。よくしられるように中国の伝統的思想風土において、気は万物の生成から人の心理活動まで、あらゆる自然界の諸現象を分析する最重要概念である。そうした意味での気に相当するものはおそらくイスラームにはないだろう。したがって劉智が「気は則ち万有形象の本なり」（巻一・性理始分図説）と宣言するのは、やはり中国の思想風土にあってのことである。だが「はじめに」で言及したように、黒鳴鳳は『天方性理』跋においてイスラームの特徴としてまず第一に「理気を以て一真に本づく」、つまり理と気を唯一の真つまり神の下に基礎づけることを挙げている。神によって基礎づけられた気はどういった性格をもつのだろうか。また跋には「天地を以て大世界と為し、理由り気に之く。人を小世界と為し、気由り理に之く」ともあり、万物生成において気が重要な概念であることがわかる。それではその気からどのように万物が生成するとかんがえていたのだろうか。

第1節　劉智における気の位置

まず『天方性理』の章立てを確認しておく。それから『天方性理』が説く万物創造の過程において、気はどの時点であらわれてくるのか概観したい。『天方性理』の章立ては非常に系統的であり、『天方性理』をよみすすめるさいにしっかりと念頭においておかないと理解しにくいからである。『天方性理』は「本経」とよばれるアラビア語やペルシア語によって書かれた原書を翻訳した部分と、その本経を解説した「図伝」とよばれる部分におおきくわかれる。本経は全部で五章からなり、四言体、八字一句でかかれ、暗唱しやすいようになっている。

各章の冒頭には各章の概略がかかれている。[1] それをみてみると、

・第一章「大世界が創造される順序を概説する（総述大世界造化流行之次第）」

・第二章「天・地・人物のはたらきをそれぞれ説明する（分述天地人物各具之功能）」

・第三章「小世界の身体と性のあらわれかたを概説する（総述小世界身性顕著之由）」

・第四章「小世界の身・心・性命にあるはたらきをそれぞれ説明する（分述小世界身心性命所蔵之用）」

・第五章「大世界と小世界の奥妙な関係と、天と人の究極的な渾然状態を概説する（総述大小両世界分合之妙義与天人渾化之極致）」

とある。大世界とは人をふくめた宇宙全体、小世界とは人のこと。原文の冒頭にそれぞれ「総述」「分述」、「総述」「分述」、「総述」とあるように、第一章（大世界）、第二章（小世界）の概説をうけて第二章（大世界）、第四章（小世界）が詳述する。そして最後の第五章で大世界と小世界の関係をもういちど総合的に解釈する、という構造になっている。また大世界（第一章）は天・地・人物（第二章）に、小世界（第三章）は身・心・性命（第四章）にそれぞれ三つにわかれることが看取できる。

本経は翻訳だが一冊の書を直訳したものではない。右にみた構造にそうかたちで劉智が各種経典の章句をピックアップしたものであり、しかも四言体で表現されているので逐語訳でもない。例をあげれば、第四章には「人若灯具、真光其火。不獲真光、徒為人具」という文章がある。「人はランプのようなもので、真光（神の光）はそのランプの火の

ようなものである。真光がなければ、人はただの道具にすぎない」という内容であり、その直後に双行で「真経注、又研真経、又道行推原経」とある。つまり以上の内容は『真経注』『研真経』『道行推原経』に記述がある、ということになる。『真経注』といった書名は意味訳されたものである。『天方性理』の巻頭には劉智が『天方性理』を著すにあたって使用した原典の目録「採輯経書目」があり、『天方性理』には四十種類の原典の音訳そして意訳名があげられている。すでに先学によって同定作業がおこなわれているが、わかっているものもあれば、不明なものもある。(2) この本経を解説したのが図伝であり、全部で五巻ある。各巻が本経の各章に対応し、その各巻がいずれも十二篇にわかれる。各篇にはまず図が付される。つまり図によって視覚的に本経の内容を表示する。そしてその図の解説（「伝」に相当する）がその次におかれる。

ここで『天方性理』の目録を次頁にあげておく。

さて、このなかで最初に「気」の文字がでてくるのが本経の第一章の「唯一の真実在が無数にわかれ、人と天の理がそなわる。そのなかには奥妙な質料がふくまれていて、元気という（一実万分、人天理備。中含妙質、是謂元気）」である。したがって、まず第一章の解説である巻一の内容を手がかりにして、劉智の気概念を検討していきたい。

巻一は大世界がどのように生成するかという問題を生成順にのべている。目録でいえば最初無称図説からはじまり、最後の大成全品図説にいたるまで、全部で十二の図説がそのまま万物が生成する段階に相当する。さらにこの十二の図説は前半の六と後半の六のふたつにわかれる。各巻が前後六ずつに意味的にわかれる構造は、巻一だけでなく全巻をつらぬいている。目録の各巻を六つの図説ごとに改行したのはそのためである。前半の六は先天の段階であり、形而上の世界、われわれが感覚することのできない知性界のこと。理世ともよばれる。後半の六は後天の段階であり、形而下の世界、われわれが普通に感覚している現象界である。先天の理世にたいして象世ともよばれる。また朱熹の

巻首・本経
第一章　第二章　第三章　第四章　第五章
図伝・巻一
最初無称図説　真体無着図説　大用渾然図説　体用始分図説　真理流行図説　性理始分図説
気著理隠図説　陰陽始分図説　四象始形図説　天地定位図説　万物始生図説　大成全品図説
図伝・巻二
先天性品図説　性品知能図説　後天形器図説　形器功用図説　理象相属図説　九天遠近図説
九天旋転図説　四行正位図説　四時往復図説　七洲分地図説　四際分空図説　一貫洋溢図説
図伝・巻三
人生元始図説　肧胎初化図説　四本分著図説　表裏分形図説　内外体竅図説　霊活顕用図説
堅定顕著図説　発育顕著図説　知覚顕著図説　気性顕著図説　本性顕著図説　継性顕著図説
図伝・巻四
心性会合図説　心品蔵徳図説　升降来復図説　人極大全図説　本然流行図説　聖功実践図説
聖賢智愚図説　障礙層次図説　疑信累徳図説　順逆分支図説　修進功程図説　全体帰真図説
図伝・巻五
真一三品図説　数一三品図説　体一三品図説　三一通義図説　自然生化図説　名相相依図説
万物全美図説　小中見大図説　大中見小図説　一息終古図説　終古一息図説　真一還真図説

理気二元論を援用して、先天、後天それぞれを理、気ともよんでいる。

『天方性理』では、万物の生成は唯一の真実在である神の自己顕現、流出としてとらえられる。これはイスラーム思想史において「存在一性論 waḥdat al-wujūd」とよばれる存在論であり、イブン＝アラビー（一一六五年～一二四〇年）が主張し、受けつがれてきたものである。劉智をはじめとする回儒たちはこの存在一性論の影響をうけている。おおまかに先天の六図説を説明すると、最初は神ともなづけられない神的なものが「存在」する状態で（最初無称図説）、つぎの三つ（真体無着図説、大用渾然図説、体用始分図説）において、神の属性や神名があらわれて、神とよべるようになり、外からはみえないものの、神の内部では分節がおこる。さらにつぎの三つ（真理流行図説、性理始分図説、気著理隠図説）において、神がみずからの外に現出し、神のなかにあった知識が神のそとにはじめて顕現する。(3) だがこの時点ではまだ不可視の存在である。つぎの段階になってやっとわれわれが見知ることができる形而下的世界、『天方性理』でいう後天が生成する。

ただここで十二の図説と生成段階がズレをおこしていることに気づく。最初無称図説の説明によると、先天の顕現段階は六つあり、真体無着図説から気著理隠図説までである。ところが先天の最後に相当する気著理隠図説によれば、後天の段階も六つあり、気著理隠図説から大成全品図説までとなっている。十二の図説があり、生成段階も十二なので、そのまま図説と段階が一対一に対応するはずなのだが、最初無称図説が生成段階に属さないために、気著理隠図説が先天の最終段階であると同時に後天のスタートでもある、という二重の役割をになっているのである。そしてその図説名からもわかるように、巻一において気が登場するのはまさにその気著理隠図説である。

巻一・性理始分図説において人の原理となる性、そして物の原理となる理がそれぞれ十三ずつあらわれる。これらが先天においてわかれて存在しているために、後天において個物としての万物が存在するのである。性と理の系列を

性	理
至聖之性	阿而実之理[4]
大聖之性	庫而西之理
欽聖之性	土天之理
列聖之性	木天之理
大賢之性	火天之理
知者之性	日天之理
廉介之性	金天之理
善人之性	水天之理
庸常之性	月天之理
鳥獣之性	風之理
草木之性	火之理
金性	水之理
石性	土之理

性と理の系列

表にすると上のようになる。

これらが出そろうと、それらの余りものが「溟滓《めいし》」となる。この溟滓という語は後漢の天文学者・張衡『霊憲』がいう天地生成以前の気の渾沌とした状態をあらわす「溟涬《めいけい》」と、いっぱんに液体中の沈殿物をあらわす「渣滓」をふまえ、[5] 沈殿したオリから万物がうまれるというイメージである。性理始分図説では「すべてが流出して分節した余りものが溟滓であり、いわゆる気である。気は万物の形象のおおもとである（由是而総一切流行分析之所余者為溟滓焉。則所謂気者是也。気則万有形象之本也）」とある。さらにつぎの気著理隠図説では「先天の精粋な段階がここまで流出してくると、はじめて渾沌とした状態を知覚できるようになる。いわゆる元気である（先天精粋之品、流行至此、始覚其有渾淪之象、則所謂元気也）」とある。つまりこの元気になってはじめてわれわれが感覚できるのである。それはなにもみえなかった溶液の底にオリがたまることによって、はじめて溶液のなかの溶質を認識するのと似ている。

この気著理隠図説の段階で無色無象の先天の世界はおわり、有形有象の後天の世界がはじまる。気著理隠図は円の中央に「元気」とかかれているのだが、この元気には先天において分節した性、理はもとより、神が神の外側にあらわれてくる以前の神の完全なる本体、大いなるはたらき（「全体大用」）もふくまれている。人と人の性、物と物の理、そして先天のすべては、この元気が発露する場において、元気に依拠して発露する。[6] 人の性、物の理は人と物の発露を通じてあらわれる。こうした重要な意味をもつ気はただ「気」とよぶわけにはいかず、かならず「元気」となづけられる。[7] 劉智は「元気」をパラフレーズして「元とはすべての精粋があつまるところ、気とはすべての精粋が住まう器（「元者、一切精粋之所聚。気者、一切精粋所寓之器」）とのべている。ここでわざわざ「元気」ということばを使用しているのには、やはり意味がある。劉智はここで中国思想でいう気とのちがいを強調しているのである。元気はこのあと陰陽にわかれ、水と火に変化し、水と火から気と土がうまれ、気火水土の四行から金、木、活という気がうまれて、それが天地の間に流行することで生物がうまれる。細部はことなるものの、大きながれとしては中国の自然哲学のかんがえかたとほぼおなじである。具体的には『周易』繫辞上伝の「易に太極有り、是れ両儀を生ず。両儀、四象を生じ、四象、八卦を生ず」である。太極と両儀がそれぞれ元気、陰陽と解釈されたことをふまえると、金、木、活の生成以外は類似していることがわかる。だが中国思想でいう元気とおおきくことなるのは先天における神の知識や能力すべてが遺伝子のようにこの元気に組みこまれている点にある。気という器に盛られているのである。気著理隠図説によれば、後天における天地万物の生成過程は元気が発露する過程のことであり、それはあたかも元気のなかにプログラムされていたものが展開する過程なのである。

後天も六段階あり、最初無称図説でのべられた六段階とあわせて表にするとつぎのようになる。『天方性理』では段階のことを「品」とよぶ。なお（　）内は最初無称図説と気著理隠図説による当該段階の簡潔な説明である。

先天	後天
不動品 （体）	渾同品 （元気発露す）
初動品 （用）	起化品 （陰陽分かる）
主宰品 （体用分かる）	広化品 （四象著わる）
初命品 （真理現わる）	正位品 （天地定む）
性命品 （万理分かる）	蕃庶品 （万物生ず）
形器品 （気象著わる）	成全品 （人類出づ）

後天の六品の図をみると、ひとつの円の内部が同心円にわかれていき、最終的には大成全品図でまたひとつの円になるというながれである。後天の最初の図である気著理隠図はさきほどものべたように、円のなかに「元気」とかかれている。したがって後天における万物生成はこの元気がどのように分節していくかということになる。元気のイメージは溶液中の沈殿

物である。この沈殿物が流行変化してまず天地をかたちづくり、天地のあいだに生物が生成され、最後に人が生まれるというのが巻一における万物生成の過程である。

第2節　元気の変化

気著理隠図説は後天においては渾同品とよばれ、先天と後天の連結部分であり、どちらの要素もかねそなえている。それゆえに「渾同」品とよばれたのだった。つぎの後天の第二段階、起化品となづけられた陰陽始分図説では、元気が陰陽に分極する。陰陽始分図説によれば、元気が陰陽にわかれるのは先天の「性」と「智」の性質にもとづく。つぎの図をみていただきたい。先天の第四段階、最初無称図説の呼称でいえば初命品である真理流行図説では、神のなかにあった「知（知識、アラビア語の ʿilm　以下同じ）」と「能（能力　qudra）」がそれぞれ「性（霊魂　nafs）」と「智（理性　ʿaql）」となって神のそとにあらわれる。「性」と「智」はさらにつぎの性命品でそれぞれ「性（霊　rūḥ）」と「理（理性、ʿaql）」になり、われわれの感覚世界における個物の原型となる。前節の性と理の系列表である。さてその「性」と「智」だが、知識にもとづく「性」は静的であり、能力にもとづく「智」は動的である。この両者の性質を元気はふくみもつことから、元気のなかの動的部分が陽となり、静的部分が陰となる。そして陽は外へとむかい、陰は内へとむかう。ただし、気はもともと動の要素がおおい（「気之為物也、動多而静少」気著理隠図説）、つまり気とは動く性質のものなのである。

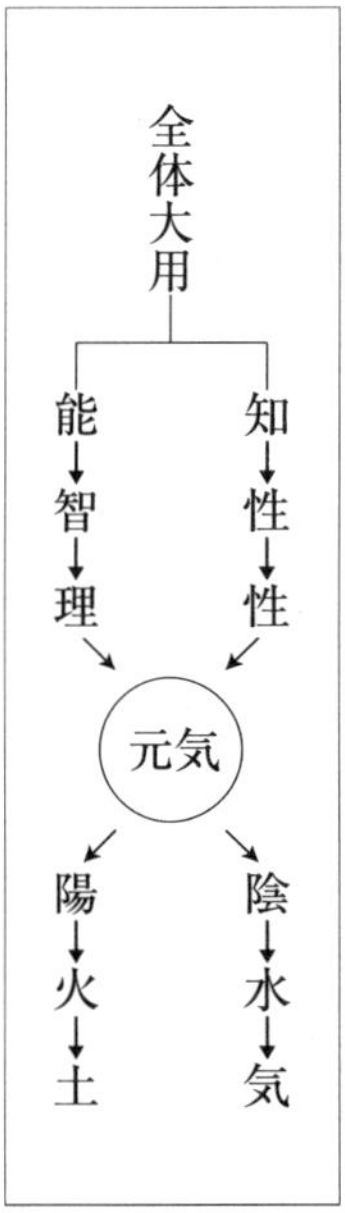

つづく四象始形図説（広化品）では、陰陽始分図説（起

化品）でわかれた陰陽が水火に変化する。そしてさらに水が火を得ると気が生じ、火が水にさらされると土を生ずる。ここで重要なのは、水から気が生まれ、火から土が生まれるということである。四象始形図説の説明によれば、水の本体は下にむかうものだが、その水のなかには「真陽」がふくまれている。したがって火によって燃やされると、その真陽が気として上にのぼっていく。いっぽう火の本体は上にむかうものだが、火には「真陰」がふくまれている。だから水にぶつかると真陰は下に墜落して土となる。[8] 陰である水のなかに真陽が、陽である火のなかに真陰がふくまれていて、真陽は陽にふれることで、真陰は陰にふれることでそれぞれの性質が活性化して上昇、下降する。水と火それぞれがたがいに相反する性質のものを包有していることが、運動の原因となっているのである。この始動因はつぎの天地定位図説でも有効にはたらく。気火水土の四象は「四元」ともよばれ、形や色をもつ物の根源となる。そして四象はなにかの混合によって生じるのではなく、それぞれ単独で成立している。

四象はさらに移動し分極して天地を形成する。天地定位図説（正位品）によると、真陽である気は外に発出して天となり、真陰の土（原文では「質」）は内側に収斂して地となる。そして火は気が上昇するのにしたがって天のなかにはいっていき、日月星辰となり、水は土地の形態にしたがって流れ、海や川となる。天地定位図説では天地が定位する原因を水火が交錯することとし、その水火の交錯の始動因をさきほどの陽のなかの真陰、陰のなかの真陽にもとめている。

天地が定位すると天と地のあいだに空間ができ、そこに生物が生まれる。天地は気火水土の四象それぞれが移動することによって完成した。気火は天を、水土は地をそれぞれ構成している。ところがそのあいだに生まれる生物は四象から直接には生まれない。万物始生図説（蕃庶品）によれば、四象はまず金、木、活という万物を化育する大綱を生みだす。「活」はなじみのない概念だが、活きたもの、つまり動物あるいは動物を生みだす気をさす。その金、木、活が気として流行することで万物が生まれるのである。この三者は「四元」である四象から生まれたものであるから「三子」とよばれるが、逆にこの三子から万物が生まれるので「万有形色の母」ともよばれる。ここで大切なことは、この三子はわれわれが実際に見たり触ったりできるものではなく、気であるということ、つまり現実の金石、草木、動物をなりたたせている原理であるということである。金、木、活はどのように生成するかというと、まず金は地と水の凝結にもとづき、気と火によって変化してできる。木は気と火の恵みにもとづき、地と水の滋養、培養をへて生成する。活は気火水土とその四象のくみあわせによって生まれた木と金をうけて地上にできる[9]。それぞれ実体としての金石、草木、動物のイメージをもとにした生成過程である。だが、もういちど確認しておくが、この金、木、活は実体ではない。気としてとらえられているのである。それでは実体としての金、木、活はどのようにして生まれるかというと、この三子が気として天地のあいだを流行することによって生まれるのである。流行する気はやはり中国的な自然観である。流行する場所によって生まれるものがことなる。

金気が流行して、山が金気を得ると玉石になり、河川が得ると珠蚌（真珠がとれるドブガイ）になり、土が得ると五金（劉智の『天方典礼』巻十四によれば金、銀、銅、錫、鉄）となる。鳥獣が得れば鳥獣の宝（象牙や鹿の角といった堅くて貴重なもの）になり、草木が得れば草木の精（樹脂や樹脂からできた琥珀などをいうか）になる。一般に万物が金気を得れば強固さを得ることになる。木気が流行して、山が木気を得ると立派な樹木がはえ、河川が得ると浮き草ができ、肥沃な土地が得ると穀物ができ、やせた土地が得ると草ができる。活気が流行して、山に生まれるのは獣で、かたちは山陵に似る。林に生まれるのは鳥で、羽毛は木の枝葉に似る。河川に生まれるのは魚介類で、鱗や甲羅は波紋に似る。土に生まれるのは昆虫で、かたちは土壌に似る[10]。以上のように三子の気が流行することで個物がうまれる。表にするとつぎのようになる。

注意したいのは、草木と動物のばあい、四象の配合によって形態や性質がかわるということである。三子の気がどこに流行するかによって、草木と動物はそれぞれ四種類にわかれたが、さらに草木では、土の性質をつよくうけたものは堅く、気の性質をうけたものは中が空洞で、水の性質をつよくうけたものは花がたくさんさき、火の性質をつよくうけたものは

	山	河川	土	鳥獣・草木
金気	玉石	珠蚌	五金之鉱	鳥獣之宝 草木之精
木気	嘉植	萍藻	禾稼（沃土） 草毛（瘠土）	
活気	走獣（山） 飛禽（林）	鱗介	蟄虫	

三子の気の流行

実をたくさんむすぶ。[11] 動物のばあいは、気と火をつよくうけたものは飛ぶことができ、土と水をつよくうけたものは走ることができる。気と土をつよくうけたものは性格が温和で、火と土をつよくうけたものは烈しく、気と水をつよくうけたものは貪欲で、水と火をつよくうけたものは乱暴である。[12] アリストテレス流のかんがえかたでは四元素の配合の割合によって別の種類の物ができるのにたいし、中国の五行では「各おの類を以て凝聚して形を成す」（朱熹「太極図説解」）のように、火なら火の気があつまって物ができあがる。[13] そういった意味では劉智の四象はやはり西方的である。ただし草木、動物といった界（kingdom）の区分にかんしていえば、植物界は木気、動物界は活気として分類されていて、中国の五行的である（もちろん五行に活はないが）。また植物のばあいは形態的特徴が四象の単一要素によって特徴づけられるのにたいし、動物はその能力、性格が四象の二つの要素の組合せによって規定されている。これはさきほど言及したように、木は気と火をもとに、土と水の滋養によって生成したのにたいし、活は気火水土と金木をうけて生成することに由来する。木は気火水土からなるが、活は気火水土にくわえて、さらに気火水土からなる金木からなる。つまり気火水土＋金木（＝気火水土）という構造になっているからである。

天地万物が出そろうと最後に人が生まれる。大成全品図説（成全品）の段階である。人はどのようにして生まれる

かというと、「〔神の〕知識と能力が気、土、水、火なる四行のエッセンスをめぐらせて、四十日で身体が完成する（知能運気土水火四行之精粋、閲四十晨而其身始成）」。ここでいう人は人一般ではなくて、最初の人類であるアダムのことである。

第3節　気の位相

さて前節において万物創造の過程をみた。後天における有形の物の生成は元気が分節していく過程であった。おおまかな生成過程を図示するとつぎのようになる。

元気→陰陽→水火→気火水土（四象）→天地→金木活（三子）→人

元気が陰陽にわかれ、その陰陽がそれぞれ水火に変化する。水から気が生まれ、火から土が生まれ、ここで四象が成立する。四象始形図説に付された「四象始形図、清升濁降図、上下分形図」によれば、四象ができたばかりのころは同心円のもっとも外から内の順に火→気→土→水とならぶが（四象始形図）、しばらくすると清は上（外）へ、濁は下（内）へと移動し、気→火→水→土の順になる。これが四象の安定した状態である（清升濁降図）。そして外側の気と火、内側の水と土がさらに外、内へと分極し、気火と水土のあいだに空間ができる（上下分形図）。気火は天となり、水土は地となり、そのあいだの空間に万物がうまれる。

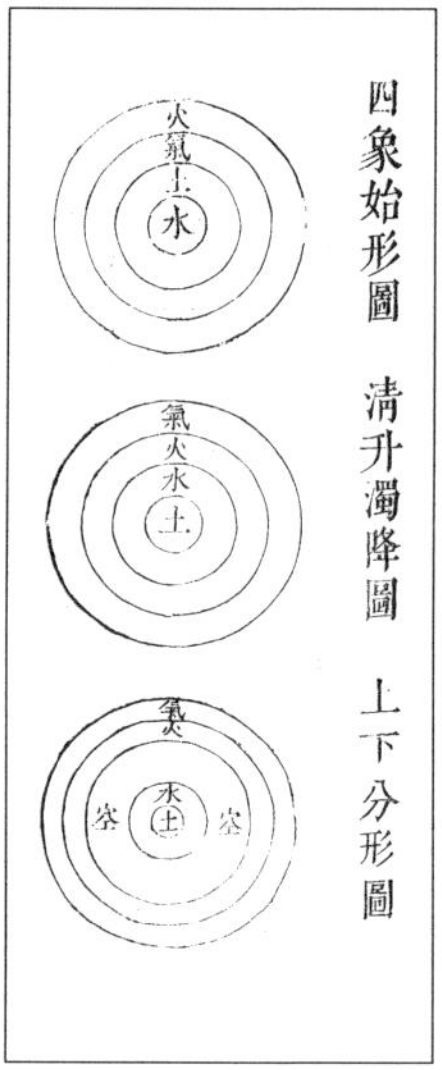

以上みてきたように後天の六品のなかで、気は三つのことなる位相で登場した。まず気著理隠図説にみえる元気。そして四象のうちのひとつである気。さらには金気、木気、活気といった三子の気。元気は先天すべてのプログラムを内におさめた種子のようなもので、この種子が開花することが万物の生成であり、『天方性理』における始源（archē）の一気である。したがって元気以降にあらわれる四象のうちの気や三子の気はすべて元気のあらわれであり、万物の生成変化の一局面を具体的に表現するばあいの呼称であるといってよい。つまりこれらの概念は最終的には元気に包摂されるのである。では元気以外の気は具体的にどのような局面を指すのであろうか。

四象のうちのひとつである気はアリストテレスでいえば空気のことであり、これについては次節で検討する。ここでは三子の気の性質をかんがえたい。この問題は三子を子として生みだした四象と密接にかかわるので、まず四象についてもうすこし検討する。

四象は天地を構成する要素であったが、天地となって存在を完全にかえてしまったわけではない。万物始生図説でみたように、金木活の三子は四象の配合によって生まれるのだから、天地が定位してからも四象は存在しているはずである。もちろん天地にすがたをかえて存在しているという可能性もなくもないが、巻二の記述をみると、四象として存在しているとかんがえるべきである。そこで巻一をはなれ巻二をみてみたい。

『天方性理』の巻二は巻一をうけて、おもに大世界について詳説しているのだが、巻頭の五つの図説では、先天性品図説、性品知能図説で先天の構造とそのはたらきを、つぎの後天形器図説と形器功用図説で後天の構造とそのはたらきを説明し、つづく理象相属図説で、先天と後天がつながっていることを説いている。後天形器図説によると、後天における大世界の構造は十四層からなる。これは先天が十四品からなるのとおなじである。第一節でみた性と理の系列が感覚世界にあらわれたのである。大世界は九つの天が同心円にかさなり、九番目に位置する太陰天（月天）から下へ風→火→水→土と降っていき、最内円に金木活がある。気ではなく風となっているが、とりあえずはおなじものとかんがえておく（くわしくは次節を参照）。図をよくみると、風火水土の部分は円ではなく、半円となっている。つまりこの四象が存在する場所は天ではなく、天と地にはさまれた上下分形図でいう「空」の部分であり、万物が生まれる場なのである。月より下の月下界を四元素の配置でとらえるかんがえかたはアリストテレス『生成消滅論』第二巻第三章にみえる宇宙像で（アリストテレスでは風と火が逆になるが）イスラーム哲学にも受けつがれるものである。この後天形器図から四象が天地のあいだに存在していることがわかる。さらに興味ぶかいことに、後天形器図説では四象を「四つの気（「四気」）」と表現しているのである。つまり「木金活の三者は風火水土の四つの気が生みだした三つの子なのである（木金活三者風火水土四気所生之三子也）」と。この一文から四象も三子と同様に気としてとらえられていたことがわかるのである。したがって気としての四象、三子の性質、特徴をかんがえなければならない。具体的には、中国の五行のように気の性質、運動、様態をあらわすのだろうか。それとも西方の四元素のように、ある物質を構成する要素なのだろうか。

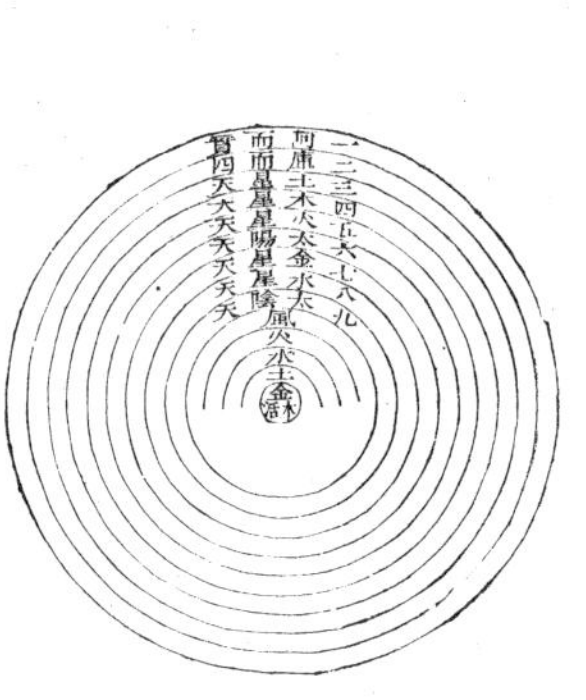

後天形器圖

まず四象のほうから検討すると、四象はそのまま天地を構成する要素であり、また三子も四象の混合によってできていたので、四象を四元素としてかんがえて問題はないだろう。だが元気のある時点でのあらわれかたとしてみるならば、元気とはべつに四象があるわけではないし、また四象は気であった。つまり中国の五行的な性格ももっているのである。もうすこし四象の特徴をたどってみたい。

巻二・九天旋転図説はアルシュ（阿而実）天（宗動天のこと）が東から

西へ旋転し、クルスィー（庫而西）天（恒星天のこと）以下の七天が西から東に旋転すること（年周運動）を解説する図説である。アルシュ天はどうして東から西へ旋転するのか。それは四象のうちのひとつの気（つまり気火水土のうちの気）が東から西にむかう性質をもっていることによる。まず「東は生気があつまる方位であり、気の方位である（蓋東方者生気所聚之専位也。気之専位在東）」という説明がある。東が気の方位であるという根拠は中国的には解釈可能である。「生気」とは古典中国語では万物を生みそだてる気をいう。たとえば『礼記』月令・季春に「是の月や、生気方《はじ》めて盛んにして、陽気発泄す」とあるように、春は万物が芽吹く季節であり、生気、陽気がさかんになる。春は五行でいえば木に相当するが、方角は東である。したがって東が気の方位であるということになる。さて、気は東から起こると、反対の西にむかう。これが自然な動きであり、アルシュ天はそれにならって東から西に旋転する。これにたいしクルスィー以下の七天は西から東に旋転するが、それは西をその方位とする土と関連する。クルスィー天には恒星がひっつき、七天にはそれぞれの惑星が、たとえば土星天には土星がひっついているのだが、その星は火が天にのぼってできたもので、いわば火の跡である。いっぽう土も火が水にさらされてできた跡である。(14) つまり火を媒介にして星と土はつながるのである。土が西から起こると、反対の東にむかう。クルスィー以下の七天はこのうごきにもとづいて西から東に旋転する。アルシュ天とクルスィー天以下の七天の旋転がやむことなくつづくとどうなるか。東方の気と西方の土が融合するだけでなく、南方の火、北方の水もその旋転につられて運動をはじめ、四気は混入するのである。(15) そしてつぎのようにいう。「四気がまじわり融合して、万物の化育の根源となるのだが、それはすべて九天が旋転する力に依拠するのだ（四気之所以交融而為化育万物之原者、皆九天旋転之力為之也）」。したがって四気はけっして固定していない。九天が旋転するかぎり四気も運動をつづける。だがこの九天旋転図説の最初の議論にもどると、アルシュ天が旋転するのは気が東から西へむかう性質があるからであり、クルスィー天以下の諸天が旋転するのも土が西から東にむかうからであった。実は九天旋転図説の冒頭ですでに「アルシュ天とクルスィー天以下の諸天のうごきからわかるのは、九天の旋転はすべて四気が関与することで生じるということである（両動之説明、乃以知九天旋転之為用皆四気互相関合之所為也）」とのべていた。まるで卵とニワトリの先後問題のようで、相矛盾するかにみえる。だが、そもそも九天も四気も元気から陰陽、そして陰陽から生じた四象が展開したものであった。つまり九天の旋転も四気の流行ももとをただせば四象の運動の結果なのである（その背後にはもちろん元気があるわけだが）。ここに四象の特徴がみられる。つまり四象から生成した九天と天地のあいだに存在する四気は、相互補完的に運動因となるが、その矛盾を担保するのが四象なのである。

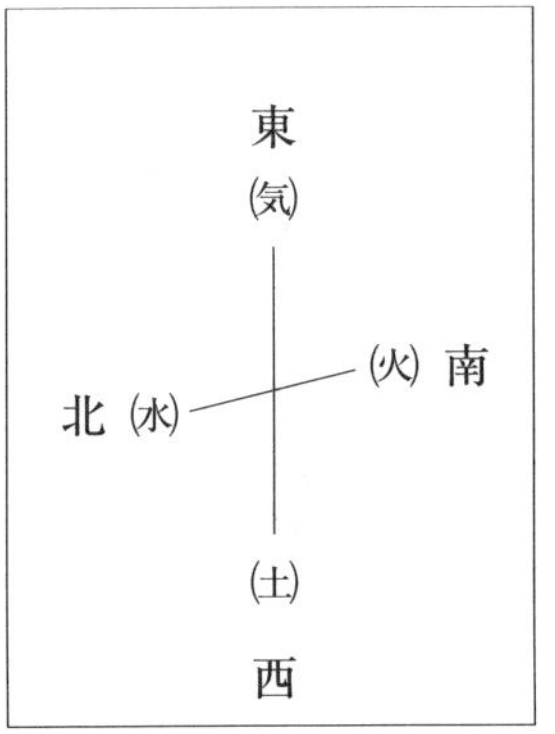

またここで興味ぶかいのは、大世界の構造では垂直方向に気→火→水→土とならんでいた四象が、月下界において東（気）、南（火）、北（水）、西（土）という水平方向にシフトしていることである。垂直方向の気→火→水→土の構造は「四行之本位」とされていて（巻三・表裏分形図説）、この配置が安定状態である。したがって四象が水平化すると、安定状態を反映して火は気よりに、水は土よりになる。水平にシフトした場合の気火水土の位置は、垂直方向の位置を反映して上の図のようになるだろう。東西の対角線にたいして南北の対角線が垂直にまじわらないので、東西方向の運動が南北方向につたわるのだろう。また太陽が東からのぼるのは気と火が上昇する象徴であり、西にしずむのは水と土が下降する象徴である。

四方に定位する四象は、つぎの四行正位図によって明確に図示され、さらにその図説によって説明がくわえられている。まず冒頭に「四行即ち四象なり」とある。四行とは四象がそれぞれ定位した方位から反対の方位にむかって行く、あるいは行《めぐ》るという性質にちなんだ呼称である。四象は気であり、この気はめぐるという性質をもっている。また気火水土それぞれには「集中する方位（専注之位）」があり、さらにむかう方位がある。気が集中する方位は東で、西へ行き、土が集中する方位は西で、東へ行く。火が集中する方位は南で、北へ行き、水が集中する方位は北で、南へ行く。そして四象が流行するとどうなるか。「それぞれの本位からむかう方位に行き、その流行がすきまのないくらいひろがると、四気はまざりあって滾々と一気をうみだす。四者が単独でうごいても万物は生まれてこない。四者がまじりあってはじめて万物は生まれるのである（各自其本位而行、至於瀰満無隙之処、則四気互相攙而滾為一気矣。四者単行則万物無自而生。四者相攙則万物於茲而化育焉）」。四気（四象のこと）がたがいにいりまじると一気となるのである。いったいこの一気とはなにを指すのだろうか。

ここで想起されるのは左にあげた周敦頤「太極図」である。太極図は『周易』繫辞上伝の「易に太極有り、是れ両儀を生ず。両儀、四象を生じ、四象、八卦を生ず」を下敷きに万物生成論を視覚的に表現したものである。その太極図の第三位（第三番目の図）は五行の生成が説かれている。その下には小さな円があるが、これは火水木金の「四象」から出た線がつながっている。「太極図説」によれば「無極の真、二五の精、妙合して凝る」つまり無極と陰陽の二気、五行の精気が凝固したものである。生成論的な位置としては『天方性理』の一気はちょうどこの小円に相当するだろう。太極図ではこのあと第四位で男女が、第五位で万物が生まれる。『天方性理』のばあいも一気のあとに万物そして人が生まれるのであるから、人と万物の順序が逆だが、

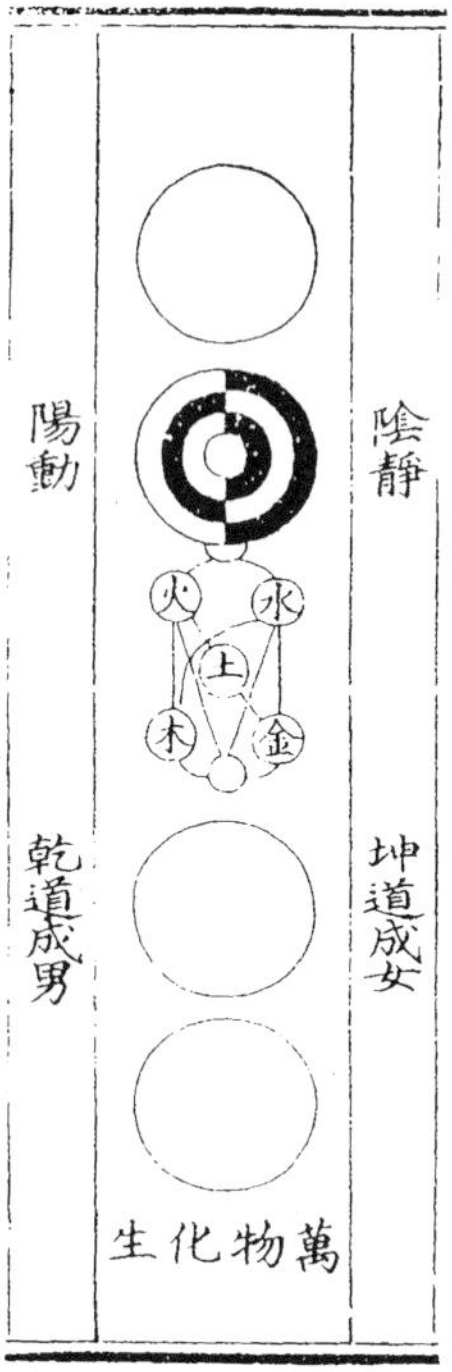

八卦に象徴される万物がこの一気（太極図の小円）から生まれるという点ではおなじである。つまりわれわれが実際にみることができ、さわることができる万物が生まれるスタートを一気と名付けているのである。

したがって『天方性理』では四象と万物のあいだにはいちおうの区別がある。そしてその区別も先天、後天と表現される。

四行正位図説の後半のテーマである四行と五行の調停をみてみよう。くわしくは第3章2節でふれるが、つぎのような内容である。ある者が質問をする。南が火に属し、北が水に属すのはよい。だが、中国の五行思想では東は木に属し、西は金に属すのであって、どうしてイスラームでは東が気に属し、西が土に属すというのか。それにたいして劉智はつぎのようにこたえる。東が気に属し、西が土に属すのは先天であり、東が木に属したり、西が金に属すようになるのは後天である、と。ここでの先天、後天とはこれまでのべてきたものとはちがい、パターンとしての先天、後天であり、時間的な先後関係を指す。先天では東＝気、西＝土だが、後天になるとこの気と土からそれぞれ木と金が生まれ、生まれたあとは母子が一緒に住まうように東には気と木が、西には土と金が同居することになる。この四行と五行の母子関係はつぎの四時往復図説でもくりかえし言及されている。つまり四行と五行のあいだには先天と後天とよばれる時間的な区別があり、四行は先天で機能し、後天ではかたちをかえて影響をおよぼす。五行は後天において援用される概念であり、後天であれば有用である、ということにもなる。[16] それではこの先天と後天のわかれめはどこかといえば、天地が定位する前と後であろう。

さきほどの一気にもどると、四象はまじりあって「滾々と一気をうみだす（滾為一気）」。「滾」は朱熹が「五行、陰陽の七者袞合す、便ち是れ物を生ずる底《の》材料なり」（『朱子語類』巻九四）というように陰陽五行から万物が生まれでてくるさまを形容するときによく使用する語であり、水が沸騰し、蒸気が対流するイメージである。[17] 劉智の「滾為一気」の「滾」はこうしたイメージをふまえたものであり、この一気から万物が生まれる。ただし万物はこの一気から直接生まれるのではなく、上述のとおり、一気が金気、木気、活気となって天地のあいだを流行することで生まれる。したがって四象と万物のあいだには区分があるのだが、深い断絶ではなく、三子の気という概念によってつながている。

四象と三子はおなじく気であるが、四象が自然発生的に単独で生成するのにたいし、三子は四象の合成によって生じる。また四象が天地の生成を直接に担うのにたいし、三子はその天地のあいだに存在、生息する万物の根拠となる。三子は四象からなるので、四象も万物の生成には当然かかわってくる。また四象の組合せによって三子が生まれるのであるから、四象は四元素といえる。いっぽう三子は元素ではなく分類概念である。そうした四象から三子の質的転換点が一気とよばれるのである。おなじ気ではあるが、四象と三子には以上のような差異がある。

また付言すると『周易』繫辞上伝の「四象」は鄭玄や『周易正義』によって「五行」と解釈されたが、『天方性理』ではそのまま四象なのであり、すんなりと繫辞伝の記述と合致する。

ところでアリストテレスの四元素の特徴は熱と冷、乾と湿という四つの性質がわりあてられていることである。火は熱と乾、空気は熱と湿、水は冷と湿、土は冷と乾である。劉智の四象にはこの四つの性質が明言されていない。だが、これに似ているものとして巻二・四際分空図説の記述がある。四際分空図説は気象学について専論するが、それによると、天の下（いわゆる月下界）には上から熱際、冷際、湿際、温際の四つの層があり、万物をそだてるはたらきをしている。そして太陽の光が地中にはいってできた「積陽の気」が上昇して各層にぶつかると各種の気象現象がおこる。四つの層は風火水土の四行にもとづいていて、各層と四行、そしてその性質、その層でおこる自然現象を表にする。

	熱際	冷際	湿際	温際
四行	火	風	水	土
性質	炎熱	冽粛	稍涼	和平
現象	彗星 流星	雹	雨	塵霧雲
	天	地		

四際と四行の関係

すると上のようになる。すぐに気づくことは、温の突飛さである。熱、冷、湿とくればつぎは乾になりそうなものだが、予想に反して温となっている。劉智が生きた江南地方の気候をかんがえてのことかもしれないが、熱と冷、湿と乾といった対立する性質のくみあわせから四行をとらえようとしていないことがわかる。それは巻一・四象始形図説でもそうであった。もうひとつ気づくのは、垂直軸の四行の順番である。劉智はこれまで風→火→水→土という順序では議論をすすめてきたが、ここでは上から火→風→水→土の順になっている。ここにかぎって風と火をいれかえたのはどうしてか。黒鳴鳳もその点にきづいていたらしく、按語において劉智に質問をしている。劉智のこたえは、湿際は水に属しているので、もし火（熱際）と水（湿際）が隣りあわせだと打ち消しあってしまう。だから火と水のあいだに風（冷際）が入ることで、水はつねに潤い、火はつねに燃えるのである、というものである。この火→風→水→土はアリストテレスの順とおなじなのだが、おなじなのは四行の順序だけであり、四つの性質にかんしてアリストテレスでは熱→湿→冷→乾の順なので、アリストテレス流のかんがえかたを直接の根拠にしているようではない。アリストテレスと劉智とではおなじ四元素を使用しながらも、性質や意味がちがうことが以上からわかる。

第4節　気と風

前節で保留しておいた気と風のちがいについてここで検討してみたい。四象のなかの、四元素説でいえば空気に相当するものを劉智は風とよんだり、気とよんだりしている。劉智のなかでは気と風の区別があるのだろうか。

まず本経をみることにする。本経での用例はすくない。風は本経では一回しかつかわれない。第二章の九天を説明する箇所で、アルシュ天から下へくだっていき、月天のあと、つまり月下界の説明で「風〔の性質〕は動くこと、火は発散すること、水は滋養すること、土は安定すること（風以動之、火以発之、水以滋之、土以奠之）」とある。それにたいして気は（もちろんここでは四象あるいは四行のひとつとしての気のみをかんがえる）第一章に「火と水がぶつかって、気と土とができる。気と火は外に発出し、天、星となる（火水相搏、爰生気土。気火外発、為天為星）」や、それをうけた「気火水土を四元といい、金木活を三子という（気火水土、謂之四元。金木活類、謂之三子）」がある。したがって十四層からなる大世界のなかの月下界の一層をいうばあいの呼称で、気のばあいは万物をうみだす要素として、まさに四元素のひとつとしての呼称である、とひとまずかんがえられる。

図伝にも用例はいくつかあるが、四象を「風火水土」「気火水土」とよぶ例をあげて、おおまかな方向性を抽出してみたい。四象のことを「風火水土」とよぶ例は全部で八つ。また「気火水土」とよぶ例（順番は不問）は六つ。表にすると次頁のようになる。

風の例を巻一からみていくと、「九天の理のあまりものが変化して風火水土の理ができる。天はたえず運行するものであり、風火水土もたえず運行する」[18]（巻一・性理始分図説）、「九天の下は風、火、水、土がつづき……木金活は風火水土の四気が生みだした三つの子である」[19]（巻二・後天形器図説）、「空中には地から天までに四つの際（層）がある。地に近いのが温際、その上が湿際、その上が冷際、天に近いのが熱際である、四際は風火水土の四行によってできたものである」[20]（巻二・四際分空図説）とあり、いずれもやはり月下界の層のひとつを指している。また巻三の前のふたつの例は胎児が成長する過程をのべていて、まず子宮にはいった「一点（受精卵をかんがえておけばよい）」が色のちがいから四層にわかれ「四つの色がわかれると、風火水土の四行はできあがった色にしたがってそれぞれに属す」[21]（巻三・四本分著図説）、「子宮でながいあいだあたためられると、風火水土の四行の本性が活発にうごきだし、最初にできた四色の層からはなれる」[22]（巻三・表裏分形図説）とある。風がなにかからどのようにうまれるかというのではなく、まず月下界の四層としての風のイメージがさきにあって、それを前提にした表現である。おなじく巻三の気性顕著図説の「気性は気質にもとづき、気質はさらに風火水土の四行にもとづいて形成される」[23]はさきの四本分著図説、表裏分形図説をうけたものである。巻四・升降来復図説の「先天の変化はひとつの理から流行して継性、霊性、活性、長性、鉱性、四行の性とくだっていき元気でおわる。……後天の変化は元気よりわかれて土水火風、金石、草木、鳥獣としだいにあきらかになっていき、人でおわる」[24]は気でもよさそうなのだが、重点は変化にではなく、できあがった層におかれているのだろう。

	風火水土	気火水土
巻一　性理始分図説	2	
四象始形図説		2
万物始生図説		1
大成全品図説		1
巻二　後天形器図説	1	
四行正位図説		1
四時往復図説		1
四際分空図説	1	
巻三　四本分著図説	1	
表裏分形図説	1	
気性顕著図説	1	
巻四　升降来復図説	1	

いっぽう気の例は巻一では後天における元気の変化にかかわる。「このとき陰陽が変化して水火となる。水が火を得れば気が生じ、火が水にさらされれば土が生ずる。したがって水火土気の四象ができるのである」[25]（巻一・四象始形図説）、「活とは気火水土の四者があつまって空中にひろがり充満してできたものである」[26]（巻一・万物始生図説）、「神の知識と能力が気土水火の四行の精粋をめぐらせて、四十日たって人の身体ができあがった」（巻一・大成全品図説）。気そのものが生まれる過程、あるいはその気があるものを構成する要素のひとつとなるばあいである。また巻二・四行正位図説は「気自水生、土因火出。気土水火是為四行」と、気が生まれる過程であり、それにつづけてさきほどもふれたように「四気はまざりあって滚々

と一気をうみだす。……四者がまじりあってはじめて万物は生まれるのである」とのべている。巻二・四時往復図説も「気火水土は先天であり、木と金の母である」とあり、なにかを生みだす要素である。

より決定的な例をあげておこう。巻三の表裏分形図説では風とよばれていたものがつぎの内外体竅図説では気とよばれている。ふたつの図説のあいだにはどのようなちがいがあるのか。表裏分形図説はさきほどもふれたが、人の胚胎二ヶ月めの状態を解説している。「一点」の四層が風火水土の本性にしたがって、本来の位置に移動し、表と裏《なか》にわかれるのだが、つぎの内外体竅図説では表裏の分化という層レベルの変化ではなく、質的変化をおこす。表の土に属するものはからだをつつむ肉になり、水に属するものは血管になり、気に属するものは心臓（心筋）となり、火に属するものが心房心室になる。(27)つまり議論の対象が層でなくなると風は気といいかえられているのである。

つまり、風は月下界を構成するひとつの層のことを指し、あるいはそのイメージをふまえた文脈でつかわれる。いっぽう気は水から生まれ、なにかを生みだす構成要素のひとつである。風と気の用法から以上のような意味内容のちがいが抽出できる。さらにもうひとつ指摘しておきたい。アリストテレス流の四元素は月下界にしか存在しない。したがって空気は月下界を構成する要素であって、月上界には存在しない。月上界をみたしているのはエーテルとよばれる透明な物質である。ところが劉智がいう気は巻一・天地定位図説に「天即気也」とあるように、月上界をみたすエーテルの役目もになっているのである。手でつかめない、目にみえないものを「気」となづける中国伝統思想がおおきくはたらいているのである。

ちなみに劉智の『天方典礼』をみてみると、風はほとんどつかわれていない。筆者がさがしあてたのは二例。ひとつは後編・剪薙にみえる体毛の説明。(28)人は風火水土の気をうけて生まれるが、体毛はその四気のあまりものである。風は眉、火は髪、水はくちひげ、土はあごひげ。風火水土の順に記述されているが、眉と髪は位置的に逆である。そうすると、さきほどの四際分空図説と同じ火↓風↓水↓土という順になり、アリストテレスの説も伝わっていたことになる。ともかくこの例も垂直軸上の位置を問題にしており、そのばあいは風と表現されていることが確認できる。もうひとつは巻二〇・附祀典の答問の記述。亡くなった人を葬るのにどうして棺桶はいらないのかという質問にたいする回答である。土に直接うめたばあいは百年たっても身はくずれないが、棺桶だと三日ももたない。イスラームでは高くて水はけのよい、そして堅くてくずれにくい土地をさがし、深く緊密に掘る。しかばねには氷と麝香膏をぬってなかに虫がわくのをふせぎ、穴にはいくつかの香料や樟脳をいれて外からの虫をふせぐ。地震があってもくずれないし、盗賊があけることもできない。石でつくってもこれほどかたくはならない。しかも土というのはよごれをとかし、きれいにするという性質をもっている。「人の命がひとたび絶えると、からだは腐る。気は風にかえり、あたたかさは火にかえり、津液（体液全般）や骨肉は土にかえり、くさってよごれた液体も地中にしみこんでいく[29]」とある。物質的な肉体は土にかえるのだから、気は精神的なものをさすのだろう。アラビア語のルーフ（rūḥ 霊）を念頭にいれている可能性もある。『天方性理』では気は心臓（心筋）となり、その心臓には性が住まうとされている[30]。四行を層としてみたばあい、水土の層は実際には地上であるから、火と気の層は空中である。「気が風にかえる」とは気が風の層つまり空中に拡散することをいうのだろう。

第5節　四元から三子の生成

最後に四元（気火水土）から三子（金木活）が生成する過程を検討したい。劉智の万物生成論をかたるうえで四元三子はユニークかつ重要な概念である。その四元から三子がどのように生成するかについては三カ所でのべられている。

本経第一章とそれを解説する巻一・万物始生図説、そして巻二・後天形器図説である。だが一見するとそれぞれちがうことをいっているようにもよめる。そこでこれらを比較検討しながらよみなおしたい[31]。また青木隆、佐藤実、中西竜也、仁子寿晴編「訳注　天方性理巻二　その一」（『中国伊斯蘭思想研究』第二号、二〇〇六年）一四三頁～一五〇頁の成果も積極的に取り入れることにする。

まず最初に大世界において月下界は四象が上から下へ気↓火↓水↓土の順にならんでいることを念頭においてもらいたい。大枠としては三子はこのながれを逆行することで生まれる。つぎに問題となる箇所の原文そして拙訳をすべてあげておく。原文は比較しやすいように改行したが、ほんらいはそれぞれひとつながりの文章である。

造化流行、至土而止、流尽則返。返与水合、而生金石。
金与火合、而生草木。
木与気合、而生活類。（『格致全経』本経第一章）

造化の流行は土で止まり、流行が尽きると返っていく。返って水と合して金石が生まれる。金と火が合して草木が生まれる。木と気が合して活類が生まれる。

金者、本地水之凝結、而得乎気火之変化以成。
木者、本気火之施授、而得乎地水之滋培以生。
活者、本気火水土、四者之湊合而洋溢充満於空中者也。（巻一・万物始生図説）

金は地と水の凝結にもとづき、気と火の変化を得てできる。木は気と火の恩恵にもとづき、地と水の滋養を得て生まれる。活は気火水土と四者の混合にもとづき、空中にひろがり充満するものである。

土返而向水、遂与水相凝合而金生焉。
金能吸火下降、火降則気随入於土而木生焉。
木能生而金能鳴。二者相湊又以適合於四気之感而飛揚生活之気生焉。（巻二・後天形器図説）

土は返ると水にむかい、水と凝結しあわさると金が生まれる。金は火を吸いこんで下に降ろし、火が降りると気はそれにしたがって土にはいり、木が生まれる。木は生長するという能力をもち、金は鳴るという能力をもつ。この木と金があつまり、さらに四気の交感にうまく適合すれば飛揚し生育活動する気が生まれる。

まず本経の内容を図示しておこう。

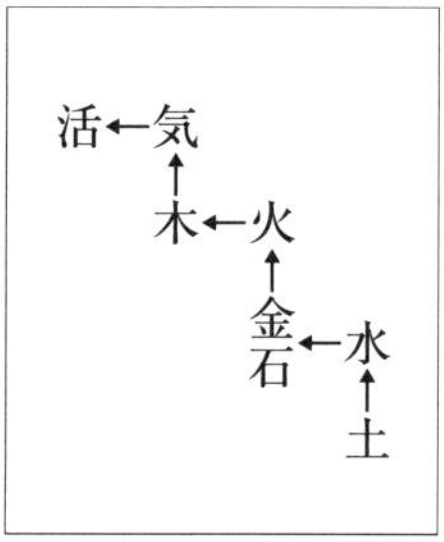

本経第一章

土から水にいくと金石が生まれ、その金石に火が合わさると木が生まれる……ということは金石が生まれるには水が必要で、木が生まれるには火が必要である……ということである。つまり金石（以下、金と総称する）を規定するものは火であり、木を規定するものは水であり、活を規定するものは活ということになる。規定するということは金、木、活を特徴づける要素であるということであり、他の要素がまったく関与しないということを意味しない。

巻二も基本的にはこの図で理解できる。土が水と合わさると金が生まれる。金は火を吸い込んで（金属が熱を帯びることを想起せよ）木が生じる。ただし巻二ではここで気がかかわってくる。植物の生育に空気は不可欠である。さらに木の生長能力と金の鳴る能力（動物の音声を想起せよ）にくわえて気火水土の四気が合わさると活が生じる。本経が金、木、活を規定する要素に焦点をあわせた記述であるのにたいし、巻二では規定する要素をとりまく外的環境条件

金＝地水＋気火
木＝気火＋地水
活＝気火水土＋四者之湊合

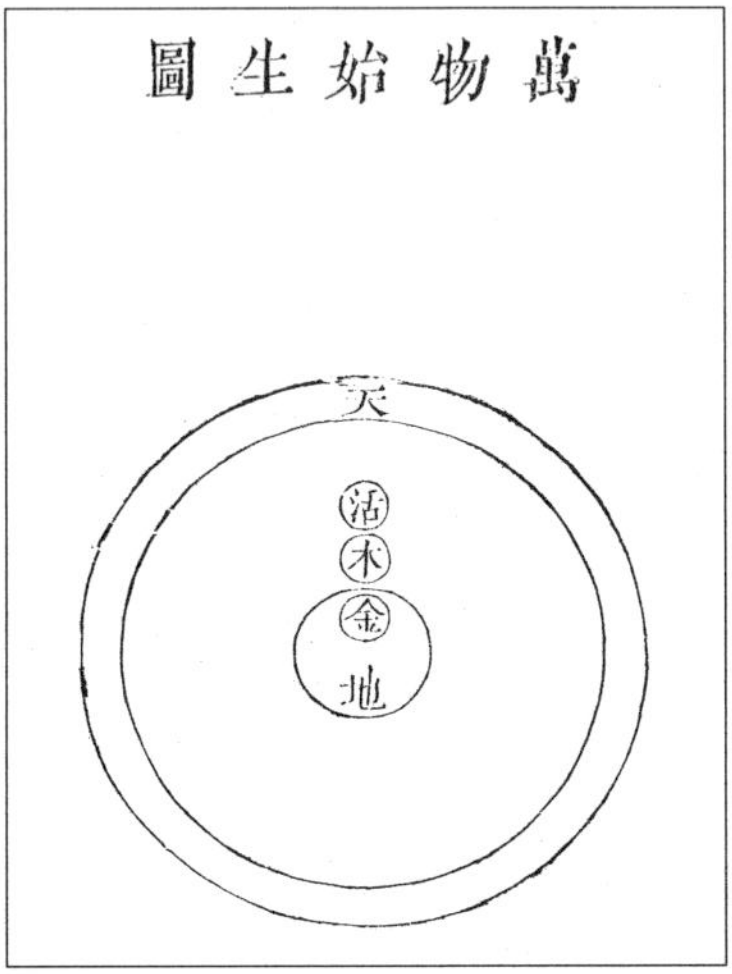

巻一
万物始生図説

を付加した説明になっている。さきほど本経の説明で、金、木、活を特徴づける要素は水、火、気であるが、そのことはその他の要素がまったく金、木、活に関与しないということを意味しないと述べた。第3節で考察したように、天地のあいだには気火水土の四象の気が流行しているのであって、その流行のなかに万物が生成するのである。したがって天地のあいだに生じる万物はかならず四象の気の影響をなんらかのかたちで受けているとかんがえるべきであろう。そのことを明確に指摘するのが巻一の記述である。

巻一の内容を図示すると右上のようになる。

金、木、活の生成すべてに四象の気がかかわっていることは一目瞭然である。金は土水を構成要素にして、外的環境としての気火の影響をうける。上の万物始生図をみると、金が地の円に内接しているのがわかる。木は気火を構成要素として、土水の滋養を得て生まれる。図では地の円に外接している。大地のうえ、気火側に生成するのである。そして活は気火水土と四者の湊合したもの、つまり金、木をふまえて生じる。図では木の円の上に外接している。金木の生成の上に立ち、空を飛ぶ鳥も射程にいれた図である。

小　結

以上にのべてきたことをまとめておく。『天方性理』における気はいくつかの位相をもっていた。まず元気とよばれるものがある。ここには先天世界における神の知識や能力すべてが遺伝子のように組みこまれていて、後天世界における万物生成はこのプログラムの展開であり、後天における始源である。

その元気のあらわれである四象（気火水土）はアリストテレス流の四元素に相当するが、四象じたいもたえず流動する気とかんがえられている。中国的な四元素である。四象のなかの気については、風ともよばれる。そのばあいの気と風のちがいは、気はなにかを生みだす要素つまり四元素のひとつとしてとらえられ、風は月下界を構成するひとつの層のことを指示する傾向にあった。

そして四象が混合することでうまれる一気（具体的には金気、木気、活気の三子）が流行することによって現実世界の個物が生成する。劉智は形而上的世界と形而下的世界を先天と後天という語でわけているが、じつは後天のなかにも天地が定位する前と後という先天、後天の区分がある。その天地の生成（先天）と万物の生成（後天）との接点がこの一気である。また気、火、水、土の四象の気が混交することで生じる金、木、活の三子の気は、混じることなくそのまま分類原理としてはたらく。

注

（1）代表的なものには桑田六郎「劉智の採経書目に就いて」（『市村博士古稀記念東洋史論叢』冨山房、昭和八年）、D.D.Leslie, *Islamic Literature in Chinese, Late Ming and Early Ch'ing: Books, Authors and Associates*, Canberra College of Advanced Education, 1981, などがある。

（2）図伝にはこれに対応するように各巻の冒頭にもうすこしくわしい「概言」がおかれている。

（3）巻一のくわしい内容、解説については、佐藤実、仁子寿晴編、回儒の著作研究会訳注『訳注天方性理巻一』（文部科学省科学研究費補助金学術創成研究・イスラーム地域研究第五班、二〇〇二年）を参照。

（4）「阿而実」そしてつぎの「庫而西」はそれぞれアラビア語のアルシュ ʻarsh（神の玉座）、クルスィー kursī（足置き）のこと。月、水星天、金星天、太陽天、火星天、木星天、土星天のさらに外側にあり、宗動天、恒星天に相当する。

（5）性理始分図では「溟渣」となっているが、「渣」も「滓」もおなじく沈殿物のこと。

（6）人与其人之性、物与其物之理、無不於此元気之所発露而因之以発露焉。（巻一・気著理隠図説）

（7）是故名之者、不得僅名之為気。而必名之曰元気也。（同右）

（8）気即水之妙化而欲升騰者也。水体雖下而含有真陽。故受火熾而其気直欲升騰。火与水搏而土生。土即火之存跡而欲墜落者也。火体雖上而含有真陰。故与水搏而其土不得不墜落。（巻一・陰陽始分図説）

（9）金者、本地水之凝結而得乎気火之変化以成。木者、本気火之施授而得乎地水之滋培以生。活者、本気火水土四者之湊合而洋溢充満於空中者也。（巻一・万物始生図説）

（10）是故金気流行、山得之為玉石、水得之為珠蚌、土得之為五金之鉱、鳥獣得之而成鳥獣之宝、草木得之而為草木之精。一切万物得之而各成其為堅明定固也。木気流行、山得之生嘉植、水得之生萍藻、沃土得之生禾稼、瘠土得之生草毛。……活気流行、生於山者為走獣、其形体与丘陵似。生於林者為飛禽、其毛羽与枝葉似。生於水者為鱗介、其鱗甲与水波似。生於土者為蟄虫、其形質与土壌似。（巻一・万物始生図説）

（11）四植之中、稟土勝者為堅質、稟気勝者為中空、稟水勝者多繁花、稟火勝者多果実。（同右）

（12）四生之中、稟気火勝者能飛、稟土水勝者能走、稟気土勝者性温、稟火土勝者性烈、稟気水勝者性貪、稟水火勝者性暴（同右）。なおこの四行と性質の分析は第5章第2節を参照のこと。

（13）山田慶児『気の自然像』一三八頁（岩波書店、二〇〇二年）。

（14）庫而西並以下七天、何以皆与土相関。当其元火冒入於天体而成象也。惟阿而実為元火之所不能麗。其余八天皆有焉。土者火之所存跡也。故八天皆与土有相関之義。（巻二・九天旋転図説）

(15) 両動不息則不惟東方之気、西方之土互相融入、即南方之火、北方之水亦莫不因其旋転帯動而運行布入矣。(同右)

(16) 第5章でみるように、動物分類において五行が援用されているのもその証左である。

(17) 山田慶児『朱子の自然学』一〇七頁(岩波書店、一九七八年)。

(18) 自九天之理之所余、而化風火水土四行之理。天之理運行不息者也。風火水土之理亦皆運行不息。(巻一・性理始分図説)

(19) 九天之下、其次於天者風、次於風者火、次於火者水、次於水者土……木金活者風火水土四気所生之三子也。(巻一・後天形器図説)

(20) 空中自地至天有四際。近於地者温際、上於温者湿際、再上者冷際、近天者熱際。四際蓋本風火水土四行之所結撰而有者也。(巻二・四際分空図説)

(21) 四色分而風火水土四行因其色之所成而各有属焉。(巻三・四本分著図説)

(22) 得子宮温養之気、較前為久。久則風火水土四行之本性、飛揚発動、離四色初成之層次。(巻三・表裏分形図説)

(23) 気性本於気質。気質又本風火水土四行而成。(巻三・気性顕著図説)

(24) 先天之化、自一理流行而有継性、霊性、活性、長性、鉱性、四行之性、遁降而至於元気止焉。……後天之化、自元気分著而有土水火風金石草木鳥獣、漸次発明而至於人止焉。(巻四・升降来復図説)

(25) 当斯之際、陰陽化而為水火。水得火則生気。火暴水則生土。是故水火土気四象成焉。(巻一・四象始形図説)

(26) 活者、本気火水土四者之湊合而洋溢充満於空中者也。(巻一・万物始生図説)

(27) 其表之属土者化為周身之肉。属水者為脈絡之路。其裏之属気者化為心之質。属火者発為霊明之孔而対峙於心之左右。(巻三・内外体竅図説)

(28) くわしくは第3章第2節を参照。

(29) 吾人造穴、先択其地之最高而無水者、次択其地之最堅而不崩者。抉壙極其深、穿穴極其密、屍塗氷、麝香膏以絶内虫之作、穴鋪群香、樟脳以杜外虫之侵。震動不能崩、盗賊不能発。雖石室、未有若是之固者。且土之為物、独能鎔垢為浄。人命一絶、通体皆敗、気帰風、煖帰火、津液骨肉帰於土、穢汁随出随滲。(『天方典礼』巻二〇・附祀典・答問)

（30）臓器としての心、精神的なこころ、そして人の本性の関係は巻四・心性会合図説で議論され、また巻四ぜんたいのテーマでもある。くわしくは青木隆・佐藤実・仁子寿晴編「訳注天方性理巻四」（中国伊斯蘭思想研究会編輯『中国伊斯蘭思想研究』第一号、二〇〇五年）を参照されたい。

（31）というのは、注（3）前掲書六〇頁に『天方性理』の議論が矛盾するという主旨のことを筆者がかいたためである。この場をかりてもういちど再検討したい。

第3章　五行（その一）　五行と四行の関係

本章では劉智が西方由来の四行説（四元素説）と中国伝統の五行説をどのようにとらえていたかを考察する。明末はイエズス会士の来華によって、アリストテレスの四行説が紹介され、中国の自然科学者に影響をあたえていた。かれらは陰陽という二分法ともともとなじみにくい五行説を見つめなおし、四行あるいは二行へと要素をしぼっていった。中国ムスリムが漢語によって著述をおこなったことにたいして、イエズス会士による影響があったかは、いまは措く。ただ劉智は「中国人」であったので、中国伝統の五行説には親しんでいたであろうし、[1]それと同時にムスリムであるから四行説を教義的に知っていた。そうすると習慣としての五行説と教義としての四行説をどのようにかんがえるかという問題は、イエズス会士の影響をうけた中国の自然科学者と同様、劉智にもあったことになる。それでは劉智はこうした相異なる自然学理論をどのようにかんがえたのであろうか。まず最初にイエズス会士たちによる五行説批判、そして中国の自然科学者たちの受容のしかたを通じて明末の五行説の潮流を概観し、それから劉智の四行説と五行説にたいする見解についてみる。

第1節　イエズス会士の五行説批判

イエズス会士によって中国伝統の五行説が批判されるのは、クラビウス（一五三七年～一六一二年）のサクロボスコ天球論注解を中国に紹介したマテオ・リッチ（利瑪竇）『乾坤体義』（一六〇五年）にはじまる。その巻上・四元行論ではアリストテレスの四行説が説かれるのだが、それにさきだって五行説批判がおこなわれる。五行説批判の要点は木と金が行ではありえないこと、相生説が矛盾にみちたかんがえかたであることの二点である。リッチはつぎのように言う。行とは万象が出てくるところであり、混ざってできたり、なにかに依存したりしない、きわめて純粋なものである。したがって水、火、土が行であるのはよいのだが、金と木はどうして行たりえようか。たとえば人虫鳥獣は金、木からできていない。金、木は水、火、土が混ざってできたものなのである。一方、五行の相生説では水から木が生まれるというが、火や土がないのに水だけでどうして木が成長するのか。また木から火が生まれるというが、そうすると至熱の火を生みだす木にも至熱の性質があるはずだが、その木を生みだす水は至冷である。どうして至冷の水から至熱の性質をもつ木が生まれるのか、と。以上の批判を経て、火、気、水、土の四行の説明がなされる。

リッチの批判は中国の五行のそれぞれを実在する物体そのものとしてとらえたことによるのであり、五行が実体ではなく気のある状態を指し、それが事物間の関係性をあらわしたり分類概念となったりする、という側面に留意していない。ともかくこのリッチの五行説批判がのちのイエズス会士たち、さらには中国の自然科学者に影響をあたえることになる。西洋の気象学を紹介したヴァニョーニ（高一志）は『空際格致』（一六二六年）で四行について詳説しているが、五行説批判をのべた巻上・問金木為元行否ではリッチの説をそのまま引いている。影響をうけた中国人としては方以智、熊明遇、掲暄、游芸などが挙げられよう。かれらは水火土三行説（熊明遇）、水火二行説（方以智、掲暄、游芸）、火一元論（方以智）、とより純粋な行を追求していく。[2] 陰陽と論理的に整合性をもたせるためには五行より四行あるいは二行のほうがうまくいく。山田慶児氏がいうように「五行の実質的な四行化ないし二行化は、陰陽説と五行説の論理的不整合、あるいは、二分法を破る五行説の論理的な取り扱いにくさのゆえに、陰陽五行説そのものが内にはらむ傾向性であった」[3]。ここでは真っさきに五行から取り除かれた木と金のあつかいに注意しておきたい。もともと五行にあった木、金をどうみなすか。これは劉智にとっても問題となるであろう。熊明遇『格致草』（一六四八年）化育論では「夫金者土之精、木者土之毛」、方以智『物理小識』（一六六四年）巻一・四行五行説では「金為土骨、木為土皮」とあり、金と木はいずれも土から生成するものであり、土を身体にみたてて、身体の内部と外部に生じるとされている。游芸『天経或問』（一六七五年）・四行五行では「金木之形、因地而出。金則地中之堅気、木則地外之生気」と土を身体のアナロジーとしてはみていないが、土から生成するものとかんがえるのはおなじである。この土から金、木が生まれるというかんがえかたは朱熹がすでにとなえていて[4]、さらに朱熹は五行の生成過程についても言及している。山田慶児氏によって整理された図によると左のようになる[5]。じつは金と木についてはリッチも「金生土内、木生土上、本皆自土発矣」と、土から生まれるとのべている。そもそも金と木が土から生まれるとかんがえるのは自然観察からすぐに導きだされることであり、中国独特のかんがえかたというほどのものではないかもしれない。

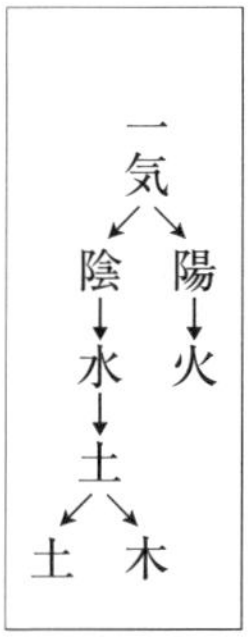

　それでは清初の自然科学者たちとイエズス会士たちの違いはあるのか。ある。それは四行がどのように生成したかについてイエズス会士たちは問題にしない点にある。自然科学者たちは根本となるのは気であり、そこから陰陽↓水火と生成していく過程をかんがえる。イエズス会士はそうではない。リッチは「当初造物者欲創作万物於寰宇、先混沌造四行」とのべている。造物者が混沌にさきんじて四行を作るが、その四行はどのような過程で生まれたのかについては説かれない。そもそもイエズス会士たちのかんがえる「行」は万象が出てくるところであり、混ざってできたり、なにかに依存したりしない、きわめて純粋なものであった。したがってその「行」がどこから生まれるかというと、もはや神から、としかいえないのである。

第2節　劉智の四行と五行

上述のように明末はイエズス会士が四行説をもちこむことで、中国古来の五行説が影響をうけた時代であった。[6] こうした議論が出そろったあと、劉智が登場する。イスラーム世界においても、物質理論についてはアリストテレス以来の四行説が受けつがれている。したがって劉智も四行説を基本にするのだが、それは第2章でもみたように、「元気」の変化・運動をあらわす中国の五行思想的な要素をもつ四行であった。またこれからみるように四行と五行の融合を試みたり、五行を分類概念として使用するなどの特徴がみられる。

(1) 四　行

まず四行について。劉智の思想では、世界は先天と後天の両世界にわかれる。先天は精神世界であり、後天は物質世界である。四行は物質にかかわるから、当然、物質世界である後天に登場する。『天方性理』巻一では世界がどのように生まれるかを解説するが、全十二章のうち第七章の気著理隠図説以降が後天の説明である。気著理隠図説はつぎのように書き始める。「先天のまじりけのない段階がここまで流出してきて、はじめて宇宙形成前の渾沌とした状態が立ちあらわれる。すなわち、いわゆる元気である[7]」。巻一では気著理隠図説以降の六つの章（それがそのまま「品」という段階になる）をそれぞれ、この「元気」の渾同品、起化品、広化品、正位品、蕃庶品、成全品と呼んでいる。つまり元気のあらわれかたに六段階あり、元気はそれぞれの「品」において変化していき、最終的にこの大世界と小世界を含む全宇宙ができあがるのである。渾同品は元気が生まれる段階で、以降「二番目が起化品で、陰陽がわかれる。

三番目が広化品で、気火水土の四象があらわれる。四番目が正位品で、天地が定まる。五番目が蓄庶品で、万物が生じる。六番目が成全品で、人類が登場する」。ただここで注意しなければならないのは、第2章でも言及したように、ここでいわれる「元気」は後天を形成する根本ではあるが、先天の世界から盛んに流出してきたものの残り滓であるということである。しかも後天の世界で形成される天地万物の原型は先天においてすでにあり、それが元気という名の種子に備わっているのである。したがって中国イスラームではこの「元気」より以前なるものが存在するとかんがえる点において、中国の伝統的思想の気とはことなる。

さてその元気のなかで動こうとする部分と、安定しようとする部分が生じ、前者が陽、後者が陰となり、陽は外側に、陰は内側にそれぞれあつまる。ここまでが起化品（陰陽始分図説）である。つぎの広化品（四象始形図説）になると、陰陽が水火に変化し、水が火を得ることで気が生まれ、火が水にさらされることで土が生まれる。ここに水火土気の「四象」が完成する。この四象は「万物の形や色の大元」となるので「四元」とも呼ばれ、「独立して成立したもので複合物ではない（単自成行而無配）」。これが劉智のいう四行であり、これらを組み合わせることでつぎの金、木、活が生まれるので、リッチが説く西方の四元素説と似ている。中国の五行では各行が配合されて物が生まれることはなく、同類が凝集するだけである。だが、この四象の生成は元気の変化過程のなかにあり、しかもあとでみるように、配合してできるのは個物ではなく、金、木、活の「気」である点が四元素説とはことなる。

またこの四象のなかで確認しておきたいのは気と土の生成である。もともと陰から変化した水のなかには「真陽」があり、それが燃えさかる火に触れることで「妙化」して気となるのである。同様に土は火のなかの「真陰」から生まれる。この生成過程はあとでのべる五行との関係で重要である。同心円であらわされる空間の外側から内側へ火↓気↓土↓水の順にあった四象は真陽である気が外へ、真陰である土がより内へ移動し、気↓火↓水↓土の配置となり、

	山	水	土	鳥獣・草木
金気	玉石	珠蚌	五金之鉱	鳥獣之宝 草木之精
木気	嘉植	萍藻	禾稼（沃土） 草毛（瘠土）	
活気	走獣（山） 飛禽（林）	鱗介	蟄虫	

気火が天空を、水土が大地を形成することになる。

天地が定位した（正位品、天地定位図説）あと、蕃庶品（万物始生図説）で万物が生まれるが、そのまえに万物を化育する大綱である金、木、活の気ができる。「金は地と水の凝集結合にもとづき、気と火の変化をうけてできあがる。木は気と火の恩恵にもとづき、地と水の滋養培養をうけて生じる。活とは気、火、水、土とその四者の混合にもとづいて空中に洋溢し充満する」(8)。ここで生じた金、木、活が個物ではなく、個々のモノをモノとして「成り立たせている本質」「原理」(9)であることは金気、木気、活気という語がつかわれていることからあきらかである。つまり実際に万物を化育するばあいには金、木、活のそれぞれが気として流行する必要があるのである。「木の気が流行して、山がこれを得れば美しい樹木がはえ、河がこれを得れば浮き草がはえ……」(10)と、それぞれの気が流行することで個々のモノが生じる。金気、木気、活気がどこに流行すると何が生まれるかを表にすると上のようになる。ただこれらのなかで、木気が流行して生まれる植物、活気が流行して生まれる動物はさらに水火土気の配合のされかたによって性質が決定している。たとえば植物では「土が勝るのを受けたものは堅く、気が勝るのを受けたものは空洞で、水が勝るのを受けたものは多く花が咲き、火が勝るのを受けたものは多く実を結ぶ」とあり、この水火土気は西方の四行説のかんがえかたである。いっぽう、金木活は気であり、さらに分類概念として機能することから中国の五行に近い。水火土気から金木活が生まれ、その金木活が気として流行して天地間に存在する万物が生まれる。こうした水火土気と金木活と万物は母子関係であらわされる。母子関係は中国の五行相生の関係を説明する際によく使用される隠喩である。金木活は「天地之三子」つまり天地（を形成する火水気土）が生みだした三つの子供であり、かつ「万有形色」を生みだす「母」なのである。巻首・本経では火水気土を「四元」、金木活を「三子」と呼び、「四元三子、謂之七行。七行分布、万彙生成」とのべている。これは「太極図説」に「陽変陰合而生水火木金土。五気順布、四時行焉。……化生万物」とあり、また朱熹がこれにたいし「陰陽気也、生此五行之質。天地生物、五行独先」と、陰陽の気が五行の質を生みだし、五行は天地が物を生みだす前に生まれると注釈し、さらには「五行陰陽、七者滚合、便是生物底材料」（『朱子語類』巻九四）とのべたことをふまえる。陰陽を体、五行を用とすれば、[11]劉智のそれは四元が体、三子が用となる。以上の万物生成過程は、元気→陰陽→｛四行→三子｝→万物、とあらわされる。

また四行は身体をも構成する。巻四・順逆分支図説には「蓋人之身心四行相聚而成、四行之性相反相犯」とあり、人の身心を構成する四行の性質が反発・侵犯することのうちに、天理にしたがう（順）か人欲にしたがう（逆）かのわかれめがひそんでいることを説く。順と逆が生じる原因を四行がもつ性質にもとめているのである。そもそも『天方典礼』巻一・原教篇にあるように「天地万物がすでに備わると、そこで真宰は気、火、水、土の四行の精を集めて人類の祖先であるアーダム（アダム）を天方の地に造ったのである（天地万物既備、乃集気、火、水、土四行之精、造化人祖阿丹於天方之野）」と、人祖アーダムが四行によって構成されている。[12]人間の身体と四行の関係については『天方典礼』後編・剪薙に興味ぶかい解説がみえる。後編・剪薙でのテーマは体毛である。そこでは、ムスリムたる者、ヒゲ、爪を切りそろえ、脇毛、陰毛を剃って清潔にしておかねばならないことが説かれる。ではどうして体毛を調えなければならないのか。[13]そもそも体毛とは何なのか。

わたしがかんがえるに、医家たちはすべて毛や髪は血の余りであるとかんがえているが、それぞれの体毛がことなる根源から生まれるということをしらない。李時珍は髪、鬢（もみあげ）、鬚（あごひげ）、眉、髭（くちひげ）、髯（ほおひげ）がそれぞれ経脈に属するとしているが、腋毛、陰毛については言及していない。また類苑の稟属の説[14]は道理にかなっているようだが、結局は〔李時珍がとなえる〕経脈によって分類するのにはかなわない。しかし李時珍の説もまだ詳しくないのだ。

愚按、医家謂凡毛髪皆為血余、而不別其根生。李時珍分髪、鬢、鬚、眉、髭、髯為属六経、而未言腋下、臍下毛。且云類苑稟属之説、雖為有理、終不若分経為的。然李説猶未詳也。

「而不別其根生」「而未言腋下、臍下毛」「然李説猶未詳也」は劉智のかんがえだが、そのほかはじつは『本草綱目』人部第五二巻・乱髪の李時珍のことばを節略したものである[15]。李時珍が髪や眉、ヒゲをそれぞれ経脈に配当させていることについてはみとめつつも、腋毛や陰毛については詳説しておらず、まだ完全ではないとしている。体毛はそれぞれ異にする根源から生まれるのである。かれは、毛や髪など体毛と血の関係は草木と水の関係に似ているとしたうえで、毛・髪（草木）はいずれも血（水）による滋養をおなじくうけてはいるが、かおりのよい草とつる草との違いは水にあるのではなく、根源の種類にあるのであるから、毛・髪をすべて血の余りであるとする医家の説はまちがいであると指摘する。そして、

人は四気をうけて生まれる。風、火、水、土にはそれぞれ一性質がある。その四つの性質にもとづいて、それぞれがその余りをはきだして毛となる。眉、髪、髭、鬚がそうである。また四つの性質がたがいにほとばしり、交わってその余りをはきだして毛となる。腋毛、陰毛がそうである。

夫人稟四気而生。風、火、水、土各一其性。四性相資、各吐其余而為毛。眉、髪、髭、鬚是也。四性相迸、交吐其余而為毛。腋下、臍下毛是也。

人は四気つまり風、火、水、土の気をうけて生まれる。風火水土はやはり「気」としてとらえられている。四気は

それぞれ性質をもっている。そしてその四つの性質の余りが単独であらわれたのが眉、髪、髭、鬚であり、混合してあらわれたのが脇毛、陰毛なのである。後者の四行が配合されて物が生まれるのは四行説のかんがえかただが、四行がそのまま眉、髪、髭、鬚となってあらわれるのは五行思想に近い。またそれぞれ単独で生まれるものと、混合されて生まれるものの対比は、さきほどみた『天方性理』の四元三子とパラレルである。

さらにつづけて四行の性質とその属性がのべられている。表にすればつぎのようになる。[16]

	方向性	気	体毛	
風	行空	清	眉	腋下毛
火	向上	剛	髪	
水	就下	濁	鬚	臍下毛
土	附土	柔	髭	

> ほとばしって交わった気のなかで、風と火が勝っているものは脇毛で、水と土が勝っているのは陰毛となる。以上の体毛のほかに、中和の気を受けた身体全身にはえる毛がある。風と火は天に属するので眉と髪は顔のなかの上部にあり、水と土は地に属するので髭、鬚は顔の下部にある。ほとばしって交わった気は性質が邪であるから、かくれた部位に蔵される。中和の気は性質が正であるから身体ぜんたいにあまねくひろがる。以上の四行による分類整理を経て、最初の疑問にたいする答えがでる。脇毛、陰毛を剃るのはほとばしって交わった邪を取りのぞくため、髪を切るのは火が上に燃え上がらないようにするため、髭を調えるのは水が土にひろがらないようにするためであり、鬚、眉をいじらないのは風、土が無害だからである、[17]と。

ここでは人が四行によって形成されるということと、四行が気であるとかんがえられていて、分類概念として機能していることを確認しておく。

人の身体が四行からなるというかんがえかた自体はナジュム＝アッディーン・ラーズィー（d.1256）の *Mirṣād al-ʻibād* を伍遵契が翻訳した『帰真要道』（一六七二年）にみえ、この書は劉智をはじめ当時のムスリムたちがもとづくところである。巻一第四篇・造人体竅来歴に「人之身体用火風水土四行造化」とあり、また、それから、かれらは人祖の身体を火、風、水、土の四行からつくられたと詳しくみている。かれらは土の属性は定、風の属性は動、水の属性は降、火の動静は升で、そのなかの一つがもう一つに対立するとみる。また土の性質は剛、風の性質は柔、水の性質は寒、火の性質は熱で、すべて相容れないとみる。かれらはいう、一つの場所に二つの相反するものがあつまると、かならずこわれる、と。

然後他們細看人祖的身体、乃従火、風、水、土四行上造化。他們見土的動静是定的、風的動静是動的、水的動静是降的、火的動静是升的、其中一件相反一件。又見土性剛、風性柔、水性寒、火性熱、総不相合。他們説、凡一処有両件相反之物相聚、必定要壊。

とあり、四行の属性についても触れている。劉智も四行の相反する属性について認識していたはずである。だが陰陽や四行を元気が展開したものとかんがえる立場にたつと、『帰真要道』のように四行の対立が強調されることはない。たとえば陰、陽それぞれのなかに真陽、真陰が含まれているのだから、純粋で排他的な陰陽は存在しない、つまり「すべて相容れる」のである。なお『帰真要道』には陰陽から四行が生まれたり、その四行から木、金、活が生まれるという説はみえない。(18) 劉智がいう、元気→陰陽→〔四行→三子〕→万物という後天世界における万物生成論は『周易』や太極図説を下敷きにしているのだろう。

(2) 五　行

以上が劉智の四行にかんするおもな言説である。劉智の四行は西方の四行説をもとにしつつも、四元三子（火水気土と金木活）という独特な構成要素をもち、またそれら自体が気として流行するとかんがえられていた。気として流行するという思考はすぐれて中国的である。それでは劉智はまったく五行をかえりみなかったかというとそうではない。つぎに劉智が説く四行と五行の統合をとりあげ、ついで五行の援用をみたいとおもう。

『天方性理』巻二・四行正位図説は四行が四方のどの方角に位するかについてのべている。中国の五行説が分類原理として機能する、その代表的な適用例が方位であることを念頭におきつつ読んでいこう。

四行とは四象である。気は水から生まれ、土は火によって出てくる。気土水火が四行である。四行は万物の母で、各一行にはそれぞれ集中する位がある。気は東に位して、その流行は東から西である。土は西に位して、その流行は西から東である。火は南に位して、その流行は南から北である。水は北に位し、その流行は北から南である。

四行即四象也。気自水生、土因火出。気土水火是為四行。四行為万物之母而其毎一行各有一専注之位。気位於東而其行也自東而西。土位於西而其行也自西而東。火位於南而其行也自南而北。水位於北而其行也自北而南。

水火から気土が生まれるのは巻一・四象始形図説でみたとおりである。そして水火気土はそれぞれ北南東西に位する。ここで注意したいのは「四行とは四象である」とのべていることである。巻一・四象始形図説において水火気土を「四象」と定義していた。四行は四象であるというのは、中国には古くから五行（木火土金水）があるが、ここでいう四行とはそれではなく、巻一でのべた四象のことである、との謂である。中国伝統の五行とのちがいを明確に指摘している。その四象が「行」と名づけられるのは、水火気土がそれぞれ位する方角に居続けて、動かないのではなく、相対する方角へ流行するという性質をもつからである。こうした水火気土の流行はなにをもたらすのか。つづけていう。

それぞれが本来の位から流行してすみずみまでに行き渡ると、四気はたがいに混ざり、滾々として一気となる。四つが単独で流行すれば万物は生まれてこない。四つがたがいに混ざるとそこで万物は生成発育する。

各自其本位而行、至於瀰満無隙之処、則四気互相攙入而滾為一気矣。四者単行則万物無自而生。四者相攙則万物於茲而化育焉。

水火気土の流行があまねく行き渡ると四気は混ざって「滾」として一気となる。流行する四行すなわち四象は気としてとらえられている。「滾」は朱熹が好んで使用した語で、さきほども引用した「五行陰陽七者滾合、便是生物底料」（『朱子語類』巻九四・周謨）などと五行と陰陽がたえることなく合することをあらわしている。劉智のばあいは、四気が滾々として一気とならなければ万物を化育することはできない。つまり四気が流行することで万物は生まれるのである。具体的には四者が混ざって金木活の気ができあがり、それが流行して万物が生まれるのはさきにみたとおりである。

ひきつづいて「説者」からの質問がある。南方が火で、北方が水であるのは中国のかんがえかたとおなじであって問題はない。だが、東方は中国では木の正位だし、西方は金の正位である。どうしてそれがそれぞれ気、土なのか、と。ここで中国の五行とイスラームの四行の違いについて質問がなされるのである。かれはつぎのように答える。

木は水から生まれ、金は土から生まれる。だが四行がはじめてわかれるときには、木と金はまだないのだ。子はまだ生まれていないが、母は実際にいる。気とは水のなかの真陽が上昇したものである。気は水と名づけられていないものの、じつは水の精華であるから、木の母なのだ。したがってその位は東にあることになる。木が生まれてしまえば、子と母はおなじ場所にいる。金は土の子で、金がまだ生まれていないうちは母が正位の西にいる。金が生まれてしまえば、子はやはり母とおなじ場所にいる。木の正位が東にあり、金の正位が西にある、というのは後天のことである。気の正位が東にあり、土の正位が西にある、というのは先にあるものを先にしたのである。

曰、木生於水、金生於土。当其四行之始分也、木与金尚未有也。其子未形、其母実居。於此気者水中之真陽上升者也。気雖不名為水而其実為水之精、木之母也。故其位分専住於東。迨至於木之既生、而其子与母同宮矣。金為土子、金未生而其母之正位専列於西。迨至於金之既生、而其子亦与母同宮矣。木之正位在東、金之正位在西者、其後天也。気之正位在東、土之正位在西者、先乎其先者也。

木が水から生まれ、金は土から生まれる、とは五行相生の理論であり、劉智はこれを是認している。だが木と金が生まれるのは後天のはなしであって、先天では四行が四方に位するのである。それでは木金と四行の関係はどうなるかというと、ここでも母子関係によって説明される。気から木が生まれる過程では、先述の気が水の真陽であるという説を援用し、水の真陽である気から木が生まれるとする。土から金は五行相生がそのまままちいられる。そして後天において生まれた子としての木と金は、そのまま母と一緒に母がいる方位にいる。(19) 図示するとつぎのようになる。

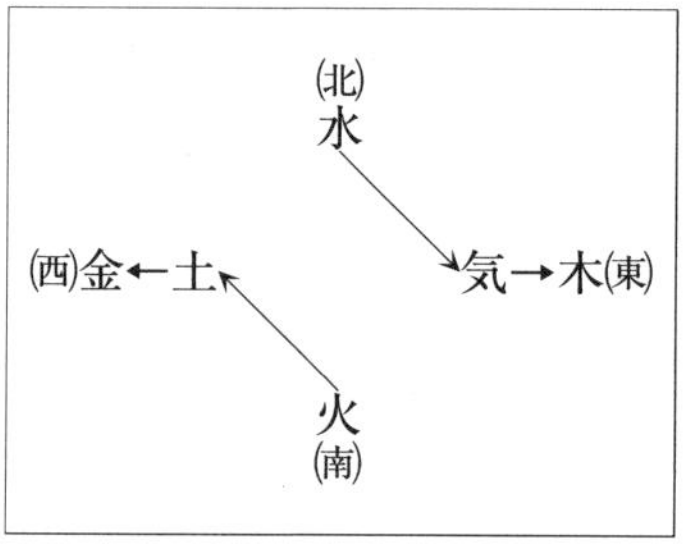

ここに中国の五行とイスラームの四行の統合あるいは共存が実現する。イエズス会士たちはもとより、中国の自然科学者たちは五行の金木を除外し、より根本となる行の探索に向かっていた。そうしたなかにあって、劉智は四行と五行を統合するという別の策をとったのである。

劉智の四行と五行の統合はほかの書にもみえる。ムスリムがおこなうべき五つの信仰行為、いわゆる「五行」（中国では五功という。以降、まぎらわしいので「五功」と表記する）を説いた『五功釈義』をみてみたい。その正変第七章にはつぎのようにある。

人は四行をうけて生まれ、五行によって完成する。生まれた当初は精液が水、血液が土、あたたかさが火、運動変化が気である。形ができあがったあとは、気と火から木が生まれ、土と水から金が生まれる。木の性質は成長、養育すること、金の性質は堅く輝くことである。それらと精液の水、あたたかさの火、骨肉の土をあわせて五形という。気はというと身体の中心をつかさどり、霊覚となる。

人稟四行而生、五行而成。賦質之初、精為水、血為土、温暖為火、運化者為氣。成形以後、気与火合而生木、土与水合而生金。木性以滋長養、金性以滋堅明。並精液之水、温暖之火、骨月之土、此之謂五形。而気則主乎其中即霊覚之謂也。

とある。くわしい表は一〇三頁をみていただきたい。物質としての身体は四行によってつくられるが、生まれてから成長していくための根拠は木と金の性質が支援する。木と金の生成過程は、「気＋火→木」「土＋水→金」となり、第二章でみた『天方性理』巻一・万物始生図説の生成過程とおなじである。人間の身体が生まれる前は四行、生まれた後は五行で説明されるのは、四方において先天では四行、後天では五行であるのとパラレルである。なお、生まれた後に五行からはずれる気が、身体を統括する霊覚となるのも興味ぶかい。気が身と心をふくめたからだ全体を統括する身体観は中国思想に親和的である。またここでの五行はそれぞれに性と徳があり、表にすると上のようになる。[20]五行は完全に属性をあらわす分類概念としてつかわれていることがわかる。

	火	水	木	金	土
性	向上	向下	条暢	堅定	蔵育
徳	高明	謙遜	直樸	穏重	静順

五行の性と徳
（７章）

五行を分類概念としてもちいているのはほかに属意第四八章がある。ここでは念（信仰告白）、礼（礼拝）、斎（断食）、課（喜捨）、朝（巡礼）のいわゆる「五功」をそれぞれ五行にあてはめて分類している。[21]左の表がそれである。

	属	属	身体	性分	人道	五行
念	心	微	口言	仁	孝	火
礼	身	幾	身行	礼	弟	土
斎	意	気	目見 心思	智	節	木
課	知	血	耳聡	義	友誼	水
朝	性	命	鼻	信	忠	金

五功と五行その他の対応
（48章）

本来五功が五つである必然性はなかったと思われるが、五行思想をもつ中国にイスラームが入ると、つごうよく五行によって五功が分類されるのである。ほかにも三極第五二章には「天には五星があり、地には五行があり、人には五官があり、性には五徳があり、人の道をきわめるには五典[22]があり、天の道をきわめるには五功がある。五功は天地と人の事象を包括する」[23]とあり、五行によって分類することで、五功の包括性を強調している。くわしくは第4章を参照のこと。

また『天方典礼』では、人々が日常生活で使用する物についてのべた巻一四・民常篇に五室（家を建てる際にもちいられる五種類の材料）、五鉱（貨幣として使用する五種類の金属）、五服（五種類の服の生地）、五食（五種類の食物）が挙げられている。五行との対応はないので、五行による分類であると明確にはいえないが、たとえば五食は穀、蔬、果、肉、飲にわかれ、さらにそれぞれが、たとえば穀ならば稲、麦、稷、麻、豆の五つにされている。また五食の下位分類である肉については、五種類の動物が五行によって分類されている[24]。

分類概念としての五行は『天方典礼』の民常篇や日々実践しなければならない信仰行為を説く『五功釈義』といった、より日常生活に密接にかかわる事柄をのべたところでつかわれることがおおい。ひるがえって、四行がおもに説かれるのは万物生成論的説明が必要とされるばあいである。これは、実際の生活において、かれらは中国に住まう人々であり、エートスとして中国の伝統的な五行思想が染みついているからであろう。さきほどみた四行と五行の統合は教義理論としての四行とエートスとしての五行をともに抱え込んだ劉智が二者択一という選択ではなく、両者を共存させるかたちで整序した結果であるといえる。このことはあるいは劉智が置かれていた社会的状況にもかかわるのかもしれない。つまり圧倒的多数の伝統的漢族文化のなかで生活するムスリムの処世として、伝統的文化との共存をはかったのである。この点はイエズス会士や中国の自然科学者とはまったく異なる。

小　結

これまでみてきた劉智の四行と五行について、イエズス会士たちの四行説、そして明末の自然科学者たちがとった態度、さらにはほかの同時代のムスリムのかんがえかたと比較しながらまとめたい。

まずイエズス会士たちの四行説は、四行そのものが何物にも依拠しない独立した要素であることから、その四行がどのような過程で生成したかがのべられることがない。また四行からはずれた木と金からなにかが生まれることはない。これにたいして、劉智がかんがえる四行も何かが組み合わさって生成するわけではないが、元気の変化過程のなかで陰陽から生まれるとする。さらに四行は金木活という「三子」と呼ばれる気を生みだし、その気が流行することで、万物を生成する。元気→陰陽→〔四行→三子〕→万物、となる。明末の自然科学者たちは四行説に影響をうけ、さらに二行へとより根源となる行を探そうとした。これにたいしては、劉智は五行と四行との統合をはかり、さらに分類原理としてはおおいに五行を援用した。木と金とを土に属させるのではなく、気土との母子関係とみなしたのも特徴である。

劉智の四行は四元三子という独特な形式をもち、しかもこれらは元気の変化過程のなかにあるものであった。四元は西方の四元素の思想を基礎にするものの、万物生成において気として流行する、いわば中国版四元素説とでも呼べるものである。また、四行が万物生成論を説く際につかわれるのにたいし、五行は実践的具体的な事柄についての説明に援用される。

明末以降に漢語によって著された中国ムスリムたちの書籍を読むうえで問題となるのは、なにが中国特有のイスラーム思想なのか、あるいは中国に特有のイスラーム思想というものが果たして存在するのかということである。あきらかな翻訳書はもとより、それ以外の書であっても、中国ムスリムは「述べて作らず」の態度であったということをしばしば言明しているのだから、かれらの中では「中国イスラーム思想」はない。だが、本章で考察したように、劉智の五行にたいするかんがえかたは中国イスラーム思想が存在することを示しているだろう。

注

（1）かれらは「回儒」と呼び慣わされるが、イスラームの学者、の意であり、漢語によってイスラームの教義や思想を説いた人々をいう。

（2）方以智の火一元論は朱震亨の相火論にもとづきつつも、イエズス会士の影響もうけている。坂出祥伸「方以智の思想」（『中国思想研究―医薬養生・科学思想篇』関西大学出版部、一九九九年）を参照。なお明末の物質理論思想については山田慶児『黒い言葉の空間』（中央公論社、一九八八年）九三頁～九六頁、同著『気の自然像』（岩波書店、二〇〇二年）三八頁を参照。

（3）注（2）前掲書『黒い言葉の空間』九四頁。

（4）『朱子語類』巻九四「地即是土、土便包含許多金木之類」（周謨録）。

（5）山田慶児『朱子の自然学』一一四頁（岩波書店、一九七八年）。

（6）注（2）前掲書『黒い言葉の空間』九五頁～九六頁「ここにまざまざと見てとれるのは、明末におこった気の理論の変容の過程である。……すなわち西洋の天文学説と結びついた四行説が入ってくることによって五行説が相対化され、相生説・相克説が至理の位置から退けられ、それとともに一気と水火（陰陽二気が可視的なかたちをとって現れたもの）が森羅万象の基底にある実在として自覚的にとりだされてくる。……五行を水火の二行にまで追いつめ、気と水火、一と二の関係に究極的な原理を求めようとした『天経或問』の気の思想、もっと一般的にいえば明末の気の思想……」。

（7）先天精粋之品、流行至此、始覚其有渾淪之象、則所謂元気也。

（8）金者、本地水之凝結而得乎気火之変化以成。木者、本気火之施授而得乎地水之滋培以生。活者、本気火水土四者之湊合而洋溢充満於空中者也。

（9）佐藤実、仁子寿晴編、回儒の著作研究会訳『訳注天方性理巻二』（イスラーム地域研究第五班、二〇〇二年）一四五頁。

（10）木気流行、山得之生嘉植、水得之生萍藻、沃土得之生禾稼、瘠土得之生草毛。

（11）注（2）前掲書『朱子の自然学』一二一頁。

（12）巻四・順逆分支図説には「蓋聖人非四行所得而縛焉者也」とあり、四行に拘束されないのは聖人つまり預言者ムハンマドだけである。

（13）「或曰」として、父母からいただいた身体髪膚を傷つけていいものかという『孝経』の言説に立脚した質問も提起されている。これにたいする劉智の答えは田圃を管理する者がのびた草を刈ったり、宝玉を加工する者がキズを削ったりするのとおなじであるとする。

（14）宋・江少虞『事実類苑』巻五一・鬚髪眉所主臟にみえる説。「稟属の説」とは、たとえば髪であれば、心に「属」し、火気を「稟」けている、というかんがえかたをさす。沈括『夢渓筆談』巻一八からの引用である。

（15）劉智は医学や動物学などについて李時珍『本草綱目』を引用することがおおい。ここでは反論しているが、依拠するほうがおおい。くわしくは第5章を参照。

（16）「風行空、其気清、眉属焉。火向上、其気剛、髪属焉。土就下、其気濁、鬚属焉。水附土、其体柔、髭属焉。交迸之気、以風火勝者、腋下毛属焉。以水土勝者、臍下毛属焉」。表に反映させられなかったが、水だけが「気」ではなく「体」となっている。

（17）無交迸之情、而稟中和之気者、周身毫毛属焉。風与火属天、故眉、髪居上。水与土属地、故髭、鬚居下。交迸之気邪、故蔵於僻。中和之気正、故遍於体。吾人薙腋下、臍下毛者、除其交迸之邪也。不去周身毫毛者、養中和之正也。薙髪、不使火炎於上也。斉髭、不使水泛於土也。不動鬚眉者、風無礙、土無害也。

（18）「活類」の語は馬徳新（一七九四年〜一八七四年）がアズィーズ・ナサフィーの *Maqṣad-i Aqṣā* を訳したとされる『道行究竟』巻二第三章、第五章第一節にみえる。だがそこでのつかわれかたは象世（物質世界）には活類つまり動物がいる、という程度の言及であり、万物生成論の文脈で語られているわけではない。たしかに『天方性理』巻首・本経の「火水土、謂之四元、金木活類、謂之三子、四元三子、謂之七行、七行分布、万彙生成」の個所は『格致全経』『研真経』からの引用であり、その『研真経』が *Maqṣad-i Aqṣā* であるから劉智は *Maqṣad-i Aqṣā* をもとにしたともいえるが、逆に『道行究竟』は全体をとおして劉智の『天方性理』の影響をうけているようにみえるので、『道行究竟』から判断することはできない。

（19）これまでにみたように、四行は後天において元気から生成するものであり、先天に属するものではなかった。だがここでは「四行之始分」を先天とし、木金が生まれたあとを後天としている。つまり、いわゆる後天をさらに先天と後天にわけているのである。これは先天、後天という分類概念が相対的なものであり、いわばパターンとしてつかわれているということを意味する。『天方性理』巻首・本経の第一章では元気は「先天之末、後天之根」であると説明されている。ここでいわれる先天はマラクート界（ʻālam al-malakūt）、後天はムルク界（ʻālam al-mulk）のことで、マラクート界とは不滅の知性界、ムルク界はわれわれがふだん感覚している現象世界である。それにたいし、イブン＝アラビー系統の人々はこの先天と後天をつなぐ場を「ʻālam al-mithāl（原型の世界）」と呼んでいる（注（9）前掲書『訳註天方性理巻一』一一二頁〜一一五頁）。『天方性理』巻一によると、四象（つまり四行）が出そろったあとに天地ができあがる。それから木金活の三子が生まれて、万物ができあがるのだが、リアルな大世界の出現という点で、元気から四行が生まれる過程とそれ以後ではおおきなへだたりがある。したがってこの先天（マラクート界）と後天（ムルク界）をなだらかにつなげる元気から大世界が出現するまでの過程を、それ以降の後天と区別するためにパターン概念として先天、後天という語をもちいているのである。
なお、同様の説はつぎの四時往復図説にもみえる。そこでは春夏秋冬を四行に配当し、四行と五行は先天後天間の母子関係であるとする。劉智による四行と五行の統合はここにもみられる。

（20）夫五者各一其性、各一其徳。火性向上、其徳高名。水性向下、其徳謙遜。木性条暢、其徳直樸。金性堅定、其徳稳重。土性蔵育、其徳静順。

(21) 念属心、心属微。其発脈在于口言、其於性分為仁、其於人道為孝、其於五行也属火。礼属身、身属幾。其著事在於身行、其於性分為礼、於人道為弟、其於五行也属土。斎属意、意属気。戒於目見、謹於心思、其於性分為智、於人道為節、其於五行也属木。課属知、知属血。施用得当、在於耳聡、其於性分為義、於人道為友誼、其於五行也属水。朝属性、性属命。其為功也、具足一切功、施諸所有、而至於鼻亦不臭香、其於性分為信、於人道為忠、其於五行也属金。なお五功と五行の関係については次章を参照。

(22) 中国イスラームでは、君臣、父子、夫婦、兄弟、朋友間の人倫をさす。

(23) 天有五星、地有五行、人有五官、性有五徳、尽人之道有五典、尽天之道有五功。夫五功包天地与人之事者也。

(24) 『天方典礼』の動物については第5章を参照のこと。

第４章　五行（その二）　五功と五行――『五功釈義』における五行

前章では五行と四行の関係について、四行は形而上的万物生成論、五行は形而下の具体的な事柄にたいする説明原理となっていたことを確認した。本章では前章を発展させるかたちで、ムスリムが日常生活において実践しなければならない信仰行為である「五功（al-arkān al-khamsa 日本語では「五行」と訳されるが混同をさけるため「五功」と表記する。）」について専論している『五功釈義』をとりあげ、五行が採用される諸相を考察したい。また前章で言及できなかった劉智以前の回儒、とくに王岱輿と馬注の四行、五行にたいするかんがえかたもくわしくみることで回儒の五行観を概括的に検討していきたい。

第１節　明末清初における五行説

中国では古来から万物は木、火、土、金、水という五つの要素によって構成されているとかんがえてきた。この五行思想はイスラームあるいはギリシア思想の空気、火、水、土の四元素説と似ている。しかし五行説と四元素説の違いは、四元素がそれぞれ実体を指すのにたいし、五行は気のある状態を指すことにあり、また決定的な違いは五行は万物の分類原理になるということである。五行思想では、事物を五つに分類して、それらのあいだの関係をかんがえる。中国ではこの五行思想が思想や自然科学の分野でつかわれてきた。仏教の四大説が中国に入ってきたこともあるのだが、五行思想に衝撃を与えるほどではなかった。ところが十七世紀の中頃から五行思想に変化がおこる。イエズス会士たちが中国に紹介した西洋の四元素説をまのあたりにした中国人は、五行説を見直し、より純粋な要素の抽出につとめるようになったのである。その結果、基本となる要素が五から四、三、二と絞られていく。回儒たちが漢語によってイスラームの教義、思想をあらわそうとしはじめるのはちょうどこのころである。

第2節　王岱輿、馬注の四行と五行

劉智の『五功釈義』をみるまえに、まず劉智より以前の回儒が五行説をどのようにかんがえていたかについて概観したい。劉智以前の代表的な回儒で、五行説と四元素説について言及したのは王岱輿（一五九〇頃～一六五七年頃）、馬注（一六四〇年～一七一一年頃）である。まず王岱輿だが、その書『正教真詮』真一で「太極生両儀、両儀生四象、数之一也」とのべ、『周易』繫辞上伝にいう太極とは数のうえでの一（イスラーム神秘主義でいうところの wāḥidīyah、統合的一者性）であり、数という概念を超えた根元的な一、数的な一を生みだす根源としての一（つまりはゼロ）ではないという。根元的な一を王岱輿は「単別之一」「真一」（aḥadīyah 絶対的一者性）と呼び、太極のさらに上に根元的な存在世界があることを説く(1)。「真一」という語は劉智にも受けつがれるのだが、ここでは『周易』繫辞上伝の「両儀生四象」が引用されていることに注意したい。第2章などで言及したように、イスラームも四元素説を受容しているので、この『周易』の万物生成論は中国ムスリムにとって親和的であった。予想されるように、『正教真詮』でも気（あるいは風）火水土の四行を物質の内在的原理とする。「物内之所以然、陰陽四行是也」（『正教真詮』真一）とあり、四行については「水包土、風包水、火包気、此理之自然者耳」（同上）とある。また「如人之身、包括土水火気四行」

（『正教真詮』真聖）、「凡飛行之物、皆本水土火風而成、其血気即此四行所化」（『希真正答』）とあるように人身や動物は四行によって形成される。だがこの四行を自然法則としてほかの事物に援用することはなく、あまり四行にたいして関心をしめしていない。さらに五行となると、ほとんど議論されない。ほぼ唯一であろう、五行について言及したのがつぎの一文である。

一日五回の礼拝には、欠けることのない五行の道理がふくまれている。

五時拝礼、理括五行之莫欠。（『正教真詮』五常）

篇名の「五常」とは五功のことで、劉智以前は「五常」とよばれていた。五功のなかの礼拝（ṣalāt 一日五回の礼拝）が五行になぞらえられているのである。したがって五行思想そのものは王岱輿にもあった。というよりも五行は「中国人」としてのエートスなのである。ほんらいイスラームにはない五行思想だが、五によって分類される事象にたいしてはやはり親和的であり、無意識のうちに王岱輿も一日五回の礼拝にあてはめていたとかんがえられる。だが五行思想そのものを問題とすることはなく、また四行と五行の比較をおこなったりすることもない。王岱輿は五行を思想概念としては意識していなかったといえる。

つぎに馬注だが、かれになると、イスラームでいう四行と中国の五行説をしっかりと意識のうえにのぼせて比較をおこなっている。『清真指南』巻三・四行では「問う。『周易』では五行をいうのに、イスラームでは四行しかいわないのはどういう道理なのか（問。易言五行、而清真独謂四行、此理何如）」という質問が発せられる。それにたいして馬注は五行とは何かと逆に問いただし、質問者は五行の相生相克関係や、五行による季節、方位、音、色、味、五臓……などの分類を列挙したあとで、馬注はつぎのように答える。

あなたの説は、ただ用を知っているだけであり、体についてはわかっていない。おもうに五行は事物の生成のしかたや、制御のされかたの道理であり、イスラームでいうのは造化の根源である。相生相克は後天のことをいい、造化は先天のことをいう。先天という根っこがあり、そのあとで後天の道理があるのだ。

如子之言、僅知其用、而不知其体也。蓋五行生剋之理、清真造化之根。生剋謂之後天、造化謂之先天。先天有根、然後後天有理。（巻三・四行）

まず本体（体）があり、そのはたらき（用）として五行があるという。ではその本体とはなにかというと、つづけて万物の生成過程が説明されていることから、万物のことであることがわかる。そしてその万物生成を「造化」と呼び、さらに造化の際あるいは場を「先天」と呼ぶのである。となると「後天」は万物が生成したあとの世界つまりわれわれが実際に生活する場であって、本体のはたらきをしめす「五行」とは、われわれが見知ることができる万物間の関係をあらわすことになる。つまり馬注はこの文章のまえに列挙された五行配当を、後天世界における諸物間の関係をしめすものとして認める。ただし万物の生成には五行は与らないのだ、というのである。劉智も五行の有効性を認めるが、それは馬注からはじまるといえよう。

ここで馬注が説明する四行の生成論をみておく。さきほどの「先天という根っこがあり、そのあとで後天の道理があるのだ」のあとにつづけていう。

真主はなにものにも依拠しないで天地万物を造化する。無極から始まり、太極をなし、それが変化して水と火ができる。火のなかに気がたくわえられ、水のなかには塵がふくまれている。軽くて清らかなものは天となり、重くて濁ったものは地となる。地の上には水が位置し、水の上には気が、気の上は火が位置する。火は気より清らかで、気は水より清らかで、水は土より清らかである。

真主不憑一物而造化天地万物。始於無極、成為太極、化為水火。火中儲気、水裏含塵。軽清為天、重濁為地。

地之上水、水之上気、気之上火。火清於気、気清於水、水清於土。（同右）

四行は太極が変化して生成する。無極と太極の内容についての説明はここにはないが、巻六・問答・第一条には「蓋し真主、未だ天地、人神、万物を造化せざるの前に、預め仙筆を造り以て人神、万物の好歹を写し、及び一切の真経を書き降す、之れを無極と謂う。無極とは聖人の霊光なり」とあり、巻二・前定には「真主、無極を運らして衆妙の門を開く。無極とは仙筆なり」とあることから、無極は「仙筆」つまりカラム（qalam ペンの意）のことで、神の啓示がこれから記されようとする、まさにそのときを指す。巻六・問答によれば、この仙筆から人、動物、植物の本然（存在物を成り立たせている原因）が生まれるとされるので、仙筆＝無極は万物を万物たらしめる本然を生み出す根源である。いっぽう太極はこれも巻六・問答によれば、本然が出そろったあと、その余りものが変化して至宝ができる、それが太極である（後自性命之余濁、化為至宝、是謂太極）。この太極がさらにわかれて水と火になると説かれることから、太極は有形の始源とかんがえておく[2]。

太極から水と火が生まれ、そのなかに気と塵がふくまれる。軽くて清らかなものは天部分を形成し、重くて濁ったものは地部分を形成する。火→気→水→土の順[3]に軽・清から重・濁へ、天から地へと定位する。このあたりは王岱輿、劉智もほぼおなじである。木と金の生成のしかたは、つづく五行説批判にみえる。

だが五行のなかで、金は水を生みだすことができないのであって、それは水が金を生みだすことができないのとおなじである。金がまだ存在しないとき、金は土に属している。労働者が採掘し錬成することによって、はじめて五金がとりだせるのである。おたずねするが、金庫から水を生みだすことができるかね？　金庫が水を生みださないからには、水を生むのが金の能力ではないということがわかる。……土と木の関係は、ちょうど母と子の関係のようなもので、子は母から生まれる。つまり（五行相生がいうように水だけでなく）水と土に依存し、両者の調和がとれてはじめて木は生まれるのである。もし土がなければ、つまりスモモを江湖に、桃を池沼に植えても、生えてこないばかりか、腐ってしまう。また（五行相克では土に勝つのは木だというが）地面を掘って泉をつくり、山を削って石を採掘し、庭園やあぜ、大河やお堀をつくるのには金属でなければ太刀打ちできない。（以上からわかるように）どうして水だけが木を生み、木だけが土に打ち勝つといえようか。木を生み、土に打ち勝つのがそれぞれ水と木の能力ではないということがわかる。

然五行之中、金不能生水、猶水不能生金。未有金時、金属於土。及経人工採煉、然後五金乃出。試問畓蔵庫局亦有能生水者乎。畓庫既不能生水、則生水者非金之能可知。……土之於木、若母之与子、子従母生。乃水土之寄任、両無偏勝、物乃始生。設無有土、即植李於江湖、種桃於池沼、不惟不生、而且腐爛。掘地取泉、開山覓石、園囿町畦、河隍瀆塹、非金不能剋。何得謂水独生木、而木独剋土。其生剋者、又非水木之能可知。（同右）

金は土のなかに存在する、木は水と土によって生まれる、というのはどちらも実体を想定している。ここの議論は、前半は金から水が生まれるという五行相生の否定であり、後半は水のみから木が生まれるという相生説の否定、木だけが土に勝つという相克説の否定である。五行を実体としてみれば、五行の相生相克説を批判することはたやすいわけだが、どうやら批判の対象となっているのは金、木そのものではなく、相生相克という五行のあいだの関係である。この点についてはイエズス会士の五行にたいする批判と性格を異にする。イエズス会士も五行を実体とみなして相生説を批判するが、そのまえにまず金と木を純粋な「行」ではないとしてしりぞけたのであった。馬注は五行じたいを否定するわけではなく、四行とのちがいを明確にしたうえで、五行の相生相克関係を否定しているのである。したがって実体としての五行の存在はみとめている。たとえば巻五・格論では、水は万物の命であるといわれるが、その水はどのように生まれたのか、との質問にたいして、太虚のはじめは一気しかない。主が命じて、気は変化して水となり、水のなかの濁った滓はつもって土となる。水は低きに流れ落ち、土は隆起して、山や川となる。土の剛い部分は石となって金を生み、土の柔らかい部分は木を生み、そこから火が出る。天は陽のおおもとなので、風と火は上にある。地は陰の総統なので、水と土は下におる。五行がそろい、万物が生まれ、変化はきわまることがないのは、真主のなせるわざなのだ。

太虚之初、総一気爾。主命気化生水、水中之滓濁積而成土。水落土出、遂成山川。土之剛者成石而生金、土之柔者生木而火出。天為陽宗、故風火在上。地為陰統、故水土居下。五行俱、万物生、変化無窮、此真主之所以能有也。（巻五・格論）

と答えている。ふつう火は水とともにまず最初に生成することが多いのにたいし、この生成過程では木が生まれたあとに登場するのが興味ぶかい。さきほどみた巻三・四行の生成過程とことなるのは、水を万物の根源とする学説がおそらくあったのだろう。ともかく一気から五行が生まれる過程が説かれているのであり、馬注が自然界を構成する基本要素として五行をとらえていたことはまちがいない。

さらに『清真指南』では五行が分類原理にもなっている。巻九・認己の冒頭には「天有五星、地有五方、時有五行、食有五穀、用有五金、石有五宝、木有五香、花有五色、薬有五性、声有五音、食有五味、腹有五臓、外有五官、内有五常、課有五命、拝有五時」とあり、それぞれについて双行注でその内容が列挙されている。まとめて表にすると次頁のようになる。内容の順番は双行注で挙げられている順である。(4)

食の五穀は独特で、とくに肉が五穀のなかに組みこまれているのが興味ぶかい。最後のふたつ、五命と五時はイスラーム特有のものである。五命は五功のことであり、それぞれ認（信仰告白）、礼（義務礼拝）、斎（斎戒、飲食を断つだけでなく性行為もふくまれる）、済（義務としての喜捨）、遊（巡礼）をあらわす。また五時は一日に五回おこなわれる礼拝

天五星	金星	木星	水星	火星	土星
地五方	東	西	南	北	中
時五行	春属木	夏属火	秋属金	冬属水	土蔵四季
食五穀	木穀	草穀	藤穀	水穀	肉穀
用五金	金	銀	銅	鉄	錫
木五香	清	濁	悠	遠	濃
花五色	青	黄	赤	白	黒
薬五性	寒	熱	温	涼	平
声五音	宮	商	角	徴	羽
食五味	苦	辣	酸	鹹	甜
腹五臓	心	肝	脾	肺	腎
外五官	眼	耳	鼻	舌	口
内五常	仁	義	礼	智	信
課五命	認	礼	斎	済	遊
拝五時	榜打徳	撇申	底格爾	沙没	虎甫灘

の名で、それぞれペルシア語の榜打徳（bāmdād 夜明けの礼拝）、撇申（pīshīn 正午の礼拝）、底格爾（dīgar 午後の礼拝）、沙没（shām 日没の礼拝）、虎甫灘（khuftan 夜半の礼拝）。現代中国でも礼拝名はペルシア語で表記されることがおおい。五功や一日五回の義務礼拝はやはり五行に親和的である。

さきほどみたように、馬注は五行の相生相克関係を否定していた。ところが、この巻九のつづきをみていくと、じつは同じ行に属する事物間のつながりは意識されているし、さらには五行の相生説を援用している箇所もみられるのである。巻九では冒頭の五分類を列挙したあとに、質問者がこれら外物と身体を真主（アッラー）が創造した主旨を説明してほしいという。それにたいして馬注は、真主による万物創造過程を説明したあとで、万物の要素はすべてアーダム（阿丹）にそなわっているという。そして「阿丹者、地維也[5]」という。「地維」とは『淮南子』天文訓、『史記』三皇本紀、『列子』湯問篇などにみえる語で、大地が傾かないように四隅をささえている綱のこと。クルアーンによればアーダムは土からつくられている。土からつくられたアーダムには大地の属性がすべてふくまれていて大地の大綱、根本であるという意味であろう。この一文につづけて、まず「地有五色、在東者青、在南者赤、在西者白、在中者黄、在北者黒」とのべ、東、西、南、北、中央に五色を配当する。つづけて「亦有五性。金剛、木柔、火燥、水活、土濁」とのべ、五行の性質を説明する。これら五行の偏向ぐあいによって人や物の性質が決定することがあとにのべられている。そしてつぎにくるのが「心取南方之土、肝取東方之土、肺取西方之土、腎取北方之土、脾取中央之土」という文である。五臓を五方に対応させるのだが、以降、五官にかんする「眼能弁万物之色、耳能弁万物之声、鼻能弁万物之気、口能嘗万物之味、舌能言万物之理」をのぞいて、各種の事象が五臓とのかかわりで語られる。

なかでも五行相生理論によって説明されているのがつぎの文である。

力は肝から生じ、腎によって養われる。その精粋は爪にある。気は肺から生じ、脾によって養われる。その兆候は鼻にある。聴は腎から通じていて、肺によって養われる。そのはたらきは耳にある。色は脾によってツヤを得て、心によって養われる。その兆候は唇にある。言は心から出て、肝によって養われる。そのいとぐちは舌にある。

力生於肝而養於腎、其萃在爪。気生於肺而養於脾、其候在鼻。聴通於腎、而養於肺、其聡在耳。色潤於脾而養於心、其候在唇。言出於心而養於肝、其苗在舌。（巻九・認己）

肝（木）から生まれる力は、肝（木）を生みだす腎（水）によって養われる。また肺（金）から生まれる気は、肺（金）を生みだす脾（土）によって養われる、といったように、肝（木）、心（火）、脾（土）、肺（金）、腎（水）から生まれるそれぞれ力、言、色、気、聴はそれぞれを生みだす行の臓によって養われる関係にある。まさに五行の相生関係によって説明されているのである。

また「在肝曰仁、発而為慈。在肺曰義、発而為恥。在心曰礼、発而為譲。在腎曰智、発而為聡。在脾曰信、発而為果」「呼生於肝、哭出於肺、歌生於脾、呻出於腎、言出於心」「泣出於肝、涕出於肺、涎出於脾、唾出於腎、汗出於心」

などと、いずれも五臓との関連によって説かれている。以上を表にすると上のようになる。

東	南	西	中	北
青	赤	白	黄	黒
肝	心	肺	脾	腎
力（腎）＝爪	言（肝）＝舌	気（脾）＝鼻	色（心）＝唇	聴（肺）＝耳
仁↓慈	礼↓譲	義↓恥	信↓果	智↓聡
呼	言	哭	歌	呻
泣	汗	涕	涎	唾
木	火	金	土	水
柔	燥	剛	濁	活

最後の二つはさきにのべた五行とその性質だが、実際にはたとえば東は五行でいえば木である、といった横の列と対応しているという説明はない。だが巻三・格物には「故肝主木而応春、其位東、於身為筋而力生焉。心主火而応夏、其位南、於身為舌而言発焉。肺主金而応秋、其位西、於身属鼻而気通焉。腎主水而応冬、其位北、於身属耳而聴聞焉。脾主土而応於四季、其位中、於身為形而色潤焉」とあるように、五行としっかりと対応している。というより、この巻三・格物でも中心となるのは五臓あるいは五官なのである。巻三・格物では「身有五官、外応万物、内函万理」とあり、つづけて右の表の五色以外に、五音、五味、五穀それぞれが五官をつうじてどの五臓に良い効果をもたらすのか、についてのべている。表にすればつぎのようになる。(6)

	肝	心	肺	脾	腎
五色	青	赤	白	黄	黒
五音	角	徴	商	宮	羽
五味	酸	苦	辛	甘	鹹
五穀	木穀	肉穀	藤穀	草穀	水穀

「身に五官があるのは、外は万物に対応し、内はすべての道理をいれておくためである」という右の文は、万物を感覚し、それらの情報を保存するのに五官が必要不可欠であることをいう。そしてこのことはなにを意味するのかといえば、「万物が存在するからには五官はなければならず、五官があるからには万物は欠けてはいけないのである（是有万物不可無五官、有五官不可少万物）」

（巻三・格物）。つまり、万物をあますところなく認識するということは、神が創造した、あるいは神が自己顕現した万物を認識するということであり、つまりは神そのものを認識することになるのである。そして「故肝主木而応春、其位東、於身為筋而力生焉。……」といった対応関係は堅固なつながりをもっている。

人の身体内部にはそれぞれ職能があり、万物もそれぞれ類にわかれている。五臓の機能をかえたり、南北の方角をかえたり、四時の行事をかえたりすることはできないのだ。

人身之内各分其職、万有之物各従其類。設使五臓易其司、南北易其方、四時更其令、又不能也。（巻三・格物）

以上ながながと馬注の五行思想をみてきたが、したがって馬注はけっして五行を無視して万物をかんがえているわけではない。中国の伝統思想にもしたしんでいた「中国人」であったといえる。ただし、それは日々の生活のなかで遭遇する万物とのかかわりにおいてであり、神学的には五行はもとより、四行についても神による創造の範囲内のできごとであるとかんがえている。最初にみた巻三・四行の最後はつぎのようにいう。

物や気は尽きてしまうことがあるが、これは陰陽が盛衰する道理である。五行が相生、相克したり、陰陽が消長したり、万物の存在や変化を命じているのは、天地、人、ジン、万物を造化した主にほかならない。

物有時而窮、気有時而竭、此陰陽盛衰之理也。其所以命生剋消長、有無変幻、総不出造化天地人神万物之主。

そしてつづけてつぎのように結ばれている。

人は真主の余光をうけているのであって、（万物と同様）四行に拘束されてはいるが、じつは万物を超越しているのだ。……人だけが真主の余光を完全な状態に保っているので、四行は本来的に我にそなわっているものではないし、万物はすべて虚幻である。

人稟真主之余光、雖囿四行、実超万匯。……人惟全真主之余光、則四行非我有、万物皆虚幻。（巻三・四行）

真主の余光（「光は神の導き、救済、真理、啓示などの象徴であり、神の美称の一つとされる」『岩波イスラーム辞典』光）は時間や空間を超越したものであり、尽きることもない。身体は四行によって構成されてはいるものの、その四行を統御し四行にはたらきを命じているのが真主であり、人はその真主の余光をうけているのだから、四行は人にとって本質的なものではない、というのである。

以上をまとめると、王岱輿は四行や五行といったかんがえかたじたいにそれほど興味はなく、もっぱら形而上について議論している。それが馬注になると形而下の世界について注目しはじめる。五行相生相克を批判することもあるが、形而下世界を説明するときはしばしば中国伝統の五行説を援用している。とりわけ神の自己顕現である万物を認識する（つまり神を認識する）のに重要な五官とそれに対応する身体内部の五臓を中心に諸々の事物が分類されている。形而上と形而下の説明原理をそれぞれ四行と五行とするかんがえかたは劉智にもうけつがれる。生成論的にみれば、四行が形成されたあとに、五行を理論的に援用できる後天世界がでてくる。ただ馬注は四行と五行を積極的に連続させようとはしていない。

劉智以前の書として、もうひとつ言及しておきたいものがある。それは一六七二年頃、ラージーの *Mirṣād al-'Ibād* を南京の伍遵契が漢訳した『帰真要道』である。[7] *Mirṣād al-'Ibād* は中国でよく読まれた書で、回儒はこの書を熱心に研究している。この『帰真要道』では、火、風、水、土のことを「四行」と訳していて、伍遵契も序文で「四行」の存在を認めている。そして五行説については言及していない。しかし『帰真要道』には興味ぶかい思想がある。それは巻一・第二門・第三篇などにみえる「内五形（five internal senses 内部五感覚）」と「外五形（five external senses 外部五感覚[8]）」というかんがえかたである。「内五形」とは「性（アラビア語では 'aql 意味は理性。以下おなじ）」「心（dil こころ）」「機密（sirr 秘密）」「命（rūḥ 霊）」「隠微（khafi 隠れたもの）」、「外五形」とは眼、耳、鼻、舌、身の五官によって見ること、聞くこと、嗅ぐこと、味わうこと、触れることを指す。外部五感覚が障害を受けると、内部五感覚もそれにしたがって障害を受ける。この思想は『帰真要道』の随所にみられる。またこの内部五感覚と外部五感覚については、アズィーズ・ナサフィーの *Maqṣad-i Aqṣā*　イージーの *Mawāqif fī 'ilm al-kalām* でも言及されていて、なおかつこの二書も中国につたわり、回儒に影響をあたえている。(9) この内外の感覚が五つあること、そしてイスラームの五功や一日五回の義務礼拝など、五行説と結びつけて説明しやすい下地がイスラーム側にはあった。そして後述するように、『五功釈義』ではこの内部五感覚と外部五感覚を中心にして五功が説明されるのである。馬注が強調した五官と五臓の関係も内外五感覚の思想をつたえるものである。

第3節　劉智のかんがえかた

四元素と五行についてふかい関心を抱かなかった王岱輿、五行説と四元素説が機能する射程を明確にした馬注をへて、劉智は五行説と四元素説を連続的に統合した。中国思想史からみると、イエズス会士は五行説を否定し、四元素説を主張した。それにたいし中国の自然科学者たちはその影響をうけて、より基本的な要素を厳選することに力を注いだのであって、劉智のような連続的な統合を行った人物はきわめて珍しいといえる。前章でも議論したが、ここで劉智の四元素と五行にたいするかんがえかたを簡単に確認しておく。

劉智は万物が生成する過程では、基本的には四元素説を採用する。『天方性理』巻一では、形而下世界において元気から陰陽が分かれ、その陰陽が四象に変化するという。四象は『天方性理』では水、火、土、気をさす。ここまでは四象の内容にちがいはあるが、『周易』の太極から両儀にわかれ、それから四象が現れるという生成論と似ている。だが、劉智はその四象を母として金、木、活という「三つの子」と呼ばれる要素が生まれるという。そしてこの四つの母と三つの子から万物が生まれることになる。これが劉智の基本的なかんがえかたである。さらに『天方性理』巻二では中国の五行とイスラームの四元素の違いについてつぎのように説明している。原初的には水、火、土、気が存在するだけなのだが、その後、気からは木が生まれ、土からは金が生まれる。そして気と木、土と金はそれぞれ母と子のように一緒に存在する。このようにして四元素と五行の要素が形而下において併存する状況をかんがえる。劉智にあっては四元素と五行は連続的な関係にある。

第4節　『五功釈義』について

さてそれでは本章の議論の中心となる『五功釈義』にはなしをすすめたい。『五功釈義』は文字どおり、五功（al-arkān al-khamsa）についての解説書である。劉智にはほかにイスラームの儀礼について書いた『天方典礼』があり、その巻五から巻八の「五功篇」でも五功について説明している。重複する部分もあるが、『五功釈義』は具体的な動作や実践方法にくわえて五功の意味や意義そして来歴などを広汎に解説した書であるといえる。

現在、われわれがみることができる『五功釈義』の版本は、一九二〇年に北京の万全書局で出版された活字本である。本章でもこの万全書局本をテキストとして使用する。この書には兪楷という人物の序文がある。日付は一七一〇年となっているので、この頃に出版されたのであれば、『天方典礼』『天方性理』などとおなじ時期に刊刻されたことになる。D. D. Leslie によると一八三二年の版本があるらしい[10]が未見である。ところで、一九二〇年の万全書局本は誤字がおおく、できれば活字になるまえの版本との校勘が必要がある。また書名についても問題がある。表紙には「五功釈義」とあり、その下に「礼書」と書きくわえられている。ところが兪楷の序では「劉一斎先生五功義序」とあり、目次では「一斎五功義目録」、本文の冒頭では「礼書五功義」となっている。劉智の『天方典礼』巻五には「詳しくは五功義を参照せよ」という文章がみえるので、おそらくは「五功義」という名前が古いのであろう。また『五功釈義』四六章には兪楷が書いたとおもわれる注釈がみられる。したがってこれらを確認するためにも古い版本の発見が必要であろう。

『五功釈義』の内容の検討にはいるまえに、まず兪楷の序文をみておく。『五功釈義』には劉智による自序がなく、兪楷の序文いがいは民国期に重印されたときに書かれたものである。したがって兪楷の序は『五功釈義』が刊刻された当時の状況をうかがううえで重要な史料であるといえる。また兪楷は劉智の『天方典礼』の編集に携わったムスリムでもあり、当時のムスリム知識人の五功にたいするかんがえかたを知るうえでも貴重な文書である。

太極から両儀がうまれ、両儀から四象が成立する。四象があるということはとりもなおさず五形があるということなのだ。五形は相生相克する。イスラームの教えにも五がある。念、礼、斎、課、朝である。五形が減少することがないのと同じようにイスラームの五も減少しない。またイスラームの五にも相生相克の意味がこめられている。イスラームの相生とは、人の本性が五功から生まれるということ。相克は、つぎつぎと起こる自我を五功によって消去するということ。（本性が生まれる、自我を滅却するということは）人がどのように意識をはたらかせるかにかかっているのだ。意識を真主に集中させて、五功を実践すると真主が見える。ただもし書かれた文字に気をとられ、五功をおこなうと、文字の域から出ることはない。いわゆる（『周易』繋辞上伝にいうように）仁者は道を見てこれを仁と言い、知者は道を見てこれを知という、である。修養の深い者は深いレベルを体験し、浅い者は浅いレベルでしか体験できないのである。いま劉一斎先生が五功の意味をひとつひとつ淵源にさかのぼって探求し、そこから類推してほかのものの意味をも明らかにした。後学の者は本書によって努力を重ねれば心と体が一体になるであろう。すでにこの書でいわれたことはもちろんしっかりと心にとどめるべきだが、まだいわれていないことについても類推できないことはない。いわゆる五功とは、単なる五にとどまらないのだ。（『周易』にいうように）天は五つの奇数によって示され、地は五つの偶数によって示され、天と地の数が組み合わされることによって五行が生まれる、そして天と地の数の合計は五十五である。五によって類推できないものはないのだ。五を体得した者は、詳しく五功について洞察し、努めて実践していけば、自然と（『論語』に言うように）身近な所から奥義に達することができる。だがいろいろな要素をそぎ落としていき、言葉がないということすら忘れる。これも先生が人々にたいして強く望まれたことである。先生が意図されたことを忘れてはいけない。時、康熙四十九年庚寅三月、灯下にて識す。ムスリム子弟、兪楷拝して撰す。

自有太極而両儀生焉。自有両儀而四象立焉。有四象即有五形。五形者、相生相克者也。而清真教規亦有五焉。念也、礼也、斎也、課也、朝也。此亦猶五形之不可減者也。而生克之義亦寓焉。生者、本然之性、由此而生也。克者、継起之私、因此而去也。総存乎人之用意何如耳。意存乎真、則行此五者、自見其真。意存乎文、則行此五者、僅見其文。所謂仁者見之、謂之仁、智者見之、謂之智。深者自深、浅者自浅、是也。今劉一斎先生、於五功之義、一一窮究其源、而又推類以及余。使後之学者、反復尋求、身心一片。於其所已言者、固可了然於心、而於所未言者、亦未始不可触類而旁通。則所謂五功者、功豈止於五哉。天数五、地数五、五位相得而各有合。凡天地之数五十有五者、莫不由五推。則此体五者、精察而力行之、而真積力久、自可下学而上達。而約之又約、

以至相忘於無言。此又先生之所厚望於天下。天下其無忘先生所用意也。云。時、康熙四十九年庚寅三月灯下識、

眷教弟兪楷拝撰。

冒頭の「太極から両儀がうまれ、両儀から四象が成立する」という『周易』繫辞上伝のことばがここでもつかわれている。イスラーム漢籍において万物生成論を説く際に頻繁に引用される句である。太極から両儀（陰と陽）が生まれ、両儀から四象ができる。そのつぎに「五形」という語が出てくるが、これはその後に相生相克とあることから「五行」のこと。「形」は「行」と音通である。ただ、後述するが、『五功釈義』の本文にも「五形」という語が登場するので、それをふまえてのことかもしれない。そのばあいは有形の実体をイメージしている（次節を参照）。中国の五行に相当するのがイスラームの五功である。そして五功にも五行のように相生と相克があるという。兪楷は五功の実践によって本性が生まれ（相生）、また我執に打ち勝つ（相克）ことができるという。ふつう相生相克とは五行の間の関係をいうのであって、兪楷がいう相生相克とは意味合いがことなり、あきらかにこじつけである。それでも五行によって五功の意義を説明することはムスリムにとって非常にわかりやすく、このまれたのである。さらに『周易』を引用して、五によって世の中の事柄を包括し整理しようとする意図がみてとれる。かようにこの序文は五にこだわっている。

もちろんこれは兪楷のかんがえであり、劉智がどうかんがえていたかは『五功釈義』の内容を検討しなければならない。ただ、ムスリム知識人がこれほどまでに五行と五功の関係性を強調している文章は興味ぶかい。かれはまちがいなく五行によって五功をとらえていたのである。

第5節　『五功釈義』の五行

それでは『五功釈義』の内容について検討したい。『五功釈義』は六十三章からなる。全六十三章の章名はつぎのとおり。

一章　原始	二章　本義	三章　愛悪	四章　外官	五章　内徳	六章　心性	七章　正変
八章　念儀	九章　念法	一〇章　念義	一一章　念理	一二章　念証		
一三章　拝儀	一四章　拝法	一五章　拝義	一六章　拝理	一七章　拝証		
一八章　斎儀	一九章　斎法	二〇章　斎義	二一章　斎理	二二章　斎証		
二三章　課儀	二四章　課法	二五章　課義	二六章　課理	二七章　課証		
二八章　朝儀	二九章　朝法	三〇章　朝義	三一章　朝理	三二章　朝証		
三三章　五限	三四章　聚会	三五章　衆義	三六章　礼数	三七章　儀象	三八章　拝原	三九章　誠義
四〇章　五象	四一章　徳門	四二章　旱雨	四三章　五益	四四章　無息	四五章　参化	四六章　無間
四七章　全体	四八章　属意	四九章　忘想	五〇章　開宮	五一章　功効	五二章　三極	五三章　法象
五四章　常徳	五五章　功用	五六章　普概	五七章　法聖	五八章　法程	五九章　簡易	六〇章　位育
六一章　聖凡	六二章　忠孝	六三章　性一				

第七章の最後に「以上七章、総述五功之由、其下二十五章分述五功之理、末後三十一章発明五功之義。通記六十三章以取聖寿之紀云」とあるように、『五功釈義』はつぎのように大きく三つにわかれる。右の表で罫線をいれておいた。第一章から第七章までがどうして五功を行うのかについての概論、第八章から第三二章が五功それぞれの道理をそれ

ぞれ説明した部分、第三三章から第六三章が五功の意味をさらに展開した部分である。そして全六十三章という章の数はムハンマドの年齢に合わせたという。

章の名前をみるとわかることだが、第八章から第三二章までの二十五章は五功それぞれの儀（具体的な方法）、法（心構え）、義（意味）、理（道理）、証（証拠）についてのべられている。つまりそれぞれの功をさらに五つに分類して説明するのである。そのなかで、儀については『天方典礼』におなじ内容の記述がある。おそらく『天方典礼』から取ってきたものであろう。そのほかの法、義、理、証にも『天方典礼』とおなじかあるいは似た文章は散見する。したがって第八章から第三二章のあいだでは、儀いがいの法、義、理、証が『五功釈義』特有の内容になる。しかしこの四つの区別は曖昧で、とりわけ義と理は意味的に区別しにくく、わざわざ章立てする必要性が感じられない。『五功釈義』全体の章数がムハンマドの年齢に合わせられたように、五功それぞれの説明もわざわざ五によって分類しているのではないかと思われる。

さて、そもそも五功はどうして五つなのか。『五功釈義』第二章ではつぎのように説明している。

人の心と性は錠前のようなものである。耳、目、口、鼻、身が声、色、臭、味、感触に染まると、愛憎の感情が生まれる。この五つが私欲という名の掛け金（shackle）である。掛け金と錠前がしっかりとかみ合っていれば錠前ははずれない。かならず錠前に適合した鍵を作って、それがぴったりと合い、開くことができるものであれば、掛け金と錠前はあっさりと解ける。人がもつこの五つの煩累も、五つの方法によって治療すれば、徐々に治り、心は明らかになり、人の本性があらわれて道が明らかになるのだ。

人之心性相偕如鎖鑰然。其耳目口鼻身既有声色臭味触五者之染、即生愛悪。五者私欲之簧、簧鑰交締、牢莫可解。必須按鑰製匙、糸杪恰合、以為啓折之備、則簧与鑰脱然解矣。一身有五者之累亦必以五法対治之、則累漸

釈、則心明性見而道明矣。（第二章・本義）

五官（耳、目、口、鼻、身）を通して得られる感覚から愛したり憎んだりという好き嫌いの感情が生まれる。それぞれらの感情によって心や本性が曇ってしまう。したがって五官による感覚を抑制するために、五官に対応して功は五つあるというのである。この五功、心性、私欲を、鍵と錠前と掛け金にたとえる比喩は『天方典礼』巻五・五功篇・総綱に、さらには王岱輿『正教真詮』五常にもみえるもので、おそらくイスラームでいわれている表現方法なのであろう。

その五官には徳があるという。ここでいう徳とは「はたらき」の意味であろう。第四章によると、耳には聞くという徳があり、目には見るという徳があり、口には言う、鼻には嗅ぐ、体には与える奪う、動く止まるという徳がある。第2節でみたように、*Mirṣād al-'Ibād* でいう外部五感覚である。それにたいして人には内徳なるものも五つあるという。第五章によれば心、性、知、幾、微がその内徳である（［　］内は双行注）。

性とは生きていくためのもの、心とは感覚するためのもの、知とははたらかせるためのもの、幾とは心の動いている状態、微とは心が落ちついている状態［心の已発が機、未発が微］。これらはほんらい至善な状態で造物者から受けとっている。ただ私欲が性にしみこむと、性は是か否にながれ、心がみだれると、気質（がみだれ）、知がおおわれると、はかりごと（がうまくいかず）、幾がみだれると喜怒が不安定になり、微が動かされれば、ほんらい善であるものが不善になる。五功は私欲を洗い清め、気質を正しくし、是非を均等にし、はかりごとを定め、均衡をうしなった喜怒を安定させるためのものである。

性所以生、心所以覚、知所以用、幾則心之動、微則心之隠［已発之為機、未発為之微］。五者本至善而受於造物者也。第私欲漓乎性、是非、撓乎心、気質、蔽乎知、謀慮、乱乎幾、喜怒得喪、動乎微、本善者遂流於不善矣。

五功之理所以湔其私、正其気、平其是非、定其謀慮而約束喜怒得喪之際者也。（第五章・内徳）

つぎにみるように、性は中国思想でいう五常、心は感覚、知は思考能力のこと。のこりの二つがイスラーム独特の要素である。幾（あるいは機）が心の已発状態、微が心の未発状態であるという注があるので、朱熹でいう情と性にあたるものをかんがえていたようである。[11] これらはラージーの *Mirṣād al-ʿIbād* でいう内部五感覚に相当する。知が *Mirṣād al-ʿIbād* では rūḥ 霊（『帰真要道』では「命」）となっていて異なるが、ほかはおなじである。[12] 五官の徳は本来は善であるのに、用いかたが不善であると徳が損なわれる。また五つの内徳も造物主から完全な善の状態で受けとっているのに、私欲をはじめとする人間のよこしまな営為によって不善に流れてしまう。これら五官の徳と内徳を正常にもどし、維持するのが五功の役目であるという。こうした思想はほとんど朱熹の「気質変化」とパラレルである。朱熹のかんがえでは、天から命として各人に性が付与されるが、本来の性は明るく善なるものである。だが実際には人欲（気質）によって性は覆われ曇ってしまう。朱熹はその曇りを除去し、性ほんらいの輝きをとりもどすことを学問の目的としたのである。学問が五功にかわればそのままこの『五功釈義』の内容になるだろう。

五つの内徳のうち心、性、知はさらに五つに下位分類される。第六章にはつぎのようにある。

人の性には五つの徳がある。仁、義、礼、智、信がそれである。この五つは世の中を公正にするための徳目である。また人の心にも五つの徳がある。喜、怒、愛、悪、欲がそれである。これらは自己を存立するためのものである。さらに人の知には五つの徳がある。想像、記憶、理解、計画、運用がそれである。この五つは世の中で対処するためのものである。これら三つに分類された徳はいずれも中庸を維持するように努めなければならない。もしどれかにかたよってしまうと、道は失われる。五功とはこれらの徳がかたよらないように、中庸にもどすためのものなのだ。

性分之内復有五徳焉。仁也、義也、礼也、智也、信也。五者所以公平世者也。心分之内有五徳焉。喜也、怒也、愛也、悪也、欲也。五者所以存乎己者也。知分之内有五徳焉。憶也、記也、悟也、籌也、運也。五者所以用乎世者也。三分之徳務適於中、有一偏焉、其道幾失。五功者所以救其偏而帰於中也。（第六章・心性）

性	仁	義	礼	智	信
心	喜	怒	愛	悪	欲
知	憶	記	悟	籌	運

性の五徳は儒家の中心となる倫理概念であり、ふつうは五常と呼ばれる。心は感情を、知は思考能力をいう。三者の属性を表にすると上のようになる。以上からわかるように、五官の徳、内徳、さらに内徳の性、心、知をそれぞれ五分類した徳はいずれも人が生きていくうえで必要なものである。滅却すべき対象ではない。しかしそれらは偏っていてはだめで、中庸な状態でなければいけない。このことを『五功釈義』では冒頭で強調している。

つぎに五功と五官、内徳などを対応させた第四八章をみたい。文章だけではややこしいので次頁の表も参照していただきたい。

念（信仰告白）は心に属し、心は微に属する。念は口で言うことに現れる。人の徳性としては仁に区分され、人の道では親に対する孝行、五行では火に属する。

礼（礼拝）は身体に属し、身体は幾に属する。礼は身体が行為することに現れる。徳性は礼、人の道は兄弟の仲睦まじい関係、五行では土に属す。

斎（断食）は意識に属し、意識は気に属する。目に見えるものを戒め、心に思うことを謹む。徳性は智、人の道は節度を守る、五行では木に属す。

課（喜捨）は知に属し、知は血に属す。適切な徴収には相手の状況を耳でしっかりと聞かなければならない。徳性は義に属し、人の道は友情、五行では水に属す。

朝（巡礼）は性に属し、性は主の命令に属す。朝はすべての功を包括し、持っている物すべてをめぐみあたえ、最終的には鼻で臭いを嗅がない境地に至る。[13] 徳性は信、人の道は君主に対する忠心、五行は金に属す。

念属心、心属微。其発脈在於口言、其於性分為仁、其於人道為孝、其於五行也属火。

礼属身、身属幾。其著事在於身行、其於性分為礼、於人道為弟、其於五行也属土。

斎属意、意属気。戒於目見、謹於心思、其於性分為智、於人道為節、其於五行也属木。

課属知、知属血。施用得当、在於耳聡、其於性分為義、於人道為友誼、其於五行也属水。

朝属性、性属命。其為功也、具足一切功、施諸所有、而至於鼻亦不臭香、其於性分為信、於人道為忠、其於五行也属金。（第四八章・属意）

五功			五官	性	人道	五行
念	心	微	口	仁	孝	火
礼	身	幾	身	礼	弟	土
斎	意	気	目	智	節	木
課	知	血	耳	義	友誼	水
朝	性	命	鼻	信	忠	金

48章　五功と五官

五功と五官ははっきりと対応しているのがわかる。第二章・本義でみたように、五官に対応して功は五つあった。そしてさらに仁、義、礼、智、信や五行が関連している。

ただ内の五徳は第五章・内徳では心、性、知、幾、微であったが、ここでは「心、性、知」と「幾、微」のカテゴリーがずれている。心は喜怒哀楽の感情、性は仁義礼智信、知は想像、記憶、理解など思考能力である。それにたいして幾と微はともに心のふたつの様態、已発と未発を指した。つまり『五功釈義』における定義では、そもそもがおなじカテゴリーではないのである。A属B、B属Cという形式になっているが、AとBの関係に解釈をいれるなら、念（信仰告白）は心からおこなう、礼（礼拝）は身をもっておこなう、斎（斎戒、断食）は決意をもっておこなう、課（喜捨）は財産に一定率が課せられるのであるから、その計算方法をしっかり知っておこなう、朝（巡礼）は人の本性に立ちかえることである。Cについては、微と幾は念と礼を未発と已発つまり静と動に力点をおいた分類で、気と血は斎戒と喜捨によってそれらが浄化される、命は人の本性は神によって命ぜられている、と解釈できようか。しかし関係性の意味づけの正否はたいして重要ではない。大切なのは五功それぞれに対応する五官、徳目、五行があると思念されていたことである。五功はムスリムが実践しなければならない宗教儀礼であるから、『五功釈義』が想定する読者はまずムスリム同胞である。五行によって五功を分類整理しても、読者側にそうした五行による分類思考がなければ意義がないわけであり、五行による五功分類は、五行思想がしっかりとムスリムに浸透していたことを物語る。

さてこれまでは五行による分類をみてきた。だが本書で再三指摘しているように、劉智は『天方性理』では四行による万物生成を基礎にし、四行と五行の統合をおこなっていた。それでは『五功釈義』では四行について言及されていないのだろうか。じつは一カ所だけある。第七章をみてみたい。

人は四行をうけて生まれ、五行によって完成する。生まれた当初は精（羊水?）が水、血液が土、あたたかさが火、運動変化が気である。形ができあがったあとは気と火から木が生まれ、土と水から金が生まれる。木の性質は成長、養育すること、金の性質は堅く輝くこと。それらと精液の水、あたたかさの火、骨肉の土をあわせて五形という。気はというと身体の中心をつかさどり、霊覚となる。

人稟四行而生、五行而成。賦質之初、精為水、血為土、温暖為火、運化者為氣。成形以後、氣与火合而生木、土与水合而生金。木性以滋長養、金性以滋堅明、並精液之水、温暖之火、骨月之土[14]、此之謂五形、而気則主乎其中即霊覚之謂也。（第七章・正変）

	成形以前	成形以後	性	徳
水	羊水	精液	向下	謙遜
土	血	骨肉	蔵育	静順
火	温暖	温暖	向上	高明
気	運化	霊覚		
木		長養	条暢	直樸
金		堅明	堅定	穏重

7章　四行と五行

ここでも四行と五行の連続的な関係がみてとれる。受精卵から身体の諸器官ができあがるまで（医学的には胎芽という。妊娠三ヶ月くらい。それ以降を胎児という）は四行で、胎児の形体の基礎ができあがり、母胎をでるまでは五行で説明される。四行のなかで、水と火はそのまま五行に引き継がれ、土は血に骨肉の要素を付加されて五行のひとつにカウントされている。ここで興味ぶかいのは気の役割である。四行から五行へと移行したばあい、四行にない木と金、五行にない気をどう処理するかが問題となる。木と金は『五功釈義』のばあいは気と火から木が生まれ、土と水から金が生まれる。『天方性理』巻一・万物始生図説の生成過程と一致している。それでは気はどうかというと、『天方性理』では母と子が同居するように木と併存すると説明され、どんなはたらきをするのかについては不明であった。それにたいし、『五功釈義』ではしっかりと気に役割があてられている。気は身体を構成する要素つまり「五形」を統括する霊的知覚となるのである。

ここで「五行」が「五形」といいかえられているのは注意していいだろう。胎児のかたちができあがってしまえば、それは形質をもった実体である。もちろん受精卵や胎芽も有形であり、実体だが、劉智はこの受精卵から諸器官ができあがるまでの胎芽期間をパターンとしての先天とかんがえていたはずである[15]。身体の生成論については『天方性理』巻三で専論されている。くわしくは第6章にゆずるが、全部で十二の図説がある巻三のなかで前半の六つの図説（人生元始、胚胎初化、四本分著、表裏分形、内外体竅、霊活顕用）がパターンとしての先天、つまり胎児のからだの諸器官が完成するまでの過程であり、図説の記述から受胎して三ヶ月までの期間であることがわかる。つづく三つの図説（堅定顕著、発育顕著、知覚顕著）が成形以後から母胎をでるまでの過程。そしてのこる三つの図説（気性顕著、本性顕著、継性顕著）が母胎をでてからの過程である。前半の六図説では四行が諸器官に変化していく過程が説明され、後半の三図説は、堅定顕著図説が骨格や気血のルートが固定していく「金」の属性を体現し、つぎの発育顕著図説はみずから栄養を摂取し成長していく「木」の属性を体現している（ちなみに知覚顕著図説は「活」のあらわれである）。さきほどの『五功釈義』第七章・正変にもどると、胎児の成形以後の金、木、火はそれぞれはたらきであり、実体ではない。だが胎児は胎芽にくらべると相対的に実体であり（つまりパターン的に後天である）、その実体の属性たいしては「五形」と名づけた。構成要素をあらわすという意味では、成形以前（胎芽）と成形以後（胎児）はどちらも「行」なのだが、パターンとしての先天と後天の質的ちがいを、先天は「四行」、後天は「五形」という語によっていいあらわしているのである。

この第七章ではつづいてこれら五行それぞれの性質、徳がのべられる。火の性質は上に向かうこと、徳は賢さである。水の性質は下に向かうこと、徳は謙遜である。木の性質はのびやかであること、徳は質素で正直。金の性質は堅く固定すること、徳は落ち着いていること。土の性質は貯蔵し養育すること、徳は静かで従順。

火性向上、其徳高明。水性向下、其徳謙遜。木性条暢、其徳直樸。金性堅定、其徳穏重。土性蔵育、其徳静順。
（第七章・正変）

それぞれの性質や徳は当該の行の特性から導き出される。そしてこれらの徳をうまく中正に保持するのが気のはたらきである。

徳はかならず気に養われることで中正を保っているのだ。もし気に養われなくなると、中正であった徳は変化して偏ってしまう。……五功は気を養う方法であり、五つの性質をまん中に戻すためのものなのである。

夫徳者、必惟気之得養、乃各用乎其中正也。苟所失其養則中者反而為倚、正者変而為偏矣。……五功者所以養気之法而致五性於至中者也。（第七章・正変）

人が生まれたからといって気がなくなるわけではなく、このように積極的なはたらきをするのである。『天方性理』では明言されなかった四行から五行に移行したあとの気の役割がこれで明確になる。

以上からわかるように、第四章、第五章、第六章、第七章では、五官、内徳、性・心・知それぞれの五徳、そして五行の徳、これらすべてを五功によって中庸に維持することが説かれているのである。みごとに五によって統一されているといえよう。

さて、第七章には五行の説明があった。また第四八章では五功を五行に配当していた。だが、これらの五行に分類された内容のあいだの関係についてはまったく言及がない。兪楷が序文でいったような相生相克の関係はない。五つに分類されているだけである。ただし五功の五行配当については、それなりの関係が見いだせる。たとえば第四八章（表は一〇一頁を参照）で念は火に属し、礼は土に属し、斎は木に属し、課は水に属し、朝は金に属していた。第七章で火の性質は上に向かうので、これは神に向かう念と結びつく。土の性質は貯蔵、養育で、礼にはあまり関係がなさそうだが、土は肉体つまり身体に相当するので身体をつかっておこなう礼と関連する。木の性質はのびやかさで、斎とは逆の概念にみえるが、木の徳である質素とは結びつくだろう。水の性質は下に向かうので、これは生活に困窮した人びとにたいして積極的に喜捨することにつながる。最後に金の性質は堅固だが、これはメッカに至るまでの長く大変な道程にくじけないように決意を堅くする、ということになるかとおもう。つまり、若干の解釈が必要とはいえ、五功は五行にうまく配当されているといえよう。

最後に五分類によって五功を説明している例を三つあげておく。

五功は五官を制御し、五徳を発揮し、五常を完成させ、五行をたすけ、五典を完全にし、天地の化育に参与する。五功は陰陽とおなじ仲間である。

五功治五官、五功発五徳、五功尽五常、五功讃五行、五功全五典、五功参天地之化育、与陰陽同倫。（第四五章・参化）

この五徳は内徳（心、性、知、幾、微）であろう。五常は仁義礼智信のこと。五典とは『天方典礼』巻一〇から巻一三でくわしく説明されているように、夫婦、父子、君臣、兄弟、朋友の関係を指す。また五功をおこなうことが、天地の化育につながる。天地の化育は陰陽の運動によるわけで、したがって五功は陰陽とおなじはたらきをするということになる。

無心の状態で念をおこなう、それが最善の念である。身体をわすれた状態で礼をおこなう、それが最善の礼である。食欲、色欲がない状態で斎をおこなう、それが最善の斎である。私欲のない状態で徴収する、それが最善の課である。移動せずに巡礼するのが最善の巡礼である。……そのようにできれば、五官は開放され、五徳は明確になり、五気が従い、五功が完成するのだ。

念、至無心、善念者也。礼、至無身、善礼者也。斎、至食色非欲、善斎者也。課、至聚斂非私、善課者也。朝、至無所趨蹌向背、善朝者也。……果能如是也、五官開焉、五徳昭焉、五気率従、而五事成焉。（第四九章・忘想）

五気が従うというのは説明がないのだが、おそらくは五行の気が調和するという意味だろう。五功をおこなっているという意識を払拭した状態で五功をおこなうことが、五功の完成になる。

天には五つの惑星があり、地には五行があり、人には五官があり、人の性には五徳がある。人倫をまっとうするために五典があり、天の道をつくすのに五功がある。五功は天地人の事柄を包括するのだ。したがって天地人の道理を完成させようとするなら、ただ五功を貫き通せばよいのだ。

天有五星、地有五行、人有五官、性有五徳、尽人之道有五典、尽天之道有五功。夫五功包天地与人之事者也。

凡欲尽夫三極之道而五功之礼、以一貫之矣。（第五二章・三極）

以上の三例をみると、いずれも五功を説明しているが、五官、五徳と五行がかならず関連づけて列挙されていることがわかる。

小　結

最後に本章の内容をまとめたい。『五功釈義』では五功をつぎのようにかんがえている。まず第一に、外界の事物を感覚する器官である五官はそれぞれのはたらきをもっているのだが、そのはたらきの結果、私欲が生じてこころがくもってしまう。五功はそうした私欲を払拭するために存在する。したがって具体的には五功と五官は一対一に対応している。第二に、人には内徳とよばれる五種類のこころの有り様が存在し、ほんらいは完全な状態で神から賦与されているのだが、これも人の私欲やよこしまな営為によってみだれる。五功はこの内徳を正常な状態にもどし、安定させるはたらきをもつ。この内徳も五功と一対一に対応していてもいいはずなのだが、こちらはうまく対応していない。

つまり五功の目的は五官（のはたらきによって生じる私欲）と五徳をほんらいの平衡状態にもどし、維持するところにある。そして五官と五徳に五行思想を介在させることで、そのほかの要素（仁義礼智信、夫婦・父子・君臣・兄弟・朋友など）も五功と関連づけられた。

いっぽう五行と四行の関係についてはつぎのようにかんがえている。人が生まれる過程を胎芽期間と胎児期間にわけ、胎芽期間を四行で、胎児期間を五行で説明する。四行は胎児期間にもうけつがれ、とくに気は身体を統括する霊的知覚としてはたらく。したがってここでも四行と五行は連続的につながっている。また胎芽をパターンとしての先天（相対的時間的な先）、胎児をパターンとしての後天（相対的時間的な後）とすれば、『天方性理』にみえる、大世界における四方の定位や、季節の循環の説明とおなじである。大世界と小世界の相同関係がみてとれる。

明末には中国の五行思想の見なおしがおこなわれていた。そもそも自然界の諸現象を説明する原理として五行はあまりなじみにくい。四季に五行をあてはめるのに中国人がおこなった苦労をわれわれはしっている。四季や四方に代表されるように四のほうが圧倒的に説明しやすいだろう。そうかんがえたとき、もっとも五行思想をうまく援用したのは劉智ら中国ムスリムだったのではないか、という気がしてくる。

注

（1）イスラーム神秘主義、とくに存在一性論にかんしては井筒俊彦『イスラーム哲学の原像』（岩波新書、一九八〇年）を参照。とくに絶対一者性、統合的一者性などの存在論については、一二一頁～一三二頁を参照。また回儒における存在一性論については松本耿郎「馬聯元著『天方性理阿文注解』の研究」（『東洋史研究』第五八巻第一号、一九九九年）が先駆的研究である。なお王岱輿『正教真詮』、馬注『清真指南』のテキストは『回族和伊斯蘭教古籍史料匯編』第一輯所収のものを使用した。

（2）くわしくは拙稿「馬注『清真指南』の五行思想」（『中国伊斯蘭思想研究』第二号、二〇〇六年）を参照。

（3）劉智は気→火→水→土の順を基本的には説くが、まれにこの『清真指南』のように火→気→水→土の順をいうこともある。

第2章第4節を参照。

（4）明確にその順番を記しているのは五星、五穀、五時の三つである。また石の五宝は「珊瑚、琥珀、琿璖、瑪瑙、空青、墨玉類」とあり、五つに限定されていないので、表からは除外した。

（5）原文は「維」を「顧」に作る。余振貴標点『清真指南』（寧夏人民出版社、一九八八年）にしたがい「維」にあらためた。

（6）人目者色、青以娯肝、白以娯肺、黄以娯脾、赤以娯心、黒以娯腎。人耳者声、角音和肝、商音和肺、宮音和脾、徵音和心、羽音和腎。人口者味、酸以益肝、辛以益肺、甘以益脾、苦以益心、鹹以益腎。人腹者良、木穀宜肝、藤穀宣肺、草穀宜脾、肉穀宜心、水穀宜腎（『清真指南』巻三・格物）。この五臓との関係は巻九・認己にもあり、そこでは五色、五音、五穀、五味にくわえて、五香、薬との関係についてものべられている。

（7）使用したテキストは『回族和伊斯蘭教古籍史料匯編』第一輯所収、一八九一年蔣春華序本である。

（8）内部感覚、外部感覚という語の英訳にかんしては H. A. Wolfson, "The internal Senses in Latin, Aravic, and Hebrew Philosophic Texts," *Harvard Theological Review* 28（1935）, pp.69-133.

（9）くわしくは佐藤実、仁子寿晴編、回儒の著作研究会訳註『訳註天方性理巻一』（イスラーム地域研究第五班、二〇〇二年）一五八頁～一六七頁を参照。

（10）D. D. Leslie, *Islamic Literature in Chinese, Late Ming and Early Ch'ing: Books, Authors and Associates*, Canberra College of Advanced Education, 1981, p.48.

（11）ラージーは隠（隠れたもの khafi）を幾（秘密 sirr）より高次の精妙な認識能力とかんがえていたようである。くわしくは H. Algar（transl.）, *The path of God's Bondsmen from Origin to Return*, New York: Caravan Books, 1982, pp.134-135. を参照。注（1）前掲書などによれば sirr は人間の意識の最奥層であり、ここにいたれば人の意識は消滅（ファナー fanā'）するとかんがえられている。

（12）くわしくは注（9）前掲書、一五八頁～一六七頁を参照。

（13）『五功釈義』第五〇章・開官に「巡礼は鼻にあらわれる（朝開鼻）」を解説してつぎのようにいっている。

ヤアクーブ（ヤコブ）は数千里から衣服の香りを嗅ぎあてた。それは精神が集中していたからである。またムハンマドは妙世の香りを嗅いだ、それは臭いのない臭いを得たのである。鼻は天への、口は地への入り口である。だから気をめぐらせ流行させるのは鼻の功夫であり、新たにきれいな気を吸いこみ汚れた気を出すのは口の功夫である。

是故葉爾孤白数千里聞衣香、以其心向之専也。吾聖時聞妙世之香、得無臭之臭。蓋鼻乃天門、口為地闕也。故気運流行鼻之功。時新吐納口之事。

不明な点もおおいが、ムハンマドが妙世つまりマラクート界（不滅の知性界、形而上的世界）の香りを嗅いだとされ、その香りとはこの現実世界、感覚世界でいう臭いではないので、無臭の臭いを嗅いだことになる。だが巡礼との関係はあいかわらずよくわからない。

(14)　原文「月」字は「肉」の意味で解した。

(15)　パターンとしての先天、後天については第2章第3節、第3章注（19）を参照。

第５章　動物学——『天方典礼』飲食章考

本章では劉智の『天方典礼』にみえる動物の解説をとおして、劉智の動物観、そして当時の中国におけるアラブの動物にかんする知識を考察し、中国ムスリムの知的営為の一端をみてみたい。

ムスリムがブタを食べてはいけないということはよく知られる。それでは何を食べていいのか、またブタ以外にも何を食べてはいけないかについて、ムスリムとしては明確にしておかねばならないであろう。とくに問題となるのが動物であった。『天方典礼』ではつぎのようにかんがえている。植物の場合はたとえば毒草を食べると身体が支障をきたし、あるいは死ぬこともあるが、それは人間の「生」が損なわれる、ただそれだけのことである。だが、動物の場合は悪い動物を食べると人間の「性」を損ねてしまう。この「性」を損なうことは「生」を損なうことより重大である。なぜなら人の死生は運命であって、人の力では避けることができないのにたいし、「性」が損われると、人は混迷惑乱し、是非邪正が弁別できなくなり、ムスリムの行うべき道を実践できなくなってしまうからである。また「性」を損なわないように食べる動物を選択するということは人の判断である。つまり「性」が損なわれないようにすることは人為的に可能なのである。したがって、身のまわりに生息する数多くの動物のなかから「性」を損なう動物を区別するために、食べて良い動物も悪い動物もすべて特徴を子細に観察し、識別することが求められたのである。

本章でとりあげる『天方典礼』では、ほかのイスラーム漢籍にくらべて、動物にかんする説明が圧倒的に多く、百種類以上にもおよぶ。『天方典礼』にみえる動物の記載から、中国ムスリムの動物観がみてとれるはずである。

まず動物がこの自然世界のなかでどのように位置づけられているのかを概観し、そして食べ物として動物はどのようにかんがえられていたのかを考察してから、『天方典礼』にみえる個々の動物の解説をみていくことにする。また最後にはほかのイスラーム漢籍では動物がどのようにとらえられていたかにもふれ、『天方典礼』の特徴をあぶりだしたい。

第1節　『天方典礼』の構成

まず『天方典礼』の構成を概観しておくことにする。[1]『天方典礼』の目録はつぎのようになっている。

巻一	原教
巻二	真宰
巻三	認識
巻四	諦言
巻五	【五功一】五功総綱　念真
巻六	【五功二】礼真
巻七	【五功三】斎戒　捐課
巻八	【五功四】朝覲
巻九	禋祀
巻一〇	【五典一】五典総綱　夫道　婦道
巻一一	【五典二】父道　子道
巻一二	【五典三】君道　臣道
巻一三	【五典四】兄弟之道　朋友之道
巻一四	【民常一】民常総綱　居処
巻一五	【民常二】財貨　冠服
巻一六	【民常三】飲食上
巻一七	【民常四】飲食下
巻一八	聚礼
巻一九	婚姻之礼
巻二〇	喪葬之制
後編	帰正儀

『天方典礼』は四巻でほぼひとつのまとまりを成している。巻一から巻四まではイスラーム神学、哲学、信仰告白について。巻五から巻八までは五功（日常における宗教的義務。日本では五行とよばれるもの。信仰告白、礼拝、喜捨、断食、

巡礼の五つ）について。巻九は「禋祀」とあるが、これは犠牲祭（qurbān）のこと。この巻のみが四巻でくくるとはみだしてしまうが、儀礼のひとつとして五功の後に置かれている。巻一〇から巻一三までが五典（夫婦、父子、君臣、兄弟、朋友の人倫）について[2]、巻一四から巻一七までが民常（居処、財貨、冠服、飲食といった日常にかかわること）について。巻一八からは儀礼について、巻一八が集団礼拝、巻一九、巻二〇がそれぞれ婚礼、喪礼のおこないかたをのべる。後編は正に帰るの儀、つまり非ムスリムがムスリムになるための儀式について。本章でとりあげる民常篇の飲食上・下は巻一六、一七と二巻分（以下、この二巻を飲食章とよぶことにする）であり、『天方典礼』のほかの篇章とくらべると多くの紙幅がさかれていることがわかる。これは動物の種ごとに解説をくわえているからであり、『天方典礼』が肉食の禁忌を重視していたことがわかる。だが、あとにものべるが、『天方典礼』のこうした飲食の詳細な記載はほかのイスラーム漢籍とくらべるとかなり特異である。

『天方典礼』の「例言」によれば本文の内容は以下のような構成になっている。「この書には正文と解があり、また大註、小註があり、実義、広義、考証、集覧、問答、附論がある。集覧、考証は儒者のことばを多く引用した。そのほかはすべて天方の各経典からとったものである」[3]。大類すると『天方典礼』は正文（本文）と解（つまり注のこと）からなる。『天方典礼』自序によると正文はアラビア語・ペルシア語原典の翻訳部分である。くわしくは第Ⅱ部考証篇第８章第２節『天方典礼』の版本を参照。解（注）は大註と小註、そして以下の六つの部分からなる。

- 実義：主（アッラー）の名について解説した巻三・認識篇だけにみえる。
- 広義：劉智自身のことばによるくわしい解釈。他書からの引用はない。巻二、巻五、巻一四にみえる。
- 考証：東西の書からの引用によって天方の地理を考証した巻一・原教篇だけにみえる。
- 集覧：経書をはじめ中国の古典を中心に、問題となる事柄を類書的に集めて列挙する。最後に劉智の按語が付されることもある。巻一、巻三、巻五、巻七、巻八、巻一七（二か所）、後編にみえる。

●問答：ある人からの質問に答える形式で解説する。本文では「答問」と表記される。巻一（「或問」に作る）、一六、一七、二〇にみえる。

●附論：巻三に『天方典礼』を刊刻した楊斐菉の説が「附録」としてみえる。また巻二〇に「附」としてある人の質問とそれにたいする答えがみえる。

右のなかで本章で言及することになるのは「集覧」と「答問」である。集覧と考証いがいは天方の各経典からとったと「例言」はいうが、経典の名前が明記されているのは巻二の広義の「淑真篇（クルアーン第一一二章）」、巻一の考証の「天方輿地経」、巻八の集覧の「天方朝堂賦略」だけである。[4] また『天方典礼』の巻頭にある採輯経書目には上記の書名はない。書式については、正文と大註は大字で、小註以下は小字双行でかかれている。また大註は正文にたいして一段文字が下がり、小註はその大註のなかに双行で挿入されている。

また本書の構成として劉智は綱目分類を採用している。「例言」には「この書には綱、目がある。正文が綱で、註解が目である。また総綱が綱であり、それぞれの篇が目である。たとえば五功、五典、民常などの篇にはどれも前に総綱があり、その後で篇目にわかれている」[5] とある。綱目分類といえば朱熹の『資治通鑑綱目』が想起される。司馬光『資治通鑑』のなかの重要事項を綱として選出し、それにたいして解説を目として付したのが『資治通鑑綱目』である。おなじく朱熹にかかる冠婚喪祭マニュアル『朱文公家礼』も綱目分類で記述されているのだが、『天方典礼』巻一九、巻二〇の婚礼と喪礼に関する記述とくらべると、その記述方法や内容がかなり似ていることがわかる。そもそも『天方典礼』は書名からもわかるようにイスラームの儀礼について解説したものであり、儒家の儀礼を説いた朱熹の『家礼』と性格が似ているのである。朱熹『家礼』の影響力が、すくなくとも書式から、うかがえる。動物の綱目分類といえば李時珍の『本草綱目』がある。『本草綱目』は一五九三年に成っている。劉智が生きた清朝康熙年間においても動物にかんする書として第一にあげられたのは『本草綱目』である。『天方典礼』飲食章における動物の配列順は『本草綱目』を意識しているし、また医学関連の記事では『本草綱目』がよく引用されている。『天方典礼』が採用した綱目分類もあわせて、『本草綱目』の影響が大きいことも指摘しておきたい[6]。

第2節　自然界における動物の位置

まず劉智が動物をどのような存在としてとらえていたのか、自然界における動物の位置を『天方性理』によっておさえておくことにする。『天方性理』巻一[7]では万物の造化が説かれている[8]。その造化は先天（形而上的、知性的世界）と後天（形而下的、感覚的世界）にわかれるが、後天において元気が陰陽にわかれ、陰陽が水火となる。さらに水火気土（四元）となって、気火と水土が分極して天地ができあがる。そして天と地のあいだに生物が生まれる。さて生物はどのようにして生まれるかというと、巻一・万物始生図説によれば、まず金、木、活が気として生まれる。活は中国思想ではなじみのない語だが、動物のこと。これらは気火水土という母から生まれたということで三子とよばれる。三子の気はまだ実際のわれわれが見たり触れたりできる個物ではない。この三子の気が流行することによってそれぞれ鉱物、草木、動物が生まれるのである。動物は活の気が流行すると生まれる。

活の気が流行して、山に生まれるものは走獣《けもの》となり、その形体は丘陵に似る。林に生まれるものは飛禽《とり》となり、その羽毛は枝葉に似る。水に生まれるものは魚介となり、その鱗、甲羅は水の波に似る。土に生まれるものは昆虫となり、その形質は土壌に似る。以上四種の生物で、気と火が勝るのを受けたものは速く飛ぶことができ、土と水が勝るのを受けたものは速く走ることができる。気と土が勝るのを受けたものは性格が穏和で、火と土が勝るのを受けたものは性格が烈しく、気と水が勝るのを受けたものは性格が貪欲で、水火が勝るのを受けたものは性格が粗暴である。要するにどれもこの活の気を得て化育するのである。

活気流行、生於山者為走獣、其形体与丘陵似。生於林者為飛禽、其毛羽与枝葉似。生於水者為鱗介、其鱗甲与水波似。生於土者為蟄虫、其形質与土壌似。四生之中、稟気火勝者能飛、稟土水勝者能走、稟気土勝者性温、稟火土勝者性烈、稟気水勝者性貪、稟水火勝者性暴。而要皆得此活気以為化育者也。

活気が林、山、水、土それぞれの場所に流行すると飛禽、走獣、魚介、昆虫が生まれる。そして四元のいずれを多くもっているかで能力、性格が決まる。表にするとつぎのようになる。表の気、火、水、土の順番は天地が定位する際の、天から地へ、つまり天（気）、星（火）、海（水）、地（土）の順番である。

		気	火	水	土
天	気				
	火	飛			
	水	貪	暴		
地	土	温	烈	走	

気と火（天）を得たものが空を飛ぶ能力にたけ、水と土（地）を得たものが地を走る能力にたける。これはわかりやすいとおもう。それ以外のくみあわせは動物の性格、性質をあらわしている。水と火を得たものが「暴」であるのは水と火がまったく逆の性質であり、実際に水のなかに火をいれたときの様子からもわかる。逆に気と土は天地の定位からみてもっともはなれているので、性質がぶつかることがないので「温」。火と土、水と気のくみあわせはおそらく主となるのは火と水の性質であろう。火（と土）を得たものは火の性質から「烈」、連火を部首とすることからもわかる。水（と気）を得たものは水がくまなく浸透していくさまを欲望がひろがることにたとえて「貪」。仏教語に「貪水」ということばがあり「貪愛の情をいう。ものを吸引し、悪を生長させることが水に似ているので、こういう[9]」。鉱物、植物、動物が出そろうと、最後に人間が生まれる。

以上が万物生成論的にみた動物の位置であった。生成論的に動物あるいは自然界のものどもを説明する際、劉智は気（あるいは風）、火、水、土の四元素説をもちいていることに注意しておきたい。なぜなら、一方で形而下の問題、つまり生活に密着した飲食についてかたるときには五行説がつかわれるからである。また『天方性理』では具体的な動物についての名前や特徴などについては言及がなく、一般原則をのべているにすぎない。博物学的な動物にかんする記載は、実際に食べることを問題とする『天方典礼』飲食章によらなければならない。

第3節　食べ物としての動物

『天方典礼』飲食章は民常篇のなかの一章である。民常篇にはほかに居処、財貨、冠服の章があるが、第1節『天方典礼』の構成でみたように、民常篇の要点をまとめた綱目の綱に相当する「総綱」が民常篇の冒頭にある。食べ物としての動物がそこであきらかにされているのでみてみたい。まず食べ物には五種類ある。「穀、蔬、果、肉、飲」である。大註には、

穀物は陽補といい、食の根本である。野菜は陰補といい、食に付け加えられるものである。果物は味補といい、食のたすけになるものである。肉は膏補といい、食の栄養となるものである。飲みものは以上五つの補の君主であり、すべての味はこれによって調和される。五食がそなわれば人々が餓えることはない。

穀曰陽補、為食之本。蔬曰陰補、為食之附。果曰味補、為食之資。肉曰膏補、為食之養。飲為五補之君、而諸味頼以調和。五食備、而民不饑矣（巻一四・民常篇・総綱）。

とある。[10] 肉は脂肪を補うもの（膏補）とされている。そして五食のそれぞれが五つに下位分類される。穀は稲、麦、稷、麻、豆の五穀、蔬は蔬（栽培された野菜）、瓜、苔、藻、原隰（原生の野菜）の五蔬、果は果（木の実）、菰（草の実）、藤実（葡萄など）、藻実（ハスやヒシなど）、土実（クログワイ、ラッカセイなど）の五果、飲は水、乳、果漿、花露、蜜の五飲。肉はというと「飛、走、潜、穴、蠃虫、五肉也」とあり、その大註には、

飛肉の性は軽、走肉の性は行、穴肉の性は霊、潜肉の性は清、蠃肉の性は勁。以上の五つの性はイスラームの教えを実践するのに有益であり、それによって人々は勇敢にイスラームの道をおさめるのだ。

飛肉性軽、走肉性行、穴肉性霊、潜肉性清、蠃肉性勁。五性皆利於行、而資人勇於為道也。

とある。さきほどの『天方性理』巻一・万物始生図説でみた生成論的な動物の分類とくらべると、飛肉は飛禽、潜肉は鱗介、蠃肉は蟄虫に対応し、走肉と穴肉（ウサギ、アナグマ、ネズミなど）が走獣にゆるやかに対応しそうである。だがそのことよりも注目したいのは、生成論的には四つに分類されていた動物が、食肉という日常的食生活の場におりてくると五つに分類されるということである。そしてこの五つの分類はもちろん中国の伝統である五行思想にもとづくものである。大註はつづけてつぎのようにいう。

また五肉とは五行をうけて生まれたもので、それぞれ一行の精《エッセンス》をそなえている。飛肉は木の精を、走肉は金の精を、穴肉は土の精を、潜肉は水の精を、蠃虫は火の精をそなえている。人はこれら五精をとって増やしていけば、ますます天地の霊妙さをとることになり、万物を超越してひとり貴くなるのである。

又五肉者、稟五行而生、各得一行之精。飛肉得木之精、走肉得金之精、穴肉得土之精、潜肉得水之精、蠃虫得火之精。挹五精以益人、愈見人秉天地之霊、超万物而独貴也。

ここに五行思想にもとづいた食べ物としての動物観がみてとれよう。『天方性理』巻一・万物始生図説では生まれた

場所にもとづいて動物を四つに分類していた。ここでは「五行をうけて生まれた」とあり、飛肉、走肉、穴肉、潜肉、羸虫はそれぞれ木、金、土、水、火の精を得ている。人はこれら五行の精を摂取することで万物を超越した貴きものとして存在するのである。このかんがえかたはすぐあとにつづく「広義」でさらに詳述されている。

およそ真主（アッラー）が物を創造されるには、順序や純不純がある。五行の精を摂取することで草木は育ち、草木の精によって鳥獣は育ち、鳥獣の精によって人身は育ち、人身によって人の心は育つ。心は天地の精を得て育つ、だからこそ人は大いなる知覚を生み出し、本来の良知良能に達することができるのである。これが人だけが天地の霊をとり、万物のなかでもっとも貴いものである理由である。

大都真主造物、有次第焉、有純駁焉。掇五行之精以滋草木、草木之精以滋鳥獣、鳥獣之精以滋人身、人身之精以滋其心。心得天地之精以滋、乃能生大知大覚以達本来良知、良能。此人所以独秉天地之霊、為万物之至貴者也。

生物は栄養物をなにか摂取しなければ成長することはない。何を摂取するかというと自身より単純で混じりけのないものを摂取するのである。五行の精を摂取することで草木は成長する。鳥獣は草木の精を摂取することで五行の精をもかねて摂取する。したがってさきほどの「五肉が五行をうけて生まれた」というのは草木を媒介として五行をうけて生まれたということになる。人の物質的な身体は鳥獣の精を摂取することで五行、草木すべての精を体内にとりこんでいる。そして人の物質的な身体は人の心を滋養するである。「五行の精→草木の精→鳥獣の精→人身の精→心」の順序で自身より単純なものを累加的に摂取していく。累加的に摂取していき、すべてのものを摂取した人間、つまりもっとも「駁」なる人間がそれゆえに「万物の至貴」となるのである。したがってこの順序を守らないもの、つまり鳥獣でありながら草木を食べず、動物の肉を食べるものどもは真主の造化に逆らうこととなり、否定され、飲食のレベルでは食べてはいけない動物とされるのである。

五肉の属性を表にすると上のようになる。

五肉	飛肉	走肉	潜肉	穴肉	臝虫
性	軽	行	清	霊	勁
五行	木	金	水	土	火
居	林	山	江海	穴	腐草折木

さきにみたように、生成論的には飛禽（林）、走獣（山）、鱗介（水）、蟄虫（土）の四つにわかれた。この四分類は古くは『爾雅』の釈虫、釈魚、釈鳥、釈獣（釈畜）や『淮南子』地形訓の羽、毛、鱗、介が知られる。『天方性理』の四分類とおなじである。また五分類はたとえば『管子』幼官や『礼記』月令などの「臝、羽、毛、介、鱗」にはじまり、『本草綱目』も人を除けば動物を五分類している。ただ中国のばあいは介類（甲殻によって体表が覆われているもの）を独立させているのにたいし、『天方典礼』では穴肉を独立させているというちがいがある。食肉として動物を分類したばあい、介類よりも地にもぐる四つ足動物のほうが肉として認識されたのだろうか。ともかく『天方典礼』飲食章ではこの五分類にもとづいて動物の説明がなされるのである。

第4節　『天方典礼』飲食章の動物

飲食の定義と動物の性

『天方典礼』の飲食章は巻一六・飲食上と巻一七・飲食下にわかれる。巻一六は食べてよいもの、巻一七は食べてはいけないものが列挙されている。そして飲食章が問題としているのは動物である。巻一六の「答問」に「果穀瓜蔬の属、均しく食らうは論ずる亡し。草木の属、毒甚だしきは食らわず（果穀瓜蔬之属、均食亡論。草木之属、毒甚者不食）」とあるように植物の場合はどれを食べても基本的には問題はない。生命を害する「毒」がなければなにを食べてもよいのである。それにたいして動物の場合にはその「性」が問題となる。動物の性には「善」と「悪」とがあり、性が「悪」である動物を体内にとりこむと人間の性は損なわれ、害せられる。巻一七の正文には「草と木にはからだに良いものと、毒性をもつものとがあり、鳥や獣には善性と悪性がある。……草木の毒性は人の生をそこない、鳥獣の悪性は人の性をそこなう。性がそこなわれることこそが重大なのだ（若草与木、有良有毒。若鳥暨獣、有善有悪。……唯毒戕生、唯悪賊性、賊性唯大）」とある。したがって生命を害することより、性が損なわれることを問題視するのである。その大註には、

世の人々は草木の毒性が生命をそこなうということは知っていても、禽獣の悪性が性をそこなうということは知らない。また生命をそこなうことは畏れるべきであることは知っていても、性をそこなうことがよりいっそう畏れるべきであることを知らない。

世人知草木之毒能害生、而未知禽獣之悪能害性也。世人知害生者可畏、而未知害性者更可畏也。

とある。そもそも飲食の目的は餓えをしのぐためではない。それは、巻一六の冒頭に「飲食は性情を養う所以なり（飲食所以養性情也）」と明言しているように性情を養うことを第一の目的としているのである。(11) この「飲食は性情を養う所以なり」は飲食章を貫く大原則であり、類似した表現がいくつか見え、くりかえし強調されている。性情は、胎教を説く巻一一・父道の「性情を益す者は之れに従い、性情を賊う者は之れを去る。是くの如くんば則ち神清く、気定まりて、子、其の養を得。是れを胎教と謂う（益於性情者従之、賊於性情者去之。如是、則神清気定、而子得其養、是謂胎教）」や、音楽の効果を説く後編・帰正儀「音楽は性情を和し、習俗を鎔かす所以なり。古の聖人之れを制するは、本以て教の為なり（音楽所以和性情、鎔習俗。古聖人制之、本以為教也）」の用例があるように、こころ、

あるいは本性の謂であろう。この「飲食は性情を養う所以なり」のつづきをみてみよう。

他者の性によって自己の性が益すのである。もし他者の性が善であれば自己の善なる性が益す。他者の性が悪であれば自己の悪なる性も盛んになる。他者の性が汚濁で不潔であれば自己の汚濁で不潔な性も盛んになる。飲食が人の心性にかかわるのはなんと大きいことか。

以彼之性、益我之性。彼之性善、則益我之善性。彼之性悪、則滋我之悪性。彼之性汚濁不潔、則滋我之汚濁不潔性。飲食所関於人之心性者大矣。

食物の性には善、悪、汚濁不潔の違いがあり、性が善である食物を摂取すると自己の善性も増大する。逆に悪、汚濁で不潔な食物を食べると自身の悪性、汚濁で不潔な性が盛大になってしまう。もっぱら性がどうであるかが問題なのである。したがって飲食章に登場する動物は、その性が問題とされる。これは『天方典礼』の動物にたいするかんがえかたの大きな特徴であろう。

分　類

先述したように飲食章ではまず食べてよいものと食べてはいけないものという基準によって動物を二分する。食べてよいのは何か。巻一六では「禽の穀を食し、獣の芻を食し、畜の純徳有る者は良（禽食穀、獣食芻、畜有純徳者良）」と解説する。穀物を食べる鳥、まぐさを食べる獣、そして純徳のある家畜の三種類である。食物となる対象が何を食べているのか、つまり食物連鎖が問題となる。肉食動物は不可である。大註では狩猟によって得た動物が何を食べているのかを区別する方法がつぎのように説明されている。

凡そ禽の鶏喙に似る者は穀を食す。鷹喙に似る者は肉を食す。獣の蹄なる者は芻を食す。爪なる者は肉を食す。

以て之れを弁ずべし。

凡禽似鶏喙者、食穀。似鷹喙者、食肉。獣蹄者、食芻。爪者、食肉、可以弁之。

鳥についてはくちばしの形状が、獣についてはひづめであるか爪であるかが基準となる。ニワトリに似たくちばしのものは穀食、タカのくちばしに似たものは肉食。獣についてはひづめであるものが草食、爪のあるものは肉食。ニワトリとタカがそれぞれ可食、不可食の代表であり、基準となる。あとでみるように可食はニワトリの類、不可食はタカの類から説明がはじまる。基本的には肉を食べない動物は食べてよい。したがって動物の性がどうであるか（本性）と何を食べているか（食性）の二つが可食、不可食をわける決め手となるのである。

食性についてはくちばしや足が指標となる。それでは動物の本性は何によって規定されるのであろうか。『天方典礼』ではそこのところが明言されていない。だが、さきほどみたように真主による万物の造化過程に沿った食物連鎖がよしとされる。したがってそこから逸脱するもの、つまり肉食の動物の本性が善であるはずがない。おそらくは動物の食性が本性を決定する大きな要素なのである。たとえば不可食の動物について、肉をむさぼり食べる様子からの類推によって動物の本性を帰納しているように思われる（烏鴉の「極貪酷」、狼の「貪」など）。つまり可食、不可食の決め手には食性、本性があげられるが、食性がより根本にあるとかんがえられる。

鳥と獣は種類が多いが、畜（家畜）は六畜と呼ばれて限定されている。駱駝、牛、羊、馬、驢馬、騾馬の六つがそれである。周知のように中国では六畜といえば馬、牛、羊、鶏、犬、豕を指す。[12] したがって鶏、犬、豕を駱駝、驢馬、騾馬に変えた六畜は中国ムスリム独特のものであるといえよう。その六畜のなかで駆使（労働力として使用）していいもの、駆使していけないもの、食べてよいもの、食べていけないものの区別がある。表にすると上のようになる。

	駆使	不可駆使
可食	駝　牛	羊
不可食	馬　驢　騾	

動物
- 可食
  - 禽（棲林）鶏の喙に似たもの＝穀を食べる（水虫を食べる洲鳥、水鳥も含まれる）
  - 獣（居野）蹄＝芻を食べる
  - 畜（家豢）六畜
- 不可食
  - 禽（棲林）鷹の喙に似たもの＝肉を食べる
  - 獣（居野）爪＝肉を食べる

食べてもよい動物は犠牲祭（古而邦 qurbān）に用いることができる。これら六畜のなかで詳細な解説があるのは「天方六畜之尊」と呼ばれる駱駝である。牛については殺生の問題で言及があるが、そのほかの四畜についてはふれられていない。

以上、飲食章では動物をまず可食（巻一六）、不可食（巻一七）とに分けて、それからそれぞれを禽、獣、畜（可食のみ）に分類する（右の樹形図を参照）。

さらに可食、不可食において禽と獣はつぎのように下位分類される。まず可食である巻一六では禽が鶏、鳧、雁、雉の四つの類とその他にわけられ、鶏（ニワトリ）、鳧（カモ）、雁（ガン）、雉（キジ）にはそれぞれ種があげられる。つづいて獣には類がなく種名が直接あげられる。その数は禽にくらべると格段にすくない。獣につづいて穴属、潜属、羸虫之属がくる。だが穴属と羸虫之属は種名をあげるだけ（螽だけは解説がある）、潜属にいたっては「大小さまざまで数えきれない」などと種名をあげていない。あつかいは禽獣にくらべて格段にひくい。くわしくはあとでふれるが、この三つの属は穴属では兎、潜属では魚、羸虫では螽（イナゴ）だけが条件つきで食べられる。その条件とはつぎのとおり。

穴属	兎	食べてもよい
潜属	魚	常食できる
羸虫之属	螽	凶作の時に食べる

兎は食べてもよい（許可）のであって、魚の常食できるのとはちがう。それでは魚はなんでも食べていいのかとそうではなく、頭、尾びれ、背びれ、腹びれが

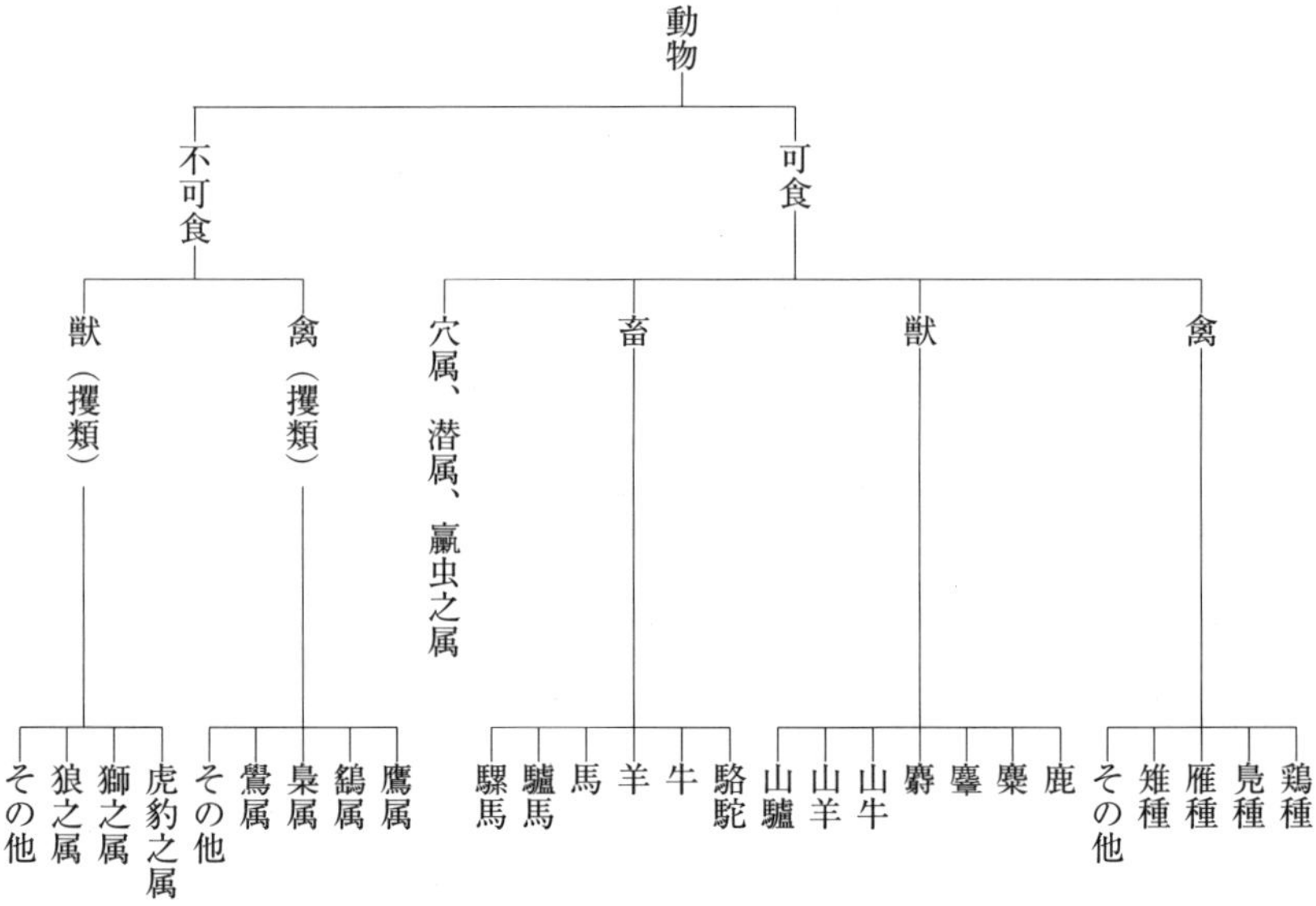

完全であるものでなければ食べられない。したがってこの穴属、潜属、蠃虫之属に属する動物はすべてが可食に分類されるのではないが、条件つきでも食べられる種があるので、いちおう可食に分類できよう。なお蠃虫の螽だが、クルアーンでは翼をもち、空中を飛行する鳥 tā'ir に属する。螽を蠃虫に分類するのは中国のかんがえかたである。以上が巻一六・可食の分類である。

いっぽう不可食の巻一七では、まず禽は鷙類とよばれ、鷹（タカ）、鷂（ハイタカ）、梟（フクロウ）、鸑（サンジャク）、その他があり、それぞれに種があげられる。だが『天方典礼』の記述に正確にしたがうならば、これらはすべて鷙（類 genus）の種（species）である。たとえば鷹は鷹の仲間を代表すると同時に、自身も鷙の一種なのである。これはつぎの獣もおなじである。獣は攫類とよばれ、虎、狼、獅、その他（穴属を含む）の順にならび、さらに種がある。鷙、攫とよばれることで可食である禽、獣と明確に区別していることがわかる。鷙、攫にふくまれる動物は禽獣ではないのである。また虎と豹はそれぞれ攫類にたいしては独立した種なのだが、類として外延をもつとひとつにまとめられ「虎豹之属」となっている。

以上が飲食章の分類である。これらを総合して樹形図にしたのが前頁のものである。

食べてよい動物（巻一六）

禽類

それでは以下に飲食章があげる動物を具体的にみていきたい。まず可食の動物は解説がないものもふくめて全部で六十六種。[13]正文に「鶏、梟、雁、雉などは穀物を食べる（若鶏、梟、雁、雉、穀食者）」とあるように類があげられる。それにたいして大註は各類の順に種名をあげていく。そしてそれぞれの種名にたいして小註が説明をくわえていく。動物をめぐる記述は家畜とブタなどを除きこの形式で説かれる。表には種名のほか居場所、食物（何を食べているか）、性の三つの項目あげておいた。この三項目が可食、不可食の目印になるからである（ただすべての種にこの三項目が言及されているわけではない）。また各種には和名と学名を付しておいたが、同定困難なものは属名（generic name）、あるいは科名（family name）でとどめたものもある。[14]

まず鶏は八種。これらのなかで、特徴的なものを取りあげて検討してみよう。『天方典礼』では家鶏（ニワトリ）と野鶏（ヤケイ）をつぎのように区別している。

野鶏は家鶏に似ているが、尾は長く、くちばしはとがっていて、五色の羽をもつ。高くは飛ばず、人の足音を聞くと、二、三丈飛び上がり、首をびくつかせてかくれる。いまの人は雉と混同しているがそれはまちがいである。

野鶏似家鶏而尾長、喙尖、羽具五采色。飛不甚高、聞人履声、輒振起飛二三丈遠、復棲首而蔵。今人渾以為雉、非也。

漢の呂后の名が雉であったため避けて野鶏と呼ばれて以来、野鶏は雉の別名として後世まで使用されている。李時珍も雉の釈名に野鶏をあげている。しかし『天方典礼』は野鶏と雉は別ものであると指摘する。それでは雉をどのように説明しているかというと「雉似野鶏而尾長、能高翔遠飛、披五色毛羽」とあり、かなり似ているのだが、雉と野鶏のちがいは高く飛べるか否かにある。

この野鶏につづく竹鶏、杉鶏、蘡鶏、秧鶏、登鶏はいずれも『本草綱目』四八巻・原禽類にみえ、しかも記述の順番もおなじである。また説明も酷似している。たとえば秧鶏（クイナ）と登鶏（クイナ）の説明をくらべてみると、

●秧鶏［白頬、長喙、短尾、背有花白斑点、居秧田中、拾秧粟。夏至後、啄啄夜鳴達旦、秋後即止］。

登鶏［与秧鶏同類、大如家鶏、長脚紅冠、雄色羯、雌色斑、常鳴、秋月至、其声止］（『天方典礼』、［　］内は小註）。

●時珍曰、秧鶏大如小鶏、白頬、長嘴、短尾、背有白斑、多居田沢畔、夏至後夜鳴達旦、秋後即止。一種鷭音鄧鶏。亦秧鶏之類也。大如鶏而長脚赤冠、雄者大而色褐、雌者稍小而色斑、秋月即無、其声甚大、人並食之（『本草綱目』）。

とあり、ほぼ『本草綱目』を踏まえた内容といえよう。だが『本草綱目』を踏まえつつも非常に独特な見解あるいは観察や、天方（アラブ）の動物情報なども散見する。たとえばつぎの蘡鶏がそうである。『本草綱目』にはいつも石英を食べる英鶏という鳥があげられているが、『天方典礼』があげる蘡鶏は石蘡草をいつも食べるという。

紅、黄、白の数色がある。黄色、白色のものは腹の下が必ず赤毛である。いつも石蘡草を食べるのでこの名がある。この種は天方に非常に多い。

鶏種	居場所	食物
家鶏（ニワトリ Gallus gallus）		
野鶏		
竹鶏（コジュケイ Bambusicola thoracica）	林竹間	
杉鶏	杉樹下	
虁鶏		石虁草
秧鶏（クイナ Rallus aquaticus）	秧田中	拾秧粟
登鶏（クイナ Rallus 属）		
火鶏（ヒクイドリ Casuarius）		

有紅、黄、白数色。黄、白者、腹下必有赤毛。常食石虁草、故名。此種天方甚多。

英鶏も腹の下の毛が赤くて体の特徴といい、食べるもの（石英と石虁草）も似ている。天方に多いといっているので別種であることには違いない。英鶏に酷似した興味ぶかい鳥ということになる。石虁草は不明だがこれも天方産のものであろう。劉智がメッカ巡礼をおこなった形跡はなく、実際にみたものではない。書物あるいは伝聞で知ったのであろう。

火鶏は『本草綱目』では駝鳥（ダチョウ）の異名として山禽類にあげられているが、『天方典礼』では駝鳥と火鶏とを鶏類に分類し、さらにこの二鳥を区別している。

駝鶏に似ているがすこし小さい。鋼鉄や火炭を食べ、雲のように気を吐く。火の中に入ることができ、羽で衣を織ると火をよけることができる。

似駝鶏稍小。食鋼鉄、火炭、吐気如雲。出入火中、羽可織衣避火。

この火鶏の羽で織った燃えない布は火浣布を想起させる。火浣布は石綿で織ったものだが、『竹取物語』に登場する火鼠の皮衣のように火鼠の毛で織ったものともかんがえられており、西域から運ばれた特産品であった。またギリシア・ローマ、アラブ・ペルシアにおいて石綿は灯火の芯として用いられていたが、こちらでは火蛇（サラマンドラ）と結びつけられ、さらに中世アラブの博物誌ではそのサラマンドラが蜥蜴、鼠、鳥とかんがえられていたという。[15] 火鶏の羽で織った燃えない布の記述も、あるいはこうしたアラブからの影響を受けているのかもしれない。また大註はこの火鶏をほかの鶏とは異種とみなし、食べることを禁じている。

以上の鶏については性にかんする記述がない。なぜなら鶏種は穀物しか食べないので、性について云々するまでもなく良いからであろう。これより以下の鳥たちは虫などを食べるものもいるため、性がどうであるかの言及があり、また条件つきで可食とされる。

鶏類のつぎにはカモがつづく。「鳧種亦不一。家曰鴨、野曰鶩、居洲曰鴡鳥、棲水曰鵁青」と大註にあり、家禽と野禽、生息する場所によって分類している。カモを家禽化したものがアヒルだが、まず注目すべきは『天方典礼』では「鳧」をカモの総称とし、その下位分類としてアヒルを鴨、カモを鶩としていることである。これは李時珍の説と異なる。李時珍は鶩と鳧を挙げていて、アヒル（家鴨）を鶩、カモ（野鴨）を鳧とする。『爾雅』をはじめ、これが普通である。それでは『天方典礼』の説が独創なのかといえば、そうではなく、鶩を野生とする説は李時珍が引く韓保昇、寇宗奭の説に近い。『天方典礼』の鶩の説明には「似鴨而小、喙短、尾長」とあるが、これは『本草綱目』の鳧の説明とほぼおなじである。したがっておなじカモを劉智は鶩、李時珍は鳧としていることになる。

鴡鳥の小註もみておきたい。

鳧　種	居場所	食物	性
鴨（アヒル Anas domestica）	家		
鶩（マガモ Anas platyrhynchos）	野　常浮游于水		
鴡鳥	洲	水虫	定而不更匹
鵁青（アカガシラサギ Ardeola bacchus）	水	魚虫	恋水

鶩に似て喙稍や尖、又た鴛鴦に似る。尾に一点の黒有り。性定にして匹を更えず、処を移さず、贄にして別有り。洲に居りて、水虫を食う。

似鶩而喙稍尖、又似鴛鴦。尾有一

点黒。性定而不更匹、不移処、贄而有別。居洲、食水虫。

『詩経』で有名な雎鳩（ミサゴ Pandion haliaetus haliaetus）は雌雄の別を守るミサゴの性格とおなじなのだが。ただ後半の「性定にして匹を更えず、処を移さず、贄にして別有り」は鷲や鴛鴦（オシドリ Aix galericulata）に似ているとすると鶚鳥ではない。鶚をミサゴではなくカモに似た鳥であるとする説は宋の鄭樵『通志』巻七六に「鶚鳩、爾雅曰、王鶚。皃類多在水辺、尾有一点白。……旧説鵰類、誤矣」とあり、鶚鳩（雎鳩）を鵰（ワシ）類であるとする旧説を否定している。ミサゴはタカ目タカ科で、ワシもタカ目タカ科である。『通志』では「尾有一点白」と尾に「白い」点があり、『天方典礼』では尾に「黒い」点があった。したがって鄭樵の鶚鳩も劉智がいうものとは若干ことなる。ところで、明の張自烈『正字通』の「雎」には「同鶚、爾雅、鶚鳩、王鶚也。鄭樵通志曰、鶚皃類多在水辺、尾有一点黒。或曰状似鴛鴦。……」とあり『天方典礼』の説明とおなじく「黒い」点としているうえに、鴛鴦に似ているという指摘までおなじである。じつは飲食章の動物の説明は『正字通』と似ているものがいくつかあり、『天方典礼』は『正字通』を参照していた。張自烈は『四書大全』の増補修訂版である『四書大全辯』をあらわした理学者として知られる。古屋昭弘氏の研究によると、かれは字書の作成にあたっては「窮理適用」を旨とし、それまでの伝統的な権威ある字書におもねらなかったという。また張自烈は方以智とも交流があり、『正字通』のもとになった『字彙辯』の内容について一緒に検討したことがわかっている。しかもかれら二人が協議、検討していたのは方以智が僧形になってから居をかまえた南京であった。『字彙辯』は一六五六年ごろには刊刻されており、また『正字通』も一六七〇年には刊刻されている。『天方典礼』は一七〇九年には完成していて、『康煕字典』は一七一六年である。(16)『天方典礼』が著された当時の南京における『正字通』の影響が看取できるとともに、劉智が触れていたであろう南京の豊穣な学術的気風（マテオ・リッチも与る）を思うのである。『正字通』の動物記載をみると、李時珍を引用することもあるが、張自烈独特の説明をしている個所もみられる。この「睢」などもそうした例である。

大註には最後に「皆な性、閑にして静なる者なり」とあり、鳧類は水虫や魚を食べるものもあるが、おおむね性が安静であることを確認している。

つづいては雁類。大註には「雁有数種、家曰鵝、野曰鵠、洲居曰鴻雁」とある。雁の種類も生息地の違いによって分類している。ガチョウは雁を家禽化したものである。

現代中国語では「鴻雁」でサカツラガン（Anser cygnoides）を指すが、『天方典礼』では李時珍とおなじく「大曰鴻、小曰雁」とのべて区別している。したがって鴻がサカツラガン、雁はサカツラガンよりちいさいマガンを指すのであろう。

大註は雁のなかまを「皆な性、曠にして貞なる者なり」とのべている。動物を食べる種もあるが性は明るく広大（「曠」はひろびろと羽ばたくさまからの類推であろう）で貞潔なので問題なく食べてもよいことを意味する。

雉の種類はもっとも多い(18)。だがこの雉の種類も『本草綱目』や『爾雅』によっていて、最後の赤雉いがいはこの二書にすべて記載がある。それぞれの雉の説明内容については『爾雅』郭璞注などをもとにしつつ、くわしくしたようである。『本草綱目』の説明とはあまり重ならない。たとえば鷩雉（キンケイ）と鷮雉（オナガキジ）を例にとってみよう。

鷩雉。似山鶏而小冠、背毛黄、腹下赤、項緑色鮮明。（『爾雅』郭璞注）

鷩雉。似山雉而小冠、背毛黄、腹下赤、項緑色鮮明。其飛較諸雉尤高。身色多赤。或曰即錦鶏。

雁　種	居場所	食物	性
鵝（ガチョウ）	家		
鵠（オオハクチョウ Cygnus cygnus）	灘渚	魚	
鴻、雁（マガン Anser albifrons）	洲	水虫	定、有義

雉　種	居場所	食物	性
山雉（コウライキジ Phasianus colchicus）	山林間	草実	
海雉（Lophura swinhoii♀·）	近海山中		
鷂雉（オナガキジ Syrumatics reevesii）			
鶅雉（Phasianus ♂）			
鳪雉（Phasianus ♀）			
鷩雉（キンケイ Chrysolophus pictus）			
鸐雉（カラヤマドリ Syrmaticus ellioti）			
翰雉[17]（Lophura nycthemera）			
赤雉		草種	和静

（『天方典礼』）

鷂雉。即鷂鶏也。長尾、走且鳴。（『爾雅』郭璞注）

鷂雉。長尾、多走、如鶴行。常鳴。有純白者、味甚美。（『天方典礼』）

以上のように、『爾雅』郭璞注を踏襲しつつ、さらにくわしく説明をくわえているのがわかる。『天方典礼』ではさきほどふれたように、野鶏と雉（山雉）を明確に区別しているため、『爾雅』で「山鶏」となっている個所は『天方典礼』では「山雉」となっている。食べ物として動物をみているので、鷂雉の最後に「味甚美」とあったりする。鸐雉（カラヤマドリ）の説明もくわしい。

形は山雉に似ているが尾がもっとも長い。足もやや長く、よく鳴く。あるひとが、人面で八つの翼、一本の足、毛の色が雉のようで、地面をふまずに歩くものを青鸐という、といっているがこれは異鳥であり、別の一種である[19]。

形似山雉而尾最長。脚較高、善鳴。或曰人面、八翼、一足、毛色如雉、行不践地、名曰青鸐者、異鳥也、另是一種。

ちなみに『爾雅』注では鸐雉を「長尾者」、『本草綱目』では「長尾、走、且鳴」との説明があるのみであり、『天方典礼』の解説が俗説をくわえて収録していることがわかる。

最後の赤雉についてはつぎのように説明している。

山雉に似て火のように赤い。いつも晴れた日に立ち、人々は火が燃えているのかと見まごう。よく鳴き、性は和静、草の種を食べる。この一種は東土にはいない。

似山雉而色紅如火。常立於晴日之下、人視之疑為火焚。喜鳴、性和静、食草種。此一種東土所無。

真っ赤な雉であり、中国にはいないという。たしかに『本草綱目』『爾雅』など中国の書には記載がない。こうしたアラブ（あるいは中央アジア）にしか棲息しない動物をいくつか掲載しているのも『天方典礼』飲食章の特徴である。

雉類は鶏、鳧とはちがって、食べるには条件が必要である。大註は最後に「山林に棲み、穀物を食べるものがよい（以棲山林而穀食者為良）」とあり、その小註には雉は種類が多いので「つとめて情性を観察し、山林に棲み、穀物を食べるものであれば食べてもよい（務察其情性、果係棲山林而穀食者方可食）」と説明している。鳥類はこの雉につづいてその他の鳥がつづくが、常食することは推奨されていない。したがってまったく問題なく食べてよいとされる鳥は鶏、鳧、雁の三類である。

最後にその他の鳥を検討する。まず鴿（カワラバト）である。

鳩の属で、鳩より大きく、よく交尾し、毎月子がうまれる。数千里を飛ぶことができ、ちゃんと家に戻ってくる。天方の人々は船旅にはいつも連れていき、鴿は手紙を送り届けてかえってくる。

鳩属、略大于鳩、喜合、逐月有子。能飛行数千里、知還家。天方人常携於商船、梢書回。

このなかで「喜合、逐月有子。能飛行数千里」は『正字通』とおなじ。いわゆる伝書鳩であるが、すでに『酉陽雑俎』に波斯（ペルシア）船で伝書鳩を使用していたという記事があり、そうした情報をふまえたのかもしれない。

その他	居場所	食物	性
（斑）鳩（キジバト Streptopelia 属）		五穀桑椹	
鴿（カワラバト Columba 属）		穀	有信義
鷃（ヤマウズラ Perdix perdix）		穀	貞静
鶉（ウズラ Coturnix 属）		穀	貞静
鷓鴣（シャコ Francolinus pintadeanus）	野鳥	穀、水虫	友悌
鴝鵒（ハッカチョウ Acridotheres cristatellus）	野鳥		
鶺鴒（セキレイ Motacilla 属）	洲鳥	穀、水虫	清曠
黄鸝（コウライウグイス Oriolus chinensis）	林鳥	果穀	和暢
田鴉（クビワガラス Corvus torquatus?）	野鳥	穀	廉愛
鵜鶘（ペリカン Pelecanus 属）	水鳥	魚	
鴛鴦（オシドリ Aix galericulata）	水鳥		和愛
鷖鷗（カモメ Larus 属）	水鳥	虫	閑静
鸕鶿（カワウ Phalacrocorax carbo）	洲鳥	魚	廉潔
雀（スズメ Passer 属）	林鳥	穀	潔
鴷（キツツキ Picidae 科）	山鳥	虫、松柏実	専守、廉潔自愛

鶉（ウズラ）にも興味ぶかい記事がみえる。生態については『本草綱目』の記事と似ているのだが、その説明につづけてつぎのようにある。

前漢の哀帝の時、天方の国では天が鶉と芋を降らせたので、天方の民は鶉を天祿鳥と呼ぶ。

天方国当漢哀時、天雨鶉及芋、故方民称為天祿鳥。

これはクルアーン二〇章八〇節「イスラエルの子孫よ、われはあなたがたを敵から救い、また（シナイ）山の右側であなたがたと約束を結び、マンナとウズラをあなたがたに下した」という出エジプト記の話を指す。前漢の哀帝（紀元前七年～一年）の時というのはうまく合わないが、紀元前の大昔くらいの意味であろう。マンナ manna はイスラエルの民に神が天からあたえられた穀物で、パンあるいはパンたねのようなものを指す。『旧約聖書』出エジプト記では「天からの穀物」（16：15）とされ、色は白く、甘いとされている。

鵓鴿（ハッカチョウ）、鶺鴒（セキレイ）、黄鸝（コウライウグイス）の説明は『正字通』と酷似する。田鴉という名は『本草綱目』やほかの書にもみえないのだが、小註に「野鳥、灰色、状一如烏鴉、項白、喙稍短、常附於田間、穀食、性廉愛」とあり、カラスに似て、項が白いというところからクビワガラス（Corvus torquatus）ではないだろうか。『中国経済動物志』鳥類によると、この鳥は耕地、田畑、河原などに広く生息するという。

鵜鶘（ペリカン）の記事も興味ぶかい。形態の説明はほぼ『本草綱目』の記事に似ているが、生態の説明がおもしろい。

> 水にもぐって魚を食べる。群れて飛ぶのを好む（以上まで『本草綱目』とおなじ）。食べてばかりいて重くなると地面に墜落し、飛び上がることができなくなる。人がその鵜鶘をつかまえて割くと、数升の魚を獲ることができる。
>
> 沈水食魚。好群飛。毎為食重墜地、莫能飛起、人獲之、剖得数升魚。

鷺鷥（ウ）には「天方には羯（褐）色のものがある（天方有亦色羯色者）」とあり、これも天方の記事である。雀（スズメ）は『本草綱目』をはじめ中国では淫らな性格として語られることが多いが、『天方典礼』は潔であるとするのが特徴である。

もっとも興味ぶかい天方関連の記事は鴷（キツツキ）である。つぎのようにいう。

天方ではフドゥフドゥという。われわれは聖鳥という。この鳥はもろもろの徳が備わっていて、鳥のなかで聖なるものである。したがってこれを食べれば生まれつき足りないものを補うことができ、薬として服用すれば後天的に得てしまった余分なものを出すことができる。吃音がある者はこの舌を食べればうまく話せるようになる。智慧の足りない者は脳を食べれば智慧がつく。このくちばしで筆をつくればうまく文字が書ける。目玉を燃やしてできた灰を眼につければよく見えて、眼がちらつくことはなくなる。足を燃やしてできた灰をクツにつめればよく歩くことができ、走っても疲れない。舌骨で歯をはじけばムシがすぐに出てくる。羽毛を焼いた灰は精神障碍を治す。肉を子供に食べさせるとけいれんや脾の腫瘍にならず、ほうそう、発疹を取り除いてくれる。骨は弱い骨を治す。腸や胃は痰をなくしてくれる。物忘れがはげしい人はこの心臓を、動悸の人は肝臓を、ろうあの人は頸骨や喉を食べるとよい。蛇はこの頭のてっぺんの毛に畏れ、魑魅魍魎は尾の毛を避ける。血を猫に食べさせると鼠をよくつかまえる。脂を婦人の顔に塗れば嫉妬しない。この鳥をいつも食べていれば一生病気にならないのだ。

天方曰扈徳扈徳、此云聖鳥。蓋以此鳥諸徳備足、為鳥中之聖云。故以供食、可以補先天之不足、作薬餌、可以攻後天之有余。訥言者食其舌、則能言。魯鈍者食其脳、則生慧。以其喙造筆則能書。以其睛灰点目則能視久不眩。以其脚灰塡履、則能行走不乏。舌骨挑牙、虫立出。毛羽焚灰、愈瘋痓狂譫。肉啖小児、免痟痞、祛痘疹。骨治骨弱。腸胃消痰疾。健忘者食其心、驚悸者食其肝、失音者食其頸骨及喉。頂毛畏蛇虫、尾毛辟邪魅。血以食猫、能捕鼠。脂塗婦額、使不妒。常食此鳥、可以終身不病。

アラビア語のフドゥフドゥ hudhud はヤツガシラを指す。形態がやや似ているから混同したものとかんがえられるが、それはともかく、もう何にでも効く万能薬である。冒頭にいう「もろもろの徳」というのは、すべての薬効つまりはたらきのことを指すのであろう。もちろん『本草綱目』などにはみえない。

以上のその他の鳥は大註に「山林に棲んで穀物を食べ、洲渚にいて水虫を食べるものは、どれも良くて食べることができる。だがいつも食べるものではない（或棲山林而食穀、或居洲渚而食水虫、皆良可食。然非常食物也）」とあって、常食はできないという条件がついた鳥である。そして表を見るとわかるように、性の説明がなされているものが多い。鶏、鳧、雁などとは違い、それぞれの種が固有の性を持っているのである。

獣類、穴属、潜属、羸虫

以上で鳥は終わり、獣の説明になる。小註によって形態や生態を詳述したスタイルはひとまず中断され、大註がメインとなる。まず正文に「若鹿麋麞麝、芻食者也」とあり、それにたいする大註は、

鹿（シカ Cervus 属）と麋（シフゾウ Elaphulus davidianus）は類はおなじで性がことなる。麞（キバノロ Hydropotes inermis）と麝（ジャコウジカ Moschus moschiferus）は性はおなじだが類がことなる。鹿は山にいて、陽獣である。麋は沢にいて、陰獣である。どちらも角がある。麞は胃袋がなく、麝は香をもっていて、どちらも角がない。すべて野獣であり、草を食べて人を健康にする。ほかに山牛、山羊、山駝の類は家畜の牛、羊、駝とおなじ形態であれば食べてもよい。

鹿、麋同類而異性。麞、麝同性而異類。鹿居山、陽獣也。麋居沢、陰獣也、皆有角。麞無肚、麝有香、皆無角。皆野獣、芻食而益人。他如山牛、山羊、山駝之類、与家畜同状者、倶可食。

とある。鹿と麋は性がことなるというのはそれぞれ陽、陰に属するということを指すのであろう。李時珍も「鹿喜山而属陽」「麋喜沢而属陰」と説明している。いっぽう麞と麝の関係は類がことなるとされるのはなぜか。おそらく麞は鹿や麋とおなじく反芻動物であるから「無肚」つまり胃袋がないとされる。麝はというと下腹部に麝香腺があるた

めに香を包んだ「肚」があるとしたのであろう。性がおなじであるというのは『天方典礼』の記載からは不明だが、『本草綱目』によると麞の性は「驚憚（おどろきおそれる）」で、麝はというと大獣があらわれると失心したり、人にでくわすとっさに臍を引き裂き香を投げるといった性格が似ているということであろうか。[20]また野生の牛、羊、駝は家畜のそれと形がおなじであれば食べてもよい。以上はすべて野獣についての記述だが、禽にくらべると説明は簡単である。おそらく獣については家畜をおもに食べていたのではないか。つぎに登場する穴属、潜属、贏虫之属もほとんどが種名を列挙するだけである。

つづく正文は「穴属有兎、潜属有魚、贏虫之属有螽」とあり、大註はそれぞれの属に表のような動物をあげている。大註には「穴属……皆附土而生、惟兎得土性之良。潜属……皆縁水而生、惟魚秉水性之正。贏虫之属……皆藉草木而生、惟螽掇草木之精華」とあり、穴属、潜属、贏虫之属はそれぞれ土、水、草木という場所で生まれる。

そのなかで穴属では兎が、潜属では魚が、贏虫之属では螽（イナゴ）がそれぞれ「土性之良」「水性之正」「草木之精華」を持っているので、正文には各属を代表する動物があげられているのである。ウサギにかんしてはアナウサギであることがわかる。ウサギ目ウサギ科はノウサギ類とアナウサギ類に大別され、アナウサギ類は地中に大規模な巣穴をつくるという。[21]うまく穴をほるのが土の性質をよく知っているということで「土性之良」を得ていることになるのだろうか。魚が「水性之正」をうけているかは不明だが、水を代表する生物であることにはちがいない。螽が「草木之精華」をとっているというのは植物をガツガツと食べるからか。ただ、つぎにみるように螽はムスリムにとって重要な意味をもつ昆虫であったようである。

穴属	貛　狢　狐　鼠　狸　兎
潜属	魚　鼈　蝦　蟹　亀　蛤　黿　鼉
贏虫之属	蚱蜢　螳螂　蛺蝶　蜩　蟾　蜂　螽

これらの動物は無条件で食べられるものではない。正文はつづけて「兎食之可、魚食之常、螽食之変、利於大歉」とのべていて、兎は食

べてもよい（許可）のであって毎日食べるものではなく、蝨は饑饉のときに食べるものである。魚は常食してもよいが、これも条件付きであり、小註には形が異常なもの、頭は魚だが尾が変わっているもの、尾は魚だが頭が変わっているもの、頭も尾も魚だが背びれや腹びれがないものは食べていけないとある。以上の三つの属は種名こそあがってはいるが、それぞれの種の説明はない。唯一あるのが蝨であり、しかもそれは非常におもしろい。

蝨は蝗ともいう。天方では「者刺徳 jalād」といい、ペルシアの人は「墨勒黒 malakh」という。饑饉の年に生まれて穀物を食べる。ジャラードは七つの動物をかねそなえている。馬の頭、牛の首、獅子の胸、ワシの羽、ロバの足、蛇の尾、サソリの腹。羽には「素にして雅」という文字が書かれ、尾には「維れ主、蝗を降すに、利を以てし、禍を以てす」という文句が書かれている。イナゴは人が食べるのには幸いであるが、穀物には災いとなる、という意味である。『時令紀』には「聖人（ムハンマド）は饑饉になるとイナゴを食べた」とあり、また「聖人はジャラード〔による被害〕のことを聞けば憂えて、かならず祈りをささげた」とあり、また「聖人は大衆にさとして言った、ジャラードは禍となる、征伐しにいくべきである、と」とある。イナゴは人々の食物に危害をあたえるからであろう。最近、ジャラードが水族であるというものがあるが、よくわからない。

蝨、又名蝗、天方名「者刺徳」、法而西人名「墨勒黒」。生於荒歉之年、慣食禾稼。者刺徳具七種肖相。馬頭、牛項、獅胸、鵰翅、驢足、蛇尾、蝎腹。翅上有文字、曰「素而雅」。尾字也、其文曰「維主降蝗、以利以禍」。義謂利人食、禍禾稼也。時令紀曰「聖人遇歉食蝗」。又曰「聖人聞者刺徳則憂、必致祷」。又曰「聖人諭於衆曰、者刺徳為禍、宜往征之」。蓋謂蝗禍民食也。今人有謂者刺徳為水族者、未詳也。

『旧約聖書』以来、イナゴは農作物を食い荒らす害虫であると同時に、饑饉の際の貴重な食物として知られる。モーセの律法（レビ記11：22）ではイナゴはたべてよい昆虫とされ、ヨハネにとっては欠くことのできない食物であった

（マタイ福音書3：4）。ブハーリーの『ハディース（ムハンマドの言行録）』はムハンマドがイナゴを食べながら遠征をおこなったことを伝えている。[22] また劉智が著したムハンマド伝『天方至聖実録』の巻一八・至聖儀行録（ハディース）にはムハンマドが妻アーイシャにたいして、イナゴを食べることで饑饉のつらさを実感する、とのべている。ここではイナゴが七つの動物の表象をそなえていることや、羽や尾に文字がかかれているなど、なにかにもとづくのであろう。尾の文字の意味は、神の属性である「美 jamāl」と「尊厳 jalāl」をあらわしている。つまり神はイナゴを降すことによって、飢饉のときには恵みをあたえたり、作物を食い荒らすことで尊厳を示す。大註では「造物仁威並用如此」と説明している。羽にかかれた「素而雅」は不明。また引用されている『時令紀』もよくわからない。つづいて犠牲についての記載があり、巻一六は終わる。犠牲となる動物は先述のようにラクダ、牛、羊の三つだが、このなかでとくに「天方六畜之尊」とよばれるラクダだけ説明にかなり多くの紙幅がさかれている。その冒頭部分を『本草綱目』の駝と比較してみよう。

駝、似馬而高、頭似山羊、長項、垂耳、椶鬣、肉蹄、脊有肉鞍、隆高若封土。（『天方典礼』）

駝、状如馬、其頭似山羊、長項、垂耳、脚有三節、背有両肉峯、如鞍形。（『本草綱目』）

ほぼおなじなのだが、『本草綱目』のほうは「背有両肉峯」とあるように二こぶラクダである。アラブのラクダはふつう一こぶである。[23] 李時珍は吐番には一こぶラクダがいるといい、「背上有一峯隆起若封土、故俗呼為封牛」という話を引いている。『天方典礼』の「脊有肉鞍、隆高若封土」は一こぶであろう。二こぶなら二こぶと表現するはずである。アラブの情報が伝わっている。ラクダの特徴として、虫を踏んでも傷つけない、人の思いを察知して人が乗り降りしたいと思えばしゃがむ、旅程をあらかじめいっておけばその日数は食事を我慢する、悪風の到来や砂漠の水脈を察知することができるなどがあげられている。これらの特徴は『本草綱目』とも重なるところがあるが、それにつづくつぎの十二生相と五徳は独特である。

ラクダは十二生相と五徳をそなえている。羊の頭、竜の首、鶏の目、馬の耳、鼠の唇、蛇の尾、牛の歯、虎の胸、犬の腰、猿の毛、兎の脛、豚の足、以上の十二相である。

駝具十二生相、備五徳。羊首、竜項、鶏目、馬耳、鼠唇、蛇尾、牛歯、虎胸、犬腰、猴毛、兎脛、豕趾、十二相也。

これはさきほどのイナゴの七つの表象をうわまわる。ラクダが多くの動物の部分からなるということは、それらの動物の性質を取りこんだすぐれた動物であるということを意味するのであろう。はたしてラクダは五つの徳をそなえているのである。つづけていう。

ゆっくりと軽やかに歩き、虫を踏んでも傷つけない、これは仁である。一頭のラクダがまだ到着していなければほかのラクダたちは水を飲まず、一頭でも飲み終わっていなければ、ほかのラクダたちは待っている、義である。一頭のラクダがリーダーとなり、ほかのラクダたちがこれに従い、さきに行こうとしたり、規律を犯さない、礼である。風がまだ来ないうちに風を感じ、水がまだみえないうちに水のありかを知る、智である。食事の期日を約束すれば、期日がまだであれば鳴かない、信である。これを五徳という。

舒行而軽、踏虫不傷、仁也。一駝未至、群駝不飲、一飲未畢、群駝不去、義也。一駝為之領、群駝従之、不敢先、不敢犯、礼也。風未至而先覚、水未見而先知、智也。約食之期不至不鳴、信也、此之謂五徳。

仁、義、礼、智、信、儒教の根本となる徳目、五常をもつラクダ。有徳の動物といえば雁の四徳、蟬の五徳、鶏の五徳などが思い出されるが[24]、それらでも五常を完全に備えているものはなく、『天方典礼』のラクダの完全なる五徳にはおよばない。

食べてはいけない動物（巻一七）

つづいて巻一七の動物をみることにする。全部で三八種。先述のように巻一七は食べてはいけない動物があげられている。鳥と獣はそれぞれ鷙類（猛禽）とその他、攫類（猛獣）とその他にわけられる。食べていけない禽獣はさきほどみたように肉食であり、形態の目印として鳥であれば鷹のくちばしに似たもの、獣であれば爪があるものであった。巻一七ではさらに食べてはいけない禽獣の特徴を二十種類あげている。険しい目、するどい牙、まるいくちばし、かぎがたの爪、生きた獣を食べるもの、生きた鳥を食べるもの、同類を食べるもの、性が悪であるもの、暴であるもの、貪であるもの、吝であるもの、賊であるもの、汚いもの、汚れたものを食べるもの、乱群するもの、形が異常なもの、性が異常なもの、妖しいもの、人に似たもの、よく変化するもの。[25]

鷙類（猛禽）

まず正文に「鷹（タカ）、鷂（ハイタカ）、梟（フクロウ）、鸒（サンジャク）、鷙類」とあり、それにたいして大註では種名をあげ、小註ではその種の形態、生態を説明する。獣の場合もおなじである。鷙類は四種類。本節の「分類」でもふれたが、鷹、鷂、梟、鸒は鷙の種でもあるので、種としての説明がある。

鷙　類	居場所	性
鷹（タカ Accipiter gentilis）		
鷂（ハイタカ Accipiter nisus）		
梟（フクロウ Strigidae科）	野鳥	
鸒（サンジャク Uroccisa 属）	山鳥	悪、好闘持

鷹と鷂（ハイタカ）が類としてわかれていて、それぞれに種がいるのが特徴的である。たとえば『爾雅翼』では北方では鷹、南方では鷂と呼ぶとしているし、『本草綱目』では大きいもの

が鷹で小さいものが鶻であるとする説を載せている。『天方典礼』では「形や性は鷹のようだが、すこしだけ小さく、青蒼色である（形性皆如鷹而差小、青蒼色）」としか説明していないが、鷹属と鶻属にはそれぞれ別の禽が属していて明確に区別されていることがわかる。また鷙類の鷹、鶻、梟、鸒に属する鳥はほかの鳥を食べるということが前提にあるので、小註の解説では何を食べるかについての記載はない。

鷹属の解説はほとんどが『本草綱目』『正字通』からの引用で特筆すべきものはないが、性は『天方典礼』があらたに加えたものである。

鶻属では鸇と隼（どちらもハヤブサ）のちがいは明確ではない。『天方典礼』によると、どちらも鶻に似ていて、鸇については「形似鶻、青黄色、撃燕雀[26]、最疾」とあり、隼については「似鶻、好翔甚疾、搏鳥極準、発必中」とある。鸇を鶻の仲間であるとするのは郭璞、陸璣などである。『本草綱目』は鳶（トビ）の解説で「鳶似鷹而稍小」とし、その釈名に鶻、隼をあげている。『天方典礼』の鶻は「形性皆如鷹而差小、青蒼色」とあるので『本草綱目』の鳶と『天方典礼』の鶻はほぼおなじものを指すのであろうか。ただ鶻の色を「青蒼色」とするのはほかにはみえない。

梟属は鴞のみである。『本草綱目』では鴞の釈名に梟鴟があり、李時珍は鴞と梟は同種であるとする。『天方典礼』では梟は「野鳥」で「鷹身猫面」、鴞は「山鳥」で「頭如鴝鵒、目如

		居場所	性
鷹属	鳶（トビ Milvus 属）		最貪
	鶚（ミサゴ Pandion）	野鳥	
	鵰（ワシ）	野鳥	強勁
	鷲（クマタカ）	山鳥	
鶻属	鸇（ハヤブサ Falco 属）		
	隼（ハヤブサ Falco 属）		
梟属	鴞（フクロウ）	山鳥	貪残、好奪
鸒属	烏鴉（カラス Corvus 属）		極貪酷
	靛鴉（オナガ Cyanopica cyanopica）		

猫」とする。ただ解説はどちらもほとんどが『正字通』に依拠している。中国には二五種のフクロウおよびミミズクがいるという（『国訳本草綱目』鴞、森岡補注）から、種まで同定するのは至難のわざである。

鸑（サンジャク）はスズメ目カラス科の鳥であり、現代中国語では「赤嘴藍鵲」とよばれるように、嘴が赤く、体羽が紫藍色をおびている。靛鴉という鳥は他書にはみえない。「形似烏鴉而尾較長、色如青靛」とあるのによると、カササギの仲間であるオナガではないだろうか。オナガは羽、尾が灰青色で現代中国語では「藍鵲」とよばれるからである。

その他の食べてはいけない鳥である。まず孔雀の説明をみてみたい。『天方典礼』によると、孔雀は自身の羽尾を朝日に照らして舞うが、足をみたら倒れてしまう。おそらく足がまっくろで醜いからである。雄は冠に三本の毛があり、長さは三寸ばかり。雌は冠がなく、尾は短く、金翠はない。声と姿が接するとみごもる。いつも毒蛇と交流している。その糞は猛毒で、人を殺す。その肉を食べると眼がみえなくなる。

視足則偃。蓋以其足極黒而醜也。雄者冠有三毛、長三寸許。雌者無冠、尾短、無金翠。以音影相接而孕。常与毒蛇交。其糞最毒、殺人。其肉食之、閉人聡明。

羽尾は綺麗なので自愛するが、足は黒く醜いので、自分でみると卒倒してしまうのである。また蛇と交流しているという記事は他書にもみえるが、それが毒蛇になっているのが『天方典礼』の特徴で、以下につづく糞が猛毒であること、肉をたべると失明に

その他	居場所	食物	性
孔雀（マクジャク Pavo muticus）	山鳥	常与毒蛇交	
鶴（タンチョウヅル Grus japonesis）	水鳥	蛇虫	僻
鸛（コウノトリ Ciconia ciconia）		小雀、木虫	野
鶬鴰（マナヅル）		蛇虫	好僻

なる、なども独特である。

鶴の説明も『本草綱目』などにくらべるとくわしい。「大於鵠、長項、高三尺。喙長数寸、丹頂赤目」までは『本草綱目』などとおなじで、タンチョウヅルの特徴をのべているが、『天方典礼』ではさらにくわしくつぎのように説明している。

首は帯状に黒く、額から喉までつづいている。羽は白、褐、青など数色ある。黒い羽は両脇からはえて、長さは五、六寸から一尺。各翼は十二根からなり、尾翼の両側に覆われている。

項有烏帯、自額至嗉。羽有白、羯、青数色。黒翎生於両脅、長五六寸至一尺。毎辺十二根、扇覆於尾之両傍。

「黒翎生於両脅」とあるからソデグロヅル（Grus leucogeranus）かもしれない。以上、その他の禽は何を食べるかが記載されている。蛇や虫を食べるものが多い。

攫類（猛獣）

つぎに不可食の獣がつづく。獣は攫類として虎、狼、獅、豹があげられ、それぞれが種として小註に解説があり、さらにそれぞれ虎豹之属、獅之属、狼之属、その他の獣がならぶ。「分類」でのべたように、虎と豹はそれぞれ攫類にたいしては種なのだが、類として外延をもつ。

攫獣の四種のなかで虎と狼は明確に性の不良をのべているが、獅、豹については明言していない。なぜなら獅、豹はおなじく攫獣の仲間であるけれども、ややことなった性格をもつ獣だからである。どのようにことなるのか。

まず獅についてみると、形態の特徴については『本草綱目』と似た記述である。また、『本草綱目』同様に、獅の威厳について、ひとたび吼えれば百獣は獅のまわりに集まる、という言及がある。だが『天方典礼』ではさらに獅の

攫　類	居場所	性
虎（トラ Panthera tigris）	山	極其暴悪
狼（オオカミ Canis lupus）	山	貪
獅（ライオン Panthera leo）	山	
豹（ヒョウ Panthera pardus）	山	

性格的特徴についてつぎのように解説する。「獅は食事をするときに、ほかの獣たちにもわけあたえる。食べおわると尾をふり、そうするとほかの獣たちは立ち去る（獅取其一啖之、分剰与衆獣。食訖、揺尾而衆獣去）」。おのれの食物をほかの獣に分けあたえるという優しさをもっているのである。またつづけて、小さな獅と番狗（チベット犬。蕃狗、蔵敖、蔵狗ともいう。強壮、勇猛で知られる）の見わけかたの説明がある。虎や狼をさしむけ、ひれ伏したらそれが獅であるという。なぜ獅と番狗の見分けかたが必要なのだろうか。番狗はおもに狩猟や家畜の見張りとして使用されるが、獅も同様に使用されていたからである。はたして、獅の属である狻猊の説明には、獅は天方では家畜としてあつかわれる、とある。

また豹はというと、こちらも『本草綱目』とおなじく「状似虎而小」と形態についてのべ、文様の違いによって金銭豹、金線豹[27]、艾葉豹、玄豹、土豹との名前があることを指摘するところまで『本草綱目』とおなじである。だが、金銭豹と艾葉豹については「金銭豹、艾葉豹二種、能猟取牲、其名虞子、天方猟人畜之」という言及があり、獅におなじく、こちらも家畜化されて、狩猟に使われていたことがわかる。

つまり獅も豹も家畜として猟や見張り番に使われ、人間の役に立っている。したがって性による評価を回避しているのである。

それではひきつづき攫類の動物を虎豹之属からみていく。実在するのかあやしいものが多い。騶虞は『詩経』や『埤雅』では生物をたべず、生草をふまないということで、仁獣、義獣とされている伝説の動物である。だが『天方典礼』では「虎に似て、白色の体に黒色の文様、尾は身より長く、自然に死んだ肉を食べる。性は残酷で、虎豹を殺すことができる（似虎、白質黒文、尾長於身、慣食自死肉。性酷、能殺虎豹）」とある。虎豹を殺傷するということでまったく反対の評価がなされている。イスラームでは自然に死んだ肉を食べることは禁止されているから、そうした禁止された行為をする騶虞も食べてはいけないのであろう。実在する動物なのであろうか。また騶虞はパンダであるとの説もある。

貘は竹を食べ、性についても特別には言及されていない。どうして食べてはいけないのかというと、おそらくその身体の特徴によるのであろう。貘は象の鼻、犀の目、獅子の頭、豺（ヤマイヌ）の髪、虎の足と不可食の動物によって構成されているからか。あるいは「仏僧が仏の歯、骨であるとしているのはこれだ（胡僧以充仏牙、仏骨者、即此）」とあるように仏教にかかわる動物であるからかもしれない。中国の貘はその異様な形態からもわかるように、バク科のそれではなく、想像上の動物とされていた。

獅属の狻猊《さんげい》は『本草綱目』では獅の釈名にあげられていて、獅と狻猊を区別していない。『天方典礼』では区別しているところが特徴である。中国の獅は瑞祥としてあらわれる想像上の動物の性格が強いが、『天方典礼』の獅は実在するライオン（Panthera leo）を指すのであろう。したがってこの狻猊も実在するネコ科ヒョウ属の亜種のひとつであろう。[28] 狻猊の解説はつぎのとおり。

形は獅に似ているが、細毛は短く尾は飾りがついている。頭はやや小さく、牡の獅に似ている。鋸牙、鉤爪で、全身が柔らかい細毛である。獅より恐くはなく、ひと吼えするとほかの獣どもは避けるが、獅が吼えると集まってくるのにはかなわな

		食物	性
虎豹之属	騶虞	自死肉	酷
	貔		烈於虎豹
	貘	竹	
獅之属	狻猊		
狼之属	豺（アカオオカミ Cuon alpinus）		最残忍
	犴（ノイヌ）		

い。

形似獅而毫短尾修。頭稍小、多似牡獅、鋸牙鉤爪、皆柔毫。威猛減於獅、声吼則百獣僻、不如獅吼則百獣集也。

獅よりやや威厳がないのが狻猊である。そもそも獅は李時珍がいうように中国では西域の動物とされていた。したがって中国では獅にかんする知識はとぼしかったとおもわれる。このことを『天方典礼』ではつぎのように指摘している。

おおよそ獅も種類が多く、天方ではつねに十数種類いる。またこれを家畜とする者もあり、人を傷つけたりすることはなく、肉を食べるのにも節度がある。東土の人はほとんど見ることがないので名前は伝わらない。したがってここでは獅のすべてについてはのべない。

大約獅種亦多、天方之地常有十数種。亦有人家畜之者、自不傷人、食肉而有度。東土之人罕見、則其名義不伝。故此亦未便悉載。

天方では獅の種類がもっとあり、しかも家畜として飼い慣らされているという。さきの番狗に似た小獅は「此一種東土所罕」と、中国にはあまり棲息していないという指摘もされている。

つづいてその他の動物について。興味ぶかいものを中心にみる。

熊は四種類あげられているのだが、そのなかで人熊の説明がおもしろい。『本草綱目』では人に会うと人のように立ちあがって襲う熊のことを人熊とよんでいるが、『天方典礼』の人熊はまったくことなる。

人熊という熊がいる。顔が人に似ていて、人のまねをしてしゃべったり笑ったりする。よじ登るのがすきで、高い木にのぼり、人をみつけると飛び降りてくる。塩を食べたらすぐに死に、酒を飲んだらすぐに酔っぱらう。だから狩人はいつも酒でこの人熊を酔わせるのだ。

有人熊。面似人、効人言笑。喜扳援上高樹、見人則撲下。食塩即死、飲酒即酔。故猟人常以酒困之。

この不思議な人熊のほかには、頭が馬に似た馬熊、おなじくブタに似た猪熊（この二つは『本草綱目』にもみえる）、おなじく狗に似た狗熊などがあげられている。「熊の種類は体形はどれも似ているのだが、頭や顔に違いがある（身形倶相似而、但異在頭、面耳）」のでこうした熊がいることになる。それでも「熊の種類も煩雑で、すべては載せない（熊類亦雑、此不及載）」と最後を締めくくっていて、熊の種類はもっとあるらしい。つづく羆にも「天方有玄羆、赤羆」とある。

鼠はもっと多い。『天方典礼』があげている鼠のなかで『本草綱目』にもみえるものは、水鼠、火鼠、氷鼠、貂鼠、黄鼠、鼷鼠（『本草綱目』の竹鼷）、鼫鼠（『本草綱目』の土撥鼠）、鼯鼠《むささび》（『本草綱目』では禽部）、田鼠（『本草綱目』の鼹鼠）である。これらのほかに『天方典礼』には山鼠、白鼠（即銀鼠）、灰鼠、倉鼠（即家鼠）があり、その特徴がのべられている。劉智はいろいろな鼠を列挙した最後につぎのようにのべている。

おおよそ鼠はもともと穴属なのだが、いろんな所にいて、その居場所によって形態がことなる。だがそれらの性格はほとんど変わらない。つまり、穴を掘って、盗み食いをし、人をおそれ、すばやく走る、という性格が観察されるのである。この性格はどの種類でもおなじである。

その他	居場所	食物	性
熊（ツキノワグマ Selenarctos thibetanus）	穴獣		
羆（ヒグマ Ursus arctos）			
象（インドゾウ Elephas maximus）	山獣		
狐（アカギツネ Vuipes vulpes）	穴獣		最淫
狸（ヤマネコ Felis silvestris）	野猫		
貉（タヌキ Nyctereutes procyonoides）			
鼠（Rattus rattus）	本穴属		
猫（イエネコ Felis catus）	家畜		
獺（ユーラシアカワウソ Lutra lutra）	水	魚虫	
猿猴(29)			

大約鼠本穴属、随処皆有、随地而異形、質雖異。而其性情皆不甚遠。視其為穴、盗食、畏人、疾馳、種種一如也。

種類が多かろうが、どこにいようが鼠の性格はおなじなのであった。そうであればこれほど多くの種類をあげる必要もない気がするが、『本草綱目』にならって列挙している。

以上、その他の獣は「すべて性が善ではないものである（皆非性善之物也）」とされているので、それぞれの獣について性を云々することはほとんどない。

最後にブタについて言及しておこう。巻一七では不可食の動物を説明しおわると、正文は「勿啖豕、勿飲酒。豕汚、酒乱。勿食自死肉、勿食浮于水魚、勿食妄殺、魚暨蝨無宰而食、猟取者食、死於火器者勿食」とあって終わる。あらためて最後に食の具体的な禁忌について解説するのである。イスラームではブタを食べないことはよく知られていることであるが、なぜ食べていけないのか。『天方典礼』の答えは以下のとおりである。

ブタは家畜のなかでもっとも汚いものである。性は貪欲で、気は濁っていて、心はまよっていて、汚いものを食べる。ブタの肉はなにも補わず、害が多い。汚い場所に安住し、鋸牙がある。……もっとも食べてはいけないものである。

豕、畜類中汚濁之尤者也。其性貪、其気濁、其心迷、其食穢。其肉無補而多害。楽従卑汚、有鋸牙。……乃最不可食之物也（正文「勿啖豕」にたいする大註）。

とにかく汚い、と。性はもとより、気も濁っている。栄養もない。鳥獣で食べてはいけない二〇の条件の一つである「鋸牙」も持っている、などなど。ではいったいなぜブタは性が貪で、気が濁っているのだろうか、という疑問がわいてくる。ブタの不良な特徴をただ羅列するだけではあまり説得力はない。そこで『天方典礼』では「集覧」を設けて医家のことばを引用し、理論的支柱にするのである。医家のことばはすべて『本草綱目』である。『本草綱目』の豕にみえる有害な記事をとにかく探しだし、それを列挙する。ブタ肉を食べると突然太る、腎を損なう、子供が産まれなくなるなど。もちろん『本草綱目』の豕には主治があり、薬効は認められているのだが、そちらにはまったくふれない。あるいは都合のいいように改めた箇所すらある。たとえばブタの肝の場合、『天方典礼』では「肝食之、生癰疽、傷人神」とあるが、これは『本草綱目』の豕の肝の「合魚膾食、生癰疽。合鯉魚腸子食、傷人神」を下敷きにしていて、鯉のはらわたと一緒に食べると癰疽（はれ物）ができたり、人神（人の根元的な気）がやぶられることを説いているのであって、肝を食べさえすれば無条件で病むわけではけっしてない。

そもそも正文には「ブタを食べることなかれ」としか説かれていないのであって、ムスリムがブタを食べていけないのはクルアーンにそう書いてあるからにすぎない。それでも『天方典礼』が中国の医書を引用してまで、食べてはいけない理由を説明しなければならなかったのは、中国ではブタがよく食されていたからであろう。ただし、中国の知的権威をもちいて豚肉が人体におよぼす悪影響を説明することじたいは注目すべきであろう。漢族も豚肉を食することの弊害を指摘しているのであって、われわれムスリムはそれほど異様な食習慣をもっているのではない、という主張になるからである。

第5節　他のイスラーム漢語典籍にみえる動物

さて前節までで『天方典礼』飲食章にみえる動物を概観することができた。それではほかのムスリム達の著作ではどのように動物をとらえられていたのであろうか。最後に『天方典礼』以外のイスラーム漢語典籍における動物についてふれておきたい。だがまず断わっておかねばならないのだが、『天方典礼』以後には動物についてかかれた特筆すべき書は見あたらず、『天方典礼』以前の書に若干の言及があるにすぎない。

まずイスラームの教義、思想を漢語で著した最初の人物である王岱輿（一五九〇年頃〜一六五七年頃）の『正教真詮』をみてみよう。下巻・葷素には、万物は人のために真主が創造されたものであるから、肉だけ、あるいは野菜だけしか食べない偏食者はいけないと戒めつつ、「然るに諸肉に可食なる者有り、不可食なる者有り、知らざるべからざるなり（然諸肉有可食者、不可食者、不可不知也）」とのべ、以下のように動物の肉を可食と不可食にわけている。(30)

- 可食
  - 畜養之類―牛、羊、鶏、鵞
  - 山野之類―獐子、兎、鹿
  - 水潜之類―魚、蝦
  - 飛翔之類―天鵞、野鴨
- 不可食
  - 慣於刀搶者―鷹、鷂之類
  - 性之惨酷者―虎、狼之類
  - 形異於常者―鼈、鱔、刺蝟之類
  - 穢汚不堪者―豕、犬之類
  - 乱群而生者―驢、騾之類
  - 半途而化者―猫、鼠之類
  - 有大功於世者―牛

『正教真詮』葷素の可食と不可食

不可食の後ろから三つめの「乱群して生まるる者」とはウマと交配させられるロバ、そしてそのかけ合わせによって生まれるラバのこと。ラバはアリストテレス『動物誌』にすでにみえる。つぎの「半途而化者」は直訳すれば中途半端に変化したもの。あるいは四足動物のなかでは大きくないことをいうのか、それとも家畜化できるということか。最後の「世に大功有る者」というのは犠牲のことで、「たとえば牛はかるがるしく料理してはいけないのがそうである（若牛亦不可軽宰是也）」とある。可食の「畜養之類」に牛があがっているので、不可食にはいっているとはいえ、犠牲にもちいてから食べられるということだろう。

実はこの分類法は『天方典礼』巻一六の「答問」にみえるものとよく似ている。「答問」は巻一六・飲食上の末尾におかれている小註の一種である。あるひとが可食と不可食の種類をおしえてほしいとたずね、それにたいして「余（おそらく劉智）」がこたえる形式となっている。その「答問」ではまず食べ物すべてを、問題なく食べてよい「果穀瓜蔬之属」、毒性の強いものは食べてはいけない「草木之属」、そして「禽獣之属」の三つに大類し、最後の「禽獣之属」を表のような可食と不可食にわけている。

不可食の後ろから二つめの「慾窒者」とは『周易』損卦に「君子以て忿を懲らし、欲を窒ぐ」とあるように欲望をおさえるということ。対応するのは象だが、象は体軀が大きいにもかかわらず草食であることから欲を制御しているとかんがえられたのだろうか。またつぎの「類於鳥獣之不可食者」は猫に相当するが、鳥獣に類するというのは猫が高所に飛び上がったり、そこから降りたりすることを指すのだろう。鳥に類するといえばいえる。そうであればさきほどの『正教真詮』葷素の「半途而化者」とは、鳥のような能力も持っているが、完全に飛ぶことはできない、中途半端に変化したという意味になる。

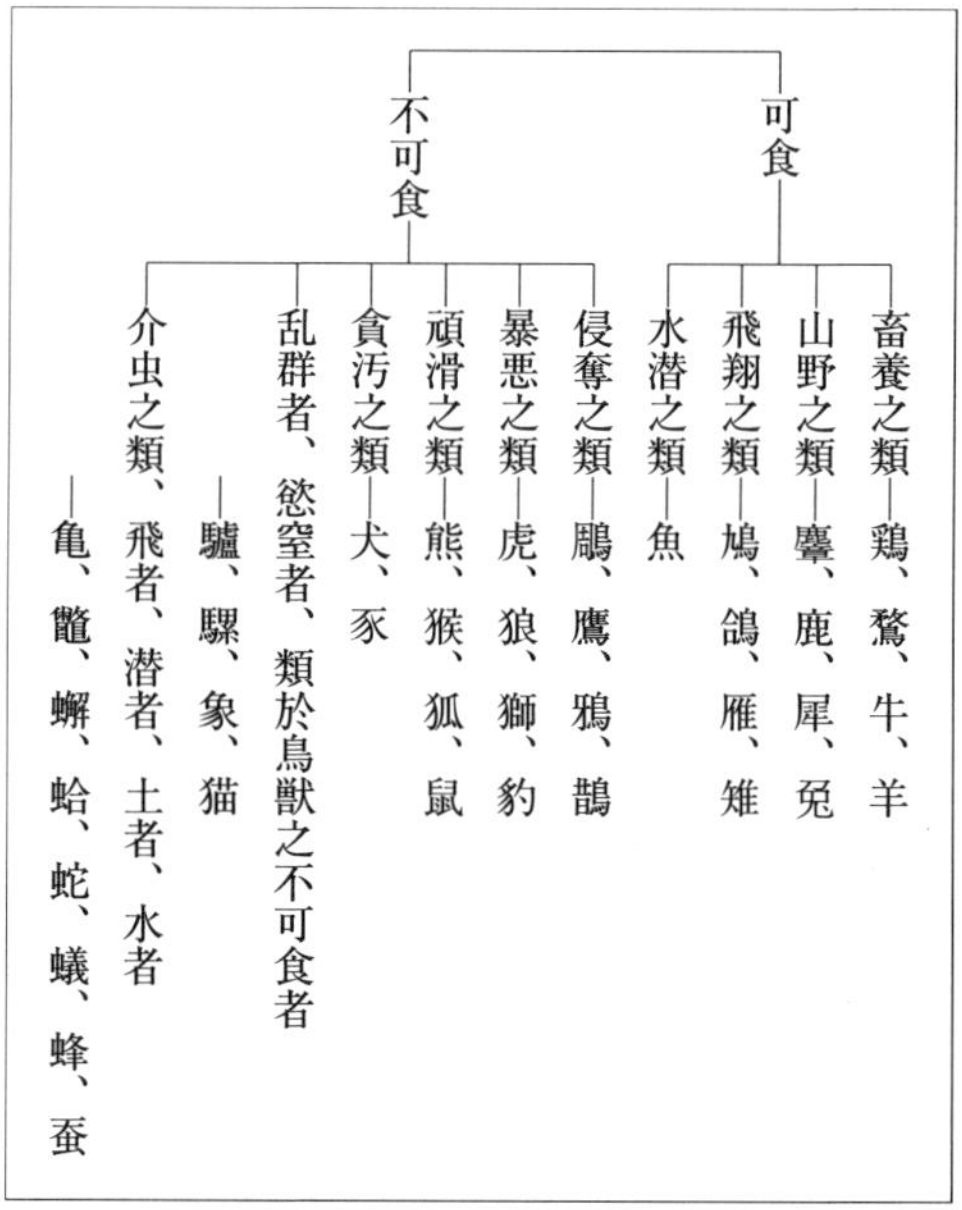

『天方典礼』巻16・答問の可食と不可食

『正教真詮』下巻・葷素と「答問」をくらべると、可食の分類についてはまったくおなじである。不可食については、「慣於刀搶者」と「侵奪之類」、「性之惨酷」と「暴悪之類」、「穢汚不堪者」と「貪汚之類」はおなじ。『正教真詮』の「形異於常者」「半途而化者」「有大功於世者」が「答問」にはなく、ぎゃくに「答問」にしかないのは「頑滑之類」「慾窒者」「類於鳥獣之不可食者」である。

ここでは可食の分類についてかんがえてみよう。『正教真詮』と「答問」の内容ははまったくおなじであるから、この畜、獣、禽、魚の四分類は確実にうけつがれている分類法である。いっぽう第3節でみたように巻一四・民常篇の「総綱」では禽、獣、穴、潜、贏の五分類であった。それでは巻一六ではどうなのか。これまでに検討してきた巻一六の大註や小註を無視して正文だけをつなげてみるとつぎのようになる。

飲食には良いものだけを慎重にえらばなければならない。良いものをとることによって人の性、徳は増大する。禽では穀物を食べるもの、獣ではまぐさを食べるもの、家畜では純粋な徳をもっているものが良い。鶏、鳧、雁、雉は穀物を食べる。鹿、麋、麞、麝はまぐさを食べる。穴属では兎、潜属では魚、贏虫の属では蠡が〔食べて良いものとして〕ある。兎は食べてもよい。魚は常食してよい。蠡は異変があったとき、たとえば飢饉のときに食べるのがよい。牛と羊は饗応に、馬と驢は運送につかう。駝は大牲といい、祭祀にもちいても、運送にもちいてもよい。祭祀につかうのであれば運送にもちいてはいけない。大祀（犠牲祭のこと）でなければ駝を料理してはいけない。賓客をもてなす会合でなければ牛を料理してはいけない。市場に牛を掛ける棚がなければ、政治がうまくいっていることがわかる。

飲食惟良、必慎必択。良以作資、乃益性徳。禽食穀、獣食芻、畜有純徳者良。若鶏、鳧、雁、雉、穀食者也。若鹿、麋、麞、麝、芻食者也。穴属有兎、潜属有魚、贏虫之属有蠡。兎食之可、魚食之常、蠡食之変、利於大歉。牛羊作膳、馬驢乗負。駝曰大牲、宜祀宜負。祀則不以負。非大祀不宰駝。非賓会不宰牛。市無牛互、於見民政。

この一二〇文字たらずの正文にたいして大註、小註がことこまかに可食の動物について解説していたわけであるが、こうしてあらためて正文のみをみると（一二五頁の樹形図も参考されたい）、『正教真詮』や「答問」とくらべると畜、獣、禽、魚の四分類に穴属、蠃虫属が加わっていることがはっきりする。穴属は『正教真詮』や「答問」では意識されていないし、蠃虫属は不可食にふくまれていた。以上の状況を整理するとつぎのようになるだろう。まず『正教真詮』葷素にみえる動物分類つまり畜、獣、禽、魚が史料的にはもっともふるい分類法で、イスラームでもともといわれたものであろう。『天方典礼』の「答問」は『正教真詮』の内容をそのまま受けつぐものである。それにたいし『天方典礼』民常篇の「総綱」の五分類つまり禽肉、獣肉、穴肉、潜肉、蠃肉は五行の各気をうけて生成するという説明からもかんがえて、五行思想の影響をうけた分類法であるといえる。ただしそのなかの穴肉については伝統中国の分類にはない。これは生成論の立場をとりつつ、動物を肉として捉えようとして抽出された一項目である。そして『天方典礼』巻一六の禽、獣、畜、穴、潜、蠃の六分類は、イスラームにつたわる『正教真詮』葷素、『天方典礼』答問の四分類を下敷きに、五行思想によって規定された「総綱」の五分類を吸収した結果できあがったものであるとかんがえられる。

ところで『正教真詮』や「答問」の四分類が中国イスラームのなかで受けつがれているものだとしたら、なにか依拠する書があったのではないか、という推測がたつ。はたして馬注（一六四〇年頃～一七一一年頃）の『清真指南』には『清真五穀』（清真とはイスラームのこと）という書が登場する。『清真指南』巻七・調養には、草穀、木穀、藤穀、肉穀、水穀という一風かわった「五穀」が登場する。この五穀にたいして馬注は自注でつぎのようにのべている。

> 予、清真五穀を読むに、所謂る草穀とは如えば稲、粱、菽、麦、黍、稷、蕎、麻、豆、薏、凡そ一切の草実の食すべき者なり。木穀とは如えば棗、栗、桃、梅、梨、李、柑、杏、松、梧、批、檄、凡そ一切の木実の食すべき者なり。藤穀とは如えば葡萄、五瓜、凡そ一切の藤実の食すべき者なり。肉穀とは如えば家畜、野獣、飛、潜、奭、動、一切の葷腥の食すべき者なり。水穀とは如えば茭、菱、茨、藕、海帯、海粉、一切の水菜の食すべき者

なり。

予読清真五穀、所謂草穀者、如稲、粱、菽、麦、黍、稷、蕎、麻、豆、薏、凡一切草実之可食者。木穀者、如棗、栗、桃、梅、梨、李、柑、杏、松、梧、枇、橄、凡一切木実之可食者。藤穀者、如葡萄、五瓜、凡一切藤実之可食者。肉穀者、如家畜、野獣、飛、潜、耎、動、一切葷腥之可食者。水穀者、如芡、菱、茨、藕、海帯、海粉、一切水菜之可食者。

『清真五穀』はつたわらないので具体的な内容はわからないが、穀物、木の実、蔓の実、肉、海草水草について可食、不可食を解説したマニュアルではないだろうか。あるいはレシピかもしれない。ここでは肉が五穀の一つとして組み入れられているのが興味ぶかい。そして注目したいのは、可食としてあげられている動物は「家畜、野獣、飛、潜、耎、動」の六つと読めなくはないということである。耎（＝「蠕」うごめく虫）が蠃、動が穴に相当するか。ただし「耎動」で一語の可能性もあり、断定はまったくできない。もし六分類と読めるのであれば、『天方典礼』巻一六の六分類にも影響をあたえた可能性がでてくる。

管見のおよぶかぎりでは以上が動物についてのべた、まとまった文章である。『天方典礼』飲食章がいかに広く博物学的に動物をあつかっているかがわかるであろう。王岱輿『正教真詮』や馬注『清真指南』では動物の名前があげられているのみであって、動物の形態、生態をことかまかく記載することはないのである。『天方典礼』が世に問われてから以降、動物についてくわしくのべる書が出なかったのは、『天方典礼』が語りつくしたからである。そもそもムスリムにとって動物は食の禁忌とのかかわりでのべられるに過ぎなかった。だが『天方典礼』は禁忌の羅列にとどまらず、食べて良い物といけない物の違いはどこにあるのか、その見わけかたについてのべ、さらに日常に遭遇する可能性のある動物にたいしてひとつひとつ説明を加えていったのである。そうした態度は劉智が参考にした『正字通』を著した張自烈の精神「窮理適用」にも通じるものがあるし、また広く思想史から俯瞰するならば、外物を実証的に研究していく格物致知の一つの伝統でもある。以前にも同様のことをのべたが、劉智にとってこの世界に存在する万物をことごとく知ることは、それを創造した神を知ることにほかならないのである。朱熹は格物致知を積み重ねていくことによって「一旦豁然として貫通するに至りては、則ち衆物の表裏精粗、至らざる無く、而して吾が心の全体大用も明らかならざる無し」（『大学章句』伝第五章）という状態になることを目指す。劉智が展開した動物記述もまさに真宰（神）の全体大用を明らかにすることを遠くに見据えていたのではないだろうか。

小　結

最後に以上に縷述してきたことをまとめておく。まず分類について。動物は生成論的には四行（火水土気）の混合によってうまれる三子（金木活）のなかで、活が気として流行することで、それぞれの場所にあった動物がうまれる。それは四元素説にもとづいて飛禽、走獣、鱗介、蟄虫と四分類される。だが食べるというレベルからみると、動物は中国の伝統的な五行説によって分類される。

また食物としての動物はその性が問題となる。性が悪である動物を食べると、食べた人の性も悪になってしまい、ムスリムとしての実践がおこなえなくなる。この性の重視から、食べて良いか悪いかが動物を分類するうえでの根本的基準となる。

記載された個々の動物について、情報源としてはっきりとしているのは『本草綱目』、『爾雅』郭璞注、『正字通』などだが、かたちや色についての説明はかなり変更をくわえている。またアラブの動物情報や独特の解説がおおくみられる。たとえば䳾鶏、赤雉、鶉（ウズラ）、鴷（キッツキ）、螽（イナゴ）、駝（ラクダ）、孔雀、騶虞、獅、熊などがそうである。さらには種のわけかたにも独特なものがあり、野鶏と家鶏、駝鳥と火鶏、鷹と鷂の区別などである。ほかのイスラーム漢籍とくらべると、『正教真詮』なども可食と不可食の動物を列挙しているし、『清真指南』にも若干みられるが、『天方典礼』の詳細さは圧倒的である。また『清真指南』には『清真五穀』という書がみえ、当時、食物にかんするイスラームの書があったことがわかる。『天方典礼』もそれを参考にした可能性がある。

『天方典礼』飲食章にみえる動物は解説がないものもふくめると一〇四種にものぼる。[31] これは当時の中国のムスリム社会において食の禁忌に明確な基準がなかった、あるいは基準にゆらぎが生じていた証拠かもしれない。だが第5節の最後にものべたが、劉智の姿勢としては『本草綱目』『正字通』『爾雅』など中国の書や、アラビア語・ペルシア語書籍の動物にかんする記述を渉猟し（あるいは実地に観察をおこなったかもしれないが）、あらゆる動物にたいする知識を極めることによって神の知に迫ろうとしたのではないだろうか。かように詳細な動物図鑑とも呼びうる内容が、ただ単に食の禁忌を示すためだけのものとは思えないからである。

注

（1）版本は楊斐菉本（『四庫全書存目叢書』所収天津図書館蔵影印本）を使用する。

（2）この五典は中国古来の五倫を念頭においたものである。

（3）書有正文、有解、有大註、有小註、有実義、有広義、有考証、有集覧、有問答、有附論。集覧、考証多儒者之語。余皆天方各経伝中采輯而成。

（4）巻一の集覧には杭州の丁澎（号薬園）の「天方聖教序」、巻五の集覧には馬注の「至聖賛」があるが、天方の経典には属さないであろう。

（5）書有綱、有目。正文為綱、註解為目。総綱為綱、分篇為目。如五功、五典、民常等篇皆前有総綱、後分篇目。

（6）『本草綱目』ではそれぞれの薬名に釈名、集解、正誤、修治、気味、主治、発明、附方の八項目を付す記述形式であった。具体的な内容はことなるが、『天方典礼』が大註、小註、実義、広義、考証、集覧、問答、附論の八項目によって構成されているのと似ている。

（7）『天方性理』の巻一の訳文については佐藤実、仁子寿晴編、回儒の著作研究会訳注『訳注天方性理巻一』（イスラーム地域研究第五班、二〇〇二年）の訳文によった。

（8）くわしくは第2章を参照のこと。

（9）中村元『広説仏教語大辞典』（東京書籍、二〇〇一年）。

（10）ちなみに『素問』蔵気法時論では「五穀為養、五果為助、五畜為益、五菜為充」とある。

（11）このいいかたは『神農本草経』の養命、養性、治病の三品分類のうちの養命、養性と似たいいかたであるが、決定的にちがうのは、劉智は長生きや不老不死を飲食の目的にはしていない点である。

（12）『左伝』昭公二十五年の杜預注など。

（13）穴属の狢、狐、鼠、狸も名前のみだが、不可食に解説があるのでここではカウントしなかった。

（14）和名と学名の同定にはおもにつぎの書によった。郭郛、李約瑟、成慶泰『中国古代動物学史』（科学出版社、一九九九年）、鄭作新主編『中国経済動物志』鳥類（科学出版社、一九九三年）、『新註校訂国訳本草綱目』第十一冊、第十二冊（春陽堂、一九七六年、一九七七年）、加納喜光、青柳真理、吉野尚政「埤雅の研究」（茨城大学人文学部紀要『人文学論集』35号～38号、二〇〇一年～二〇〇二年）、荒俣宏『世界大博物図鑑』4鳥類、5哺乳類（平凡社、一九八七年、一九八八年）。

（15）杉田英明『日本人の中東発見』（東京大学出版会、一九九五年）二二頁～二三頁。

（16）古屋昭弘「張自烈と『字彙弁』――『正字通』の成書過程――」（『東洋学報』第七四巻第三、四号、一九九三年）を参照。また南京における張自烈と方以智の交流については古屋氏のご教授による。くわしくは古屋昭弘「張自烈年譜稿（遺民篇）」（『早稲田大学大学院文学研究科紀要』四〇号第二分冊、一九九六年）。なお古屋氏から近刊予定の古屋昭弘『張自烈『正字通』

字音研究』（好文出版）の原稿の一部を閲読させていただいた。記して謝意を表する。

(17) 原文は鵫雉に作るが、『爾雅』や『本草綱目』にいう翰雉、白翰、鵫雉のことであろう。よってあらためた。

(18) 雉に種類が多い原因は「交尾を好み、いつもほかの鳥と交合するからである。もとは一、二種類にすぎない（喜交、常与他鳥合。故其種類甚雑。考之、原初不過一、二種也）」と小註にある。

(19) 「或曰……青鸐」は晉・王子年『拾遺記』巻二・唐堯の文章だが、『正字通』にも引かれている。

(20) ただ李時珍は「麢居山、麡居沢、以此為別」とのべていて、鹿と麋が異性である根拠は麢、麡にもあてはまる。

(21) 注（14）前掲書、荒俣宏『世界大博物図鑑』5哺乳類、二三一頁。

(22) 牧野信也訳『ハディース』Ⅴ、一七〇頁（中公文庫、二〇〇一年）。

(23) 堀内勝『ラクダの文化誌』三頁～五頁（リブロポート、一九八六年）を参照。堀内氏によると、アラビア語でふつうラクダはジャマル jamal というが、これは一こぶラクダのことである。ところが二こぶラクダを意味するブフト bukht にたいしてはジャマルとは別のイラーブ ʻirāb という語が存在する。おもしろいのはこのイラーブが「アラブとしての純血を保つもの」という意味で、アラブ人の一こぶラクダにたいするなみなみならぬ思い入れがうかがえる。

(24) くわしくは小林清市『中国博物学の世界』（農山漁村文化協会、二〇〇三年）第三部「魏・晉時代の蟬」「雁の四徳について」を参照。ちなみに雁は信礼節智、蟬は文清廉倹信、鶏は文武勇仁信の徳をもつ。

(25) 暴目者、鋸牙者、環喙者、鉤爪者、齧生肉者、殺生鳥者、同類相食者、悪者、暴者、貪者、吝者、性賊者、汚濁者、穢食者、乱群者、異形者、異性者、妖者、似人者、善変化者。

(26) ここまでは『正字通』からの引用。「最疾」のみが『天方典礼』の文章。

(27) 金線豹は『本草綱目』では西域産となっている。

(28) 現在、ライオンには絶滅したバーバリーライオンを含めて七亜種がいるという（注（14）前掲書、荒俣宏『世界博物図鑑』5哺乳類、一〇六頁）。

(29) 猿猴には説明がない。

（30）藍煦『天方正学』（一八五二年）の巻六・葷素にもほぼおなじ記事が見える。

（31）大註にみえるものの総数。小註にはさらに二十九種の動物があげられている。

第6章　脳生理学——明末清初における脳の機能の諸説

前章では劉智の動物観をみた。これまでにも言及したように、万物生成論的にいえば動物が生まれたあとで人間が登場することになる。本章では『天方性理』における人間について、その生成過程を検討する。とくに脳の機能にかんする知見を中心にとりあげ、劉智の身体観の一端を考察したい。またその情報ソースを検討するとともに、当時の中国における脳にたいするかんがえかたについて概観し、劉智のそれがきわめて独特であることをあきらかにしたい。

第1節　人間の位置づけ

まず人間が『天方性理』においてどのように位置づけられていたかをもう一度確認したい。『天方性理』巻一では神から不滅の知性界（『天方性理』では先天という）があらわれ、ついでわれわれが感覚することができる現象界（後天）が顕現する過程がのべられている。人間は天地がさだまり、動植物がすべてでそろったあとに登場する。巻一をしめくくる大成全品図説をみてみよう(1)。

天地万物がすべて備わると人が生まれる。人の生はただ陰陽の気が自然に動いて完成するのではない。実有の真宰がつかさどるのである。もし天地があっても人がいなければ、天地の定位は何の役に立とうか。また万物があっても人がいなければ、万物のはたらきは誰の役にたとうか。したがって天地万物が生じるのはすべて人のためだということがわかる。

天地万物具備、則人生焉。人之生也、非一聴於陰陽之気自相摩盪而成者也。実有真宰主持乎其中。蓋有天地而無人、則天地之設位何用。有万物而無人、則万物之取用誰帰。此以知天地万物之生、凡以為人也。(『天方性理』巻一・大成全品図説)

神による天地万物の創造はすべてそれを役立てて使用する人間のためにおこなわれる。天地万物は人のためにある。これはキリスト教やイスラームなどセム系の起源をもつ宗教に共通の認識である。興味ぶかいのは人の生命は陰陽の気が自然に流行することで完成するのではなく、そこには真宰（神）が関与しているという指摘である。陰陽の気の運動による万物生成を認めつつ、神を陰陽の主宰者とするのである。実際に、人間が生まれるにはつぎのように真宰の知識と能力がはたらく。

（真宰の）知と能は気、土、水、火という四行の精粋をめぐらせ、四十日をへて身体ができあがる。

知能運気土水火四行之精粋、閲四十晨而其身始成。(同右)

四十日で身体ができあがるというのは「私はアダムの土塊を、朝が四十回繰り返される間、手の中で温めた」という聖ハディース（神が語るハディース）や「汝らの誰もが創造される際には、まずその母の胎内に［精液として］集められ、四十日間過ごし、その後、凝血として、同じように［四十日過ごし］、次に肉塊として同様に［四十日過ごす］。……」というハディースによる。(2)

さて目、耳、鼻、口、そして五臓といった身体の穴（体竅）が貫通し、身体が完成する。だが大成全品図説には「表裏の体竅は世界すべてのものと符合する（表裏体竅無不与世界所有相印合）」とあるだけで、その具体的な生成過程については詳述していない。体竅が万物と符号するというのは、体竅が万物と接触することで外界を認識できるという意味である。具体的には感覚器官を指す。それよりも精妙なものとしてつぎの心と性があげられている。

体竅がすべて備わり（人のからだができあがるのだが）、最も精妙なものは心と性にほかならない。性には十徳があり、そのうちの五つは外照で、五つは内照である。外照は視、聴、言、臭、触で、五覚といい、心から分かれて表に現れる。内照は憶、慮、記、悟、総覚で、五力といい、智から分かれて脳に寄寓する。心には七層あり、情は十あり、喜、怒、愛、悪、哀、楽、憂、欲、望、懼がそれである。心の十情が性の十徳と合わさって発露する者が上品である。これが人の人たる所以である。

体竅無美不備、而其最微妙者、又無過於心性二者。性有十徳、五為外照、五為内照。曰視、曰聴、曰言、曰臭、曰触、是為五覚、分於心而発之於表。曰憶、曰慮、曰記、曰悟、曰総覚、是為五力、分於智而寓之於脳。心七層而其情有十、喜也、怒也、愛也、悪也、哀也、楽也、憂也、欲也、望也、懼也。心之十情、相合於性之十徳而発者、則其品之上焉者也。此人之所以為人也。（同右）

性の十徳のうち五覚は外部感覚、五力は内部感覚とよばれるもので[3]、巻三・知覚顕著図説でくわしく議論されている。あとで言及するが、このうちの五力が脳の各部位にやどっている。また心の十情は巻三・気性顕著図説で専論される。ここではこれらを図示しておく。

性の十徳｛外照（五覚）＝視、聴、言、臭、触
　　　　　内照（五力）＝憶、慮、記、悟、総覚
心の十情｛喜、怒、愛、悪、哀
　　　　　楽、憂、欲、望、懼

巻一では万物があらわれでる過程を概説することに重点がおかれているので、人間の生成過程についてはあまりくわしくはない。それをになうのは巻三である。ただ確認しておきたいのは、天地が定位し、動植物が生まれた最後に人間が生まれるということ、人の誕生は天地万物のはたらきを享受するためであり、万物は人のためにあるというこ

と、そして外界に反応し、神が生みだしたものどもを役立てるために内部感覚、外部感覚がそなわっているということ、などである。

第2節　『天方性理』巻三の身体観

それでは小世界である人身の生成過程について専論する『天方性理』巻三をみていきたい。『天方性理』の構成上、巻三は巻首・本経の第三章を解説するかたちで議論がすすめられる。したがって、本経・第三章と巻三の対応をしめしておく。ただほかの図説もそうなのだが、本経と図説の対応は比較的ゆるいので、目安としてみていただきたい。まるで囲んだ数字が巻三の全十二の図説に相当し、それぞれの数字の図説名を最後にあげておいた。

①溟漠運精。元祖誕降。髭乳感孕。支裔衍生。(『道行推原経』)初惟一点。是為種子。蔵於父脊。授於母宮。承継先天。妙演後天。
②胚胎兆化。分清分濁。
③本其二気。化為四液。黒紅黄白。層包次第。
④四本升降。表裏形焉。紅者為心。黄者其包。黒者為身。白者其脈。
⑤身心既定。諸竅生焉。肝脾肺腎。眼耳口鼻。
⑥体竅既全。霊活生焉。(『研真経』又『道行推原経』又『格致全経』)霊活為物。包備万性。与種倶存。与胎倶生。随厥形化。而運其機。俟其体全。而著其跡。(『道行推原経』)
⑦子吸気血。由臍入胃。而堅定啓。是為金性。

⑧百体資之。由胃入肝。而長養生。是為木性。
⑨吸化資之。由肝入心。而活性成。是為生性。運動資之。自心升脳。而知覚具。是為覚性。外之五官。内之五司。一切能力。皆所資之。是諸所有。四月而成。五月筋骨。為堅定顕。六月毛髪。為長性顕。七月豁達。為活性顕。
⑩生四十日。愛悪言笑。為気性顕。
⑪長遵礼節。善用明悟。為本性顕。
⑫功修既至。窮究既通。理明物化。神応周徧。為徳性顕。徳性既顕。本然乃全。是謂返本。是謂還原。生人能事。至此而全。（『道行推原経』又『研真経』）

（『研真経』又『格致全経』）

①人生元始図説　②胚胎初化図説　③四本分著図説　④表裏分形図説　⑤内外体竅図説　⑥霊活顕用図説
⑦堅定顕著図説　⑧発育顕著図説　⑨知覚顕著図説　⑩気性顕著図説　⑪本性顕著図説　⑫継性顕著図説

『天方性理』で展開される万物生成論は、おおきく大世界と小世界にわけられる。大世界というのは人間をふくめた世界のことで、小世界とは人間にかぎった世界のことである。巻三の巻頭である人生元始図説につぎのようにある。

天地は大世界なり。人身は小世界なり。大世界未だ有らざるの先、先に六品無形の理有り、後に六品有形の象有り。小世界の有や、先に六品有形の象有り、後に六品無形の理有り。大世界、無形を先にして有形を後にするは、理より気に達すればなり。小世界、有形を先にして無形を後にするは、気由り理に還ればなり。其れ有形なる者、一点より起こる。乃ち先天性理の余す所にして其の溟渣と為すなり。天下万世人生の根種なり。

天地大世界也。人身小世界也。大世界未有之先、先有六品無形之理、後有六品有形之象。小世界之有也、先六品有形之象、後有六品無形之理。大世界先無形而後有形者、由理而達於気也。小世界先有形而後無形者、由気而還於理也。其有形者起於一点。乃先天性理所余而成其為溟渣者也。天下万世人生之根種也。（巻三・人生元始図説）

人間はまず有形のボディができてから無形のメンタルなものが完成する。大世界ではこの逆で、無形つまりわれわれが感覚する現実世界の原型となる理がまずあって、そこから有形の現実世界がでてくる、とかんがえる。小世界は有形から無形へ、気から理へ、大世界は無形から有形へ、理から気へ。大世界はさきほどものべたように、人間をふくむので、大世界の完成は人間ができたところでおわる。つまり無形から有形へとむかう。ついで有形である人間が精神の完成、無形への到達を目指す。みかたをかえれば無形にもどるわけであり、無形とはつまり神のことにほかならない。劉智をはじめとする回儒の思想には、こうした無から有へ、そしてまた有から無へともどっていく運動がみてとれる。そして大世界と小世界はあらゆる側面で逆の方向をたどる。

ここで小世界の生成過程の見取り図を提示しておく。『天方性理』では生成の諸段階のことを「品」とよぶ。巻三・人生元始図説にはつぎのように小世界の有形の六品が説明されている。

一元始品、即此種子也。二孳生品、始結胎也。三変化品、四本成也。四成形品、表裏分也。五定質品、体竅全也。六呈露品、霊活現也。小世界有形之六品、蓋不滅於大世界有形之六品也。

①元始品は種子、②孳生品ではじめて胎芽ができる。③変化品で四本（人身の血肉、精気の根本となる四つの層）ができ、④成形品で四本が身体の内部と外部に分極する。⑤定質品で体竅が完成し、⑥呈露品でメンタルなものが形成されはじめる。以上の六品はそれぞれさきにあげた巻三の図説①から⑥にそのまま相当する。ここまでで人のフィジカルな

ボディができあがるが、まだ母胎のなかにいる。ちなみに該当する図説によれば、③変化品が胚胎一ヶ月、④成形品が二ヶ月、⑤定質品が三ヶ月に相当する。実際に妊娠三ヶ月になると体の各部分の基礎ができあがるといわれ、これを境に胎芽から胎児という呼称にかわる。

これにつづく小世界の無形の六品は霊活顕用図説には「体竅が完全になると霊活が生じる。霊活とは人の人たるゆえんの性である。この性はもともとひとつなのだが六品をふくんでいる。一は継性、二は人性、三は気性、四は活性、五は長性、六は堅定である（体竅既全、霊活生焉。霊活者、人之所以為人之性也。其性一本而該含六品。一継性、二人性、三気性、四活性、五長性、六堅定）」とある。つまりこの霊活から人の無形部分があらわれてくる。霊活顕用図説ではこの段階を「天から人に向かい、さらに人から天に向かう大きな転換地点である（是自天之人、由人合天之一大機局也）」とのべている。ただしここでいわれている順序は精から粗の順、つまり神を継ぐ精妙な性から動物、植物、金石の属性をもとにする粗笨な性の順にならんでいて、生成論的にはこの逆のながれで生まれる。つまり金石がもつ固定という属性の⑦堅定があらわれて身体の各部分が固定、安定し、草木の属性である生長が⑧長性としてあらわれて発育する。ついで運動や知覚といった動物がもつ性質が⑨活性であり、ここまでで人間以外の万物の性質を兼ねそなえることになる。これ以降がまさに人の人たるゆえんの性であり、母胎の外で、つまり人が生まれてから形成される性である。⑩気性とは愛悪の感情、⑪本性と⑫継性は人がほんらいもっている性であり、本性顕著図説によれば本性と継性は「有次第而無此彼」といわれるように、順序の区別でしかない。だが直接に真宰につながっているという点で継性が最高の性である。以上の小世界の無形六品もそれぞれ巻三の図説⑦から⑫に対応している。図示するとつぎのようになる。

〈小世界有形六品〉

元始品（種子）↓孳生品（始結胎）↓変化品（四本成）↓成形品（表裏分）↓定質品（体簸全）↓呈露品（霊活現）

〈小世界無形六品〉

堅定（金石性）↓長性（発育性）↓活性（食色性）[4]↓気性（愛悪性）↓人性（本性）↓継性

粗 ←―――― 腹中―腹外 ――――→ 精

また参考までに大世界の生成過程を図示しておく。それぞれ無形六品は巻一・最初無称図説、有形六品は巻一・気著理隠図説による説明である。

〈大世界無形六品〉

不動品（体）↓初動品（用）↓主宰品（体用分）↓初名品（真理現）↓性命品（万理分）↓形気品（気象著）

〈大世界有形六品〉

渾同品（元気発露）↓起化品（陰陽分）↓広化品（四象著）↓正位品（天地定）↓蕃庶品（万物生）↓成全品（人類出）

第3節　身体における四行

以上のように、巻三において身体の生成過程がのべられる。それでは万物生成の基礎になる四行はどのようにからんでくるのだろうか。もうすこしくわしく生成過程をみてみよう。まず胚胎初化図説で、種子が母胎のなかで清濁に分離することがのべられている。清は陽に属し、種子の内部に蔵され、濁は陰に属し、清をまもるように外側をおおう。陰陽の属性からいえば、陽は外に発出し、陰は内に収斂するはずなのに、どうして逆なのか、という質問が提出される。それにたいする劉智のこたえは小世界と大世界とでは価値が逆転する、というもの。大世界では外に発出し超越するのが大であり上である。したがって陽は外に発出し、すると陰は自然に内部に収斂する。それにたいして小世界のばあいは内部に蔵されることが大であり上である。したがって清は内蔵され、濁は自然と外側をかこむようになる（以上、胚胎初化図説）。

この清と濁の分極は、一ヶ月たつとさらにそれぞれが二つにわかれ、四層となる。大世界における元気↓両儀↓四象とおなじ構造である。この四層の特徴は色によって区別されているということである。もっとも外側の層から黒↓紅↓黄↓白となっていて、黒がもっとも濁、白がもっとも清である。この四層がもとになって血肉、精気となることから「四本」とよばれる。この色のちがいは子宮の陰火が種子を燃焼することによって生ずる。つまりもっとも外側が火にちかいのでつよく燃やされて黒くなり、内部にはいっていくほど、燃焼の影響をうけず、色は薄くなっていく。ただ別の説もあり、清なるものはもともと色は白で、濁なるものはもともと紅であり、このふたつがまずわかれ、陰火によって燃焼すると紅の外が黒くなり、白の外が黄色くなるという（以上、四本分著図説）。もうひとつ重要なことがある。それは四本分著図説には言及がないのだが、四本分著図をみると同心円の外円から黒液→紅液→黄液→白液と四本が液体であるということ。本経にも「本其二気、化為四液」とある。ギリシア由来の四体液説である。つまり四本は水なのであり、そのまわりを火がかこんでいるのである。さきほど「子宮のなかの陰火」が火に相当する。

四行の属性から、黒は土に属し、紅は風に属し、黄は火に属し、白は水に属す。子宮による温養が二ヶ月つづくと、風火水土の四行の本来の性質にしたがって四者は飛揚発動をはじめる。四行ほんらいの位置にもどるのである。巻一・四象始形図説にあるように四行ほんらいの位置とは上から下へ風→火→水→土の順である。だがさきほどみたように、小世界では大世界の逆順なので、内側から風（黄）→火（紅）→水（白）→土（黒）の順になる。そして風と火がさらに内部に上昇し（小世界では内部が上である）臓器としての心（完成するといわゆる精神的な「こころ」にもなる）を形成し、水と土は外部に下降していき身となる。そして風火と水土が分極したあとの中間には空隙部分ができ、ここに心をのぞく臓腑ができる。実際に臓腑ができるのはつぎの内外体竅図説である（以上、表裏分形図説）。この構造は大世界のそれとまったく同じである。巻一・四象始形図説から天地定位図説にあるように、大世界では風→火→水→土の順に分形したあと、風と火が上昇して天となり、水と土が下降して地となる。そしてそのあいだ空間ができ、そこに万物が生じるのである。

ここで、白黄紅黒という色によって区別されていた四本はその色じしんの性質にもとづいて運動するのではない。つまり色じたいには運動の要因となるものがない。なにか運動の要因となるものがなければ生体は変化しないし、成長もしない。そうした運動因としてはたらくのが四行である。風火水土という四つの実体があり、それによって人間ができているわけではない。

三ヶ月にはいると、表裏に分形した四行（正確には四本というべきだろうが）はさらに変化する。内外体竅図説によ

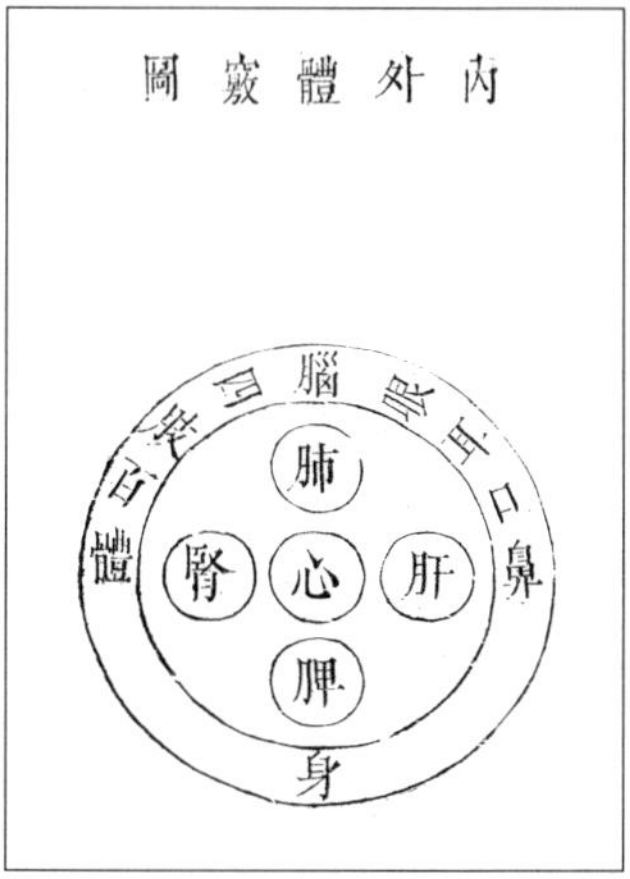

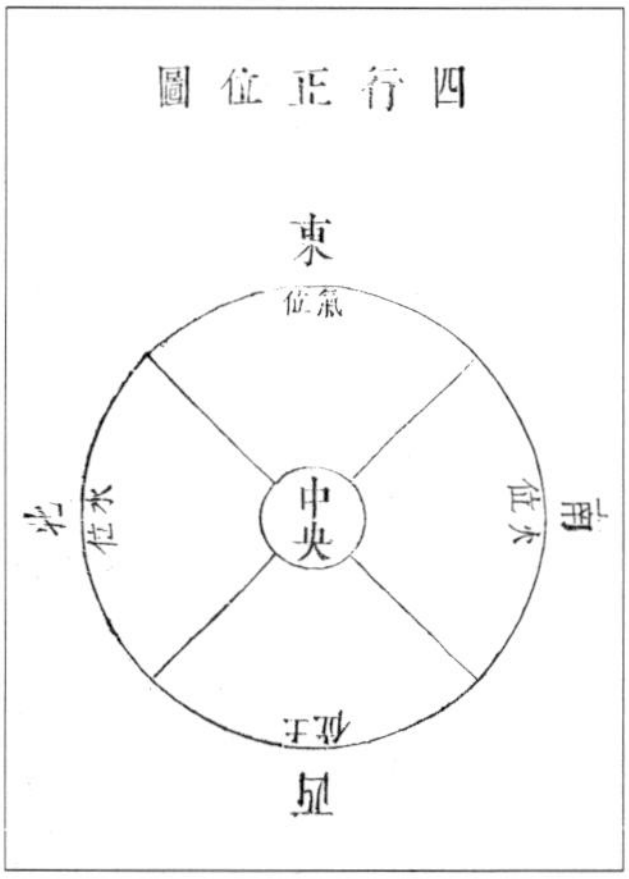

ると、表面の土に属するものは肉となり、水に属するものは血管ルートとなり、裏面（つまり内面）に位置する気に属するものは心臓の質料となり、火に属するものは「発出して霊明の穴となって、心臓の左右に対峙する（発為霊明之孔而対峙於心之左右）」、つまり心房、心室になるという。心臓ができあがると、心臓と身のあいだの空間に四臓つまり肝、脾、肺、腎ができる。そしてその四臓が「四行専住の位と為る」のである。これは巻二・四行正位図説に対応する。内外体竅図説には説明はないが、内外体竅図に四行正位図をかさねてみると、脾は土、腎は水、肺は気、肝は火がそれぞれ専住する位となる。この四臓と四行の対応は中国伝統医学とはことなる（脾と腎の対応はおなじだが、肺は中国医学では金、肝は木。ちなみに心が火）。四行と五行では構成する行がことなるから当然である。ただあとに「夫一身之体竅皆蔵府之所関合」とあるように、体竅と臓腑が「肝開竅於目、……腎開竅於耳、……脾開竅於口、肺開竅於鼻」と関連づけられている。表にすると右上のようになる。この肝＝目、腎＝耳、脾＝口、肺＝鼻の対応関係は『素問』陰陽応象大論にみえるものと完全におなじである。

風	黄	肺	鼻
火	紅	肝	目
水	白	腎	耳
土	黒	脾	口

また内外体竅図説で有形としての人が完成するのだが（「体竅全而人之形成矣」とある）、四行の変化によって説明された内臓が、図をみるとわかるように、（当然だが）しっかりと五臓が完成している。位相のことなる前後（第2章や第3章で言及したパターンとしての先天、後天）がそれぞれ四と五によって記述されているのである。

巻三はこの内外体竅図説以降は人の無形要素に議論が移る。

第4節　脳のはたらき

さて、この内外体竅図説には医学史からみて非常に興味ぶかい記述がある。それは脳のはたらきについての解説である。周知のように中国医学では脳を精神活動の中枢としてはみてこなかった。『黄帝内経素問』や『霊枢』には「脳は髄の海為り」（『霊枢』海論篇）「諸髄は皆な脳に属す」（『素問』五蔵生成論篇）などと骨の内部をみたす髄の貯蔵庫としてもっぱらかんがえられてきた。精神中枢をになうのは心臓であった。劉智がいう脳のはたらきは西方の医学知識をふまえたものであり、当時、イエズス会士が将来した医学理論と酷似している。本節ではそれらを比較しながら概観してみたい。

まずその内外体竅図説の脳にかんする記述である。

からだの体竅《あな》はすべて臓腑とつながっている。だが体竅のすべてとつながっているのは脳だけである。おもうに臓腑とつながっているのは体竅それぞれのはたらきにすぎない。だが脳のばあいはそれらのつながりすべてを統括しているのである。脳は心の霊気と身の精気がむすびついて変化したものである。

夫一身之体竅皆蔵府之所関合。而其最有関合於周身之体竅者惟脳。蓋蔵府之関合者、不過各有所司。而脳則綜司其関合者也。脳者心之霊気与身之精気相為締結而化焉者也。

体竅と臓腑はつながっているが、それはさきほどの対応表のように鼻と肺、目と肝といったように一対一につながっている。それにたいして脳はそうしたつながりすべてを総括するという。脳が心の霊気と身の精気がむすびついてできるというのは、つまり内臓（精神的な「こころ」をふくむ）は内、五官や四肢は外に位するのにたいし、脳はその中間的な位置にあり（場所的にではなく機能的に）、有形（身）と無形（こころ）をつないでいることを暗示している。その脳の具体的なはたらきは「有形を無形におさめる、無形を有形にとおす（納有形於無形、通無形於有形）」のふたつがある。

有形を無形におさめるとはどういう意味か。そもそも目で見たこと、耳で聞いたこと、心で知ったことというのはすべて脳が収納してなかに保管している。これがしっかりとおさめるということである。無形を有形にとおすとはどういう意味か。おもうに脳のなかには総覚のはたらきがある。神経をつうじて脳から目にとおっているので、目は総覚の力によって見ることができる。神経をつうじて耳にとおっているので、耳は聴くことができ、神経をつうじて口や鼻にとおっているので、口や鼻は味わい、嗅ぐことができる。

何謂納有形於無形。凡目之所曾視、耳之所曾聴、心之所曾知、脳皆収納之而含蔵於其内。是其所為能納也。何謂通無形於有形。蓋脳之中寓有総覚之徳也。其筋絡自脳而通至於目、則目得其総覚之力而能視。其筋絡通至於耳、則耳得其総覚之力而能聴。其筋絡通至於口鼻、則口鼻得其総覚之力而口知味、鼻知臭。

有形を無形におさめるというのは、外界の有形のものを知覚し、その知覚したことがらを脳のなかにおさめておく、つまり記憶しておくということ。有形のイメージを脳に残しておくことができるのである。無形を有形にとおすというのは、脳のなかにある総覚の力、これはまた後述するが、共通感覚とよばれるもので、感覚器官を機能させる能力のこと。総覚の力じたいは無形だが、これを有形である感覚器官にとおすことによって感覚器官が機能するということ。この総覚の力によって目、耳、鼻、口は機能するのである。

ここで神経と訳した原語は「筋絡」である。内外体竅図説の冒頭には、風火水土それぞれに属するものが三ヶ月になると何に変化するかという記述があった。そのなかで水は「属水者為脈絡之路」とあり、この「脈絡」をさきほどは血管と訳しておいたのだが、気血がとおるルートとは別に、総覚がとおる、今でいえば神経にあたるルートを別にかんがえていたのである。

この総覚の力の説明につづけて、さきほどふれた四臓と感覚器官の連関が「故肝開竅於目、而其目之所以能視者脳之力也。腎開竅於耳、而耳之所以能聴者脳之力也。脾開竅於口、肺開竅於鼻、而其口之所以知味、鼻之所以知臭者脳之力也」とのべられる。脳のはたらきは知覚だけではない。手足の運動についても脳が関与している。

（総覚の力は）神経をつうじて脳から全身にとおっているので、総覚の力によって手はものを持つことができ、足はあるくことができ、からだ全体で痛痒をしることができるのである。

其筋絡自脳而通至周身、則通身得其総覚之力而手能持、足能行、百体皆知痛癢。

ところで、さきほど「脳者心之霊気与身之精気相為締結」とあった。それでは心と脳の関係はどうなのだろうか。内外体竅図説はつづけてつぎのようにいう。

たとえ心が霊明の府であっても、脳のたすけが必要である。脳が充分に養われていれば心の霊明さは倍増する。だが脳が養われていなければ、心の志気はぼんやりと暗くなってしまう。……また別の説では、心は室（奥の部屋）、脳は堂（表の広間）であるという。一般に室で計画された事柄はかならず堂であきらかにされる。脳は心に起こったことをうけて、それをからだや感覚器官につたえるのである。

即心為霊明之府而亦不能不有資於脳。脳得其養而心之霊明加倍。脳失其養而心之志気亦昏。……又曰、心為室、脳為堂。凡室之所籌画者、未有不於其堂而顕露也。脳蓋承心之所施而施之於百竅也。

たとえば手を動かしてなにかをつかもうとするばあい、思いたつのは心であり、それを実行しようとするには脳にその思いをつたえ、脳から手を動かす指令が発せられ、手が動く。あたまがぼんやりしていると運動もままならないのは自然な観察からもわかる。したがって脳は心とからだをつなぐもの、まさしく「脳者心之霊気与身之精気相為締結」なのであり、命令を下すのはやはり心である。

以上のように内外体竅図説では脳のはたらきを具体的に説明している。われわれがイメージする脳とかなり近似している。

ところでこの図説の最後にある黒鳴鳳の按語はきわめて興味ぶかい。

体表、体内すべて脳に連関しているのだから、人を治療するにはまず脳を治すということを知るべきである。だから、知られていないが、天方の医学には脳科があるのだ。

通身表裏皆関係乎脳、則治人者当先知治脳。故天方医有脳科、諸家不知也。

イスラームの医学には脳科があるとの指摘は、おそらく中国のあまたある歴史資料のなかで唯一であろう。黒鳴鳳が具体的に何にもとづき、何を念頭においているのかはわからないが、ガレノス（一二九年～一九九年頃）の解剖による知見はイスラームにもつたわり、影響を与えているのであって、治療の際にイスラーム世界では脳を重視していた可能性をしめす貴重な指摘である。(5)

身と心のあいだにはいり、知覚や運動を機能させるはたらきをもつ脳だが、実際に知覚、運動が機能するのは右にのべた内外体竅図説の段階ではない。この段階で体竅が完成し、フィジカルなボディ、人間の有形部分はできあがる。

だがまだ胎児の状態である。さきにものべたように、これ以降に人間の無形的要素があらわれることになる。金石の性である堅定があらわれ、ついで草木の性である発育性あるいは長性とよばれる性があらわれ、そのつぎに禽獣、活類の性である知覚があらわれる。ここまでで胎児には万物すべての性があらわれ、――万物の性をすべてもっているので人は万物のなかでもっとも貴い――万物の性が顕現すると、胎児は母胎から出て、人間の人間たるゆえんの性が顕現することになる。知覚、運動にはなしをもどすと、それらが実際に機能するのは胎児の最終段階である知覚顕著図説である。医学史的に興味ぶかいのは、知覚顕著図説では脳の局在論が展開されていることである。脳の各部位にある機能が局在するというかんがえかたは、もちろん中国医学にはない。あとでふれるが、この学説はイエズス会士によってもたらされているし、劉智が読んだイスラーム原典にもあるのだが、劉智のそれとは完全には一致しない特異なものである。それではその知覚顕著図説をみてみよう。

長性があらわれ、それから活性があらわれた。これよりまえには知覚はなく、この段階で知覚が生じる。これよりまえに運動はなく、この段階で運動が生じる。知覚、運動はここからはじまるが、これらの性は生涯における食欲、色欲の根源となる。知覚には十ある。そのうちの五は外に寄寓し、五は内に寄寓する。外に寄寓するのは視、聴、嘗、臭、触であり、それぞれ耳、目、口、鼻、肢体に寄寓する。内に寄寓するのは総覚、想、慮、断、記であり、脳に定位する。総覚とは内と外に寄寓するすべての知覚をコントロールし、また身体はそれによって知覚する。総覚は脳の前部分に位置する。想とはすでに得た情報を追想し、総覚のはたらきに対応する。想は総覚のうしろに位置する。慮とは追想したことがらに即してその是非や可否をはかる。慮は脳のまん中に位置する。断とは慮による是非がただしいかを決断する。断は慮のうしろに位置する。記とは見たこと、聴いたこと、知覚したことすべてを貯蔵し、なくさないようにする。記は脳のうしろに位置する。

長性既顕、活性著焉。前此無知覚、而此際則有知覚矣。前此無運動、而此際則有運動矣。知覚運動起於此際、而其性即以為終身食色之根。知覚之為物也、其用十。五寓於外、五寓於内。寓於外者、視聴嘗臭触也。寄之於耳目口鼻肢体。寓於内者、曰総覚、曰想、曰慮、曰断、曰記。其位総不離於脳。総覚者、総統内外一切知覚、而百体皆資之以覚者也。其位寓於脳前。想者、於其已得之故而追想之、以応総覚之用也。

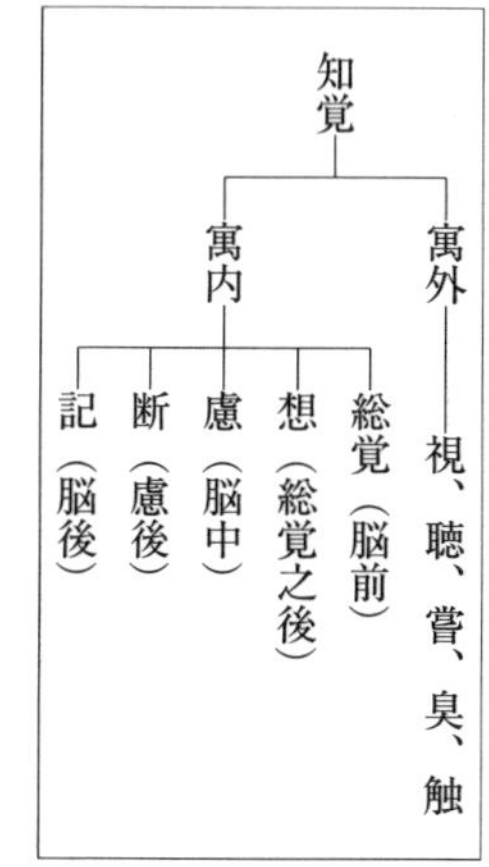

其位次於総覚之後。慮者、即其所想而審度其是非可否也。其位寓於脳中。断者、霊明果決而直断其所慮之宜然者也。其位次於慮後。記者、於凡内外之一切所見所聞所知所覚者而含蔵之不失也。其位寓於脳後。

知覚・運動の発生が欲望の根源となるのだが、劉智のばあい欲望は全否定されない。禽獣がもつ欲望という性質をも所有していることが、とりもなおさず人間が万物のなかでもっとも貴いゆえんなのだから。

さて、知覚は全部で十あり、そのうち五つが外にあり、五つが内にある。外の視、聴、嘗、臭、触は五官に対応するもので、中国でもしられる。だが内にある五つは独特である。図示すると上のようになる。内には総覚、想、慮、断、記という五つの知覚があり、それはすべて脳の前部、中部、後部に局在している。これは脳室をかんがえているはずである。脳室に脳の機能をになわせる思想はガレノスあたりまでさかのぼることができる。いろいろなパターンがあるが、基本的なかんがえかたは、三つの脳室をかんがえる。つまり第一室（前部）、第二室（中部）、第三室（後部）の三つで、第一室では五官からの知覚、感覚をうけとる共通感覚が生じる。この共通感覚から表象がつくられ、想像力や想像が第一室のうしろ、あるいは第二室におかれる。第二室は理性の場であり、判断力、思考、理性がやどる。第三室は記憶である。ここからさらに第一室、第二室をそれぞれ前後二つにわかち、第一室には共通感覚、想像力が、第二室には判断力、思考が局在するといったバリエーションがでてくる。これらはもともと静的なモデルであったが、食物の消化の過程になぞらえられ、動的にかんがえられるようになった。つまり第一室でつくられたイメージが第二室で加工、処理され、第三室に保存される、というように。(6) 劉智の脳局在論はこうした動的イメージを色濃くつたえている。

イスラーム側からの脳情報

ここで劉智が参考にした可能性のある学説をまずイスラーム側にもとめてみたい。(7) 身体の内と外に寄寓する知覚はそれぞれ内部感覚、外部感覚とよばれるもので、劉智が参考にした可能性がある情報源のひとつとしてあげられるのは、まずラーズィー（一一七七年～一二五六年）の *Mirṣād al-'Ibād* である。この書は劉智の採輯経書目では『道行推原経』となづけられている。また伍遵契によって『帰真要道』の名で漢訳されて、今日につたわっている。その巻一・第二門・第三篇は、

与外五形、如眼、耳、鼻、舌、身。内五形如性、心、機密、命、隠微。与為人的一切資質機弁、即如母忒海以勒〔想〕母忒乞喜黙〔慮〕母忒法豈勒〔参〕。母忒則豈勒〔慕〕。哈菲則〔記〕。母忒比勒〔運籌〕目十忒勒克〔五形総記処、乃覚也〕。（〔　〕内は割り注）

となっている。それぞれ想像能力 mutakhayyil が「想」、評価能力 mutawahhim が「慮」、思考能力 mutafakkira が「参」、想起能力 mutadhakkir が「慕」、記憶能力 ḥāfiẓ が「記」、統括能力 mudabbira が「運籌」、共通感覚 ḥiss-i mushtarak が「五形総記処、乃覚」となる。だがラーズィーは七つの内部感覚をあげているし、慮、記、総覚いがいは文字は一致していない。また脳の部位についても言及はない。劉智はまちがいなく *Mirṣād al-'Ibād* を読んでい

たのだが、内部感覚については同書をそのまま写したのではない。

この知覚顕著図説は本経⑥（第2節冒頭の分類による）を解説していて、その⑥は『研真経』『道行推原経』『格致全経』からの引用である。『道行推原経』は *Mirṣād al-'Ibād* であり、のこる『研真経』はアズィーズ・ナサフィー（～一三〇〇年頃）の *Maqṣad-i Aqṣā* で、『格致全経』はイージー（一二八一年～一三五六年）の *Mawāqif fī 'ilm al-kalām* である。両書では内部感覚あるいは内部認識能力を五つあげていて、それぞれ共通感覚 ḥiss-i mushtarak、表象 khayāl、評価 wahm、記憶 ḥāfiẓa、思考 mutaṣarrifa, mufakkira（あるいは想像 mutakhayyila）となっている。共通感覚とは五官によって得られた感覚の総体を認識し、表象はその内容を貯蔵する。評価は眼にはみえない意味内容を認識し（たとえば羊が狼を敵であると認識すること）、記憶はその内容を貯蔵する。思考は表象され記憶されたものを自由に操作する（ふたつの頭をもつ人間、といったありえないものを想像する）。そしてこれら五者の脳における位置も言及されていて、共通感覚と表象は脳の前部、評価と記憶は脳の後部、思考が脳の中央となっている。劉智の知覚とくらべると、五つあること、脳の部位について言及している点では似ているのだが、やはりぴったりとは合致していない。まず五つの内部感覚について、共通感覚＝「総覚」、表象＝「想」、記憶＝「記」は合致する。問題は「慮」と「断」である。この「慮」と「断」をあわせたものが *Maqṣad-i Aqṣā* や *Mawāqif* でいう評価に相当するようにみえる。あるいは「慮」が評価に相当するか。しかし「断」はけっして思考ではない。そもそも思考に相当する能力は劉智にはみえないのである。記憶は「記」に相当するが、劉智の「記」は五官によって得た感覚と総覚→想→慮→断という一連のながれでおこなわれてきた事柄を記憶するが（「内外之一切」を保管する）、イージーやアズィーズ・ナサフィーにおいて記憶は評価されたもののみ記憶する点もことなる。脳の部位についてもちがってくる。うしろに位置するものがまえに位置するものを受けるというおおきな原理は共通し、「総覚」と「想」まではおなじである。だが、脳の中央部以

脳前	総覚	全ての感覚を統括
	想	総覚を追想
脳中	慮	想の内容を評価
	断	慮の内容を決断
脳後	記	全ての感覚内容を記憶

劉智モデル

脳前	共通感覚	感覚の総体を認識
	表象	共通感覚を貯蔵
脳中	思考	貯蔵したものを自由に操作
脳後	評価	意味内容を認識
	記憶	評価したものを貯蔵

イージー等モデル

降はことなる。劉智のばあいは想をうけて慮、慮をうけて断、断をうけて記という連続的な過程がそのまま部位にもあらわれていて、しかも脳中に二つ、脳後に一つのはたらきが局在している。脳前からみると二、二、一である。それにたいし、イージー、ナサフィーでは思考が表象と記憶の内容を自由に操作して物事をイメージするはたらきをもつことから、思考は表象と記憶を操作しやすいまん中に位置するのである。脳前からみて二、一、二である。表にするとつぎのようになる。上が劉智、下がイージーとナサフィーである。

劉智の脳観はラーズィーの *Mirṣād al-'Ibād* よりイージー、ナサフィーのほうが近いのだが、本質的にはやはりことなる。

脳前、脳中、脳後に二、二、一の内部五感覚を割りあてる系統をさがすと、イブン＝スィーナー（九八〇年～一〇三七年）の『医学典範 *Qānūn al-ṭibb*』『治癒の書 *Shifā'*』『救済の書 *Najāt*』にさかのぼることができる。だが内部五感覚にはやはり思考と評価がかならずふくまれ、劉智の「慮」「断」とくに「断」の同定がどうしてもむずかしい。

イエズス会側からの脳情報

劉智の脳局在論はイスラーム側からの情報ソースと完全には一致しなかった。それでは劉智にはほかの情報ソースがあったのだろうか。当時はイエズス会によって脳にかんする知識がはいってきていた。とくに霊魂にかんする議論のなかで脳にかんする言及がみえる。ここではアリストテレスの『魂論 *De Anima*』の注釈書である畢方済（P. Francisco Sambiasi）の『霊言蠡勺』と艾儒略（P. Julius Aleni）の『性学觕述』をとりあげたい。

まず畢方済『霊言蠡勺』である。その巻上・論亜尼瑪之体篇によると、霊魂には三種類ある。「生魂」「覚魂」「霊魂」がそれで、それぞれ草木には「生魂」しかなく、禽獣には「生魂」「覚魂」があるが、「霊魂」はなく、人だけがこれらすべての霊魂をもっている。(8)「生魂」のはたらきは育養、長大、伝生である。(9)生きとし生けるものすべてが備えている「生魂」はみずからの生を養育生長させ、種を子孫に伝えていくはたらきをもつ。「覚魂」は運動（動能）と知覚（覚能）にわかれる。その知覚（覚能）には外覚と内覚とがあり、さきにみた外部感覚と内部感覚に相当する。(10)したがって問題となるのは内覚だが、『霊言蠡勺』では四つあるいは五つをかんがえている（［　］内は割り注）。

内覚は内能によっておこなう。内能には二司あり、はたらきは四つである。ひとつは公司で、五官によってえた声、色、臭、味などをうけとり、うまく区別する。思司には三つのはたらきがある。一つめは五官がえたものをすべて貯蔵しておく、倉庫のようなもの。二つめは外物にたいする意味を自然に悟ること［たとえば羊が狼が天敵であることを知るように、懼れを知っている］。三つめは二つめの意味をおさめておくこと。これら以外にもうひとつ能力があり、嗜司という。これは外の五司と内の二司によってえた情報を愛好するか棄てるかを決定する。

行内覚以内能。内能有二司、四職。一公司、主受五司所収声色臭味等、受而能分別之。二思司、思司有三職。其一、主蔵五司所収、皆受而蔵之。如倉庫然。其二、主収覚物自然暁達之意［如羊知狼是其讐。即知懼也］。其三、主蔵所収諸物之意也。内二司外別有一能、曰嗜司。凡外五司内二司所収之物、可嗜之、可棄之。此為嗜司。（論亜尼瑪之生能覚能）

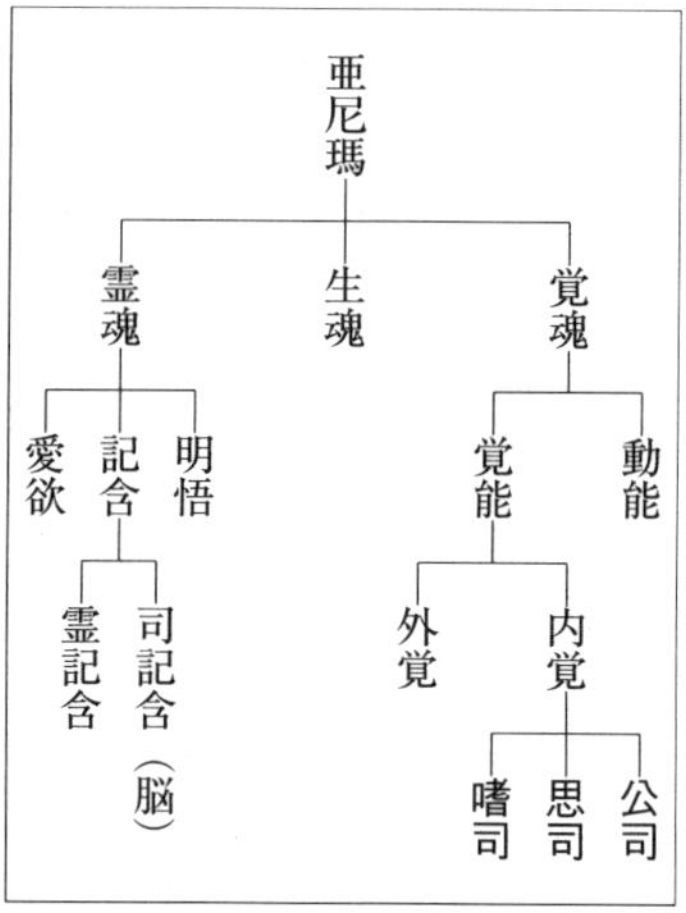

図示すると上のようになる。本論とかかわる公司、思司、嗜司はゴチックにしておいた。公司はいわゆる共通感覚で、思司の三つは順番に想像、評価、記憶に相当する。そしてさらに嗜司というものがあり嗜欲に相当する。共通感覚、想像、評価、記憶の四つ、さらには嗜欲をいれれば五つになる。しかし脳における位置の配当はされていない。『霊言蠡勺』で脳についての言及は、人間だけがもつ「霊魂」のはたらきのうち、やはり記憶にかんする箇所である。「霊魂」には三つのはたらきがあるが、そのうちの一つが記含つまり記憶である。論記含者篇によると、記含は二つにわけられる。有形の物をとどめる「司記含」と形象のない物をとどめる「霊記含」である。形象のない物とは類概念であり、兄弟を「人」として、白い人、白い馬を「白」としてとらえたばあいの「人」「白」である。禽獣がもっている記憶は「司記含」であり、「霊記含」はもちあわせていない。[11] そして司記含は脳にあり、霊記含は亜尼瑪《アニマ》（霊魂）に依存する。

霊記含は亜尼瑪に依存する。……司記含は脳のうしろにある。どうして二つの記含が二カ所にあるかというと、天主がわれらに賜ったことをかんがえるに、有形の物を見るのは有形の眼があるからであり、ということは、無形の物がわかるのは無形の眼があるからである。有形の物の味がわかるのは有形の舌があるからで、無形の味があじわえるのは無形の舌があるからなのだ。有形の司が有形の物をおさめるばあい、かならず有形の場所が必要である。無形の司が無形の物をおさめるときにも、かならず無形の場所が必要である。有形の場所は脳であり、無形の場所は亜尼瑪である。

霊記含依亜尼瑪之体、……司記含之所在者、脳嚢居顱顖之後。何言両記含当有両所。試思天主賜我、能視有形之物、既有有形之目。則能明無形之物者、必有無形之目。能嘗有形之味、既有有形之舌。則能嘗無形之味者、必有無形之舌。有形之司収有形之物、其所記含必有有形之所。無形之司収無形之物、其所記含必有無形之所。有形之所則脳嚢、無形之所則亜尼瑪。（論記含者）

説明はいらないだろう。『霊言蠡勺』では有形にかんする記憶が脳の後方におかれているとかんがえる。したがって劉智ほどの脳局在論は展開されないのだが、共通感覚、想像、評価、記憶といった内部感覚の概念はあった。生魂、覚魂、霊魂といった分類概念も、劉智でいうところの長性、活性、気性・本性とおなじある。

アリストテレス『魂論』の漢訳注解は艾儒略によっても著されている。『性学觕述』である。『霊言蠡勺』において、脳は有形の物のみを記憶する場所としてとらえられていた。だが『性学觕述』では脳を四つの部位に分け、「総知」「受相」「分別」「渉記」とよばれる内部感覚が局在するとかんがえる。

まず『性学觕述』では知覚のはたらきを外覚、内覚、発用にわける[12]。『霊言蠡勺』でいう外覚、内覚、嗜司である。内覚について専論する巻五・総論知覚内職によれば、人は好むと好まざるとにかかわらず、外物にあえば五官をつうじて色々な情報を入手する。その情報を観察し取捨選択し保存するのが内覚のはたらきである。内覚には「総知（あるいは公覚）」「受相」「分別」「渉記」がある[13]。巻五ではこの四つの内部感覚について役割（能）、脳における場所（所）、具体的なはたらき（識）が説明されている。重要な箇所をピックアップしていこう。まず巻五・論総知之職ではつぎのようにある。

「総知」について三つの側面から議論する。その役割、その場所、そのはたらきである。むかしの賢者、亜味則《アビセン》納《ナ》によると、「総知」とは感覚のひとつで、脳に局在し、五官の根本となる。ほそい神経をとおって覚気を五官につたえ（五官を機能させ）、またその神経によって五官がうけとった物の象をとりいれて総合的に知覚する。主人がお金をはらって下僕をやとい、下僕が逆に利益を主人に輸送するようなもの。

総知之論有三。一曰能、二曰所、三曰識也。按古賢亜味則納所云、総知乃覚性之一能、在脳為五官之根原。由細細筋管、伝覚気於五官。又由此細管、復納五官所受之物象而総知之。如主人以貲本使僕、而僕転以灌輸其利於主人。……（巻五・論総知之職）

「総知」はいわゆる共通感覚なのだが、興味ぶかいのは「古賢亜味則納所云」としてイブン＝スィーナー（ラテン名でアビセンナ）のことばが引用されていることである。もちろん劉智がこの箇所をたとえ読んだとしても、それがイスラームを代表する哲学者であり医学者であるとはわからなかっただろう。それでも当時の中国にイブン・スィーナーのことばが流入していたことは歴史事実として興味ぶかい。

「総知」は脳のなかにある。おもうに額から脳の後部にかけて、順番に四つの穴にわかれている。四つの蔵のようである。「総知」はもっとも前の額にちかいところにあり、五官に接近して、五官からの象をうけとる。この部分はちょうど骨髄のようにしめっていてやわらかで、物の象を刻印する。したがって額が広い者は脳も広く、はやく反応する。逆に額が狭い者はにぶい。

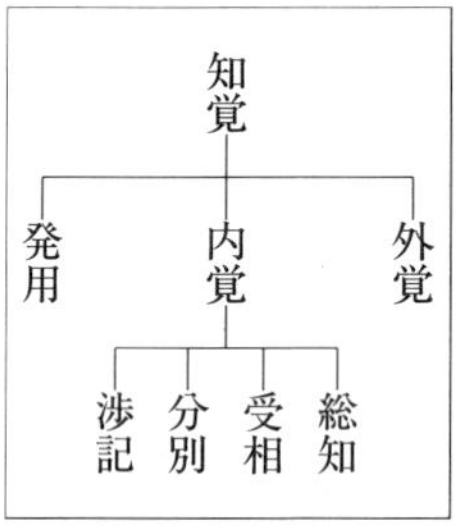

総知処所、在於脳中。蓋自額以至於脳後、次第分為四穴、有如四蔵。而総知最前近額、密邇五官、以便接受諸官之象。此蔵之体、為湿為嫩、略如骨髄而物象従印焉。故額広闊者其額脳亦広闊、其覚常捷。狭隘者其覚常鈍。（同上）

ここでは脳室を四つにわけていて、さらに各脳室のかたさがそれぞれのはたらきにあわせてことなっている。劉智とはことなる。また額の大きさによって人の感覚スピードがちがうとのべていて、骨相学的な思想もみられる。

「受相」は「総知」のイメージを保存する倉庫であり、第二穴に局在している。第二穴は総知がある第一穴にくらべるとすこし乾燥していて堅い。しっかりと保存するためである。(14)

第三穴は頭頂の下にあり、そこには「分別」が局在する。「分別」は劉智の「慮」「断」をかんがえるうえで重要である。

「分別」のはたらきは物の実情をはかることである。これも感覚のひとつである。五官が象をうけると、まず第二穴に保存される。この「分別」にくると、それが自身に合うものなのか、そむくものなのかを分析する。「分別」は脳の第三穴、頭頂の下にあり、それは「受相」のうしろ、「渉記」のまえである。「受相」と「渉記」のあいだにあって、まえとうしろをみているのだ。まえをみるというのは、五官と総覚によってうけた相を観察し、区別し、自分に合致するかしないかを決定するということ。あるいはべつに鏡をつくり、たくさんの物をひとつにまとめるようなもの。うしろをみるというのは、「渉記」に「分別」の結果をあたえて、いつでも自由に取りだせるようにするということ。この第三穴は四穴のなかできわめて熱い。……この分別のはたらきは五官によってえたそれぞれの象がふくみもつものを組みあわせ、分類し、判定する。合うか合わないか、美か醜か、友か敵か、減るか増えるかという象をつくり、五官と「総知」「受相」が決定できないことをおこなう。たとえば鼠が猫をみると、眼が猫の象をうけて、「総知」「受相」のはたらきを通過する。そしてこの分別にくると、合わない、自分をそこなう敵である、とのおもいが自然に生じ、すぐに走って逃げようとする。こうした自分をそこなう敵であるというおもいは五官や「総知」「受相」のはたらきにはけっして属さない。

分別之職、権衡物情。亦覚性之一能也。五官受象、初寄第二蔵中。到此則能剖其相合相悖之情。其所在於脳中第三穴、頭頂之下[15]、受相之後、渉記之前。居中、前後相顧。顧前者、察五官与総覚所受之相而区別之、定其合我本体、不合我本体也。亦或別造一種之鏡、如以多物合成一物。顧後者、以此界之渉記、以便於随取而復得也。此第三穴、四穴中之極熱者。……此職所専在取五官所進、象象所韜而配合之、分属之、判定之。自造一合悖、妍媸、友仇、戕益之象、為五官与総知受相所不能定者。比如鼠之見猫、目受猫象、入於総知受相之職。到此始加分別、自然覚一不合之情、生一仇害之想、就欲急走避之。此仇害想必不属於五官及総受之職。（巻五・論分別之職）

「分別」はいわゆる評価あるいは判断に相当するだろう。この「分別」の特徴として注意したいのは、まえの「受相」からうしろの「渉記」へと連続的につながっている点である。劉智もまえからうしろへの連続をかんがえていた。またこの「分別」が評価して、判断する、という連続的なことを一挙におこなっているとみなせば、劉智はこのふたつのはたらきを「慮」と「断」にわけたともかんがえられる。

最後に「渉記」をみてみよう。

渉記も感覚のひとつである。「分別」でつくられた象をここにおく。これは内部感覚の四番目のはたらきである。おもうに「総知」には「受相」のはたらきがあることで象を保管できる。「分別」も「渉記」のはたらきがあるので、象をたくわえることができるのだ。

渉記者又覚性之一能。取分別職所造象而置於其内。此内職之第四職也。蓋総知有受相之職、以寄其象。分別亦有渉記之職、以蓄其象。（巻五・論渉記之職）

これによると、「渉記」は「分別」した内容のみを保管するようにみえる。ナサフィー、イージーでは共通感覚を表象が貯蔵し、評価を記憶が貯蔵するように。しかし『性学觕述』のつづく文章をみると、四つの感覚は連続的であることがわかる。

これら四つのはたらきは、外界の物を感覚すると一瞬のうちに機能する。だが順序はある。たとえていえば、「総知」における象は穀物の種、「受相」は田畑に相当し、「分別」は田を管理して五穀を収穫し、「渉記」では倉庫に穀物を保管する。

此四職者、一気所感、一念所周、無所等待。然有次第焉。総知之象、穀種也。受相、田畝也。分別、治其田而収五穀也。渉記、置穀於倉囷間也。（同右）

四つの感覚の関係を一年間の農事になぞらえ、春夏秋冬の四つにわける。知覚の連続的なメカニズムを四季それぞれの農事にたとえることで、外部を内部にみごとに承応させている。最後に「渉記」の位置と第四穴のかたさについて。

この四つめのはたらきは脳の第四穴にある。だから脳の後部がおおきい人がよいとされるのは記憶にすぐれているからなのだ。第四穴は第三穴にくらべてさらに乾いていて堅い。それはたくさん記憶できるからである。

此第四職之本所在脳中之第四穴。故人以脳後広大為貴、取便記蓄之義。第四穴之体比第三穴、更為乾凝。乾凝者多所存蓄。……（同右）

四司	部位	かたさ	はたらき
総知	最前近額	しめってやわらか	五官がうけとった物の象をとりいれて総合的に知覚する
受相	第二穴	やや乾いてやや堅い	総知がえた物の象をおさめてなくさないようにする
分別	第三穴		物の実情をはかり、自身に合致するかいなかを分析
渉記	第四穴	第三穴よりさらに乾いて堅い	「分別」した象を保管

第三穴のかたさについては説明がなく、きわめて熱いということだった。右の文章から推すと、第三穴のかたさは第二穴よりも乾いて堅いのだろう。おそらく第四穴はもっとも乾いていて堅いことになろう。またここでも後頭部がおおきい人がよい、という骨相学的な物言いがみられる。

『性学觕述』にみえる脳四穴それぞれの特徴をまとめておく。劉智と比較すると、まず脳室を四つにわけ、それにともなって内部感覚を四つにしていることが決定的にことなる。だが、内部感覚相互の関係ををまえからうしろへと連続的にかんがえるのは劉智とおなじであり、「分別」のはたらきを二つにわければ、そのまま劉智の「慮」と「断」になる。だが、もしそうだとすると、どうして劉智は「分別」を二つにわけたのか。推測の域を出ないのだが、やはりそれは五官と五官に対応する外の五知覚にあわせるためであり、そもそもナサフィー、イージー、そしてラーズィーも内部感覚は五でかんがえていたのである。

以上、イスラーム側、イエズス会側からの脳機能情報を概観したが、劉智の内部感覚とぴったり一致するものはない。基本的にはイスラーム側の情報をもとにしたとかんがえたとおもわれるが、イエズス会側の情報からの影響もないとはいえない。たとえば『天方性理』巻二の天体間の距離などはマテオ・リッチの『乾坤体義』の数値にもとづいているからである。(16)

第5節　中国における脳の関心

ここで明末における中国人の脳にたいする興味、関心についてみておきたい。劉智の脳にかんする言及がどのような歴史的な文脈のなかでかたられているのかを確認するためである。脳についてのべたイエズス会士による著作と、それに影響をうけた中国の書などを管見のおよぶ範囲で時系列にならべてみた。

一五四三年		ヴェザリウス『ファブリカ（人体の構造にかんする七つの章）』
一五九五年	万暦23年	『西国記法』利瑪竇 (Matteo Ricci)
一五九六年	万暦24年	『本草綱目』李時珍
一六二三年	天啓3年	『霊言蠡勺』畢方済 (P. Francisco Sambiasi)
一六二八年		ハーヴェイ『動物における心臓と血液の運動にかんする解剖学』
一六二九年	崇禎2年	『主制羣徴』湯若望 (P. L. AdamSchall von Bell)
		『空際格致』高一志 (P. Alphonsus Vagnoni)
一六四三年	崇禎16年	『人身説概』鄧玉函 (P. Joannes Terrenz)
一六四六年	順治3年	『性学觕述』艾儒略 (P. Julius Aleni)
一六五五年	順治12年	『物理小識』方以智
一六八八年	康熙27年	『医学原始』王宏翰
一六九四年	康熙33年	『本草備要』汪昂
一七一〇年	康熙49年	『天方性理』劉智
一八三〇年	道光10年	『医林改錯』王清任

イエズス会士著作

さきほど劉智とのかかわりでとりあげたのはアリストテレス『魂論』の漢訳注釈書であったが、脳について言及する書はそれだけではない。まず最初に紹介されたのは利瑪竇の『西国記法』だが、これはよくしられるように、記憶術にかんする書である。歴史的には、脳はまず最初に記憶とのかかわりで言及され、中国人もそれに反応している。『西国記法』はギリシア以来の記憶術を紹介し、具体的に漢字の記憶法などがのべられている。その巻頭である原本篇には記憶のシステムについて説明がある。人々が物事に遭遇すれば、それらを整理区分して記憶としてたくわえることができる。そしてそのたくわえられた事柄は随時とりだすことができる。ではどこに記憶はおさめられているのか。

記含の有る所、脳嚢に在り。蓋し顱顖の後、枕骨の下を記含の室と為す。故に人記する所の事を追憶するに、驟に得可からざれば、其の手覚えずして脳後を掻く。物を索し之を出ださしめんとするが若きは、児童と雖も亦た是くの如し。或る人、脳後に患有れば則ち多く遺忘す。試みに人の枕骨を観るに、最も堅硬、最も豊厚なるは、造物主、重石を置き以て記含の室を護るに似たり。之を厳密にせしめんとすれば、猶お庫蔵の扃鐍有るがごとく、封閉鞏固の義を取るなり。

記含有所在脳嚢。蓋顱顖後枕骨下為記含之室。故人追憶所記之事、驟不可得、其手不覚掻脳後。若索物令之出者、雖児童亦如是。或人脳後有患則多遺忘。試観人枕骨最堅硬最豊厚、似乎造物主置重石以護記含之室。令之厳密、猶庫蔵之有扃鐍、取封閉鞏固之義也。[17]（『西国記法』原本篇）

記憶は脳、特に脳の後方部の枕骨の内部におさめられている。その証拠に事柄をおもいだそうとする際に、人びとはその部分を手で掻くのである。そして記憶されたものがおさめられている脳の後方部はそのおさめられたものを大切に保管しておくために堅くできている。以上のようにまず脳に記憶が宿るということをあきらかにし、ついでどのように記憶されるかがのべられる。そこで重要なのは脳のかたさである。「其脳剛柔得宜、豊潤完足、則受印深而明、蔵象多而久。其脳反是者、其記亦反是」とあり、子供の脳はやわらかすぎて、すぐおぼえるが、すぐわすれる。壮年がもっとも適度で記憶力がよい。年をとると脳は乾いて堅くなってしまうのでおぼえにくくなる。さきほどの『性学𢍽述』でも脳のかたさについて言及があった。話題の相がことなるが、脳のかたさが注目されたゆえんである。

この『西国記法』で紹介された脳と記憶の関係は、そのまま鄧玉函の『人身説概』巻下・附録利西泰記法五則に再録される。その序文を畢拱辰がかいているのだが、かれは記憶の場が脳にある、という説に非常に惹かれている。

又た人の記含の所、悉く脳囊に在るを論ず。乍に之を聆くも、未だ㴱論にして駭《おどろ》く可きを免れず。然るに人思索の時に当りて、瞑目蹙眉し、毎に上を向き探取の状を作す。且つ江東の方言に、記憶すること能わざる者を以て没脳子と為す。此れ亦た其の持論、誣ならずして、東海西海の理、相い符契するを徴するに足る者なり。

又論人記含之所悉在脳囊。乍聆之、未免㴱論可駭。然人当思索時、瞑目蹙眉、毎向上作探取状。且江東方言以不能記憶者、為没脳子。此亦足徴其持論不誣。而東海西海理相符契者矣。（『人身説概』泰西人身説概序）

この当時まで、脳に記憶の場があるということが明確に主張されることがなく、驚きの念をもって受けとめられていることがわかる。また、あとでみるように、方以智の『物理小識』『通雅』も『西国記法』などの脳と記憶の関係をふまえていて、その影響がみられる。

脳にかんする言及のもうひとつの流れは、医学文献である。湯若望の『主制羣徴』巻上・以人身向徴篇はガレノスの身体観を紹介している。ガレノスは、プラトンの霊魂三部分説（理知的魂は頭、情念・気概的魂は胸、欲望的魂は上腹部）を継承しつつ、エラシストラトスのプネウマ学説を援用して、肝臓にあった自然精気が、心臓で生命精気に変化し、脳内で精神精気になり、全身におくられるという転化系を構築する。そしてこの精気によって全感覚と随意運動がおこなわれると説く[18]。ガレノスのこうした身体観が大枠ではイスラームそしてヨーロッパ中世につたわることになる。『主制羣徴』巻上・以人身向徴の記載はつぎのとおり。

骨有り、肉有りて、身形備われり。然るに必須《すべから》く、熱を生と為し、血を養と為し、気を動覚と為すを本とす。一を欠くも不可なり。此れに縁りて大主、人を造るに、預め三肢を身内に備え君と為す。曰く心、曰く肝、曰く脳。而して余肢悉く命を待つ。今、血の由りて成る所を論ずれば、必ず食化に頼る。食先ず歯刀を歴、次いで胃釜を歴て麤細悉く大絡に帰す。第いで細なる者、以て升りて肝臓に至り血を成す可し。麤なる者、滓と為る。此の際に于いて、細を存し粗を分かつは脾なり。諸物の身を害なうの苦を包収するは胆なり。未だ化せざるを吸蔵するは腎なり。脾や、胆や、腎や、皆な血の器を成すと雖も、然るに肝の独だ之れを変結し、更に体性の気を生ずるに如かず。故に肝貴きなり。若し夫れ、心は則ち内の熱と生養の気とを成し、脳は細微の動覚の気を生ず、故に並びに貴し。

有骨有肉、身形備矣。然必須本熱為生、血為養、気為動覚。欠一不可。縁此大主造人、預備三肢於身内為君。曰心、曰肝、曰脳。而余肢悉待命焉。今論血所由成、必頼食化。食先歴歯刀、次歴胃釜而麤細悉帰大絡矣。第細者可以升至肝臓成血。麤者為滓。于此之際、存細分粗者脾。包収諸物害身之苦者胆。吸蔵未化者腎。脾也、胆也、腎也、雖皆成血之器、然不如肝独変結之、更生体性之気。故肝貴也。若夫心則成内熱与生養之気、脳生細微動覚之気、故並貴。（『主制羣徴』巻上・以人身向徴）

自然精気が「体性の気」、生命精気が「生養の気」、精神精気が「動覚の気」と訳され、心、肝、脳が重視されているのがわかる。

或るひと問う、三肢の気を生ずるは如何。曰く、肝、竅体内に半ば変せしの糧を収むるを以て、漸く本力に従りて、全て変じて血と為す。而して血の精分かれ、更に変じて血露と為す。所謂る体性の気なり。此の気最も細にして、能く百脈に通じ、百竅を啓き、血を引きて遍体を周行す。又た本の血の一分、大絡繇り心に入り、先ず右竅に入り、次いで左竅に移り、漸く細微を致し、半ば変じて露と為す。所謂る生養の気なり。是の気能く細血を引き身を周り、以て原熱を存す。又た此の露の一二分、大絡従り脳中に入り、又た変じて愈いよ細、愈いよ精、以て動覚の気と為す。乃ち五官四体をして動覚し、各おの其の分を得さしむ。

或問三肢生気如何。曰、肝以竅体内収半変之糧、漸従本力、全変為血。而血之精分、更変為血露。所謂体性之気也。此気最細、能通百脈、啓百竅、引血周行遍体。又本血一分、繇大絡入心、先入右竅、次移左竅、漸致細微、半変為露。所謂生養之気也。是気能引細血周身、以存原熱。又此露一二分、従大絡升入脳中、又変愈細愈精、以為動覚之気、乃令五官四体動覚、各得其分矣。（同右）

脳のなかでつくられる動覚の気が五官四肢の知覚や運動を発揮させる。ただしその知覚をさらにふかくは掘りさげてかんがえていない。だが、『主制羣徴』にも霊魂についての議論はあり、巻下・以人物外美徴では生魂、覚魂、霊魂の三者があり、同・以人物内美徴ではさらに霊魂には明悟、記含、愛欲の三能があると『霊言蠡勺』の説を引いている。しかしそこでもやはり脳との関係は言及されていない。『主制羣徴』では脳は動覚の気を生じて、知覚や運動をつかさどっている、というところまでの記述である。

西洋の医学を紹介したものには、ほかに鄧玉函が著した『人身説概』[19]がある。この書は上下二巻で、巻上では骨部、皮部、脈部など人体の各部位について解剖学的な説明がなされ、巻下では五官のはたらきや運動、言語などについてのべられている。脳にかんする記述としては巻下・総覚司があげられる。総覚司は目司、耳司、鼻司、舌司などの説明に先立って巻下の巻頭に位置する。

人生まれて五官を具うなり。能く外来万物の施す所を容受するを以て、即ち送りて脳中に至り、総知覚の司に与う。郵を置き命を伝うるが如く然り。夫れ総覚の司は脳なり。万物の施す所を受けんと欲すれば、受くべきの器具有るを須ちて、而る後に能く受くなり。然るに此の器具太だ堅なれば則ち受くこと能わず、太だ軟なるも亦た受くこと能わず。故に造物主、人の脳嚢を生ずるに、剛柔適中し、方めて能く雑然として容受するなり。若《も》し水太だ軟なれば則ち清稀にして、流動散漫し易く、必ず上に存記印烙すること能わず。故に此れ脳既に水の散じ易きに若かず、亦た脂膏と蠟の火を見れば則ち化すに若かず、之を以て相比べれば、稍や堅凝為り。

人生而具五官也。以能容受外来万物之所施、即送至脳中、与総知覚之司。如置郵伝命者然。夫総覚之司者脳也。欲受万物之所施、須有可受之器具、而後能受。然此器具太堅則不能受、太軟亦不能受。故造物主生人脳嚢、剛柔適中、方能雑然容受也。若水太軟則清稀、易于流動散漫、必不能存記印烙于上。故此脳既不若水之易散、亦不若脂膏与蠟之見火即化、以之相比、稍為堅凝矣。（『人身説概』巻下・総覚司）

ここで脳は「総覚の司」であるとされ、五官によってえた情報をうけとる場としてかんがえられている。いわゆる共通感覚に相当するのだろう。だが後半を読むと、どうやら共通感覚ではなく、記憶の場としてとらえているようである。感覚情報をうけとるには剛柔が適度でなければならないとしながらも、水のようにやわらかく流動するもの、あるいは脂膏や蠟燭のように熱すれば熔けてしまうようなものには「存記印烙」できないという。あるいは共通感覚と表象をあわせたものを念頭においているのかもしれない。ただ、この総覚司の末尾には「附録、利西泰記法五則」として、さきにみた『西国記法』原本篇が引用されていて、脳を記憶の場として強調している。

中国人著作

右に脳にかんするイエズス会士たちによる紹介をみてきたが、中国人側の対応はどうだったのだろうか。

中国でも脳に注目していた根拠としてよく引かれるのが李時珍『本草綱目』の木部・辛夷（モクレン）の「発明」の記述「鼻気通于天。天者頭也、肺也。肺開竅于鼻、而陽明胃脈環鼻而上行。脳為元神之府、而鼻為命門之竅」である。ここでは脳は「元神の府」であるとされる。だがこの「元神の府」がどのような機能を有するかについてはなにも言及がない。

イエズス会士による著作によって脳のはたらきが中国に紹介されて、もっとも影響をうけ、吸収したのが方以智であろう。『西国記法』が出てからちょうど六十年後に『物理小識』が刊刻されている。そのなかで巻三・人身類・血養筋連之故や、身内三貴論では『主制羣徴』巻上・以人身向徴を引用し、先述した体性の気、生養の気、そして脳でつくられる動覚の気について言及している。また巻三・人身営魄変化（『通雅』巻五一・脉考）では『西国記法』などの影響をうけて、記憶が脳にあり、脳髄の清濁によって記憶力の良し悪しがきまることを説いている。[20]『物理小識』から三十三年後には王宏翰の『医学原始』が刊刻される。『医学原始』もイエズス会士の著書からかなりの分量を引用しているのだが、[21]脳にかんしては巻二・動覚至細之力徳論に言及がある。

夫れ生活細体の徳、心より生ずる者なり。心に二小包有り。肝化の血既に左右の胞中に進み、細煉され以て脳に升る。脳中更に細煉を為せば則ち動覚至細の力徳を成す。故に人の生活、之を草木禽獣と較ぶるに大いに高超を為す。脳中に亦た二小胞有り、以て動覚至細の徳を生ず。亦た心の如く然り。……動覚至細の徳に二分有り。一は周身をして運動の徳有らしめ、一は周身をして知覚の徳有らしむ。皆な筋絡由り以て百体に通ず。

夫生活細体之徳生於心者也。心有二小包。肝化之血既進於左右胞中、細煉以升於脳。脳中更為細煉則成動覚至細之力徳。故人之生活較之草木禽獣大為高超。脳中亦有二小胞、以生動覚至細之徳。亦如心然。……動覚至細之徳有二分。一使周身有運動之徳、一使周身有知覚之徳。皆由筋絡以通百体。……（巻二・動覚至細之力徳論）

「生活細体の徳」「動覚至細の徳」がそれぞれ生命精気、精神精気に相当する。やはり脳で生じる「動覚至細の徳」が知覚と運動をになう。つづけてつぎのようにある。

夫れ生活の徳、何ぞ以て心より生ずるや。蓋し肺の気と脉経甚だ熱きの血と在り、結ぼれて生成する者なり。此を分かちて百体に運び、生活有らしむ。脳に至りて更に之を煉す。故に頭の頂、動覚細徳の本所と為す。

夫生活之徳何以生於心。蓋在肺之気与脉経甚熱之血、結而生成者也。分此運於百体、使有生活。至脳更煉之。故頭之頂為動覚細徳之本所。……（同右）

気と血があわさって「生活細体の徳」ができ、それをさらに精錬することで「動覚至細の徳」ができる。「徳」は「はたらき」の謂である。『主制羣徵』をふまえた脳観であることはまちがいない。

『医学原始』のさらに六年後に汪昂の『本草備要』がでる。これは李時珍『本草綱目』を簡約して要所をかいつまんだ書である。さきほど『本草綱目』の辛夷をみたが、その李時珍の「脳為元神之府」説にたいして汪昂はつぎのようにコメントしている。

わたしの故郷の金正希先生がわたしに言われたことがある。人の記憶は脳のなかにやどっている。こどもがよく忘れるのは脳のなかがまだ満ちていないからである。老人がよく忘れるのは脳のなかが次第にからっぽになるからだ。およそ人は外界にある物を見れば、かならずそのイメージが胸中にのこるのだ、と。わたしがおもうに、いまの人びとはむかしの事をおもいだそうとするたびに、かならず眼をとじて、それからカッと見ひらいて思いをめぐらす。これは神を脳にあつめているのである。先生がいわれるまでもなく、人びとはそれを習慣にしているが、気づかないのである。李時珍がいう「脳は元神の府為り」は、そういった意味において、おそらくただしいのだろう。

吾郷金正希先生嘗語余曰、人之記性皆在脳中。小児善忘者脳未満也。老人健忘者脳漸空也。凡人外見一物、必有一形影響于胸中。昂按、今人毎記憶往事、必閉目上、瞪而思索之。此即凝神于脳之意也。不経先生道破、人皆習焉而不察矣。李時珍曰脳為元神之府、其于此義、殆暗符歟。（巻二・木部・辛夷）[22]

文中にみえる金正希とは金声（一五九八年～一六四五年）で、安徽休寧県の人。西学に詳しく、天主教徒となった人物である。医学を専らにしたわけではないが、汪昂に「記性皆在脳中」と説いたことで有名である。金声の言はおそらくイエズス会士著作を読んで得た知見であろう。汪昂は李時珍の「脳為元神之府」を金声の「記性皆在脳中」とむすびつけている。ここでもやはり記憶とのかかわりで脳がかたられるのである。イエズス会士が将来した医説を信奉しない人びとであっても、記憶がやどる場として脳をとらえることには賛同したのである。そしてそれは『人身説概』序の畢拱辰やこの汪昂のように、じっさいに物事を思いだすときのしぐさからの類推であり、それ以上は深入りしなかった。実際に脳を解剖して脳のはたらきを観察しようとしたのは、時代はくだって王清任（一七六八年～一八三一年）である。その書『医林改錯』ではこれまでにみた李時珍、金声、汪昂の言を引きつつ、有名な「精神と記憶は脳に局在する（霊機記性在脳）」なる脳髄説をとなえる。しかしこれは死体による解剖であり、実際にどういう観察から「霊機記性在脳」をみちびきだしたのかは不明である。[23]

これまでみてきたように、明末から清初はイエズス会士の影響をうけて脳に対する中国人の眼差しが大きく変わった時代であった。ただし中国人が注目したのは脳と記憶の関係であり、知覚を制御したり、追想、判断といった内部感覚が各脳室に局在するというかんがえかたは受容しなかった。これは心を中心とした五臓に神、魄、魂、意、志といった精神が蔵される（『素問』宣明五気篇、『霊枢』本神篇など）とする中国伝統医学思想の影響が根強くあったと思われる。そうした意味で劉智が『天方性理』においてのべた脳説は興味ぶかい。というのは、第3節のおわりに言及したように、『天方性理』巻三・内外体竅図説では肝、腎、脾、肺の内臓と目、耳、口、鼻の感覚器官との対応を主張しているのであって、ここまでくれば『素問』や『霊枢』の五臓神までは目と鼻の先である。また内外体竅図説では「心は霊明の府為り」ともいっている。にもかかわらずその心を補佐し、また知覚を統御する脳を説くということは、脳の存在が構造的に要請されたものなのではないだろうか、という推測がたつ。

劉智が説く脳は感覚器官と内臓をつなぐはたらきをする。つまり外と内の性質を異にする世界のまんなかに立って連続的に接続する器官なのである。中間の位置に立ってその両側に影響をおよぼすという性格をもつものを大世界にさがせば、土星天、木星天、火星天、太陽天、金星天、水星天、月天のまんなかに位置する太陽天である。後天の各層のはたらきを説明する巻二・形器功用図説では、太陽天をつぎのように説明している。

太陽天は貴顕をあらわにする。そのはたらきはアルシュ・クルスィーの両天にはおよばないけれども、土木火金水月の六天とくらべてもっとも盛んである。これら六天はみな、この天のはたらきの力を借りなければその天としてのはたらきを行うことはできない。なぜならばその位置が土木火金水月の七星の真ん中にあって実に七星の主宰となっているからである。(24)

太陽天則章明貴顕者也。其功用特不及於阿而実、庫而西両天。然較上下六天為最盛焉。上下六天莫不借此天功用之力。而乃能自行其本天之功用。所以然者、以其位居七政之最中而実爲七政之主宰也。

また大地に目を向けると、巻二・七洲分地図説で説明されているようにアラブ（阿而璧）が七洲のまんなかに位置する。こうした大世界の太陽天や七洲のアラブの存在を小世界である人間にあてはめたときに対応するのが脳なのではないだろうか。そうであれば脳（そしてその機能）は身体にとって不可欠の器官ということになる。

小　結

議論が多岐にわたってしまったが、以上のべてきたことをまとめてみたい。『天方性理』で説かれる脳のはたらきは、大まかにいえば、外界の有形のイメージを脳内に保存する、つまり記憶すること、そして目、耳、鼻、口といった感覚器官をうまく機能させること、手足の随意運動をつかさどることである。さらにこまかく脳内にズームアップすると、脳は前部、中部、後部の三つの部位にわかれていて、さらに前部のまえとうしろに二つ、中部にもまえとうしろに二つ、後部には一つのはたらきが局在する。前部のまえは共通感覚とよばれるもので、内外すべての知覚をコントロールする（総覚）。前部のうしろはすでに得た情報を追想する（想）。中部のまえは追想した事柄の是非をはかる（慮）。中部のうしろは慮による是非を決断する（断）。後部は知覚したすべてを保管する（記）。

こうした脳室に機能を局在させる思想はガレノスあたりからはじまり、イスラームもうけついでいる。劉智が参考にしたとされる書のなかで、イージーやアズィーズ・ナサフィーが脳室を三つ、はたらきを五つとかんがえ、劉智と似ている。だが決定的にことなるのは、前部と後部にそれぞれ二つの機能が局在し、しかもそれぞれ二つの機能の関係は、まえの機能によって得た情報をうしろが保管するという関係であり、中部のはたらきは前部と後部の保管情報をつかって思考するというものであった。それにたいして劉智のばあいは前部から中部そして後部にかけて連続的なはたらきをする。

このように連続的なはたらきをかんがえるのはイエズス会士による著作に見いだせる。本章で検討したのはアリストテレス『魂論』の漢訳注解である艾儒略『性学觕述』であった。だが、劉智との大きなちがいは脳内を四つの部位にわけていて、はたらきも四つであるということである。ただ、可能性として、四つのうちの第三の「分別」をふたつにわけると、ちょうど劉智の「慮」と「断」になることを指摘した。劉智の脳観の情報ソースは正確にはたどれず、イージーやナサフィーの書を中心に、イエズス会士の著作も参考にしたのであろう。

さらに、イエズス会士の著作に影響をうけた中国人の著作を概観し、中国人はとりわけ脳が記憶をつかさどっていることに敏感に反応したことを指摘した。

脳のはたらきが内臓と感覚器官をむすぶ、あるいは心が企図した事柄を現実世界で具現化することにあるとする劉智の言説は、七天における太陽天、七洲におけるアラブと同様の位置にある。性質を異にする世界や段階の接続点にその両側を連続的につなぐものを置く（ほかには大世界でいえばアルシュ天が先天と後天を接続し、小世界では元気が先天と後天を接続するなど）というのは『天方性理』における特徴でもある。

注

（1）巻一の訳文については佐藤実、仁子寿晴編、回儒の著作研究会訳『訳注天方性理巻一』（イスラーム地域研究第五班、二〇〇二年）を参考にしたが、適宜あらためたところもある。

（2）注（1）前掲書一五七頁参照。

（3）注（1）前掲書一五八頁～一七〇頁参照。

（4）小世界無形六品の（　）内の呼称は霊活顕用図説による説明である。活性については「活性者、附於軀体而以為知覚運動者也。是謂食色性」とあり、当該の知覚顕著図説には食欲や色欲についてはふれていないが、動物の特性をあらわすものとかんがえられる。

（5）あるいは精神科のことをいうのか。

（6）ここまでは Clarke, E. and Dewhurst, K, *An Illustrated History of Brain Function*: University of California Press, Berkeley and LosAngeles, 1972（松下正明訳『図説　脳の歴史』木村書店、一九八四年）、二宮陸雄『ガレノス――霊魂の解剖学』（平河出版社、一九九三年）をおもに参考にした。

（7）これ以降についてのイスラーム側の情報は注（1）前掲書一五八頁～一七〇頁の詳細な解説をもとにしている。

（8）魂有三。生魂、覚魂、霊魂。草木之魂有生無覚無霊。禽獣之魂有生有覚無霊。人之魂有生有覚有霊（論亜尼瑪之生能覚能篇）。『霊言蠡勺』は『天学初函』所収のテキストを使用した。

（9）凡生魂所有之能三。一者育養之能。二者長大之能。三者伝生之能。（同右）

（10）覚魂所有之能二。一動能、一覚能。鳥獣等生而能動、草木無之。人亦生而能動。是有覚魂之動能也。覚能亦有二。一者外覚、二者内覚。行外覚以外能。外能有五司。耳目口鼻体是也。（同右）

（11）記含者名之為三、総之帰一。為亜尼瑪之能、蔵物之像、以時而用。能記有形無形之物。其所為亜尼瑪、為脳嚢。……何謂能記有形無形之物。記含者分之有二。一曰司記含、一曰霊記含。司記含之職、止能記有形之物。故禽獣等皆有之。……霊記含之職、能記無形像之物。惟人有之。（論記含者）

（12）詳究知覚之能、又分三者。一為外覚、一為内覚、一為発用。外者五官亦称五職。曰目、曰耳、曰鼻、曰口、曰体也。内者四司亦称四職。曰総知、曰受相、曰分別、曰渉記。総為九覚亦謂九職也。至其発而為用則嗜欲運動二職該焉（巻四・総論知覚外官）。『性学觕述』は上海徐家匯土山湾印書館、一九三五年第四版を使用した。

（13）人身外備五官、随遘而覚。美悪倶受、無所揀択。又内備四司、取五官所進而区別安置之。一曰総知亦云公覚、二曰受相、三曰分別、四曰渉記。外五官者、感万象而受之於内。如一城之有五門然。内四職者、収五官所入而観察焉、以定其取舎。如諸司列署有分職然。合此五官四司、共成一覚性、共覚性之所含也。（巻五・総論知覚内職）

（14）総知之後則有受相之職。其論亦有三。一能、一所、一識也。受相者主於収入総知頻寄之物象而保守之、使不至於泯没。故号為物象之府庫。而物象至此、亦名曰物影、亦曰現象。其所在脳中之第二穴。比総知之職、稍乾稍凝。蓋総知溼嫩、物来易印、然而難於不脱。受相体稍乾凝、便於守其所寄。故其職在於存守五官之象也。（巻五・論受相之職）

(15)『医学原始』にはここに双行注で「即百会穴内也」とある。

(16)『天方性理』巻二・九天遠近図説にみえる地心から各天までの距離や、惑星、恒星の大きさなどは当時の天文学における最新情報、具体的にはマテオ・リッチ（利瑪竇）の『乾坤体義』に依拠している。上に本図説と『乾坤体義』の数値比較表をあげておく。

	『天方性理』	『乾坤体義』
太陰天	470,000	482,522
水星天	904,000	918,750
金星天	2,400,000	2,400,681
太陽天	16,000,000	16,505,690
火星天	27,400,000	27,412,100
木星天	126,750,000	126,769,584
土星天	205,750,000	205,770,564
庫而西／恒星天	322,770,000	322,769,845
阿而実／宗動天	645,540,000	647,338,690

地心から諸天までの距離（単位は里）

	『天方性理』	『乾坤体義』
一等	110	$106\frac{1}{2}$
二等	90	$89\frac{1}{8}$
三等	70	$71\frac{1}{3}$
四等	53	$53\frac{11}{13}$
五等	35	$35\frac{1}{8}$
六等	17	$17\frac{1}{12}$
至小	7	（記述なし）
土星	90	$90\frac{1}{8}$
木星	74	$94\frac{1}{2}$
火星	$2\frac{1}{2}$	$\frac{1}{2}$
日	165	$165\frac{3}{8}$
金星	36	$36\frac{1}{27}$
水星	20,000	21,951
月	38	$38\frac{1}{3}$

惑星、恒星の大きさ
（星と地球の体積比。金星以下は地球：星）

『乾坤体義』にくらべると、九天遠近図説の数値はかなりの略値であることがわかる。『天方性理』では正確な数値を提示することが目的なのではなく、ともかく概数を知らしめ、我々が見知っている恒星がいかに大きく、いかに遠くにあるかを自覚させることにある。地球は九天からみればかように小さい。そこに生活する人はさらに小さいはずである。だが人の本性からみれば、九天は地球のように小さいのである。

今井湊「乾坤体義雑考」（藪内清・吉田光邦編『明清時代の科学技術史』京都大学人文科学研究所、一九七〇年）によると、『乾坤体義』にみえる地球の大きさ、九重天の半径、惑星・恒星の大きさの値はクラビウス（1537―1612）に拠っているが

（クラビウスはフランチェスコ・モーロリコ（1545—1575）の『世界誌対話』に拠る）、クラビウス『サクロボスコ天球論注解』では諸天半径の割り出し根拠として地球半径の何倍であるかを挙げている。利瑪竇はその値を用いて諸天半径をもとめているのだが、地球半径が14318½であるところを14318.18と簡単な小数値にしたことから、クラビウスの数値とかなりの隔たりがあるうえに、さらには写誤もあるという。たとえば火星天は27412100となっているが、これは写誤であり、正しくは17412100。この違いはかなり大きいと思われるが、劉智の挙げる数値は利瑪竇の誤った数値とほぼ同じである。したがって劉智は他のイスラーム典籍からではなく、『乾坤体義』からこれらの数値を採用したのであろう。

今井氏によると『乾坤体義』の星の大きさは星と地球の体積比である。クラビウスではまず諸星と地球との直径比が与えられ（a : b）、そこから $a^3 : b^3$ の体積比が得られ、そうすると $\frac{a^3}{b^3}$ が体積倍となる。だが『乾坤体義』の数値は $\frac{a^3}{b^3-1}$ であるという。「大於地球何倍」を著すものだと今井氏は指摘している。

（17）『天主教東伝文献』所収のテキストを使用した。

（18）注（6）前掲書『ガレノス――霊魂の解剖学』四二六頁～四三四頁を参照。

（19）核堂によると鄧玉函が底本としたのは、スイスのバーゼルの医者カスパー・バウヒン（Caspar Bauhin, 1560—1624）が著した『解剖学論』である（「人身説概底本之発現」『医史雑誌』第二巻、第三、四期、一九四八年）。なお、鄧玉函はスイスの名医であり、ガリレオ、ブルーノ達と交流があった。

（20）至于我之霊台、包括県寓、記憶今古、安置此者、果在何処。質而稽之、有生之後、資脳髄以蔵受也。髄清者聡明易記而易忘。若印版之摹字。髄濁者愚鈍難記亦難忘。若堅石之鐫文（巻三・人身営魄変化）。イエズス会士の学説では適度に柔らかい脳が記憶力によいとされた。だが方以智の説では脳の適度な剛柔ではなく、清濁に重点が置かれているところが独創的なのかもしれない（上文の方以智がいう「堅石の字を鐫るが若し」は記憶力が悪い者のたとえであって、記憶と脳の関係についていっているのではない。その証拠に記憶力がよいケースは「印刷板で文字を刷るようなもの」とあり、剛柔とは関係ない）。剛柔のばあいは硬すぎても柔らかすぎてもだめで、適度でなければならない。それにたいして清濁のばあい、濁ではだめで、清でなければならない。方以智がいう清濁概念は朱熹がいう「気質の性」にかかわる、宋学的伝統の延長線上にあるものだろう。なお『物理小識』は台湾商務印書館、人人文庫所収のテキストを使用した。

(21)『医学原始』が引用しているイエズス会士著作は、筆者のしらべたかぎりではつぎのとおり。

『医学原始』	イエズス会士著作
巻一・元神元質説	『性学觕述』巻六・弁覚性霊性、巻一・霊性気非気篇
巻二・四元行論	『空際格致』巻上・行之名義、行之数、問金木為元行否、行之序、行之情、行之形、行之厚
巻二・四元変化見象論	『空際格致』巻下・火熛、火鋒、狂火、躍羊火、垂線火、拈頂火、双火単火、飛竜
巻二・生長頼補養論	『性学觕述』巻三・約論生長
巻二・四液総論	『性学觕述』巻三・論四液
巻二・知覚外官総論	『性学觕述』巻四
巻二・知覚内司総論	『性学觕述』巻五
三巻・周身骨肉数界論	『主制羣徴』巻上・五以人身向徴

したがって『医学原始』の巻一、巻二のほとんどが『性学觕述』からの引用であり、渡辺幸三『本草書の研究』（武田科学振興財団、一九八七年）「明清間に於ける漢訳西洋医学書とその遺説」（五〇五頁）にいうように『人身説概』『人身図説』からのそれではない。なお使用したテキストは『医学原始』（上海科学技術出版社、一九八九年）である。

(22) テキストは謝観、董豊培評校『本草備要』（重慶大学出版社、一九九六年）を使用した。

(23) くわしくは石田秀実「中国伝統医学はなぜ解剖学を早期に受容・発展させなかったのか」（田中淡編『中国技術史の研究』京都大学人文科学研究所、一九八八年）を参照。

(24) 訳文は青木隆、佐藤実、中西竜也、仁子寿晴編「訳注天方性理巻二　その一」（『中国伊斯蘭思想研究』第二号、二〇〇六年）による。

第7章　『天方性理』における聖人概念について

イスラーム漢籍では一般に「聖人」といえば、ナビー（預言者）を指し、最高の預言者、預言者の封印であるムハンマドは「至聖」と表現される。[1] イスラームにおいて預言者は確定していて、人が努力することでなれる対象では決してないし、常人からは隔絶している。ところが劉智の『天方性理』では人の修養法を説くなかで、聖人を修養の目標に置き、到達可能な人間としてとらえているようであり、常人との連続性をにおわせる。周知のように中国では道学以降、聖人は常人から隔絶し超越した者であるとはみなさず、学習することによって到達できる対象としてかんがえられるようになった。本章ではそうした中国思想を念頭にいれ『天方性理』の聖人概念を検討し、人間の可能性をかんがえてみたい。

第1節　聖人の四ランク

『天方性理』巻一では万物の生成過程を説明している。神から理世（形而上的世界）が顕現し、理世がすべて顕現しおわると、次いで象世（形而下的世界）が生じる。神から理世が顕現するとき、その最初に「性」と「理」が分かれでる。「性」は人の原型で、「理」は天体の原型を指す。[2] ここで本章のテーマとかかわるのは「性」である。

最初にあらわれて真宰に近いものが至聖の性である。そのつぎが大聖の性、つぎが欽聖の性、つぎが列聖の性である。つぎに大賢、つぎに知者、つぎに廉介、つぎに善人、つぎに庸常の性があらわれる。全部で九品。

性之最初而近於真宰者、至聖之性也。其次大聖之性、其次欽聖之性、其次列聖之性。其次大賢、其次知者、其次廉介、其次善人、其次庸常、凡九品。（巻一・性理始分図説）

これによれば、真宰（神のこと）に近いものから、

至聖→大聖→欽聖→列聖→大賢→知者→廉介→善人→庸常

と九つの性が挙げられている。このうち至聖、大聖、欽聖、列聖の「性」をもつ者が形而下的世界においていわゆる預言者となる。『天方性理』では歴史上の人物で誰が至聖その他の四者にあたるのか具体的な言及はないが、『天方典礼』ではつぎのように解説されている。

阿丹《アーダム》から始まり、穆罕黙徳《ムハンマド》に終わるまで、その中で神の命令を受けて、神の教えを実践した聖人と呼ばれる者は数え切れないほどいる。[3] だが同じ聖人ではあっても、ランクは異なる。ランクは全部で四つある。およそ神からの命令を受けて神の教えを実践し、奇蹟があるものはすべて「聖人」という。たとえば脱魯忒《タールート》、郁実爾《ユシューウ》がそうである。[4] 命令を受けて教えを実践し、奇蹟があり、啓典の主意を賜った者を「欽聖」という。たとえば施師《シース》、葉而《ヤア》孤白《クーブ》、素来馬尼《スライマーン》がそうである。命を受けて教えを実践し、啓典の主意を賜り、時勢に応じて適切な処置をとり、先聖の啓典を編纂した者を「大聖」という。たとえば努海《ヌーフ》、易卜刺欣《イブラーヒーム》、母撒《ムーサー》、達五徳《ダーウード》、爾撒《イーサー》がそうである。命を受け教えを実践し、大いなる啓典を授かり、以前の啓典すべてを改め、天下が永遠によりしたがう手本となる者を「至聖」という。これは穆罕黙徳《ムハンマド》ただ一人だけである。

自阿丹起、至穆罕黙徳止、其中受命行教而称聖人者、指不勝屈。但同是聖人、而其品第不同。約而計之、有四等焉。凡受命行教而有徴兆者、均謂之曰聖人、如脱魯忒、郁実爾是也。受命行教、有徴兆而敕之以経旨者、則

謂之曰欽聖、如施師、葉而孤白、素来馬尼是也。有受命行教、勅以経旨、而能因時制宜、損益先聖之典者、謂之曰大聖、如努海、易卜剌欣、母撒、達五徳、爾撒是也。其受命行教、特受大典、総革前聖之経、為天下万世率由之準者、謂之曰至聖、惟穆罕黙徳一人而已。(『天方典礼』巻一・原教「惟我天方得衆聖薪伝、道統不絶」の解)

『天方典礼』によれば、聖人とは神からの命令を受けて神の教えを実践する者のことで、それには四ランクある。『天方性理』でいう列聖という名称はないが、最初に説明された「およそ神からの命令を受けて神の教えを実践し、奇蹟があるもの」が列聖に相当するのであろう。聖人（列聖）→欽聖→大聖→至聖の順にランクが上がっていくが、ランクが上がるにつれて聖人の条件が累加されていく。この四ランクの聖人それぞれに対応するアラビア語は馬注『清真指南』巻四・世紀が参考になるので、それを併せて表にするとつぎのようになる（（　）内が『清真指南』による音訳とその一般的意味。歴史上の人物名は聖書の名にあらためた）[5]。

聖人の四ランク	条　件	歴史上の人物
聖人（納秘欲 nabī　預言者）	奇蹟がある者	サウル、ヨシュア
欽聖（勒蘇礼 rasūl　使徒）	聖人＋啓典の主意を賜った者	セト、ヤコブ、ソロモン
大聖（烏六勒阿齋密 ulī al-'azm　決定した者たち）	欽聖＋時勢に応じて適切な処置をとり、先聖の啓典を編纂した者	ノア、アブラハム、モーセ、ダビデ、イエス
至聖（哈聴 khātam　封印）	大聖＋天下が永遠によりしたがう手本となる者	ムハンマド

一般にナビー（預言者）はラスール（使徒）を包摂する語であり、すべてのラスールはナビーだが、すべてのナビーがラスールとは限らない。そしてノア、アブラハム、モーゼ、イエス、ムハンマド等を大預言者あるいは五大使徒などと呼び、他の預言者と区別することもあることから[6]、聖人、欽聖の上に大聖が位する。劉智はこうしたイスラーム

の伝統的なかんがえかたにそいつつ、ムハンマドを「大聖（大預言者）」から「至聖」に格上げして、預言者→使徒→大預言者（五大使徒）→ムハンマドという四ランクに聖人を分けているのである。

以上のように、劉智がいう「聖人」は四ランクにわかれ、ナビー（預言者）やラスール（使徒）を包括する術語である。だが、一般的なイスラーム文脈ではこれらは努力してなれる者ではない。なれる可能性があるのはワリー（聖者）、つまり劉智でいうところの大賢までである。

第2節　到達できる、あるいは到達目標としての聖人

『天方性理』では「聖人」の語は二十二回登場するが、巻首・本経では第四章のみにしか見えない。巻首・本経はアラビア語・ペルシア語原典を翻訳したもので、巻一以降がその本経の注釈になっている。したがって『天方性理』における聖人概念を検討するには第四章とそれを解説する巻四が中心になる。まず第四章に見える「聖人」記事はつぎのとおり。

（神と万物が一体になった）境地を実践できるのは聖人だけである。そのほかの者どもには難しく、みずから暗愚を選択し、疑心逆行に陥り、むざむざ徳を壊して傷つけてしまう（『道行推原経』[7]）。聖・賢・智・愚の違いはここから生じ、迷惑・異端・奸佞・邪逆はここから分かれる[8]。聖人の本体にはもともと明や暗などない。賢者の欠点は本然が暗いことで、智者は性が暗く、愚者は心が暗い。ここもかしこも覆われて暗くなっていて[9]、結局、本然は現れない。

惟是聖人、実践其境、衆則難之、自取暗昧、陥於疑逆、徒致潰累（『道行推原経』）。聖賢智愚、由是而分、迷異

本然暗此蔽彼、愚暗於心、智暗於性、暗於本然、賢則有虧、本無明暗、聖人全体。（同上）以判此従、邪奸

（本経第四章）（同上）。見弗

とあるように、「聖人全体、本無明暗」や「惟是聖人、実践其境」の用例は右の二カ所のみである。[10]先述のとおり、一般的にイスラームでは預言者にはなれないないのだから当然である。

だがこの第四章を解説する巻四を見ると様子が違ってくる。まず巻四の内容を概観する「概言」を見てみたい。

完全人間[11]の境地に到達する方法には頓と漸がある。他方、聖人と凡人に分かれるのは天命と人為の二つの要因がある。……凡人の状態に安んじて、聖人になることを望まないとすれば、天がおこなう事と人がおこなう事、そのどちらも放棄することになってしまう。というのは、（『孟子』がいうように）自分が人より劣っていることを恥ずかしいと思えば、実践する勇気が湧いてくるし、つねにからわぬ心を守っていれば聖人になることもできるからである。

人極之超妙也、有頓有漸。聖凡之分科也、有天有人。……安於凡、不希於聖則無論天事人事皆自棄之矣。蓋知耻則勇、恒可作聖。（巻四・概言）

ここでは聖人と凡人の違いは、天（天命）によるだけではなく、人（人為）にもよることがのべられている。そしてさらには聖人になることを願い、「恒」つまり恒常的な基準を有する心を持ちつづけていれば聖人にもなれると説く。この「恒可作聖」は『論語』述而の「先生がいわれた。聖人に会うことができなくても、君子に会えることができればそれでいい。また先生がいわれた。善人に会うことができなくても、恒常的な心をもった人に会えることができればそれでいい（子曰、聖人吾不得而見之矣、得見君子者、斯可矣。子曰、善人不得而見之矣、得見有恒者、斯可

矣)」を、さらにはそれに対する朱熹『四書集注』をふまえたものである。朱熹は、この『論語』述而に対してつぎのようにのべている。

わたしが思うに、「恒」がある者と聖人とでは、レベルがかけ離れている。だが、「恒」を有していない者が聖人になったことはない。

愚謂、有恒者之与聖人、高下懸絶矣。然未有不自有恒而能至於聖者也。

「恒」なる心を持つことは聖人になる必要条件なのである。また『朱子語類』には「恒なる心があってはじめて聖人に至るのだ（有恒方可至於聖人）」（巻三四）というコメントも見える。

よく知られるように、道学以降、聖人は学ぶことによって到達できるものだとかんがえられるようになった。そしてこのかんがえかたは明の陽明学になると「満街聖人」、つまり街中のひとびとがみなそのまま聖人であると宣言されるようになる。聖人可学を説く朱熹の言葉をふまえる劉智の「概言」は、こうした思想の延長線上にあることを物語る。

さて、さきほど挙げた本経第四章を解説する図説に巻四・聖功実践図説がある。その冒頭につぎのようにある。

天地・人間・万物すべてにことごとく本然（神のこと）が浸透しているが、ただ聖人だけが実践してその境地に赴くことができる。……聖人は一般の人々が本然と渾然一体となることができないのを知った上で、かれらがそれをできるよう強く望んだ。そして、できないながらすこしでも実現するための実践の道を示した。

天地上下人物表裏皆本然之所流行也。而惟聖人能実践以趨其境。……聖人知衆人之不能、而又深望於衆人之能之也。乃於不能之中而指示以実践之路。（巻四・聖功実践図説）

聖人は一般の人々がそのままの状態では自身と同じ境地に到達できないということを知り、同じ境地に到達できたなら、と強く願い、その到達できない状態を鑑みて、人々のために実践方法を指示したのである。人々に聖人の境地に到達できる可能性がまったくないのであれば、実践方法を指示することはないだろう。したがって最終的には到達できないかもしれないが、聖人の境地へ至る道筋だけは与えられていることになる。

一般の人間に対して、より積極的に聖人への道の可能性を説くのは巻四・聖賢智愚図説である。この図説では聖人、賢者、智者、愚人が分かれる理由が説かれるのだが、さきほどの「概言」の天（天命）と人（人為）が「天定[12]」と「自由（みずからによる意志[13]）」という語に置きかえられて説明される。

聖賢智愚は生まれる前の理と気によってあらかじめ分かれているが、生まれた後の知識と行為によっても分かれる。生まれる前の理と気は「天定」であり、人がかかわることはできない。生まれた後の知識と行為は「自由」であり、人がかかわることができる。したがって聖賢智愚がそれぞれ違ってくる理由は「天定」と「自由」が半々なのである。

聖賢智愚之分也、分以先天理気、亦分以後天知行。先天之理気、天定者也。人之所不得而与。後天之知行、自由者也。人之所可得而与也。是故聖賢智愚之分也、半以天定、半以自由。（巻四・聖賢知愚図説）

聖賢智愚の区分は後天的な知識と行為もかかわってくる。そして先天的な理気に拘束されない人の属性として劉智は「勝心（意欲のこと）」を挙げ、この限定を受けない「勝心」こそが人間に「自由」を保証するものであると説く。この「勝心」は「概言」でいう「恒」につながる。

また先天的に賦与される理気によっても聖賢智愚の四品は分かれるわけだが、とりわけ気については清濁が問題にされていて、清い気を得ている者は聖であり、濁った気を受けた者は愚であるという。気の清濁によって聖と愚を分けるのは中国思想の常套だが、この気の清濁は相対的なものであり、愚者が受ける気は「清之数居其十之一二、濁之数居其十之八九」（同右）とあるように完全に濁ったものではない。清らかな気を一、二割でも受けているという点で聖人への道は閉ざされていない[14]。

そもそも聖人すら完全に清いわけではない。巻五・万物全美図説にはつぎのような問答がある。ある人が、天は西北が、地は東南がそれぞれ欠けているように、天地の間に完全なものがあるのだろうか、という質問をする。劉智は「不完全であるのは完全になる根拠なのだ。およそ物が完全でありすぎたならば、それは完全ではないのだ（不全正所以成其全也。凡物過於全美、便非全美）」と答える。陰陽概念でいえば、陰から陽へ、陽から陰へと絶えず循環するが、それはたとえば純粋な陽とおもわれる中にも陰がほんの少し含まれているからこそ、陰が生じる機運があるのだという。同様に、

聖人の本体は無極で、きわめて清らかであるが、その清らかな中にもひとつの塵が含まれている。これは純度百パーセントの清らかさではないのだ。だがもしこのひとつの塵がなければ人々がたゆまずに修養をおこなうきっかけはどこにあるというのだろうか。だから完全ではない清らかさが完全になる根拠となるのだ。陰陽の道理も聖人の道理もこうなのだから、天地万物についてもどうして疑うことがあろうか。

聖人全体無極清之至也。其清中必有一塵。是其純清之量未全也。然若無此一塵之伏則人道生生不息之機何以寓焉。是清之不全、正所以成其全也。陰陽之理如此、聖人之理如此、而又何疑於天地万物乎。（巻五・万物全美図説）

聖人も実は完全ではないのである。凡夫が聖人に至ることができる根拠は、聖人のいうなれば不完全性にあるのである。

さきほどの後天的な人為、あるいは人の「自由」領域について話を戻すと、巻四・本然流行図説にも人為を認める

記事がある。この図説では本然（神）が流行するなかに、大世界や小世界が存在することを説く。つまり神の存在がミクロコスモスとマクロコスモスすべてにゆきわっているということ。イスラームでいう存在一性論である。本然の流行は大世界から小世界へ到り、そして小世界から大世界をへて本然に戻る。本然→大世界→小世界への流行は万物創造のことであり、自然にそうなるのだが、小世界から本然に戻っていく流行は人による行為が関与するという。

小世界から大世界へ流転移行するものは、（創造のほかに）人為にも依存している。すべてが、自然にそうなるような流転移行から出現するわけではないのだ。小世界の本然があらわれる際、人間はそれによって各人に具わっている性を完全に発揮することができる。性を完全に発揮することができれば、各人の本然流行の心が正しくなる。心が正しくなれば、各人の本然流行の身体が正しくなる。各人の身体が正しくなれば、一切がすべて正しくなって万物が生育する。万物が生育すれば、それによって天地の化育を助けて天地が定位する。あますところなく天地が定位し万物が生育すれば、天地万物と自分自身をすべて本然流行の大性に還らせる。大性にたちかえればすべてが無限の本然に入る。これを小世界から大世界への流転移行するというのである。以上の過程は（創造だけでなく）人が自由に為すことにも属すのだ。

自至内而流行於至外者、兼属人為之事也。不皆出於自然而然之流行也。自至内本然之発現而人因得以尽其各具之性焉。性尽而其本然流行之心正焉。心正而其本然流行之身正焉。身正則一切皆正而万物育焉。万物育則為有以賛天地之化育而天地位焉。位育無遺則胥天地物我而総還於本然流行之大性焉。大性復而渾入於無外之本然焉。是之謂自至内而流行於至外也。兼属人為之事也。（巻四・本然流行図説）

この「性尽→心正→身正→万物育→賛天地之化育……」の過程は『中庸』二二章の「唯だ天下の至誠のみ能く其の性を尽くすと為す。能く其の性を尽くせば則ち人の性を尽くす。能く人の性を尽くせば則ち能く物の性を尽くす。能く物の性を尽くせば則ち以て天地の化育を賛く可し。以て天地の化育に賛く可ければ則ち以て天地と与に参すべし」がベースにある。『中庸』におけるこの過程は、至誠である聖人だけがなし得るはたらきであった。なぜ聖人が自身の性を尽くすことから出発し、外物の性を尽くし、さらに天地の化育までそのはたらきを拡げていけるのかといえば、「誠よりして明らかなる、之れを性と謂う（自誠明、謂之性）」（『中庸』二一章）つまり誠という徳が自身の内に備わっているのが前提になっていて、そこから外物を明らかにしていくからであり、その明らかになっていく過程は、朱熹が「誠なれば則ち明らかならざるなし（誠則無不明矣）」（『四書集注』）というように、段階的ではなく必然的にそうなる。一般の人々はこの逆、「明らかなるよりして誠なる、之れを教と謂う（自明誠、謂之教）」つまり外物を明らかにする作業からはじめて、コツコツと積み重ねることによって最終的に誠という内なる徳に到達することになる。そうすると、先に引いた本然流行図説の小世界（原文でいう至内）から大世界（至外）への流転移行は聖人による行為が念頭に置かれていて、一般の人々とは無関係なのだろうか。

じつはこの聖人の内から外へ、凡人の外から内への過程は、巻四・修進功程図説で説かれる重要な修養過程である。この図説では修養によって神に立ちかえることを説明するが、その具体的な修養方法とは正身（身体を正すこと。五功と呼ばれる信仰行為を行う）、清心（心を清らかにすること。心に備わる徳や機能をうまくはたらかせる）、尽性（性を尽くすこと。正身と清心を完全に実践し、外界の事物がそのまま神の本性であるということを認識する）の三つである。一般の人の修養は、正身から清心へ、そして清心から尽性へと外から内へ段階的に進むやり方である。それに対して、この逆、つまり尽性→清心→正身へと内から外へ、しかも瞬間的に進むのが聖人の修養過程であるという。(15) この内から外への過程は先ほどの本然流行図説を想起させる。聖人の修養過程とはいっても、実際に聖人が修養するのではおそらくなく、聖人のはたらきあるいはあり方がそうなのだということなのだろう。そしてこの聖人と常人の違いは「概言」の「人極の超妙や、頓有り漸有り」に相当しよう。修進功程図説の主眼は、内から外へと外から内へ、あるいは頓と漸の違いこそあれ、最終的には同じ境地に到達することをのべているとかんがえたい。『中庸』によるならば「誠なれば則ち明らかなり、明らかなれば則ち誠なり」（二一章）という事態を説明しているのである。したがって先ほどの本然流行図説でいう小世界から大世界への流転移行も一般の人々を排除するものではないはずである。

第3節　『天方至聖実録』における聖人

『天方典礼』や『天方性理』が四十歳頃に書かれた書であるのに対し、ムハンマドの伝記である『天方至聖実録』は劉智が五十代後半に著されたものである。劉智は『天方典礼』と『天方性理』を刊行後、ムハンマド伝の原典資料収集のために中国国内を奔走し、推敲を重ねてようやく完成させたことが『天方至聖実録』の自序に見える。かれの著作活動の集大成である。(16)

さて、その『天方至聖実録』のなかで世界における聖人の位置を簡潔にのべているのが巻首・至聖解の冒頭である。天地の間で人がもっとも貴い。人には聖・賢・智・愚があるが、聖人がもっとも貴い。聖人のなかにも列聖・欽聖・大聖・至聖があるが、至聖がもっとも貴い。ムハンマドは天下古今の唯一の聖人であり、したがって至聖という。

天地間人為貴。人有聖、賢、智、愚、聖為尤貴。聖復有列聖、欽聖、大聖、至聖、至聖為至貴。穆罕黙徳為天下古今之一聖人也、故称至聖。（『天方至聖実録』巻之首・至聖解）

前述の『天方性理』巻四で議論された聖・賢・智・愚と巻一の四ランクの聖人が連続的に語られている。つまり人には四つのランクがあり、その最高ランクに位置する聖人にもさらに四つのランクが存在する。『天方性理』では明言されていなかった聖賢智愚と四ランクの聖人の関係が明らかになった。[17] このなかで至聖ムハンマドは特別であり、ムハンマドに一般の人々が到達できないであろうことは『天方至聖実録』に散見するつぎのような文章からわかる。[18] ムハンマドは聖人たちの道統をうけついで完成させたのであり、未来永劫、（ムハンマド以外に）聖人とよばれる者はいないのだ。

穆罕默徳、承衆聖之道統而為大成、至於永世、無復有称聖者。（巻二・道統源流図）

ムハンマドは至聖であって、至聖のあとには聖人はいない。賢者や知者であっても至聖の規範を遵守しなければならないのである。

穆罕默徳至聖也、至聖之後無聖矣。雖有賢知、莫不以至聖之矩范為遵守焉。（同右）

誰も至聖であるムハンマドにはなれない。それでは至聖より下位の聖人についてはどうであろうか。

『天方至聖実録』巻二は四統源流図説と名付けられいて、至聖ムハンマドを四つの異なる系統的側面から位置づけようとするものである。四つの系統とは世統（家系）、国統（国の系統）、道統（預言者の系統）そして化統（天地の造化の系統）であり、これら四統すべての終極にムハンマドは位置する。このなかで最後に挙げた化統に注目したい。化統源流図[19]は万物の造化の系統を小世界つまり人を中心とする側にしぼって簡潔にのべたものである。化統源流図の後に付された造化循環図[20]（前頁の図）を参照しながら読むとわかりやすい。

　化統は先天からはじまり、大命より起こる。大命とは真理の流行である。大命にもとづいて継性がある。継性とは至聖の本然である。継性からすべての聖性ができ、聖性からすべての賢・学・知・愚の性ができ、これら人性からすべての生活長養といった草木鳥獣の性ができる。……

　　化統始於先天、起於大命。大命者、真理之流行也。自大命而有継性。継性者、至聖之本然也。由継性而有一切聖性、由聖性而有一切賢学知愚性、由人性而有一切生活長養之物性。……

　神の大いなる命から至聖の本然、つまり至聖の原型となる性＝継性が生じる。この継性から至聖以外の聖人の性が生まれ、さらにその諸聖人の性から人の性以下が生まれていく。造化循環図では大命は描かれておらず（補うなら中央上部の円「継性、至聖」の上に位置する）、中央上部の円の継性から右下へと先天の造化が降っていく。そして先天の性の余りものである滓渣[21]が後天での元気となり（中央下部の円）、その元気から後天が左上へと昇って展開していく。後天において金石、草木、鳥獣が出そろったあとに人が生まれる。

　万物が備わったところで人が生まれる。人は生まれたばかりは愚であり、成長して知となり、壮年になり学となり、賢となり、賢から聖に到達する。聖から至聖に到達すれば、本然の継性にもどる。いわゆる「理を窮め性を尽くし、以て命に至る」である。これを大いなる造化が流行し循環する順序、人道がたどる升降の始終、という。人類が生まれてこのかた、この境地に達することができたのはムハンマドただ一人である。ムハンマドは造化の始終を包括する。だからすべての造化はムハンマドに依拠する。

　　万物既備、而人生焉。人生而愚、少而知、壮而学、而賢、賢而至於聖。聖而至於至聖、則復乎其本然之継性、所謂窮理尽性以至於命也。此之謂大化流行循環之統序、此之謂人道遵循升降之始終。生民以来、能至其位者惟穆罕黙徳一人而已。穆罕黙徳、其包貫造化之始終者也。故万化咸以穆罕黙徳為依帰。（巻二・化統源流図）

至聖にまで到達し、本然の継性に戻ることができた者はムハンマドしかいないという。だがその手前の聖までは一般の人々であっても可能であることをいっているのではないだろうか。明確には書かれていないが、生→少→壮までは人の自然な成長過程であり、それにしたがってある程度は自然に愚→知→学と進むものであるとするなら、人為である修養が担うのはそれ以後の学から賢へ、そしてさらには賢から聖への道であろう。劉智が引く『周易』説卦伝の「窮理尽性以至於命」は中国において一般の人びとの修養を説く際にしばしば引用されてきた語である。劉智もムハンマドのみを対象として引用したとはかんがえにくい。先述した『天方性理』巻四・修進功程図説で人びとが正身→清心→尽性を修養の目標としたように、この化統源流図でも人々は性を尽くして命（ここでは大命）に至ることを目指したのである。

第４節　聖人の諸相

『天方典礼』に見える制作者としての聖人

これまではおもに到達目標という側面から聖人を見てきた。その際、聖人を預言者あるいは使徒としてかんがえてきたのだが、聖人の使われ方には幅がある。中国の伝統的な聖人、たとえば礼楽刑政の制作者としての聖人もそのまま「聖人」と表記される。こうした聖人はムスリムの日常儀礼や規範についてのべた『天方典礼』に見られる。たと

えば音楽の制作者としての聖人は、

音楽は性情を調和させ、習俗を規範化するために、いにしえの聖人が制作したのであり、もともとは人を教化するためのものである。だが今の音楽は昔の音楽ではない。古人は音楽によって性を調節したが、今の人はそれによって情をほしいままにしている。人々を善い状態に戻すことができないばかりか、華美な状態に引きずりこむ。したがってわがイスラームの聖人は一切これを禁止したのだ。

音楽所以和性情、鎔習俗、古聖人制之、本以為教也。然今之楽、非古之楽矣。古人用之所以節性、今人用之乃以恣情。既不能帰人於善、反足導人於靡。故吾教聖人一切禁之、不復用。（『天方典礼』後編「戒音楽」の注）

とある。クルアーンには詩人に対する非難があり、それが音楽禁止の根拠となることもあるようだが、この文章での「吾教聖人一切禁之」はかなり強い口吻で音楽を禁じている。そしてなにより、教化としての音楽を制定した中国のいにしえの聖人（古聖人）と、堕落した今の音楽を禁止するイスラームの聖人（吾教聖人）とが同じ「聖人」として表記されていることは注目すべきであろう。よく知られるように、中国では黄帝をはじめとするいにしえの聖人が音楽を作ったとされる。そして、そうした音楽によって人の内面が調和され、外面的規律としての礼とがあわさって人びとを教化するとかんがえられた。昔の音楽を認めつつ今の音楽を否定するイスラームの聖人は誰であろうか。ムハンマドか。「今人」が劉智が生きた時代の人を指すのであれば、当時のイマーム（教長）のことを指す可能性もある。[22] だがどちらも唐突すぎる。伝統音楽を重んじ、流行音楽を否定した人物として真っ先に思いうかぶのはやはり孔子である。

飲食の禁忌を解説した『天方典礼』巻一六・飲食にも聖人が登場する。

大いなる造化が物を生みだしたが、そこには良いものも悪いものもすべてそろっている。植物や動物、薬効があるものないもの、いずれも人が使用するのに備えるためである。そもそも飲食は人がそれによって生きていくためのものであり、混同して選ばないというのはいけない。聖人はそのことを知り、良いものを取り、悪いものを置き、食べてよいものを食べさせ、食べてはいけないものを別の用途にあてた。これは物のはたらきを損なわないようにしたのである。

大造生物、美悪具陳、若植若動、若霊若蠢、皆所以備人之取用耳。若夫飲食、乃生人所資以立、自非渾圇而不択焉者。聖人知之、取其美、置其悪、以其可食者食之、其不可食者適有他用、亦不害其為物也。（『天方典礼』巻一六・飲食上・答問）

イスラームでは豚肉や酒が禁止されているのはよく知られる。そうした飲食の禁忌は聖人が定めたというのである。しかしイスラームにおける飲食の禁忌はクルアーンで禁止しているからそうなのであって、正確には聖人ではなく、神が決めたはずである。われわれがこの文章を読んで想起する聖人は、ムハンマドではなく、百草を嘗めて薬効を発見した神農であろう。またつぎのような問答も見られる。ある人が、どうして牛を殺して食べてもよいのかという質問をする。それに対して、「おもうに、先王は六畜のなかで牛をもっとも重視した（蓋先王之于六畜也、以牛為最重）」（同右）とまず中国の先王を引きあいに出す。次いで『礼記』を引用し、牛は天子、諸侯、大夫の祭祀に用いられたが、それは牛が五行の土に相当し、中和した気を得た完全な家畜だからであると説明する。そして「聖人だけが物の用途を明らかにできるのであり、そのはたらきを最大限に引きだして、人々に多くの補益をあたえた（唯聖人能審物用物、以其功用最全、其補益於人也自厚）」（同右）という。ここでのべられている聖人はどうも伝統的中国のそれであり、預言者のイメージはうすい。

中国の聖人とイスラームの聖人が結びついているのはつぎの問答である。「ある人が質問した。そうすると聖人が牛を屠殺する人に命令して牛を変えさせたのはどういうことか（或曰、然則聖人見人屠牛而命之易、何謂乎）」（同右）。もちろんこれは『孟子』梁恵王上の有名なエピソードで、『孟子』ではおびえる牛を交換させたのは斉の宣王であった。斉の宣王は「不忍」の心を持つがために、王者となれるのだと孟子に認められただけであり、聖人ではまったくない。そのかれが聖人といいかえられる。いや、ここで聖人に置き換えられたのは孟子その人であろう。そしてその答えは「答え。忍びない心があったからだ。また人々が牛を屠ることをなりわいとするのを望まなかっただけだ。牛を食べてはいけないといっているのではないのだ（曰、時有不忍之心也。亦不欲人以屠牛為業耳。非謂牛不可食也）」（同右）という。忍びない心のために変えさせたのはそのとおりだが、聖人は人々が屠殺をなりわいとすることを好まないというのは『孟子』の意図からは大きくはずれる。おそらくこれはイスラームの立場を語ったものであろう。中国の聖人に仮託されたイスラームの聖人とでもいおうか。さきほどの流行音楽を否定する聖人も孔子がイメージされているとかんがえたほうが妥当である。

王岱輿『正教真詮』から馬安礼『真詮要録』へ

最後に劉智以外の回儒の著作に少しだけ触れておく。王岱輿の『正教真詮』真聖に、天命（神の命令）についての説明がある。天命には三種類あり、それぞれ明命、兆命、覚命と呼ばれる。明命とは明らかな証拠があり、深奥な啓示や、法がもたらされる。兆命とは夢の中で命を受けることなのだが、具体的な例として挙がっているのが、黄帝、殷の武丁、周の文王がそれぞれ夢を見て風后と力牧、傅説、姜子牙を登用したことである。そして覚命とは自身のこころの内に悟ることで、孔子が五十歳で天命を知ったこと、孟子がいう言葉によらないかたちでの受命が例として挙げられている。(23)

これに対し、ある人が、中国の聖人には覚命と兆命しかなく、明命がないのはどうしてか（本当に明命などというものがあるのか）という質問をする。それに対する答えは、鳳凰は実際に存在するのに、見たことがないからといって存在しないというのはおかしい（同じ理由から明命は存在する）、三種類の天命すべてがあるのは「正教」つまりイスラームだけなのだ、というもの。[24]ここでは黄帝、武丁、文王、孔子、孟子を中国の聖人とみなしていることを確認しておく。

時代は降って同治三年（一八六四年）、馬徳新の弟子である馬安礼はこの『正教真詮』を簡略にし、『真詮要録』の名で刊行する。この『真詮要録』はただ単純に要点のみを節録したのではなく、王岱輿が使用した術語を大幅に改変したり、あるいは『正教真詮』にはない内容が増補されたりしていて、回儒による最初期の著作がどのように読まれていたかを知るうえでも貴重な書である。[25]

その『真詮要録』至聖章では、さきほどの『正教真詮』真聖の文章を以下のように書き換えている（『真詮要録』の［　］内は割り注。また比較しやすいように適宜改行している）。

『正教真詮』真聖

天命有三品、曰明命、曰兆命、曰覚命。

明命者、有明証、有玄旨、有法令、非覚兆也。即吾聖之時、降伝明命、六千六百六十六章、始成天経全部、茲経之妙貫徹万物之機、超越有無之外、先天地而有真得、後天地而有真命。其為正道之至教也。

兆命者、夢中受命。若黄帝之挙風后、力牧、武丁之挙傅説、文王之挙子牙、是也。

覚命者、心間開悟、若夫子五十而知天命、孟子之非諄諄然命之、是也。

『真詮要録』至聖章

天命有三品、曰明命、曰兆命、曰覚命。

明命者、特授真経、闡明正道、有明証、有玄旨、有法令〔明証即伝命天仙。玄旨乃認主之人。法令乃命禁賞罰〕、見於大聖。

兆命者、夢中受命、顕揚正道、列聖是也。

覚命者、心間開悟、順応真宰、欽聖是也。

天命三品、惟至聖全之。

傍線を引いた箇所に注目したい。『正教真詮』では中国の聖人とされていた人々が削除され、もともとなかった大聖、列聖、欽聖といった概念に取って代わられている。そもそも明命、兆命、覚命のそれぞれに劉智がいう大聖、欽聖、列聖をあてはめるのが妥当かという問題があるのだが、ともかく、馬安礼は黄帝・武丁・文王を列聖に、孔子・孟子を欽聖に変えている。イスラームの文脈で中国の聖人が登場しては都合が悪いということで書き換えたのであろう。だが、問題があるのならただ削除するだけでもいいのに「聖人」に置換しているのは、逆にいえば、馬安礼も欽聖、列聖を孔孟や黄帝ら「聖人」とつなげてかんがえていた可能性もある。(26)

小　結

劉智がいう聖人の中で、四ランクの最高に位置する至聖はムハンマドであり、ムハンマドに人がなることはできない。だが聖人の中でも下位の賢人に近い聖人であれば到達可能であり、人びとはその聖人を目指して努力すべきなのだ、と劉智はかんがえていたようである。こうした検討が必要なのは、程顥がいうような「人皆な以て聖人に至るべし」（『程氏遺書』巻二五）などと直截な物言いが劉智には見られないからである。それに近い言葉は巻四の「概言」であろうか。このことは、換言すれば、劉智にとって聖人に至ることはかなり難しいことであり、容易に口にはできない事態であったことを物語る。

中国思想史からみれば、「聖人学んで至るべし」のかんがえかたは明代になると「満街聖人」とまで言われるようになる。だが、誰もがそのまま聖人であるならば、修養する必要はなくなってしまう。劉智にしてみれば、日常儀礼の実践から心の内部を磨いていくという修養は必要なものであり、「満街聖人」であってはならないのである。したがって最終的に聖人になれるか否かについての表現は慎重なものにならざるをえない。ではどうして修養が必要かといえば、やはりそれは「窮理尽性」をして「命に至る」ためであり、そのためには「窮理尽性以至於命」を成就させたムハンマドにならい、かれが到達した境地に至ることを目標にかかげたのである。

一方、イスラーム側からみると、回儒が影響を受けているとかんがえられるイスラームの神秘主義では、ワリー（劉智でいうところの大賢、あるいは賢）とナビー（劉智でいう聖人）は共通の要素を持ち、ややもすればワリーの方がナビーより価値的に高いとするかんがえかたがあった[27]。もちろんワリーがナビーを超越することは法的に許されることではないので、神秘主義家たちはなんらかの限定をつけて、――たとえばワリーはナビーを規範として学ぶなど――ワリーがナビーに従属することを強調した。さらにそうした神秘主義におけるワリー観念に似たものが、シーア派におけるイマーム（宗教指導者）の資格や機能にも見出されるという[28]。俗楽を禁止した聖人がイマームを指す可能性については、さきに指摘したとおりである。劉智がいわんとしたのは、そうしたワリーとナビーの微妙な関係であったともいえる。[29]

ナビーやラスール、あるいはナビーやイマームに「聖人」という訳語を回儒たちは与えたのだが、先述のように劉智（そして少なくとも王岱輿も）がそれらを、中国思想における「聖人」、つまり孔子や孟子と重ねてイメージしていた可能性は強い。劉智は父が亡くなった後、人事を謝絶して猛勉強すること十年、「天方の経典は孔子、孟子の教えと同じであることにハッと気づいた（恍然有会於天方之経大同孔孟之旨也）」（『天方性理』自序）のである。イスラームの思想と儒家思想はじつは同じだ。この言葉は劉智の著作を読むうえで非常に重要である。劉智はイスラームの儒家に対する優位性をことさらに説くようなことはしない。もっと上のレベルを目指す。つまり、普遍的な道理、理法を闡明し人びとに伝えることを目標にしていたのである。[30] そこには他の思想宗教を非難攻撃しようという狭隘な姿勢は感じられない。「天下の理」を明らかにするために積極的に中国の伝統思想を研究したのであり、[31] その結果たどりついた境地が右のことばなのである。そうした意味では劉智は宗教者というより、新機軸を打ちたてた哲学者であるといえよう。ともかく劉智はイスラームと儒家の共通性に「恍然」と、つまりある日ハッと気づいた。「聖人学んで至るべし」も、宋代以降の儒家でいわれてきた思想であり、またイスラーム側からも理論的に導きだせるかんがえかたなのであり、ここにもイスラームと儒家の共通性がいえると劉智はかんがえたのではないか。それにくらべると、第4節で触れた、馬安礼が『真詮要録』で行った筆削は、明末清初の回儒の思想（新機軸のひとつ）を（馬安礼、そしておそらくはかれの師である馬徳新が正しいとかんがえるイスラームに）改める作業であったといえる。

注

（1）『中国伊斯蘭百科全書』（四川辞書出版社、一九九四年）では「使者」の項に「アラビア語 rasūl の意訳。または nabī のこと。……中国ムスリムは「聖人」と呼ぶ」とある。

（２）詳しくは佐藤実、仁子寿晴編、回儒の著作研究会訳注『訳注天方性理巻二』（イスラーム地域研究第五班、二〇〇二年）一一六頁参照。

（３）『天方至聖実録』巻二・四統源流総説では聖人は一二万四千人いるとされるが、これは伝承でいわれる数である。

（４）タールートは旧約聖書のサウルを指し（クルアーン二章二四七節、二四九節）、ユシューウは旧約聖書ヨシュア記のヨシュアを指す。両者ともにモーゼの後継者として位置づけられる。

（５）『天方典礼』でいう「聖人」（あるいは『天方性理』でいう「列聖」）は『清真指南』では「覚聖」と表記されているが、その他は同じ。ただ注意したいのは四ランクの聖人の下位にある「大賢」は「勿理《ワリー》 walī」となっている点である。一般にワリーは日本語では「聖者」と訳され、ワリーまでは修養によって上りつめることができる。

（６）大塚和夫他編『岩波イスラーム事典』（岩波書店、二〇〇二年）「預言者」項を参照。なお大預言者にはダビデやアダムを加えることもある。劉智はダビデを加えて、ムハンマドを「至聖」に格上げしている。

（７）本経では原典名を明記している。『道行推原経』はナジュムッディーン・ラーズィー（d.1256）の *Mirṣād al-'Ibād*（『下僕たちの大道』）のこと。この書は中国で広く読まれていて、伍遵契による漢訳『帰真要道』（一六七八年、馬士章叙）がある。

（８）迷惑と異端は巻四・疑信累徳図説で、奸佞と邪逆は順逆分支図説でそれぞれ言及される。

（９）巻四・障礙層次図とその図説によると、本然・性・心・身の関係は、同心円で表現される。つまり最内円に本然があり、そこから最外円にむかって性↓心↓身の順に配置される。たとえば賢者のばあい、本然のまわりの性の部分が覆われているから本然が暗く、智者のばあい、性のまわりの心の部分が覆われているから性が暗くなる。

（10）本経はこのようにすべて四字句で書かれている。ちなみに第四章は全部で八十九句からなる。

（11）「スーフィズムにおいて、霊的合一を達成した人間の理想像を表す観念。イブン・アラビーに由来する」（『岩波イスラーム事典』）。原文「人極」を完全人間 insān kāmil と解したのは馬聯元『性理微言』のアラビア語訳による。詳しくは青木隆、佐藤実、仁子寿晴編「訳注天方性理巻四」（『中国伊斯蘭思想研究』第一号、二〇〇五年）を参照。また本稿の巻四の日本語訳はその成果を利用している。

（12）　神の決定、予定 qadar のこと。

（13）　原文「自由」を人間の自由意志と解釈した。劉智はここでしかこの「自由」の語を使っていないのだが、ナジュムッディーン・ラーズィーの *Mirṣād al-ʻIbād* の漢訳『帰真要道』に「自由」の語が見え、これはイフティヤール ikhtiyāl の訳語であり、イスラーム古典期ではこの語が神の予定に対する人間の自由意志という意味で使われていたという。詳しくは注（11）前掲書「訳注天方性理巻四」一二八頁～一二九頁を参照。

（14）　ちなみにここでいう「愚者」とは「衆人」のことである、と劉智は説明している。

（15）　由正身以至於清心、由清心以至於尽性。此常人之修進也。自外而内者也。修之以其漸也。性尽而心自清、心清而身自正。此聖人之修進也。自内而外者也。修之以無待也。然而聖人之修進非所敢望也。（巻四・修進功程図説）

（16）　全二十巻のうち、巻一、巻二はアダムからムハンマドまでの預言者やムハンマドの祖先についての説明で、巻三はムハンマドの生涯の年譜。巻四から巻一五がメインとなるムハンマド伝。巻一六はムハンマドにあらわれた奇蹟、巻一七は馬注の「至聖賛（ムハンマドを称える文章）」とそれに対する劉智の注釈、巻一八はムハンマドの言行録。以上が劉智が努力して収集した資料に基づく部分であろう。巻一九は中国の史書に見えるアラブの国々にかんする習慣、風俗などを集めたもの、巻二〇は明代の皇帝のイスラームにかんする勅諭や碑文などを集めたものである。

（17）　聖以下の賢・智・愚と巻一の九つの性との関係も賢＝大賢、智＝知者、愚＝廉介・善人・庸常となるのだろう。

（18）　「穆罕黙徳《ムハンマド》」という語は『天方性理』には出てこない。「至聖」の語は巻一・性理始分図説の「至聖之性」と、それを詳説する巻二・先天性品図説で使われるくらいである。ムハンマドその人を指すと思われる用法は巻四・升降来復図説の「此至聖独践之境也」のみであろう。

（19）　化統源流図自体は「大命」「継性」「聖性」……とただ羅列されているだけである。

（20）　これに似た図に『天方性理』本経の大世界造化循環図、小世界原始返終図、そしてそれらを統合した巻四の升降来復図がある。巻四・升降来復図説では大世界の生成過程を加え、さらに小世界の心の階層とも関連づけている。

（21）造化循環図では「溟滓」となっているが、本文では「溟渣」に作り、「溟渣則謂元気也」とある。王充『論衡』や張衡『霊憲』にいう「溟滓」をふまえる。

（22）馬徳新や馬聯元は『天方性理』における「聖人」をワリーを含む概念としてとらえている。詳しくは注（11）前掲書「訳注天方性理巻四」一一五頁～二二〇頁を参照。かれらの説をうらづけることになる。

（23）原文は「孟子之非諄諄然命之」。『孟子』万章上の「天与之者、諄諄然命之乎。曰、否。天不言、以行与事、示之而已矣」をふまえる。堯が舜に天下を譲ったことをめぐり、万章が天が舜に与えたというのは口づてに一言ひとこと命令したのか？と孟子に質問し、それに対し孟子は、天は物言うことはなく、行為と事実によって舜に示したのだ、と答える。「孟子之非諄諄然命之」とは、そうした言葉によらない命を指すのであろう。

（24）或曰、中国聖人惟言覚兆、不言明命、何也。曰、譬如世人未見鳳凰、然鳳凰本有、若因其未見而竟言無鳳凰可乎。天命三品、惟全正教、其他無非覚兆而已。覚兆之命得之者、治国安民、修身行善、亦聖人之事也。其与認主知人、先天之元始、後天之帰宿、何有焉。（王岱輿『正教真詮』真聖）

（25）寧夏人民出版社から出版されている余振貴点校『正教真詮　清真大学　希真正答』（一九八八年）は、広州清真堂刊本と一九三一年中華書局刊本をどちらも『正教真詮』とみなしているが、これはおそらく誤りである。後者の中華書局刊本は馬安礼の『真詮要録』である。中国ではこの違いを念頭に置かずに混同して議論を進める学者が少なからずいる。要注意である。

（26）兆命と覚命の説明にある「顕揚正道」と「順応真宰」は、『天方性理』巻二・性品知能図説の「欽聖為順応知能。……列聖為顕揚知能」とあるのを踏まえる。

（27）Toshihiko Izutsu, *Sufism and Taoism*, Iwanami Shoten: Tokyo, 1983, pp. 266-267. 竹下政孝「預言者と聖者――イスラムにおける聖なる人びと」（竹下政孝編『イスラームの思考回路』栄光教育文化研究所、一九九五年）、鎌田繁「神秘主義の聖者とイマーム派のイマーム」（赤堀雅幸、東長靖、堀川徹編、イスラーム地域研究叢書７『イスラームの神秘主義と聖者信仰』東京大学出版会、二〇〇五年）などを参照。

（28）以上は前掲注（27）鎌田論文を参照。

(29) それでも、劉智がいう聖人可学思想は、特殊な人（たとえば神秘主義的聖者やイマーム）を念頭に置いているわけではなく、普通のムスリムを対象にした言説であるという点において独特であろう。そして、ナビーやラスールに常人がなれるか否かという問題そのものも、イスラームから見ればかなり特異なことである。

(30) 『天方性理』自序に「経典は天方のものであっても、道理は天下の道理である。天下の道理なのだから、天下の人びとに聞かせて明確にさせなければならない。それこそが聖人が経典を著した意図にほかならないのだ（経則天方之経、理乃天下之理。天下之理而不使天下共聞之而共明之、甚非聖人著経之意也）」とある。

(31) たとえば劉智が行った中国の五行思想とイスラームの四元素説との統合もその線でかんがえられる。詳しくは第3章を参照。

第Ⅱ部

考証篇

第8章　『天方性理』『天方典礼』『天方至聖実録』の版本について

本章では劉智の代表的な著作である『天方性理』『天方典礼択要解』（以下『天方典礼』と略称）と『天方至聖実録』（以下『至聖実録』と略称）の日本につたわる版本を整理し、劉智研究の基礎がためをおこないたい。ここでこの三書を取りあげるのは劉智自身がのべているように、この三書は階段をのぼり、堂（表座敷）にあがり、室（奥座敷）にはいるようなものであり（『至聖実録』「著書述」）、劉智の思想をかんがえるうえでこの三書が中心となるからである。後述するように、日本には豊富な版本がつたわっていまにいたっている。中国でもまだ網羅的な版本調査がおこなわれていないことをかんがえると、日本国内につたわる版本のみとはいえ、一定の意義があるとおもわれる。

さらに『天方性理』『天方典礼』『至聖実録』の版本整理をとおして、明末清初の回儒が著したイスラーム典籍が、清朝中期以降、どのような地域で、そしてどのように刊刻されていったかも概観したい。

第1節　『天方性理』の版本

まず『天方性理』の基本的な構成を簡単に確認しておきたい。『天方性理』は書扉には「天方性理」とかかれているが、目録をみると「纂訳天方性理図伝」と「纂訳天方性理巻首」にわかれている。後者の巻首は「本経」とよばれ、全部で五章にわかれる。イスラームの原典を劉智が翻訳したパートである。だがその訳しかたは独特で、四言体、八字一句となっていて、暗唱しやすいようになっている。これが巻首として、『天方性理』の最初におかれる。前者の図伝は本経五章にたいする注釈であり、全部で五巻ある。

各巻が本経の各章に対応し、その各巻が十二篇に分かれるので、篇は全部で六十篇。各篇はすべて図と注釈（いわゆる伝）で構成されている。木刻本では、一帙が六冊からなり、一冊が本経で、残りの五冊が図伝になる。さらに巻首の末尾と図伝の各篇末には黒鳴鳳[1]の按語がある。ちなみに、木刻本の書簽には巻首からそれぞれ『論語』里仁篇「吾道一以貫之」の語句が一字ずつ付されている。

中国イスラーム史の碩学である白寿彝によると、『天方性理』にはつぎの版本があるという[2]。

- 康熙五十一年（一七一二）刊本
- 乾隆二十五年（一七六〇）京江談氏重刊本
- 同治十年（一八七一）錦城宝真堂刊本
- 一九二二年鉛印本
- 一九二三、二八年上海中華書局鉛印本
- 一九三一年北平清真書報社精印本
- 成都刊本、昆明刊本、馬福祥排印本

中華民国以降になると鉛印本が刊行されている。馬福祥排印本[4]とは民国以降の鉛印本を指す。

木 刻 本

さて、わが国内につたわる『天方性理』の木刻本には、敬畏堂本、還淳堂本、滇南本、錦城宝真堂本、の四種類がある。

一、敬畏堂本（早稲田大学図書館、東洋文庫、東京大学東洋文化研究所、天理図書館、関西大学図書館内藤湖南文庫）

全六冊。匡郭20センチ×15センチ。9行18字。黒口、黒魚尾、四周双辺。

この版本はいずれも版心に「敬畏堂」の文字がみえる。敬畏堂は黒鳴鳳が康熙四十九年（一七一〇）に序を撰した場所である。各図書館所蔵の敬畏堂本を比較すると、早稲田蔵本は載せられた序文の数がもっともすくなく、また封面に早稲田蔵本のみが「三成堂梓」の文字がある。他本は封面に「京江談氏重刊」とあり、また乾隆二十五年（一七六〇）京江談氏による「重刊天方性理序」がある。つまり敬畏堂で刻された『天方性理』が京江談氏によって重刊されたことがわかる。したがって早稲田蔵の敬畏堂本が初刻にちかいとかんがえられる。先述の白寿彝がいう康熙五十一年刊本は重刊されるまえの敬畏堂本であろう。白寿彝が康熙五十一年とするのは丁灝の序の記述によるとおもわれる。だが、早稲田蔵本にはこの丁灝の序がなく、もっとも古いものが康熙四十三年の袁汝琦序、新しいものが黒鳴鳳の康熙四十九年である。序の有無からいえば早稲田大学所蔵の敬畏堂本のほうが古いことになる。京江談氏重刊本は同治五年（一八六六）喬松年の序をもつことから刊行年はより下る。敬畏堂本と京江談氏重刊本とのちがいは、敬畏堂の封面に「三成堂梓」の文字があることくらいであり、文字の異同はない。なお、三成堂とは『天方性理』の「例言」によると、李封五（希栄）、馬耀寰（守徳）、黒羽輝（鳴鳳）の三人が資金援助して刊行したことにちなむ。また、早稲田蔵本の封面には日本イスラム協会の朱印があり、東文研蔵本は図説巻二が欠巻である。

二、還淳堂本（東洋文庫）

全六冊。匡郭23センチ×15センチ。9行18字。黒口、黒魚尾、四周双辺。

この版本には道光二年（一八二二）、馬大恩[4]による「重刻天方性理序」がある。この版本には、この書を刊行するにあたって校正などを行った人々の名が巻頭の「姓氏」欄に記されている。また他のどの版本にもみえる劉智が集めたイスラーム経典の目録「採輯経書目」がない。

三、滇南本（東洋文庫）

全六冊。匡郭20センチ×15センチ。9行18字。黒口、黒魚尾、四周双辺。

もっとも情報量のおおい版本である。封面に「同治癸亥（二年、一八六三年）滇南（いまの雲南省昆明）蔵板」とある。まずこの版本には「異同」となづけられた校勘表があり、文字の異同を二十二カ所指摘している。また採輯経書目は音訳と意訳とによる書名が四十冊あげられているのだが、この滇南本にはさらにアラビア語・ペルシア語表記が付されている。さらに図伝の四カ所に馬徳新[5]による注釈が挿入されている。四カ所の注釈名とその場所は以下のとおり。

「性理註釈巻二」＝図伝巻一・性理始分図の「又十四葉」
「補地体渾図補説」＝巻二・七洲分地図の二十九葉
「性理註釈」＝巻二・一貫洋溢図の三十四葉
「性理註釈・一息終古解文」＝巻五・一息終古図の「又三十二葉」

そして図伝の巻五が終わると、馬徳新「性理第五巻註釈」がつづく。その自序によれば、巻五が難解なため自分が注釈をほどこしたとのこと。この「性理第五巻註釈」には書扉とおなじく同治二年、宋延春の序が付されている。

四、錦城宝真堂本（国立国会図書館）

全六冊。匡郭24センチ×17センチ。９行18字。黒口、黒魚尾、四周双辺。

封面に「同治十年（一八七一）錦城宝真堂蔵版[6]」とあり、馬大恩の「重刻天方性理序」を載せる。この版本にも馬徳新の「性理第五巻註釈」が巻末にあるが、図伝への挿入は一カ所のみで、巻二・九天遠近図の黒鳴鳳按語のあとに「九天遠近各星大小図弁言」が挿入されている。なお、封面には南満洲鉄道株式会社東亜経済調査局蔵書の朱印があり、東亜経済調査局図書分類の分類番号が記されている。

活字本――鉛印本

活字本で現在確認できているものは光緒三十一年（一九〇五）排印本を底本としたものである。

- 民国十一年（一九二二）北京牛街清真書報社第十版（東洋文庫、天理図書館）
- 民国十二、三年（一九二三、四）上海中華書局排印本（東洋文庫、天理図書館、神戸大学付属図書館）
- 民国二十八年（一九三九）北京牛街清真書報社第十五版（京都大学人文科学研究所）

以上の数種類しか確認できていないが、この北京と上海とでそれぞれ発行されている鉛印本における明確なちがいは、北京版には馬徳新「性理第五巻註釈」があり、上海版にはそれがないことである。そして北京版の巻二・九天遠近図には錦城宝真堂本にならい、馬徳新の「九天遠近各星大小図弁言」が挿入されている。また北京版には馬大恩の「重刻天方性理序」を載せていることから「姓氏」の記載もあるが、上海版にはやはりない。北京版は錦城宝真堂を、上海版は京江談氏重刊本をもとにしているのがわかる。

以上のべてきた各版本のちがいをまとめて表にすると次頁のようになる。

表の最後にある「例言中の三成堂の説明」とは、先述したように、「三成堂梓」の由来を説明した部分をいう。ど

	敬畏堂本（早稲田蔵本）	京江談氏重刊本	還淳堂本	滇南本	錦城宝真堂本	北京	上海
王沢弘　天方性理序	○	○	○	○	○	○	○
兪楷　天方性理図説	○	○	○	○	○	○	○
袁汝琦序　康熙四十三年	○	○	○	○	○	○	○
梁潘賞　天方性理図説序　康熙四十三年	○	○	○	○	○	○	○
徐元正　天方性理書序　康熙四十七年	○	○	○	○	○	○	○
黒鳴鳳序　康熙四十九年	○	○	○	○	○	○	○
丁灝　天方性理書序　康熙五十一年		○		○			○
京江談氏重刊天方性理序　乾隆二十五年		○		○			
漢南馬氏重刻天方性理序　道光二年			○		○	○	
潘鐸　記　同治元年				○	○		
宋延春性理第五巻註釈序　馬復初自序　同治三年				○同治二	○	○	
喬松年　同治五年		○					○
馬福祥　重印天方性理序　民国十一年						○	○
採輯経書目	○	○		○	○	○	○
姓氏			○		○	○	
異同				○			
性理第五註釈				○	○	○	
例言中の三成堂の説明	○	○		○			○

の版本にも「例言」はあるのだが、三成堂の由来を説明する二行がけずられている版本がみられるのである。還淳堂本、錦城宝真堂本、上海版ではこの説明がけずられている。

序の有無から『天方性理』の版本系統をかんがえてみたい。黒鳴鳳が康熙四十九年（一七一〇）に李希栄、馬守徳とともに刊行した敬畏堂本が初版本である。早稲田大学に所蔵されているものがそれであろう。これをまず京江談氏が乾隆二十五年（一七六〇）に重刊する。同治二年（一八六三）の滇南本は京江談氏の序を載せ、漢南馬氏の序を載せないことから、京江談氏重刊本の系統に属する。京江談氏重刊本とはべつに敬畏堂本をうけつぐのが道光二年（一八二二）の還淳堂本である。京江談氏重刊本になって付加された丁灝がないのは敬畏堂本にちかいといえる。だがより重要なのは、敬畏堂本にはある「採輯経書目」「三成堂の説明」が還淳堂本にはなく、敬畏堂本にはない「姓氏」が還淳堂本にはある、ということである。「姓氏」は還淳堂本の校勘をおこなった人物ではない。つぎのようになっている。

- 鑑定＝熊愚斎賜履　王昊盧沢弘　徐子貞元正　王麓台原祁
- 考経＝袁懋昭汝琦　馬心喆光顕　馬恒馥景新　劉惟一国相
- 参閲＝黒羽輝鳴鳳
- 正文＝劉大山巌　馬佑上助　兪陳芳楷　梁青和潘賞
- 較梓＝李封五希栄　馬耀寰守徳　黒羽輝鳴鳳

王沢弘、徐元正、袁汝琦、兪楷、梁潘賞など初版本に序を書いた人物である。これが初版本にないのはおかしい。ほんらいはあったとかんがえるほうが自然である。また「例言」にある三成堂の説明をつぎにしめす。

書刻于四明、資成於三家。西涼李公封五、寧夏馬公耀寰、臨清黒公羽輝也。故曰三成堂梓。

三成堂の三人は「姓氏」の「較梓」の三人であり、いわば劉智のパトロンである。還淳堂本では「例言」の三成堂の説明のかわりに「姓氏」がくみこまれているのである。パトロンである三人のみを特筆するのが「三成堂」のやりかたで、校勘などにあたったほかの人びとと一緒に表記するのが「姓氏」のやりかたである。京江談氏が重刊するまえに、「三成堂」方式と「姓氏」方式の二種類があったのだろう。早稲田蔵本は「三成堂」方式を採用し、京江談氏重刊本も「三成堂」方式をうけついだ。還淳堂本も談氏の序を掲載しているので、京江談氏重刊本をもとに重刻したのだろうが、てもとには「姓氏」方式の敬畏堂本もあったのではないだろうか。ではどうして馬大恩は京江談氏重刊本をもとにしつつも「三成堂」の部分だけ削除し、「姓氏」にかえたのか。それは京江談氏重刊本の封面にはもはや「三成堂梓」の文字がなかったからである。馬大恩の「重刻天方性理序」によれば黒鳴鳳による版木はいちど燃えてなくなっていて、京江談氏があらたに刻したのがわかる。[7] そのときに封面の「三成堂梓」を模刻しなかった。これがなければ右の三成堂の説明の「故曰三成堂梓」は意味をなさない。『天方性理』のなかには「三成堂」という文字はどこにもでてこないからである。「故曰三成堂梓」とあるのに、京江談氏重刊本の版心は「敬畏堂」となっている。これでは意味不明である。したがって「三成堂」ということばがでてこない「姓氏」に差しかえて、馬大恩は版心を「還淳堂」にしたのではないか。では還淳堂本に採輯経書目がないのはどうしてなのかということになるが、こちらのほうはよくわかない。こちらも初版ではかならずあったはずであり、意図的に削除したのだろうか。馬大恩の還淳堂本をうけつぐのが、おなじ成都の錦城宝真堂本である。[8] ただ採輯経書目についてはおぎなっている。

活字本では上海版が京江談氏系統、北京版が還淳堂本系統になる。このことは三成堂の説明の有無、「姓氏」の有無とも合致する。また、馬徳新による「性理五巻註釈」の有無は、馬徳新が雲南の人であることを鑑みれば、滇南本におさめられたのは自然である。いっぽうその「性理五巻註釈」が宝真堂本にもおさめられているのは、宝真堂の余海亭が雲南にイスラーム典籍を買いつけにいき、滇南本を入手したことによるとかんがえられる。これについてはあとの『天方典礼』の宝真堂本のところでふれる。図示するとつぎのようになる。

初刻本（敬畏堂本）─┬─京江談氏重刊本→滇南本→上海中華書局
　　　　　　　　　└─還淳堂本→錦城宝真堂本→北京牛街清真書報社

最後に『天方性理』の本経にたいする注釈書についてふれておきたい。上述のとおり図伝には黒鳴鳳の按語が各章に付されているが、これとはべつにかれは本経の八字一句ごとに注を施している。『纂訳天方性理本経註釈』五巻がそれである。東洋文庫、天理図書館に所蔵されている。封面には「清源黒右軍著　光緒元年（一八七五）冬月　広邑馬思芳瀛洲氏重刊」とある。自序のほかに仇兆鰲が序を寄せている。総葉数百十二葉のちいさな書ではあるが、『天方性理』を読むうえで欠くことのできない数すくない注釈書であろう。

第2節　『天方典礼』の版本

『天方典礼』は康熙四十八年（一七〇九）頃に書かれた。『至聖実録』におさめられた劉智の自序である「著書述」によれば『天方典礼』はイスラームの儀礼・規範を、『天方性理』は哲理・理論を、『至聖実録』は以上二書の淵源を明らかにしたものとされる。[9]

ここでも『天方典礼』[10]の構成を確認しておく。『天方典礼』の自序によると、

愚、先君子の志を承け、天方礼法書を訳し訖わる。覧る者曰く、巻目浩繁なれば、読者之れを病まん。盍ぞ其の

要を択び以て初読者に便ならしめざるか、と。因りて全書中に於いて、其の最も民生日用に関わる者を択び、彙めて一帙と為し、典礼択要と曰う。覧る者曰く、簡なり。第だ初学の解せざる所有るを恐るるなり、と。因りて復た択要中に於て、其の初学の当に暁るべき所の者を撮りて、分節して之れを解す。

愚承先君子志、訳天方礼法書訖。覧者曰、巻目浩繁、読者病之。盍択其要以便初読者。因於全書中、択其最関於民生日用者、彙為一帙、曰典礼択要。覧者曰、簡矣。第恐初学有所不解也。因復於択要中、撮其初学之所当暁者、分節而解之。

とある。このように、劉智はまず『天方礼法書』を翻訳するが、煩瑣であると指摘され、もっとも「民生日用」に関連のふかいものをえらんで『典礼択要』とする。この書をさらに簡約化し、注釈を付してなったものが今日つたわる『天方典礼』である。したがって『天方典礼』はおおきくわけると、翻訳である「択要」部分とそれにたいする注釈である「解」部分からなる。木刻本では一段さがった部分が「解」に相当する。また本書の「例言」によると、

書有正文、有解、有大註、有小註、有実義、有広義、有考証、有集覧、有問答、有附論。

とあり、先述した「択要」部分がここにいう「正文」に相当する。(11) 解には大註と小註があり、大註は一段さがったもの、小註は双行注であろう。「実義」「広義」「考証」「集覧」は正文より一段さげてそれぞれ刻される。なお「正文」と「大註」は大字、「小註」以下は小字である。

ところで白寿彝は「校点『天方典礼択要解』序」において、自身が参考にした版本として、以下の四種類を挙げている。(12)

- 成都刊本。道光三年頃（一八二三）馬大恩が成都で刊行。さらに同治十年（一八七一）に成都で重刊。
- 広州刊本。同治十年、福建漳州（今の竜渓）に刊本があり、のちに広州につたわり、光緒二十五年（一八九九）

に広州で印刷される。また火災に遭い、版木は燃えたが、さらに補刻。

●馬延樹鉛印本。宣統三年（一九一一）上海の金子雲が五百部鉛印する。民国七年に南京の馬延樹が金子雲本によって上海中華書局に千部印刷させる。

●馬福祥鉛印本。民国十二年、上海中華書局で代印。

白寿彝は、以上の四刊本のうち成都刊本が最上であるとしたうえで、これら以外にも鎮江と昆明に刊本があるというが、かれ自身は目睹しえていない、という。日本国内においては以上の四種の版本はすべてみることができ、しかも鎮江本、昆明本もみられる。以下、木刻本の刊記の年代から古い順にみていくことにする。

木刻本

一、楊斐菉本（天理図書館、関西大学図書館内藤湖南文庫、『四庫全書存目叢書』所収天津図書館蔵影印本）

全六冊。匡郭20センチ×15センチ、9行18字。四周双辺、粗黒口、黒双魚尾。封面「金陵劉介廉纂述　天方典礼択要解」。

題簽は「天方典礼」で、各題簽に「不・可・須・臾・離・也」と『中庸』の一句が一文字ずつ記される。上海の金子雲が六冊本を四冊本にまとめなおした際に、各冊の題簽に「孝・弟・忠・信」と一文字ずつ付すまで、この『中庸』の文句をつけるスタイルは継承されていく。『天方性理』では『論語』里仁篇の「吾道一以貫之」が各冊の題簽に一文字ずつ付されていた。またあとでみるように『至聖実録』では各冊の題簽に「至聖心源行事全体大用」という句が、一字ずつ付されている。

『天方典礼』を刊刻した楊斐菉の序に「聖天子御宇四十有八年」とあることから康熙四十八年（一七〇九）ころに楊

斐菉が刊刻したことがわかる。便宜上、楊斐菉本と呼んでおく。

二、童国選重刊本（『回族和中国伊斯蘭教古典籍資料匯編』第一輯所収影印本[13]）（乾隆五年　一七四〇年）

全六冊。匡郭15センチ×12センチ[14]、9行18字。四周双辺、黒口、黒魚尾。封面「天方典礼択要解　金陵劉介廉纂述　京江童氏重刊蔵板」。

京江いまの鎮江で重刊された版本である。童国選「重刊天方典礼序」には重刊の際の状況がつぎのようにのべられている。

劉子介廉、天方典礼を著わす。乃ち中流の砥柱、学問の津梁なり。書成りて、一時、洛陽の紙貴し。意らずも十数載の後、板、火に遭う。是の書、流布すること甚だ広く、家ごと珍し戸ごと蔵すと雖も、然れども恐らくは年久しくして漸く凋残するに至らん。……今幸いに部帙尚お未だ分散せず。亟やかに資を捐し、重ねて付梓せざれば、人の子職に愧ずる所の者実に多からん。然るに功は独擅し難く、事は共済を期す。因りて金陵の諸学者に質すに、賛美を蒙りて曰く、道に任じ教を闡くは、早断を貴ぶ、と。遂に剞劂に付す。原板に照らし、只字も訛り無し。

劉子介廉著天方典礼。乃中流之砥柱、学問之津梁。書成、一時洛陽紙貴。不意十数載後、板遭於火。雖是書流布甚広、家珍戸蔵、然恐年久漸至凋残。……今幸部帙尚未分散。不亟捐資重付梓、人所愧於子職者実多。然功難独擅、事期共済。因質於金陵諸学者、蒙賛美曰、任道闡教、貴于早断。遂付剞劂。照原板、只字無訛。

『天方典礼』は山陽の楊斐菉らの協力を得て康熙四十八年（一七〇九）に初めて刊刻され、「洛陽の紙貴し」とあるように相当数が出回ったようである。しかし十数年の後には版木が焼けてしまう。版木は焼けてしまったものの、すでに刷られていた『天方典礼』は広く流布していたのでそれぞれの家がたいせつに保存していた。ところがそれらの書も月日がたつにつれて次第に破損し少なくなっていく。そこでまだ完全に残っていた『天方典礼』を、金陵の学者の協力を得て重刊したものがこの童国選重刊本ということになる。

三、滇南本（東洋文庫）（同治元年　一八六二年）

全六冊。匡郭29センチ×19センチ、9行18字。四周双辺、黒口、黒魚尾。封面「天方典礼択要解　金陵劉介廉纂述　滇南蔵版　同治壬戌年重刊」。

各冊の題簽には「不可須臾離也」の句が一字ずつ付される。序には重刊した馬大恩の序がある。馬大恩は成都の還淳堂でイスラーム典籍を刊刻した人物であるから、現在は伝わっていないが、還淳堂本が刊刻した『天方典礼』も存在していたはずである。この滇南本はその還淳堂本を重刊したものである。また、『天方性理』の滇南本もそうであったが、『天方典礼』の滇南本にも採輯経書目にあげられた書名にアラビア語あるいはペルシア語が付されている。これは馬徳新が付したのであろう。馬徳新はさきにみたように、『天方性理』の巻五などに注釈をしているし、また本経にたいするアラビア語による注釈『本経五章訳解』もあり、劉智の書にしたしんでいた。馬徳新は道光二十一年（一八四一）に雲南を出発し、メッカ巡礼（ハッジ）をおこなっている。かれはそれから各都市の学者たちとひろく交流して道光二十八年（一八四八）に帰国する。[15] 帰国後、雲南で経堂教育を開始するのだが、そのさいにアラビア語、ペルシア語を付したのではないだろうか。

四、錦城宝真堂本（東洋文庫、国立国会図書館）（同治十年　一八七一年）

全六冊。匡郭26センチ×17センチ、9行18字。四周双辺、黒口、黒魚尾。封面「天方典礼択要解　金陵劉介廉纂述　錦城宝真堂蔵板　同治十年辛未歳重鐫」。

馬大恩の「天方典礼序」を載せることから、滇南本を翻刻したものとかんがえられる。

ここで、本書を刊刻した錦城宝真堂についてふれておきたい。[16]錦城宝真堂は四川の余海亭（名は昭文）が成都に創設したイスラーム典籍出版社である。余海亭はもともと漢族であり、成都の回民食堂の料理人であった。回民との交流のなかでイスラームに感銘をうけて、イスラームの知識、アラビア語をまなぶ。ところが、当時の成都にはイスラーム典籍が少なく、回民たちの満足をえられる情況ではなかった。そうした情況を憂い、余海亭はイスラーム典籍の刊刻、印刷事業を決意する。そこで創設したのが宝真堂である。現在の東華門南街清真七寺付近にかれは食堂「長発園」を建てていたが、その横で宝真堂を開業したのであった。[17]「宝真堂」はクルアーンの中国語名である「宝命真経」からとっている。

注目すべきは、かれはイスラーム典籍や馬徳新をはじめとする雲南の回儒の書籍をもとめに、何度か雲南に買いつけにいき、それらを宝真堂で刊刻していることである。成都ではもともと道光年間ごろに馬大恩が還淳堂をひらきイスラーム典籍を刊行していたが、それらはもはや成都にはのこっていなかった。逆に同治年間に回民起義が頻発していた雲南にのこっていたのである。それらを余海亭が入手し、持ちかえって重刻した。したがって宝真堂が出版した『天方典礼』は、成都の馬大恩による序があるが、雲南から購入したものである。また前節でみたように宝真堂の『天方性理』は雲南の馬徳新の注をくわえたものであり、このことからも宝真堂で刊刻されたイスラーム典籍のおおくが雲南から伝わったものであることがわかる。

同治から光緒年間にかけて、宝真堂では劉智、王岱輿、馬注、馬徳新など著名な回儒が著したイスラーム典籍を二十種ほど刊刻していて、[18] イスラーム典籍出版に果たした宝真堂の役割はおおきいといわなければならない。さらにいえば、回民起義にもかかわらず、余海亭にイスラーム典籍を提供できた雲南の出版保存情況も評価すべきであろう。[19]

五、霞漳絳帳堂本（京都大学人文科学研究所）（同治十年　一八七一年）

全六冊。匡郭20センチ×15センチ、9行18字。四周双辺、小黒口（一部大黒口）、双黒魚尾。題簽はなく、封面は「同治辛未年重鐫　天方典礼択要解　霞漳絳帳堂蔵板」。

この版本は先述した白寿彝がいうところの広州刊本の底本となった福建漳州本であろう。この版本を刊刻するにいたった経緯が封面の次頁にのべられている。

是の書は乃ち吾人教を奉るの津梁にして、顛末備悉す。先哲劉子、漢訳して文を成す。字ごと斟し句ごと酌みて、言は簡にして、旨は該ぬ。大いに吾人を裨益する有りて、久しく世に行わる。近ごろ各路の兵燹に因り、原板に遺存するもの有ること鮮し。茲に同人を集め、冊に依り全板を翻刻し、現已に告竣し、酌刷し分送す。力薄くして延佈未だ広からざるを恐る。在列の同人、刷印に志す者有れば、漳東石鎮に到らんことを請う。多寡均しく刷に附す可し。遠近伝送すれば則ち教門幸甚く、吾人も幸甚なり。

是書乃吾人奉教津梁、顛末備悉。先哲劉子、漢訳成文。字斟句酌、言簡旨該。大有裨益吾人、久行於世。近因各路兵燹、原板鮮有遺存。茲集同人、依冊翻刻全板、現已告竣、酌刷分送。恐力薄延佈未広。在列同人、有志刷印者請到漳東石鎮。多寡均可附刷。遠近伝送則教門幸甚、吾人幸甚。

戦禍によって『天方典礼』の版木は失われたしまったので、翻刻しなおして『天方典礼』をいまいちどひろく流布せしめようとしたことが明確にのべられている。おそらくこの版本が、のちに広州において重刻されたのであろう。た

	楊斐菉本	童国選本	滇南本	宝真堂本	絳帳堂本
鹿祐　天方礼経序	○	○	○	○	○
徐倬　天方典礼序	○	○	○	○	○
景日昣　一斎書序	○	○	○	○	○
楊斐菉　康熙四十八年（一七〇九）	○	○	○	○	○
定成隆　跋　康熙四十九年（一七一〇）	○				○
童国選　重刻天方典礼序　乾隆五年（一七四〇）		○			
馬大恩　天方典礼序　道光二年（一八二二）			○	○	

だその広州本は日本ではみられないようである。なお、この版本は巻六まで版心の巻数の表記と実際の巻数が符合していない。

右にのべた各版本の序跋の有無は右のようになっている。掲載されている序の年代をもとにして各版本をならべると表のように楊斐菉本、童国選本、滇南本、宝真堂本、絳帳堂本の順になる。鹿祐、徐倬、景日昣、楊斐菉の序文は書かれた年代が明記されていないが、その内容から楊斐菉本に寄せられた序であることがわかる。最初に重刻されたのは童国選本であるが、他本は童国選の序を載せていないので童国選本と他本との関係は明確ではない。また宝真堂本は馬大恩の序を載せることから滇南本を重刻したものであり、滇南本→宝真堂本の系統が看取できる。ただ、童国選本、滇南本、宝真堂本はなぜか楊斐菉本にみえる定成隆の跋を載せていない。絳帳堂本にのみ定成隆の跋があるのである。したがって絳帳堂本は楊斐菉本を重刻したとかんがえることができよう。

それでは、以上の版本の流伝系統はどのように整理されるであろうか。序跋の有無から見ると、三系統がかんがえられる。楊斐菉本→絳帳堂本系統、童国選本、滇南本→宝真堂本系統の三つである。ただ滇南本→宝真堂本の系統は

	点訂	閲訂	参訂	較梓（枝梓）	仝較
1 原教	兪楷			楊斐菉	
2 真宰	兪楷			楊斐菉	
3 認識	兪楷			楊斐菉	
4 諦言		梁潘賞		楊斐菉	
5 念真		馬汝為		楊斐菉	
6 礼真		馬汝為		楊斐菉	
7 斎戒捐課		馬汝為		楊斐菉	
8 朝覲		馬汝為		楊斐菉	
9 禋祀			金学舒	楊斐蒽	馬明道　李持中
10 夫道婦道			楊斐菉	楊斐蒨	
11 父道子道			楊斐菉	楊斐蒨	
12 君道臣道			陳祖孝	楊廷桂	
13 兄弟朋友			楊九霞	劉可大	
14 民処			馬助	楊斐菉	
15 財貨冠服			馬禹錫	楊斐菉	
16 飲食上			丁灝	楊斐菉	
17 飲食下			丁晟	楊斐菉	
18 聚礼			楊斐菉	（楊斐菉）	
19 婚姻之礼			楊斐菉	男縄基厚存	
20 喪葬之制			馬星	楊斐菉	
21 帰正儀解			曹賢	楊斐菉	

馬大恩の序を載せていることから、還淳堂本を底本にしているはずである。

だが『天方典礼』の文字内容を比較検討すると、すくなくとも一カ所に決定的な異同がある。巻九の禋祀篇である。ここでいう禋祀とはクルバーン qurbān とよばれる犠牲祭のことであるが、楊斐菉本、童国選本、絳帳堂本（以下この三種を「楊・童本系統」と総称する）はすべてこの「禋祀」の文字を「古而邦 guerbang」と音訳した文字に代えている。滇南本、宝真堂本は「禋祀」のままである。「代えている」「禋祀のままである」といったが、これは版本をみたら一目瞭然、そこだけ字形がことなり、あとで彫りなおしたことがすぐわかるのである。『天方典礼』では各巻の冒頭にその巻の編集にたずさわった者の名前がしるされている。そのリストを表にしてみた。楊・童本系統の巻九には「仝較」をおこなった馬明道、李持中の名前がある。滇南本系統には「仝較」「馬明道、李持中」はない。あきらかにあとになって手がくわえられているのである。すべての版本で目次では「巻九・禋祀」となっているのも、もともとは「禋祀」につくっていた証拠である。

そして巻九の冒頭に禋祀の説明がなされている。滇南本系統と楊・童本系統をならべてくらべてみよう。

儒有禋祀之礼、以事昊天上帝。禋之為言、潔也。言潔意精誠以享於上帝也。吾天方聖教、有宰牲事主之典、名曰古而邦。蓋亦有潔己以希臨格之義。考其称名、大略与所謂禋祀略同、故余姑取之以名是篇、究其実義、則別有寄也。（滇南本系統）

儒有禋祀之礼、以事天。禋之為言、潔也。吾天方聖教、有宰牲事主之典、名曰古而邦。蓋亦有潔己以希臨格之義。考其名、与禋祀略同、究其実義、則別有寄也。（楊・童本系統）

儒教でいう禋祀とクルバーンのちがいをのべているのだが、滇南本系統では「昊天上帝」につかえるのが儒教の禋祀であるとするのにたいし、楊・童本系統ではたんに「天」に置きかえられていて、儒教色を削ぎおとしたかたちになっている。そして滇南本系統が、クルバーンと禋祀はほぼ同じ意味なので「わたしはとりあえずこれ（「禋祀」のこと）を篇名にした」といっているのを楊・童本系統は削除しているのである。以上から、楊・童本は初版に改変をくわえたものであることがわかる。

初刻本
　├〔還淳堂本〕→滇南本（雲南）→宝真堂本（成都）
　├楊斐菉本→絳帳堂本（福建）
　└童国選本（鎮江）

そうすると、初版を忠実にうけつぐのは滇南本系統になる。滇南本には馬大恩の序文があるので、滇南本のまえには還淳堂本があったはずであり、その還淳堂本が初版のままの版本を重刻したとかんがえられる。楊斐菉本にあるもっとも古い序跋は定成隆の跋（康熙四十九年、一七一〇年）であり、『天方典礼』を刊刻した楊斐菉の序が康熙四十八年（一七〇九年）であるから、序文から判断するかぎり楊斐菉本が古いことになるが、初版のかたちをつたえるのは滇南本、宝真堂本であることを指摘しておく。

活字本

活字本には以下のものがある。

○金陵叢書本

『金陵叢書』は民国三年から民国五年のあいだに完成している。編者である蔣国榜による「天方典礼択要解跋」が巻末に付されている。[20] また、この版本では「一斎書序」を書いた景日昣を景日眕としていて、金陵叢書本以降、活字本はこれにならってかすべて景日眕に作っている。

蔣国榜（一八九三年〜一九七〇年）は塩や南京の名産である緞子の製造販売で名を挙げた富豪回民の蔣翰臣の孫であり、『金陵叢書』以外にも『簡斎集』『清道人遺集』『嵩庵随筆』などおおくの編著がある。

この金陵叢書本には定成隆の跋があり、「禋祀」は「古而邦」に作る。楊斐菉・童国選本系統である。以下の活字本はすべて「古而邦」に作っていて、楊斐菉・童国選本系統がひろく流通していたことがわかる。

○上海中華書局　民国七年本（関西大学図書館）

全四冊。この書には馬榕軒（字は廷樹）による「続刊天方典礼縁起（宣統三年、一九一一年）」と「重刊天方典礼択要序（民国七年）」が巻頭にある。「続刊天方典礼縁起」にはつぎのようにある。

惟れ昔年、刊行する所の者、其の板広東・鎮江に存す。購閲不便にして、洵に欠憾に属す。延樹等久しく重刊印行し、以て広く書を伝えんと欲す。適たま金君子雲、自ら先ず塾欸を行い、鉛板五百部を刊印せんことを願う。

惟昔年所刊行者、其板存広東鎮江。購閲不便、洵属欠憾。延樹等久欲重刊印行、以広伝書。適金君子雲自願先行塾欸、刊印鉛板五百部。

二十世紀初頭の上海には版木がなく、広東と鎮江のみにあったことに注目したい。金子雲（一八六九年～一九三七年）は南京生まれの回民で、宣統元年（一九〇九）に結成された上海清真董事会の董事（理事）となった人物である。かれは現在、上海市伊斯蘭教協会がおかれている小桃園清真寺（旧称は上海清真西寺、上海西城回教堂）を創建するなど、上海でのイスラーム公益事業を活発におこなった。いっぽう、馬榕軒（一八六八年～一九二三年）は安徽和県生まれの回民で、海軍軍官である。上海清真董事会が結成された際、総董事長となり、民国七年に成立した南京清真董事会の会長となっている。[21] 馬榕軒の「重刊天方典礼択要序」によると、その後、金子雲が刊刻した五百冊はすでに贈ったり売ったりしてなくなってしまったので、あらたに千部刊刻したとのことである。したがってこの版本は馬榕軒が南京清真董事会の会長になった年に重刊されたものである。

また、「続刊天方典礼縁起」には、滇南本の項でも触れたが、金子雲が六冊本から四冊本にして各巻の題簽に「孝弟忠信」と一字ずつ付した経緯がのべられている。六冊本に付されていた「不可須臾離也」はそれぞれ対応する巻の象鼻にかかれている。

○北京牛街清真書報社　民国十一年本（天理図書館）

刊記によると光緒三十一年（一九〇五）七月初版で、民国十一年に馬福祥（一八七六年～一九三二年）が再版したものである。北京牛街清真書報社は牛街のアホンであった馬魁林が、経堂教育のために不足していたテキストを刊行しようと一九二二年頃に創設したイスラーム典籍出版社である。したがって初版がでた光緒三十一年にはまだ牛街清真書報社は存在していなかった。軍閥であった馬福祥は民国十年に綏遠（いまの呼和浩特）都統に任ぜられてから、それまで蒐集していたイスラーム典籍の抄本、刊本を校勘しはじめ、翌年から出版をはじめる。民国十一年には『天方性理』『天方典礼』、馬徳新の『大化総帰』『四典要会』など、民国十二年には張中の『帰真総義』、民国十四年には王岱輿の『希真正答』、民国二十年には『至聖実録』と、関連書籍を陸続と刊行する。[22] ちなみに現在みられる『天方性理』の活字本もすべて光緒三十一年（一九〇五年）排印本を馬福祥が重刊したものである。光緒三十一年に排印された活字本の来歴はわからないが、馬福祥は光緒三十一年排印本を所有していて、それを牛街清真書報社が再版したのであろう。

牛街清真書報社ではのちに石印機を購入することになるのだが、当初は印刷機がなく、中華書局や穆光印刷所に依頼して牛街清真書報社の名で出版していた。また鉛印が必要なばあいも中華書局、穆光印刷所に依頼していた。

この版本では木版本の各巻に記されていた点訂者、校梓者の名前が削られている。馬福祥がみずから校勘を行ったということで削除されたのであろう。また、巻頭に牛街清真書報社が出版していたその他のイスラーム典籍の広告が多く載せられ、一九二〇年代から一九三〇年代にかけて牛街清真書報社が精力的にイスラーム典籍を出版していたことがうかがえる。[23]

○北京牛街清真書報社　民国十二年本（天理図書館）

上記の民国十一年本とおなじく馬福祥が重刊したものである。ところが右の民国十一年本、つぎの上海中華書局民国十二年本と較べると、文字の異同が若干ある。[24]

○上海中華書局　民国十二年本（東洋文庫）

この版本も馬福祥が重刊したものだが、なぜか封面は「天方典理」となっている。

その他の活字本としては、天理図書館に「択要」部分のみをあつめた『典理本経』[25]がある。これは『天方典礼』の「択要」部分を経文とみなして、その経文のみを抜きだした書である。「典理」と題されているのは上記の上海中華書局民国十二年本をそのままふまえたのであろう。

また天理図書館には、奉天の清真寺教長、張徳順なる人物が巻末に「附回回教梗概」「附教典摘要」を付して回教紀元一三五六年三月（西暦一九三七年）に刊行した『増訂天方典礼択要解』が所蔵されている。[26]

第3節　『至聖実録』の版本

『至聖実録』はムハンマドの伝記である。ムハンマドの伝記としては海外の研究者にはやくから注目され、英語、ロシア語、フランス語などに訳され、日本でも田中逸平によって翻訳されている。[27]

まず『至聖実録』の初刻本が刊刻された経緯について概観したい。『至聖実録』におさめられた自序である「著書述」によると『至聖実録』が完成したのは雍正二年（一七二四）のことである。ただこの完成から刊刻までには時間を要した。『至聖実録』の刊刻のために東奔西走したのは劉智の師である袁汝琦の孫の袁国祚（字は景初）である。袁国祚が漢口（武漢）、武林（杭州）などをまわり、『至聖実録』の刊行のために諸氏に協力を請うたことが『至聖実録』の序文に散見する。[28] そうして『至聖実録』は乾隆四十三年（一七七八）にまず袁国祚が南京の啓承堂で最初に刊刻する。[29]

ところが乾隆四十七年（一七八二）に海南島出身の回民である海富潤が中国内地でのイスラーム遊学の帰途、広西巡撫の朱椿に『至聖実録』をはじめとするイスラーム典籍所持のかどで逮捕される、という事件がおこる。訴訟をへて、結果的には乾隆帝は海富潤を咎めることなく釈放し、イスラーム典籍は容認される。それをうけて、乾隆五十年（一七八五）に袁国祚が本書を「御覧天方至聖実録」として再印する（袁国祚「天方至聖実録後跋」の刊記による）。現存する版本はいずれもこの御覧後のものであり、巻頭には海富潤の訴訟の上奏文、上諭文が掲載されている。『至聖実録』は御覧となってから、道光七年（一八二七）に漢南還淳堂で、[30] 同治十一年（一八七二）に錦城宝真堂で、同治十三年（一八七三）に京口清真寺で刊刻されている。

木刻本

一、還淳堂本（関西大学図書館内藤湖南文庫）（道光七年　一八二七年）

全十冊。匡郭22センチ×15センチ、9行18字。四周双辺、白口、単黒魚尾。版心「還淳堂」。題簽「御覧天方至聖実録年譜」。封面「金陵劉介廉著述　至聖実録年譜　道光丁亥年重鐫　漢南還淳堂蔵板」。

各冊の題簽には「聖至心源行事全体大用」の各一字がそれぞれ付されているが、これは「至聖……」のことであろう[31]。また巻頭に海富潤訴訟にかんする上奏上諭文がある。

馬大恩の「重刻至聖実録年譜序」によると、

曩に漢訳の西経数種、金陵介廉劉子の天方典礼、性理、五功釈義、揚州岱輿王先生の清真大学、関中馬君実明経の衛真要略等の集の如きを見る。……然るに数先生の婆心もて前に世を救うこと有るも、後の学者をして以て其の伝を広め、其の教を布く無からしむ。僅かに一二の旧家蔵に恃むのみにして見る者鮮し。是れ前賢の大功未だ尽くは著れず、即ち同人の身心未だ尽くは淑ならず。余滋ます焉を戚む。因りて素ねて歴覧する所の経籍註釈の各書を以て、悉く剞劂に付す。今年春、復た至聖実録年譜一集を刻す。……

曩見漢訳西経数種、如金陵介廉劉子之天方典礼、性理、五功釈義、揚州岱輿王先生之清真大学、関中馬君実明経之衛真要略等集。……然有数先生婆心救世於前、使後学者無以広其伝布其教。僅恃一二旧家蔵、而見者鮮。是前賢之大功未尽著、即同人之身心未尽淑、余滋戚焉。因以素所歴覧経籍註釈各書、悉付剞劂。今年春復刻至聖実録年譜一集。……

とあり、道光期にもはやイスラーム典籍は「一二の旧家蔵に恃むのみにして見る者鮮し」という情況にあった。現在みられる『至聖実録』の版本ではこれがもっとも古いのだが、袁国祚が再印した乾隆五十年（一七八五年）から四十年程で稀覯本となっていたのである。

しかしそれは『至聖実録』にかぎったことではなく、劉智の『天方性理』『天方典礼』『五功釈義』、王岱輿の『清真大学』、馬君実の『衛真要略』など明末清初の代表的な回儒の著作もおなじ情況であった。馬大恩は道光二年（一八二二）、『天方性理』の刊刻を皮切りに、たて続けに上記の稀覯本をはじめ、ほかにも劉智の『天方三字経』『天方字母解義』、馬注の『清真指南』などを刊刻する。失われつつあったこれら明末清初の回儒の著作が馬大恩によって復活し、それが雲南、そしてまた成都の余海亭によって重刻されるのである。馬大恩は『天方性理』『天方典礼』『至聖実録』をはじめとする劉智の著作を蘇生させたのみならず、明末清初の代表的なイスラーム漢籍を復活させ、後世に伝えたという意味で、評価しなければならない。

二、錦城宝真堂本（東洋文庫、東京大学東洋文化研究所、『回族和中国伊斯蘭教古籍史料匯編』第一輯所収影印本）（同治十一年　一八七二年）

全十冊。匡郭20センチ×14センチ、9行18字。四周双辺、粗黒口、双黒魚尾。版心に堂名の記載なし。題簽「御覧天方至聖実録年譜」。封面「金陵劉介廉著述　較梓　漢南張正経治軒　予州白位西明　錦江馬元章品石

同治壬申年孟春　錦城宝真堂重鐫」。

この版本にも馬大恩の序文があり、還淳堂本をうけたものであることがわかる。『至聖実録』には雲南で刊刻されたものはいまのところないので、もし雲南で刊刻されなかったのであれば、馬大恩が刊刻したものが成都にのこっていたことになる。もちろん『天方性理』や『天方典礼』のように雲南で刊刻された可能性もあるのだが。

各冊の題簽には「至聖心源行事全体大用」の句が一字ずつ付されている。この版本にも海富潤事件にかんする上奏上諭文がある。なお、台湾広文書局『中国哲学思想要籍叢編』に収められた『至聖実録』はこの版本であるが、海富潤訴訟にかんする上奏上諭文は削除されている。

三、京口清真寺本（東洋文庫、国立国会図書館、東京大学東洋文化研究所）（同治十三年　一八七四年）

全二十冊。匡郭20センチ×14センチ、9行18字。四周双辺、白口、上黒魚尾。版心「啓承堂」。題簽はなし。

封面「劉介廉先生著述　同治甲戌年鐫　御覧　至聖実録　京口清真寺蔵板」。

さきのふたつの版本とおなじく海富潤訴訟にかんする上奏上諭文を載せる。また、題簽に「至聖心源行事全体大用」の文字はない。この版本の特徴は袁国祚「摹刻天方羣書序」のあとに「前輩先後著書二十余種、已刊十余、尚有十数種未経刻伝。今将已刻未刻諸書名目開呈於左」（以下「已刻未刻書目録」と略称）として、当時に刊刻されていた、あるいはまだ刊刻されていないイスラーム典籍が列挙されていることである。「已刻未刻書目録」は貴重な史料であるのでつぎにあげておく。

正教真詮　板存広東
清真大学
希真正答
清真指南　板存広東
教款捷要　板存京口
清真教考
清真蒙引
天方性理　京口存板
天方字母解義
五功釈義
清真釈疑　板存京口
天方三字経　此四種已重刻、板存京口

四篇要道
天方典礼　京口重梓
認礼切要　板存京口
至聖実録年譜　現在京口板存
三一通解
真功発微　板存広東
先賢言行録
真境昭微　即勒瓦一黒
天方学彙
千問録記
帰真必要　即黙格索徳
理法正宗

万物帰源
証言浅説　即捨哈徳忒
天方楽書
清真発蒙
密爾索徳

以上十数部未曾刊伝呈槁辨理、謹告諸君子継復前人将来以付剞劂、為渡世之迷津功光偉歟。

京口清真寺（いまの鎮江の城西清真寺。山巷清真寺ともよばれる）は咸豊三年（一八五三）に戦役で破壊され、同治十二年（一八七三）に再建されている。[32] したがって京口清真寺が再建された翌年にこの版本は刊刻されたことになる。

この「已刻未刻書目録」をみると、戦禍による寺院の破壊にもかかわらず、同治年間には京口（鎮江）にはいくつかのイスラーム典籍の版木が存在していたことがわかる（あるいは戦禍のために以上のものしか残らなかったといえるかもしれない）。さらには「板存広東」とあるように、広東の版木情報が掲載されていることから、広東のムスリムコミュニティーともつながりがあったことがわかる。『天方典礼』の版本でもふれたが（252頁）、上海中華書局民国七年本『天方典礼』の「続刊天方典礼縁起（宣統三年、一九一一年）」でも広東、鎮江に『天方典礼』の版木があったとのべられていた。したがって同治、光緒、宣統年間には広東、鎮江がよくイスラーム典籍の版木を保存していて、なおかつ江南と広東のムスリムコミュニティーが連携していたのである。また第1章劉智伝でもみたように、劉智が紹興から広東にわたった記述もあり（11頁）、じつは劉智のころから江南と広東は連絡があったのである。ムスリムのネットワークをかんがえるばあいに江南と広東のつながりは重要になってくるはずである。

なお、右の目録にある書物のなかで、劉智の思想を知るうえで注目すべき書についてふれたい。

- 『真境昭微』（『勒瓦一黒』）の原書は Jāmī が著した *Lawā'iḥ* で、劉智が漢訳したものが現在にも伝わっている。[33]
- 『密爾索徳』は Najm al-Dīn Dāya Rājī 著の *Mirṣād al-'Ibād* で、劉智の『天方性理』採輯経書目でいうところの『道行推原経』にあたり、明末清初に活躍した伍遵契が『帰真要道』の名で漢訳している。だがここでいう『密爾索徳』はおそらく原書の *Mirṣād al-ʻIbād* である。なぜなら、たとえば『真境昭微』などは「真境昭微　即勒瓦一黒」とあり、翻訳された書名がまずあげられ、そのあとにつまり *Lawāʼiḥ* のことである、という表現方法をとっている。したがって、もし伍遵契の『帰真要道』のことであれば「帰真要道　即密爾索徳」となるはずだからである。

- 『帰真必要』という書名の文献はいまのところ伝わっていないようだが、これは ʻAzīz al-Dīn Nasafī の *Maqṣad-i Aqṣā* の漢訳であり、劉智の『天方性理』採輯経書目では『研真経』と呼ばれ、劉智の思想形成を知るうえで重要な書である。この書は馬徳新が『道行究竟』と題して漢訳したとされ、また本書はペルシア語であるが、かれによるアラビア語訳もある。
- 『天方楽書』は『天方典礼』の後編に引かれている。また『天方性理』の袁汝琦の序によると劉智は「楽書」を著しており、この『天方楽書』がそうであろう。残念ながらつたわっていないようだが、イスラームの音楽にかんする書が中国にあったということは興味ぶかい。

右の京口清真寺本を重刊したものが二種類ある。

三―イ、東京大学東洋文化研究所、天理図書館（光緒元年　一八七五年）

全十冊。匡郭20センチ×14センチ、9行18字。四周双辺、白口、上黒魚尾。版心「啓承堂」。題簽「至聖実録年譜」。封面「金陵劉介廉先生著　至聖実録　同治甲戌年　板存鎮江清真寺」。

天理図書館蔵本は封面が破れており、刊記がないのだが、本の体裁からすると東京大学東洋文化研究所蔵本とおなじ封面であったのであろう。

この版本は一見するとさきの京口清真寺本なのだが、「已刻未刻書目録」の前につぎのような重刻の経緯をのべた記事が二葉挿入されていて、京口清真寺本の後刷りであると推察できる。

……於同治年間兵燹後、鎮城内外清真寺有至聖実録二部、訪得省都陝甘広東各処、板蔵全無。是以何人共襄勧勉

並蒙

統領督標新兵五営提督軍門尚勇巴図魯　朱淮森

統帯新兵営記名摠鎮前潜山営遊府　朱淮俊

統帯福靖左営儘先恊鎮前広営都閫府　王福祿

我教同人以及本城共襄刊刻、以垂永遠、相伝千古不朽矣。

光緒歳次元年　板存京口清真寺[34]

末尾に光緒元年（一八七五）とあるように、この年がこの書の刊行年である。さきの京口清真寺本が一八七四年の刊記なので、一年後ということになる。封面が若干変更され、海富潤訴訟にかんする上奏上諭文が削除されているが、匡郭などはおなじであるから、彫りなおしたのではあるまい。一八七四年に刊刻してから、右の重刻にいたる経緯を付けたして印刷したのであろう。北京、陝西、甘粛、広東には『至聖実録』の版木が残っていなかったことがのべられている。陝西、甘粛の状況にも言及があるのが興味ぶかい。

三—ロ、京都大学人文科学研究所[35]（宣統三年　一九一一年）

全十冊。匡郭20センチ×14センチ、9行18字。四周双辺、白口、上黒魚尾。版心「啓承堂」。題簽「至聖実録年譜」。封面「金陵劉介廉先生著　至聖実録　宣統三年重鐫　板存鎮江清真寺」。

封面の二葉後には「金陵劉介廉先生著述　同治甲戌年鐫　至聖実録　京口清真寺蔵板」とある。したがってこの版本も同治十三年の京口清真寺本を重刻したものである。しかし「已刻未刻書目録」はすでに当時の状況をあらわし得てはいなかったためであろう、削除されている。光緒元年本にあった重刻の経緯は載せられている。

	還淳堂本	宝真堂本	京口清真寺本
海富潤訴訟	○	○	○
補遺			○
已刻未刻書目録			○
王憒序	○	○	
題簽	○	○	
版心	還淳堂		啓承堂

以上の版本の特徴を表にするとつぎのようになる。「補遺」とは巻末の巻二〇の後にある「真教寺碑記」を指す。「王憒序」とは乾隆四十八年（一七八三）に書かれた序文で、初刻本にはなく、袁国祚が重刻した時に載ったであろう序文である。[36] また「題簽」とは題簽に「至聖（聖至）心源行事全体大用」の文字が付されているかを示している。

この表から『至聖実録』の版本は還淳堂本→宝真堂本の系統と京口（鎮江）清真寺本の二つの系統があることがわかる。『至聖実録』も『天方典礼』同様に初刻本は現在つたわっていないが、京口清真寺本の版心に「啓承堂」とあることから、京口清真寺本が袁国祚の初刻本を直接うけついでいるとかんがえられる。

なお、鉛印本としては天理図書館に民国十三年に馬福祥が重刊したものがあるが、同図書館所蔵の鉛印本は巻十までの零本である。

初刻本（啓承堂本）─┬─還淳堂本（成都）→宝真堂本（成都）
　　　　　　　　　　└─京江本（鎮江）

小結

以上にのべてきたことをまとめたい。

まず現在みられるもっとも古い版本は、『天方性理』は早稲田大学図書館におさめる敬畏堂本（康熙四十九年、一七一〇年）、『天方典礼』は楊斐菉本（康熙四十九年、一七一〇年）、『至聖実録』は成都の還淳堂本（道光七年、一八二七年）である。

『天方性理』は初刻本である敬畏堂本を、京江談氏が重刊した版本の系統（滇南本、活字本では上海中華書局本）と、成都の馬大恩が還淳堂で重刊した系統（錦城宝真堂本、活字本では北京牛街清真書報社本）の二つの系統がある。

『天方典礼』にかんしては、楊斐菉本系統、童国選本、滇南本系統の三種類がある。また還淳堂本（成都）の『天方典礼』は見られないが、滇南本、宝真堂本に馬大恩の序文があることから成都の還淳堂でも『天方典礼』は刊刻されていたはずである。序跋の古さからいえば楊斐菉本が古いが、楊斐菉本系統と童国選本は部分的に改められている箇所があり（巻九・禋祀）、滇南本系統のほうが古いかたちをとどめているとかんがえられる。

『至聖実録』は、成都の還淳堂本→宝真堂本系統と京口（鎮江）清真寺本系統の二種類ある。また京口清真寺本におさめられた「已刻未刻書目録」は当時のイスラーム典籍の出版情況を知るうえで重要な史料である。

明末清初の回儒が著したイスラーム漢籍は、道光年間に成都で馬大恩が多く刊刻したのを機に、同治年間にはいると雲南、そしてまた成都において刊刻がつづく。中国西南地域では成都→雲南→成都という流れでイスラーム漢籍が刊刻される。そうした意味で西南地域の出版の先駆となった馬大恩がイスラーム漢籍出版に果たした役割はおおきい。

また鎮江、広東にもイスラーム典籍はよく保存されていて、江蘇と広東のあいだにはなんらかの連絡があったとかんがえられる。

ところで、成都、雲南、江蘇、福建、広東いがいの地域において、少なくとも『天方性理』『天方典礼』『至聖実録』が刊刻された形跡は、いまのところみられない[37]。たとえば経堂教育がさかんであった陝西、山東などでは劉智の著作は刊刻されていない。陝西学派は「認主学」つまりイスラーム神学を重視し、アラビア語の習得におもきをおいたといわれ、いっぽう山東学派はクルアーンの注釈やペルシア語経典を重視されたとされる[38]。これらの地域ではアラビア語、ペルシア語教育がなされていたことから、原典主義がつらぬかれていた可能性がつよく、劉智をはじめとする漢語による著作はおもんじられなかったのであろうか。また一方で、劉智の書をおもんじた西道堂の本拠地である甘粛省からの刊本も今のところ発見できない。ただし『至聖実録』の京口清真寺本が重刻された経緯には、陝西、甘粛にも版木がなかった、とのべられていた。なかったというのは、以前はあったがいまはもうない、という意味であろう。もともと版木がある可能性のない地域にさがしにいかないはずである。そうすると西北でも印刷されていた可能性は否定できない。いまのところは（日本では）みられない、としておきたい。

注

（1）黒鳴鳳、生没年不詳。字羽輝。臨清（今の山東省臨清県）の人。康熙四十六年（一七〇七）に浙江提標右営游撃に除せらる。『天方性理』の刊行に助力する。著に『纂訳天方性理本経註釈』五巻がある。

（2）白寿彝主編『回族人物志・清代』（寧夏人民出版社、一九九二年）附巻之六・回回人著述伝知見目録、一九五頁。回族人物志巻三六・劉智、五八頁。

（3）馬福祥（一八七六年～一九三二年）字雲亭。甘粛河州（今の臨夏市）の人。寧夏を代表する軍閥。馬注、劉智等のイスラム教漢訳典籍を二十数種を刊行し、イスラームの啓蒙事業に貢献した。馬福祥については丁明俊『馬福祥伝』（寧夏人民出版社、二〇〇一年）がくわしい。

（4）馬大恩、字恵沢、号雲峰。成都の人。道光二年（一八二二）に『天方性理』を重刊し、続いて『天方典礼』『五功釈義』『清真大学』『衛真要略』などを刊行。道光七年（一八二七）に『天方至聖実録』『天方三字経』『天方字母義解義』、道光八年（一八二八）『清真指南』などを刊行。

（5）馬徳新（一七九四年～一八七四年）、字復初。雲南太和（今の大理白族自治州）の人。著に『四典要会』『大化総帰』など。

（6）錦城宝真堂はイスラーム経書出版社。同治年間、余海亭（昭文）が成都の東華門街に創始。王岱輿、馬注、劉智などの著を刊行。その子、余沢洲が経営を引きつぎ、百種近くの経典を印刷発行した。

（7）縁此書始刻於清源黒氏、後不戒於火、板已無存。継則刻於京江談氏、久已遍行海宇。然家置一編即秘不示人、為其途有遙邇、不易獲耳。況西北去南、水陸綿梗、更不易求。（馬大恩「重刻天方性理序」）

（8）前掲『回族人物志・清代』七二頁に「宝善堂」とあるのは「宝真堂」のあやまり。

（9）『至聖実録』著書述「典礼者明教之書也。性理者明道之書也。今復著至聖録、以明教道淵源之自出、而示天下、以証道之全体也。蓋三書者三而一者也。履階而登、升堂入室、其庶幾矣」。

（10）『天方典礼』の内容の簡単な紹介は角野達堂「回儒劉智の『天方典礼択要解』」（『支那仏教史学』第四巻第一号、一九四〇年）がある。

（11）『天方典礼択要訳注』雲南省少数民族古籍整理出版規画弁公室編（雲南民族出版社、一九九〇年）では「正文」を「択要」の見出しで表記している。

（12）注（11）前掲書所収。

（13）この叢書は寧夏少数民族古籍整理出版規画小組弁公室が影印し、天津古籍出版社から一九八七年に出版されたものである。おさめられている書は以下のとおり。

第一函『帰真総義』、第二函『希真正答』『清真大学』『真功発微』、第三函『天方典礼』、第四函『天方性理』、第五函『天方至聖実録年譜』、第六函『帰真要道』『修身指南』、第七函『清真指南』、第八函『清真釈疑』『清真釈疑補輯』『唐伝猷輯録』『回回原来』、第九函『古蘭経訳解』。続輯が期待される。

(14) ただしこの叢書はその他の典籍と同じ大きさに影印しているので、実寸ではないだろう。

(15) 馬徳新のハッジについては馬徳新じしんがアラビア語で書き、かれの弟子である馬安礼が漢語に翻訳した『朝覲途記』を参照。

(16) 宝真堂と余海亭にかんしては以下の論文を参考にした。馬彦虎「余海亭与成都宝真堂」(『回族研究』一九九二年第四期、寧夏社会科学院回族伊斯蘭教研究所)、白寿彝主編『回族人物志・清代』巻三七・馬大恩(寧夏人民出版社、一九九二年)。なお後者によると尹伯清に「余昭文伝」という論文があるというが未見。

(17) なお筆者は二〇〇四年八月に成都をたずねたが、東華門付近には宝真堂のあともなく、ムスリムコミュニティすらなかった。

(18) 馬彦虎前掲論文によると刊刻されたイスラーム典籍は以下のとおり。劉智『天方性理』『天方典礼』『天方至聖実録』、王岱輿『正教真詮』『清真大学』、馬注『清真指南』、張時中『四篇要道訳解』『帰真総義』、馬徳新『大化総帰』『四典会要』、黒鳴鳳『性理本経注釈』、唐敬徽『清真釈義補輯』、余浩洲『真功発微』、馬安礼『天方詩経』、『経文雑学』、『経文赫庁』、余海亭『漢文赫庁』『択要注解雑学』など。

(19) 雲南での出版状況はよくわからないのだが、馬徳新、馬聯元が経堂教育をおこなったのは雲南省玉渓市の大営村にある玉渓大営清真寺で、この清真寺でイスラーム典籍が刊刻されていた可能性がある。

(20) この跋文には「先生生今之世、遠適穆氏之土、博取古蘭等経及他科学、帰尽訳述之、一新其教」とあり、劉智が「穆氏の土(ムハンマドの地)」にいき、クルアーンや関連書を持ちかえり翻訳したことになっている。これはありえない。

(21) 金子雲、馬榕軒については『中国伊斯蘭百科全書』(中国伊斯蘭百科全書編輯委員会編、四川辞書出版社、一九九四年三月)

の当該項目を参照した。

(22) 注（3）前掲書『馬福祥伝』一五三頁～一五六頁を参照。

(23) 掲載されている書籍を列挙すると、王敬斎訳『回耶弁真』、王静斎訳『回耶雄弁録』（ともに回教と耶蘇教の別を論じたもの）、阿世格口述・張時中筆記『帰真総義』、劉智著『五功釈義』、金北高著『清真釈疑』、王岱輿著『正教真詮』、劉智著『天方性理』。価格、解題なども記されている。また牛街清真書報社の沿革、出版物目録等は運子薇「記北平清真書報社」（『回族研究』一九九二年第一期）にくわしい。

(24) そもそも、活字本は木刻本とくらべるといくらか文字の異同があり、注意を要する。活字本と木刻本との異同については、張嘉賓、都永浩の点校による『天方典礼』（天津古籍出版社、一九八八年）がくわしい。後記よると、かれらは乾隆五年（一七四〇）版本（おそらく童国選本）を底本とし、民国十一年版本を参考にしながら校勘している。そして乾隆本のほうがすぐれているという。たとえば民国本の脱けおちている箇所としてあがっているのは、巻一・念真の正文「知夫穆罕黙徳之為聖也、為聖之至」にたいする「若珠丸……而亦前古聖人之所未有者也」が一六〇字ほど、巻六・礼拝の正文「正時」の解「而其中即正時也」、そして正文「会礼二拝、典礼」の解「為附謝真主之義」とその按語である。

また乾隆本と民国本の異文としては、以下に挙げる巻六・礼拝の三例を指摘している（アルファベットは筆者が便宜上つけておいた。［　］内は双行注である）。

A

乾隆本

【正文】儀則者先端立。

【解】正身、面西、直立、毋偏倚、毋仰仆［左右為偏。依物為倚。身後為仰。身前為仆］。目矚叩所。

【正文】挙手。

【解】両手斉挙至耳。然後交手束於臍下［右手執左手。以大小二指作圏、束左手之指、其余三指平舗左手背上］。挙手之初、誦戒言、是為入礼。戒言者戒止一切塵思世務之言也［天方名特克比爾］。

民国本

【正文】儀則者先讃頌。

【解】両手斉挙至耳、頌讃言。是為入礼。此一讃名曰戒讃。戒者戒止一切塵思世務也［天方名特克比、特哈利嗎］。

【正文】端立。

【解】正身、面西、直立、毋偏倚、毋仰仆［左右為為偏。依物為倚。身後為仰。身前為仆］。交手束於臍下［右手執左手、以大小二指作圏、束左手之指。其余之指平舗左手背上］。

B

乾隆本

【正文】晡礼四拝、主制。

【解】晡礼無聖則、何也。晡礼為時甚暫、日落不容礼拝。日未黄、又為晌礼之時、其中晷影易度難以多拝。故只礼主制四拝。然主制前亦有聖則四拝。在守時者礼之、亦美功也。

民国本

【正文】晡礼四拝、主制。

【解】晡礼主制前亦有四拝。聖則曰副。行聖則礼之美功也。惟主制後無聖則亦無副功。在此時、礼副功拝為嫌疑［天方云馬加佬。七個時候、礼副功拝為嫌疑。暁既発、晨礼後日出、日正頂。晡礼後日入、昏礼前］。

C

乾隆本

【正文】凡礼拝、務当其時、務守其中。

【解】時即各礼之本時、中即各時之正候。毎一時皆有初、有中、有末。礼拝於本時之初之末亦為完礼。但未若礼於中時之為貴也。一日中者五礼之時各有所為中也。晨礼乃夜交昼之中、昏礼乃昼交夜之中、晌礼乃昼之中、宵礼乃夜之中。晡礼居四礼之中。経云、爾民、礼拝務守其中。其斯之謂也。一日中者心也。礼拝之人既端荘厳粛、恭敬於貌矣。必守制其心、毋使思慮旁騖偏著外馳。此義甚善。

民国本

【正文】凡礼拝、務当其時、務守其中。

【解】時即各礼之本時、中即各時応礼中正之候。毎一時皆有初中末、皆有応礼之正候。如晨礼、礼於時末、晌礼夏時、礼於時中、冬時礼於時初。晡宵二礼、礼於時中。昏礼、礼於時初［太陽一落、即礼昏礼不可延遅。遅則有過］。此為至貴時候也。一日中者五礼之時各有所為中也。晨礼乃昼交夜之中、昏礼乃昼交夜之中。晌礼乃昼之中、宵礼乃夜之中。晡礼居四礼之中。経云、爾民、礼拝務守其中。其斯之謂也。一日中者心也。礼拝之人既端荘厳粛、恭敬於貌矣。必守制其心、毋使思慮旁騖偏著外馳。此義甚善。

以上のように礼拝の順序がことなるのである。礼拝の順序は法学派によってことなるので、今後検討すべき問題である。このように乾隆本と民国本の異同はほかにもいくつかあり、張嘉賓等点校『天方典礼』では異同箇所をすべて明記していて便利である。

ただ、以上の三例を北京牛街清真書報社民国十一年本、十二年本そして上海中華書局民国十二年本の活字本間でくらべると、また異同がある。北京と上海で出版された民国十二年本のA部分は乾隆本と同じであり、また脱漏を指摘された巻六・礼拝の「正時」の解「而其中即正時也」は乾隆本と同じで脱けおちてはいない。ただその他の箇所は民国十一年本と同じであり、乾隆本とはたしかに異同がある。したがって活字本のなかにも異同があることがわかり、これらの異同にかんしては精査な校勘が必要であろう。ただ、以上の箇所について、木刻本では異同がみられなかった。

（25）この書には著者名、刊記などがまったくなく、鹿祐の序しかないため、『新輯天理図書館図書分類目録』では鹿祐の著書になっているが誤りである。

（26）書名の「増訂」はもちろん「附回回教梗概」「附教典摘要」を増したことを意味する。

（27）英訳は Isaac Mason, *The Arabian Prophet: A life of Mohammed from Chinese and Arabic Sources*, Shanghai, 1921, 日本語訳は田中逸平訳の『天方至聖実録』（大日本回教協会、一九四一年十二月）である。フランス語訳、ロシア語訳は未見。メイソン

の序文を参照。

(28) たとえば乾隆四十年（一七七五年）の賽璵「至聖実録年譜序」にはつぎのようにある。

歳乙未余自広陵署中回舟漢口、遇金陵袁君景初、以至聖実録年譜十冊授余曰、此吾郷先輩劉公一斎主筆也。乞先生序之。……袁君景初、承伊父祖之緒業、日孜孜以欲付剞劂。而袁君之用心苦矣。異日得卒是業。

歳乙未〔乾隆四十年〕、余、広陵の署中自り回り、漢口に舟し、金陵袁君景初に遇い、至聖実録年譜十冊を以て余に授けて曰く、此れ吾が郷の先輩、劉公一斎の主筆なり。乞いねがわくは先生之に序せんことを。……袁君景初、伊の父祖の緒業を承け、日び孜孜として以て剞劂に付さんと欲す。而して袁君の心を用うること苦《はなはだ》し。異日、是の業を卒うるを得たり。

また乾隆四十一年（一七七六年）の馬士芳「啓承堂新刻天方至聖実録年譜書序」にはつぎのようにある。

其書稿撰述編次有年、未経鐫出、不能垂志永久、蔵滞於今。幸得袁君景初先生、継劉子之苦衷、較梓成帙。……乾隆丙申冬月、袁君過訪武林、以実録年譜命余。

其の書〔『至聖実録』のこと〕の稿、撰述編次、有年なるも、未だ鐫出を経ざれば、志を永久に垂ること能わず、蔵せられて今に滞る。幸いに袁君景初先生を得、劉子の苦衷を継ぎ、較梓して帙を成す。……乾隆丙申〔四十一年〕冬月、袁君、武林を過訪し、実録年譜を以て余に命ず。

また乾隆四十二年（一七七七年）の改紹賢「天方至聖実録年譜序」にはつぎのようにある。

丙申冬、忽幸金陵景初袁老夫子下訪、示書、命弁展之、乃知継劉公之志、已付棗梨、賢実不禁一喜若狂也。……袁君既感先聖承天立教之苦、復憫後人茫然無指之難、不辞艱険、不避風霜、南北奔馳、創理剞劂、装潢成帙。……

丙申〔四十一年〕冬、忽ち幸いに金陵景初袁老夫子下訪し、書を示し、之れを弁展するを命ず、乃ち劉公の志を継ぐを知る。已に棗梨に付し、賢、実に一喜すること狂の若きを禁ぜざるなり。……袁君既に先聖の天を承け教えを立つるの苦を感じ、復た後人の茫然として指さす無きの難を憫み、艱険を辞せず、風霜を避けず、南北奔馳し、創理剞劂し、装潢して帙を成す。……

以上の序文から袁国祚の尽力ぶりがうかがえる。

(29) 乾隆四十一年（一七七六）とする説もある。おそらくこれは注（28）にあげた馬士芳の序文の刊記によるものであろう。だが、『至聖実録』の巻末に「乾隆四十三年歳在戊戌仲夏石城後学袁国祚景初氏較字」とあり、袁国祚の叙の刊記は乾隆四十三年であることから、最終的に出版されたのは乾隆四十三年である。

また海富潤にかんする朱椿の上奏文では「又漢字『天方至聖実録年譜』一部十本、『天方字母解義』一本、『清真釈疑』一本、『天方三字経』一本、倶系江寧回人劉智所著、袁国祚等于乾隆四十暨四十三等年刊行」とあり、袁国祚は乾隆四十年から四十三年にかけて『至聖実録』いがいの回儒漢籍を刊刻していたことがわかる。

(30) 中国伊斯蘭教協会印『天方至聖実録』の「重印《天方至聖実録》序言」（一九八四年）によると道光四年にも漢南還淳堂で刊刻されているらしい。

(31) この句は『至聖実録』の序跋にみえる。たとえば賽璵「至聖実録年譜序」にはつぎのようにある。

無実録則至聖之心源不顕、無年譜則至聖之行事不彰。心源不顕則偽学雑出而無以見其全体。行事不彰則意見偏執而無以見其大用。……至聖之大無不包、正無不範、精無不備、其心源行事、全体大用、昭著一時、垂憲万世、不無稍補其万一云。

また袁国祚「至聖実録後跋」にも、

吾教至聖心原《ママ》行事、全体大用、実著於年譜一書、而性学即今寄於性理、真境昭微等。

とある。

(32) 光緒五年何紹章、楊履泰等纂『丹徒県志』巻六に「城外山巷清真寺在康熙年間廓其基宇、咸豊三年毀于兵燹。同治十二年重建」とある。

(33) Jāmī の *Lawāʼih* は松本耿郎氏による日本語訳がある。「ジャーミー「閃光」Lawâʼih についての基礎的研究」（平成一〇―一三年文部省科学研究費補助金《基礎研究（C）２》）。

(34) この記事と「已刻未刻書目録」の順序は東洋文化研究所本と天理図書館本とでは逆になっている。

(35) 書扉には「劉徳正　遵古堂　印刷所　天津西馬路清真寺北蔡家胡同内」との印記が押されている。

(36) その序に「此書得呈御覧、不加飭禁」とあることからも海富潤事件の後に書かれたことがわかる。

(37) 広東から出版された実物はないが、版木がのこされていた時期があるのだから、刊刻されていたのだろう。

(38) 邱樹森主編『中国回族史』（寧夏人民出版社、一九九六年）五一九頁、楊懐中、余振貴主編『伊斯蘭与中国文化』（寧夏人民出版社、一九九五年）三八〇頁などを参照。『伊斯蘭与中国文化』では山東学派はアラビア語とペルシア語両方を重んじたとする。

第９章　中国ムスリムの音訳特殊漢字と小児経

図にあげた文字は余海亭という漢族ムスリムが著した『漢字赫庁』（光緒八年、東洋文庫蔵本による）に付されたアラビア文字と漢字の対音表である。(1) こうした文字がアラビア語経典をよむ際に使用されたことがあった。普通に使用される漢字ではあらわしにくいアラビア語音をなるべく正確に伝えようとしたのである。

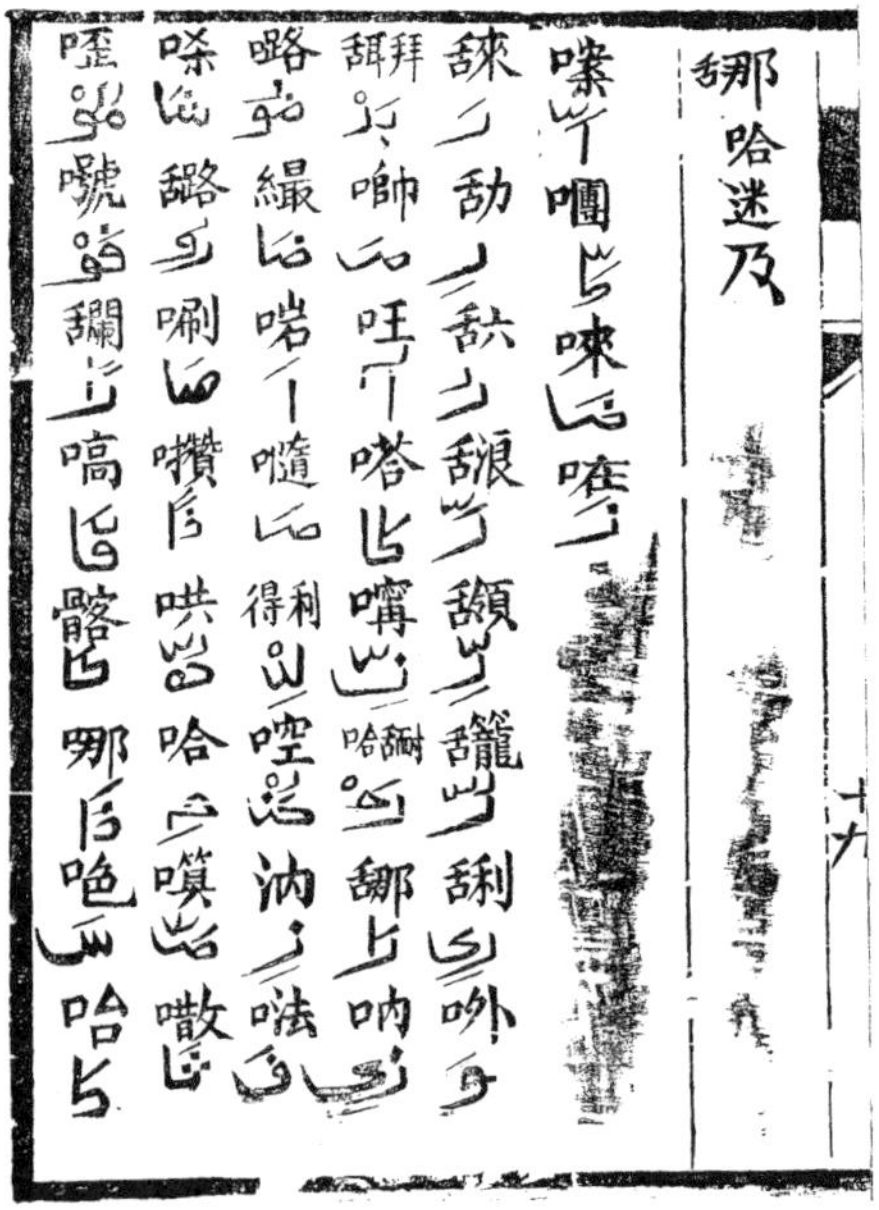

唐代以降、アラブ・ペルシア商人が中国の地を踏み、モンゴル人支配による元朝のころになるとイスラームが中国に定着していった。だが漢語によってイスラームの思想をあきらかにしようとする営みは明末以降になってやっとあらわれる。いわゆる回儒とよばれる王岱輿、馬注、劉智らがその先鞭をつける。かれらの著した書にも音訳した単語がみられるが、図にあげたような特殊な漢字はつかわれていない。そもそもかれらの著作はイスラームの思想がどのようなものであるかを闡明することに主眼がおかれていたのであり、翻訳せずに音訳ばかりしていては何のための書かわからないのである。たとえば劉智『天方典礼』の「例言」では、アラビア語・ペルシア語を漢語に翻訳するばあ

い、できるものとできないものがあるという。「事を述べ理を解するは其の訳す可き者なり」事柄を陳述したり、意味を解説するばあいは翻訳できる。だが「人名、地名は訳す可からざる者なり」と指摘している。

いっぽう日常の礼拝や儀礼にかんするより実用的な書物においては音訳が重要なものとなる。ムスリムは一日に五度の礼拝をするが、その際にはアラビア語による章句をとなえなければならない。またクルアーンの文句は意味の理解にかかわらず原音でよまなければならない。冒頭の『漢字赫庁』の「赫庁 heting（ほかに孩提母、孩聴、亥帖とも表記される）」はアラビア語 khātam の音訳で、「封印」を意味する。たとえば khātam annabīyīn（預言者の封印）でムハンマドのことを指す。ムハンマドにすべての預言者が集約されているのである。この「赫庁」を冠した書物はクルアーンの封印、集約であり、クルアーンのなかから礼拝や儀礼で頻繁に読誦される重要な章を抜きだしたものである。こうした「赫庁」は広く中国で編まれて利用された。楊懐中、余振貴主編『伊斯蘭与中国文化』（寧夏人民出版社、一九九五年）によると中心となる章は、一、三六、六七、八六、八七、九三、九四、九七、九九、一〇二、一〇三、一〇五～一一四の二十一章で比較的短い章である（四三二頁～四三三頁）。『漢字赫庁』は選びだされたクルアーンの章句をすべてさきほどの特殊文字を含めた漢字で表記したものである。本文にはアラビア文字は一切なく、漢字はアラビア文字の音だけを表しているので、一見、なにが書かれているのか見当がつかない。

礼拝、儀礼にかんする書は伍遵契（一五九八年頃～一六九八年頃）『修真蒙引』あたりから刊刻されはじめるが、はじめて音訳の文字にこだわったのが咸豊から光緒年間にかけて活躍した余海亭であった。余海亭は四川の人で、もとはムスリムではなく、成都の回民食堂ではたらく漢族のコックであった。回民と交流するうちにイスラームに改宗する。そして当時の成都にイスラーム典籍が少なかったことを憂え、宝真堂というイスラーム典籍出版社をひらく。この宝真堂のおかげでかなりのイスラーム漢籍が現在につたわっている。余海亭は『漢字赫庁』のほかに『択要注解雑学』

という書も著している。「雑学」とはムスリムの常識よみもので、沐浴、斎戒、礼拝などのやりかたを解説したものだが、その『択要注解雑学』は雍正から乾隆年間にかけて成った『真功発微』のアラビア文字部分に音訳を付したものである。その音訳文字も図にあげた特殊な漢字を使用している。『択要注解雑学』は西南、西北地区のムスリムのあいだで広くよまれ、一九八二年に中国伊斯蘭教協会から影印出版されている。この影印本の書末には特殊な漢字に対する校正表が付されている。一見しただけではどのような音なのかがわからないからであろう。おそらくは当時のムスリム達もわかっていたわけではなく、アラビア文字を話せる人に実際にアラビア文字を発音してもらって、その文字の音を頭にたたきこんでいったのではないか。

アラビア文字音を表現するための特殊な漢字は楊竹坪『雑学音義』（民国九年）にもみえる。この書も「雑学」について解説したものだが、その序にアラビア語経文の読みかたについてつぎのようにある。「一字でも読みまちがえれば、その意味は壊れてしまい、礼拝も真正なものでなくなってしまう」。一字一句、正確に読むことの重要性が強調されている。そのためになるべくアラビア文字音に近づけるための翻字が特別な漢字によってなされるのだが、それでも「アラビア語を漢字で置きかえた音はぴったり合っているものとそうでないものがあり、また各地で漢字の読みかたもことなる。したがってアラビア語の経文と漢字に置きかえた音は大きく異なってしまう。その違いを知るためには二十八個のアラビア文字の音を知らなければならない」とあり、楊竹坪じしんも音訳の限界をみとめている。そして「漢字で置きかえた書を読むのに習熟したなら、必ず経典を知っている人について本来の音を口伝してもらわねばならない」とのべている。

ただしこうした文字はそれほど流行したわけではない。逆に一般に使われる漢字を用いて音訳したケースの方が多い。楊竹坪が指摘するように各地で漢字の読み方が異なる、つまり方言によって音訳のされかたも異なるのである。

したがってその地域にのみ有効な表記方法といえる。

いっぽう漢語を母語とするムスリムのあいだで、アラビア文字によって漢字の音を表記するという方法がひろく行われていたことも知られている。「小児経」(あるいは小経、消経、小児錦などとも)と呼ばれているものがそれである。古くは元・明代の碑文にみえるとされる。そうであればもっとも古いピンイン文字ということになる。[2] 以後、明代の嘉靖から万暦年間に胡登洲がはじめたとされる経堂教育(モスクにおけるイスラーム経典教育)において経典の注釈などに用いられ、のちにメモや手紙といった日常生活における筆記にもつかわれるようになった。

この小児経は先ほどの特殊漢字とはちがい、現在もなお地域によって使用されているし、また小児経を採用している出版物も見うけられる。図にあげたのは小児経によって書かれたクルアーンで、[3] その第一章、ファーティハ(法諦哈)章と呼ばれる章の冒頭部分である。一段目はアラビア語による章題、二段目がその漢語訳。本文は上から四段目から始まるが、四段目がアラビア語、その下の細字のアラビア文字が小児経、そしてその下が漢語訳である。小児経は漢語訳の音を表していて、ちょうど日本語の振り仮名のような形になっている。

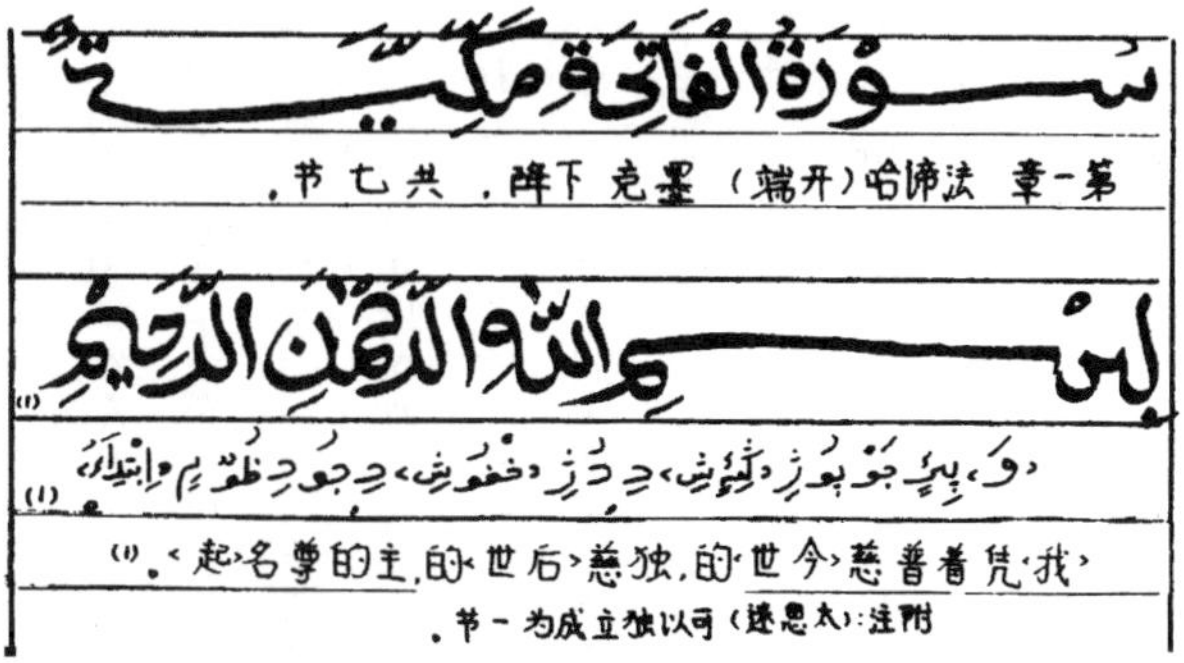

アラビア文字は全部で二十八文字であり、漢字にくらべて覚える量ははるかに少ない。そもそも漢字の音を覚えるより、アラビア文字の音を覚えるほうがきわめて労力が少ないのである。したがって特殊漢字が廃れ、小児経が存続しているのは当然のことかもしれない。

ただし黒岩高氏らが行った貴重な調査が示すように、小児経が現在の中国において、積極的に使用されているとはいいがたい。[4] 調査によると、小児経を使用する人々の年齢層はかなり高く、地域差もあるがどちらかといえば老人である。また中国人ムスリムからは「新式のイスラム教育を受けているので、小児錦を習ったことはない。読めもしない」（六十八歳、研究者、雲南）、「漢字を使わないと馬鹿にされるので、自分で使ったことはない」（三十八歳、アホン、雲南）といった認識が多く聞かれる。小児経の使用が漢字の読み書きができないことの表明になり、ひいては「文化水準の低い人はまだ使っている」（四十代、経営者、臨夏）とまで言わしめる状況となっているのである。

裏を返せば党中央による識字教育が成功した結果でもある。その証拠に、漢字識字率が低かったころに創りだされた特殊漢字じたいは衰退したが、現在の簡体字漢字によるアラビア文字の音写は今なお行われている。『漢字赫庁』で使用された特殊漢字が敬遠されたのはその複雑さによるのではなく、識字率によるものだろう。識字率がこのまま上昇していくと、アラビア文字原音主義とあわさって、あるいは余海亭が開発した特殊漢字よりさらに精緻で、アラビア文字の音に忠実な漢字が作られる可能性もゼロではない。

しかし、また逆に、自身の祖先が使用していたアラビア文字を民族のアイデンティティとして強く認識し、アラビア文字習熟を徹底化させれば、アラビア文字の音をわざわざ漢字によって表記する意味は薄れる。さきの調査によれば、小児経不要論も存在する。また、中国内陸部のムスリム（ムスリマも含めて）がアラビア語を習得して、中東から中国製品を買い付けにくる業者を相手にする通訳として活躍し、経済的に成功する例も聞かれる。彼らにとってアラビア文字を読めないという事態は解消されている。そうなると漢字によるアラビア文字音表記は漢民族に対してアラビア文字の音をどのように示すかという問題になる。

漢字によるアラビア文字表記、アラビア文字による漢字音表記。いずれも音韻学や方言研究の資料ともなりうるのだが、それだけにとどまらず、中国ムスリムをかんがえるうえで重要な現象である。

注

（1）財団法人東洋文庫所蔵のものを使用させていただいた。記して謝意を表したい。

（2）楊占武『回族語言文化』（寧夏人民出版社、一九九六年）第十章・小児錦。

（3）馬振武訳『古蘭経（経堂語漢文、阿拉伯文、小児錦対照本）』（宗教文化出版社、一九九五年）。仁子寿晴氏所蔵のものを使用させていただいた。記して謝意を表したい。

（4）黒岩高「中国各地における小児錦の使用状況と出版物について――雲南・甘粛省を中心に――」（町田和彦、黒岩高、菅原純共編『中国におけるアラビア文字文化の諸相』東京外国語大学アジア・アフリカ言語文化研究所、二〇〇三年）。なお同書に掲載されている「収集「小児錦」書籍目録」も貴重な資料である。

第10章　定本『天方性理』

本稿は『天方性理』の本文と劉智による自序、そして黒鳴鳳の跋を諸本によって校勘したものである。敬畏堂本を底本とし、京江談氏重刊本（談と略称、以下おなじ）、還淳堂本（還）、滇南本（滇）によって校勘した。文字の異同はページごとに注記した。図は関西大学図書館内藤湖南文庫所蔵の京江談氏重刊本のものを使用した。

なお滇南本には校勘表が付されている。この校勘表は、訂正した結果のみを指摘しており、もとのテキストがどのような文字であったかの指摘はない。訂正した結果が他本と同字の場合が多いが、その情報もすべて反映させた。「滇云、……」とあるのがそれである。

また各図伝（巻一から巻五）の冒頭には目録があるが、本経（巻首）の直前にある目録と内容はおなじであるので省略した。

天方性理自序

智也、固學天方之學者也。然私竊自謂不盡窺經史、旁搜百氏、則天方之學猶止行乎一隅而非天下之公學也。智少從先君子漢英公、趨庭問學即好泛覽群書。而先君子深於天人性命之旨、亦嘗以己所默喻者示諸同人、居嘗撫膺而歎曰、天方之經、析理甚精。但恨未能漢譯之、俾其廣昭於斯土也。是先君子啓智以從事於斯也。因深探力索、以求通天方之經。而未敢以自是也。無何先君子逝。智尋覽遺經、揩摩手澤、輙泫然以悲、益復自奮。於是謝絶人事、不惜傾囊、購百家之書而讀之。復及蕋笈蓮藏、僻居於山林閒者蓋十年焉。恍然有會於天方之經、大同孔孟之旨也。然猶未敢以自是、質疑問難於天方之學者、必求其貫徹始終而表裏精粗無不各極其致。乃喟然曰、經則天方之經、理乃天下之理。天下之理而不使天下共聞之而共明之、甚非聖人著經之意也。公之天下、著經者之意快、而先君子之志亦快矣。因於數大部經中、擇其理同而義合者纂爲一書。卽漢譯性理本經也。凡五章、首言大世界理象顯著之序、以及天地人物各具之功能與其變化生生之故。次言小世界身性顯著之序、以及身心性命所藏之用與其聖凡善惡之由。末章總合大小世界分合之妙理、渾化之精義、而歸竟於一眞。其文約、其旨該。天方性理之奧蘊亦見端於此矣。智猶恐初學之有疑也。復因經立圖、以著經之理、因圖立說、以傳圖之義。說凡六十、釐爲五卷。竊欲學天方之學者、觀圖以會意、觀文以釋經、不滞方隅之見而悟心理之同、不涉異端之流而秉大公之教。庶不負先聖著經之意、以成先君子素志而已。

天方學人　金陵　劉智　謹識

例　言

是書有本經、有圖、有傳。本經五章列於卷首、圖傳六十篇分五卷次於後。蓋因經立圖、因圖立傳、圖以著經之理、傳以詳圖之義、而性理之底蘊思過半矣。

本經集諸經而成一經也。其文見六大部經中。今將某節見某部、分注其下、以俟考焉。

傳文仍本經傳之義。編輯成文、非敢竊取諸家、亦非私意杜譔。文理字句班班可考。其所采輯經目附列書首、不分注傳中。

會義著圖者傳所不盡傳之意也。言之所示者有盡、意之所示者無盡。閱斯圖、可會其意於言外。

有總圖、有分圖。總圖以發明經理之次第、分圖卽從總圖析取而分屬焉。經傳之義恐有弗透、又增附數圖以發明之。

是書語義悉本天方之經、閒有經文難於漢譯、不得不用別文以傳之。文雖不合、義無不合也。

是書乃言理之書、非言象數之書也。故言理詳、言數略。略於象數而又不得不言及於象數者、蓋象數亦理中所本有之象數。故言理而亦不得不兼及之也。閲者勿謂是書長於理、略於數。

通部皆漢譯成文。惟最上兩天仍用天方之名稱之。蓋因下七天各司一政。其天之名卽以各有所司之政名稱之。最上兩天無所不司。故其名無專稱。無專稱而以漢文譯之則不能盡其兩天之義。故於九天仍稱之曰阿而實、於八天仍稱之曰庫而西。

是書之著也、期以無負造物生我之意耳。造物生人、各有所用。予之精神、若用之世亦或可以自見。乃不樂用之於彼、而樂用之於此者、蓋亦造物之詔我從事於此也。

書刻于四明、資成於三家、西涼李公封五、寧夏馬公耀寰、臨淸黑公羽輝也。故曰三成堂梓[1]。

①この行、還なし。

採輯經書目

古爾阿尼　　寶命眞經
特福西爾噶最　　噶最眞經註
特福西爾咱吸堤　　咱吸德眞經註
勒瓦一合　　昭微經
額史爾　　費隱經

默格索德　　研眞經
密邇索德　　道行推原經
努爾一拉希　　眞光經
墨掔集理　　踐趨品第
魯把亞愓　　性學歌訣

哲瓦希爾　理言珠璣
勒推福討黑德　致一微言
咱度撤立欽　道行資成
克實福候祝卜　性學釋疑
米拉土引撤尼　人鏡
克實福額思剌而　性學啓蒙
默瓦吉福　格致全經
斡咱一福　六十稟
閃洗葉　名理眞宗
葉撤五枝　名理解
二林亞法肐　寰宇述
哲罕打尼識　寰宇述解
額福阿祿額福剌乞　天德元機
額合啶目克瓦乞卜　天經情性
阿撤爾歐六巍　玄穹象解

二數度克比爾　曆學大全
查密爾必剌地　天下方域
墨拏積里必剌地　坤輿考略
海亞土額噶林　七洲形勝
葉瓦基特　月令紀
啶密理特爾比而　解夢大全
吉所安必雅　列聖紀錄
特爾準默穆蘇托法　至聖實錄
吉所密邇剌直　登霄錄
特自啓爾奥理雅　群賢錄
設哲爾拏墨　世譜源流
墨咱吸卜　教類源流
合哲爾拏墨　寶產譜
索哈合　字正
米幅他合歐魯密　文鑰

纂譯天方性理卷首

纂譯天方性理圖傳

目錄

眞一還眞　目終

纂譯天方性理卷首

本經

第一章（總述大世界造化流行之次第）

最初無稱、眞體無着。惟茲實有、執一含萬。惟一含萬、妙用斯渾。惟體運用、作爲始出。昭微經 眞理流行、命昭元化。本厥知能、爰分性智。一實萬分、人天理備。中含妙質②、是謂元氣。先天之末、後天之根。承元妙化、首判陽陰。陽舒陰斂、變爲火水。火水相搏、爰生氣土。氣火外發、爲天爲星。土水內積、爲地爲海。高卑旣定、庶類中生。道行推原經 造化流行、至土而止。流盡則返、返與水合、而生金石。金與火合、而生草木。木與氣合、而生活類。格致全經 活與理合、而人生焉。道行推原經 氣火水土、謂之四元。金木活類、謂之三子。四元三子、謂之七行。七行分布、萬彙生成。格致全經又研眞經 殊形別類、異質分宗。格致全經 理隨氣化、各賦所生。費隱經 大化循環、盡終返始。故惟人也、獨秉元精、妙合元眞。理象既全、造化成矣。道行推原經

②滇云「含字誤。」

第二章（分述天地人物各具之功能）

一眞衍化、理象章陳。理具於知、象見於能。費隱經 知預先天、能衍後天。先以象著、後以理形。道行推原經 理象相屬、性命以位。研眞經 理象附形、妙用以呈。道行推原經 人曰知能、物曰功用。同上 理同氣異、以辨愚智。體圓用虧③、以適時宜。費隱經 渾同知能、是至聖性。任用知能、是大聖性。順應知能、是欽聖性。顯揚知能、是列聖性。希望知能、是大賢性。體認知能、是智者性。堅守知能、是廉介性。循習知能、是善人性。自用知能、是庸常性。禽獸知覺、草木生發、金石堅定、同是知能、弗稱知能。研眞經又道行推原經 惟阿而實、代行化育。惟庫而西、錯合變化。創無爲有、厥惟土天。發隱成著、厥惟木天。化小爲大、厥惟火天。章明貴顯、厥惟日天。結交離合、厥惟金天。化蠢爲靈、厥爲水天。改移流動、厥惟月天。風以動之、火以發之、水以滋之、土以奠之、金以定固、木以建立、活類運行。凡是功用、萬化仰藉、一粟之生、九天之力。格致全經又天經情性 物產以異。日星景麗、元象以見。東西運旋、變化以出。同上 四行專注、方位以定。四氣流通、歲時以成。格致全經 七洲分地、四際分空、化育以從。雲雨雪雹、露霧沙塵、皆所由資、以妙元功。同上 察形辨義、觀象悟理、先天後天、一貫而已。昭微經

③體圓用虧＝體中用和（滇）。滇云「中用和三字誤。」

第三章（總述小世界身性顯著之由）

溟漠運精、元祖誕降。髭乳感孕、支裔衍生。道行推原經 初惟一點、是爲種子。藏於父脊、授於母宮。承繼先天、妙演後天。胚胎兆化、分清分濁。本其二氣、化爲四液。黑紅黃白、層包次第。四本升降、表裏形焉。紅者爲心、黃者其包、

黑者爲身、白者其脈。身心既定、諸竅生焉。肝脾肺腎、眼耳口鼻、體竅既全、靈活生焉。研眞經又道行推原經又格致全經 靈活爲物、包備萬性。與種俱存、與胎俱生。隨厥形化、而運其機。俟其體全、而著其跡。道行推原經 子吸氣血、由臍入胃、而堅定啓、是爲金性、百體資之。由胃入肝、而長養生、是爲木性、吸化資之。由肝入心、而活性成、是爲生性、運動資之。自心升腦、而知覺具、是爲覺性、外之五官、内之五司、一切能力、皆所資之。是諸所有、四月而成。五月筋骨、爲堅定顯。六月毛髮、爲長性顯。七月豁達、爲活性顯。研眞經又格致全經 生四十日、愛悪言笑、爲氣性顯。長遵禮節、善用明悟、爲本性顯。功修既至、窮究既通、理明物化、神應周徧、爲德性顯。德性既顯、本然乃全、是謂返本、是謂還原。生人能事、至此而全。道行推原經又研眞經

第四章（分述小世界身心性命所藏之用）

非性無心、非心無性。心性會合、全德昭焉。道行推原經 心含七德、作是靈明。順於心包、信於其表、恵於其裏、明識在靈、篤眞在仁、發隱其妙、眞現初心。初心著用、妙應無方、全體大用、莫或遺藏。道行推原經 先天來降、後天復升。來自此心、復於此心。道行推原經又研眞經 兩弧界合、復滿圓形。眞經注又費隱經 人若燈具、眞光其火。不獲眞光、徒爲人具。眞經注又研眞經又道行推原經 人極大全、無美不備。既美其形、復美其妙。道行推原經又研眞經 本然流行、貫合粗精。自眞來我、造化爲之。自我復眞、人爲爲之。費隱經 本其各具、尋其公共。渾融沕合　卷其跡相。同上 惟是聖人、實踐其境。衆則難之、自取暗昧、陷於疑逆、徒致潰累。道行推原經 聖賢智愚、由是而分。迷異奸邪、從此以判。同上 聖人全體、本無明暗。賢則有虧、暗於本然。智暗於性、愚暗於心、暗此蔽彼、本然弗見。同上 賢障於己、智障於知、愚障於欲。障淺礙深、本然弗通。同上 信理疑事、則爲異端。信事疑理、則爲疑貳。疑信交衷、倀倀無之、則爲迷惑。同上 心順身逆、是爲疎忽。身順心逆、是爲奸佞。心身皆逆、是爲邪逆。同上 疑離之漸、逆悖之深。同上 沈淪物我、本然隔絶。道行推原經又費隱經 惟法聖功、修身以禮、明心以道、盡性復命。全體歸眞、本

然獨湛、大用全明、是謂人極、乃復初心。道行推原經

第五章（總述大小兩世界分合之妙義與天人渾化之極致）

惟一非數、是數皆一。費隱經 厥初實有、統一統數。一者其體、數者其用。昭微經 體用渾然、是名眞一。由體起用、是名數一。返用歸體、是名體一。三一非三、一而三義。同上 眞一起化、數一成化、體一化化。道行推原經 起化以爲、從體著用。成化以命、先理後聖。化化以順、進以知見、盡於無開。道行推原經 化如循環、盡終返始。同上 化出自然、終歸自然。少不自然、卽非本然。研眞經又昭微經 本然無着、着於名相。名相無附、附於意識。意識無恆、故曰皆朽。昭微經又費隱經 是故萬物、只朽其相、弗朽其理、夫理卽眞。費隱經 凝目視一、散目視二。着疑陷礙、見物皆幻。昭微經又費隱經又道行推原經 物何非眞、事何非實。昭微經 物物純全、孰云偏駁。昭微經又費隱經 一塵一粟、全體本然。研眞經 一呼一吸、終古限量。費隱經又道行推原經 小中見大、天納粟中。大中見小、天在塵外。研眞經又道行推原經 舒其光陰、一息千古。卷其時刻、千古一息。道行推原經又費隱經 一歸本然、天人渾化。物我歸眞、眞一還眞。費隱經又昭微經 物無相礙、人無欲累。妙義各呈、本然見焉。道行推原經又研眞經 初爲實理、今爲實相、實有相見、種果全焉。研眞經又昭微經

最初無稱圖

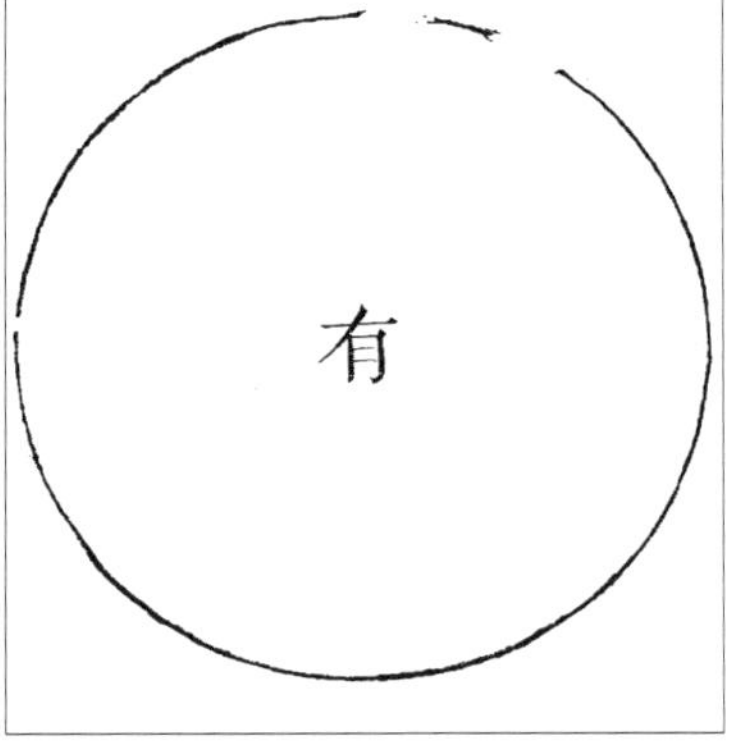

纂譯天方性理本經終

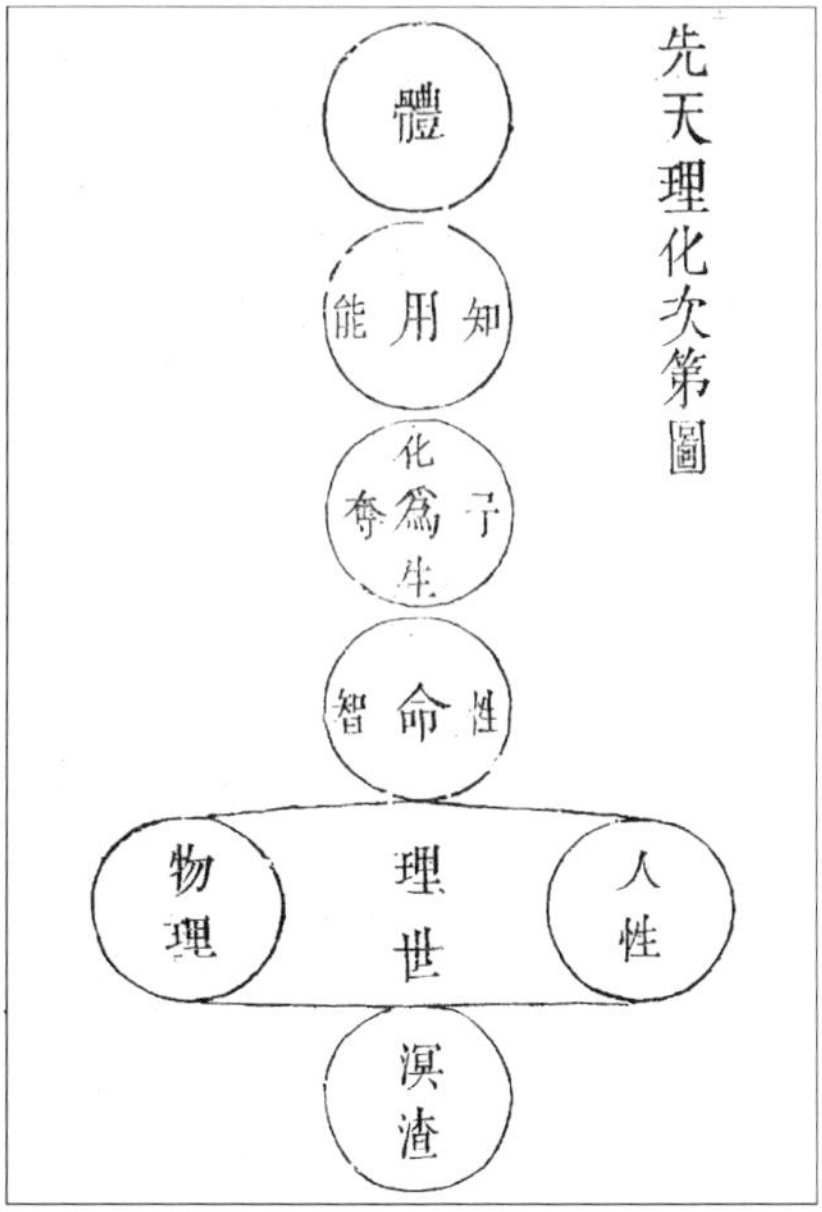
先天理化次第圖
體
能　用　知
化　奇　爲　子　生
智　命　性
物理　理世　人性
溟渣

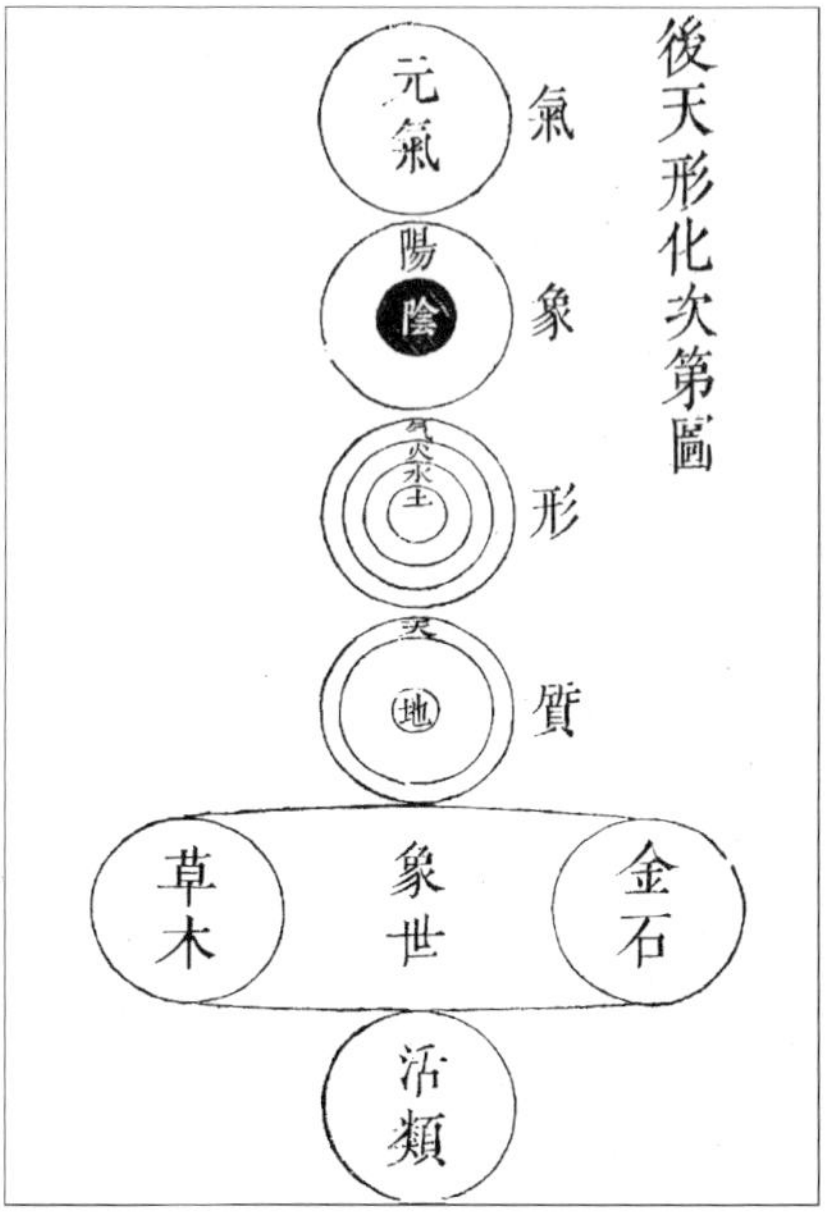
後天形化次第圖
元氣　氣
陽　陰　象
形
地　質
草木　象世　金石
活類

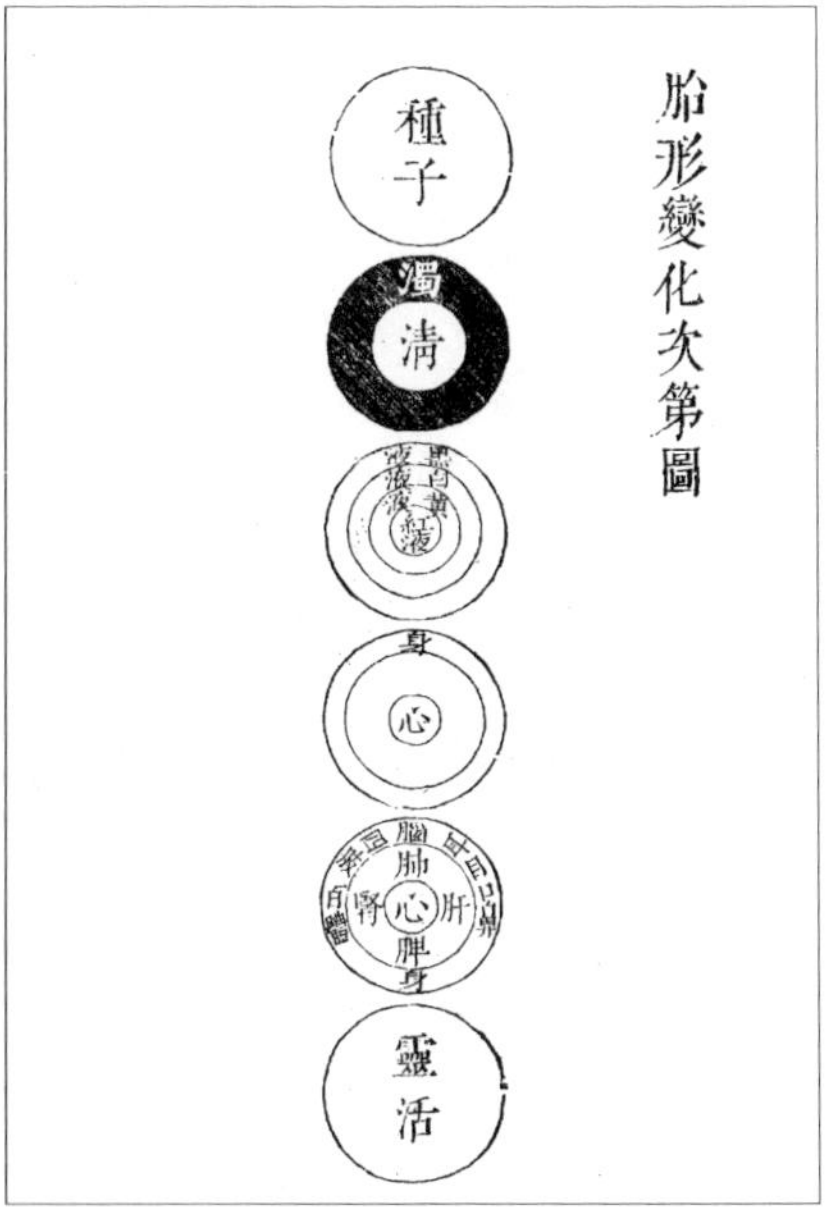
胎形變化次第圖
種子
濁　清
心
肺　肝　心　脾　腎
靈活

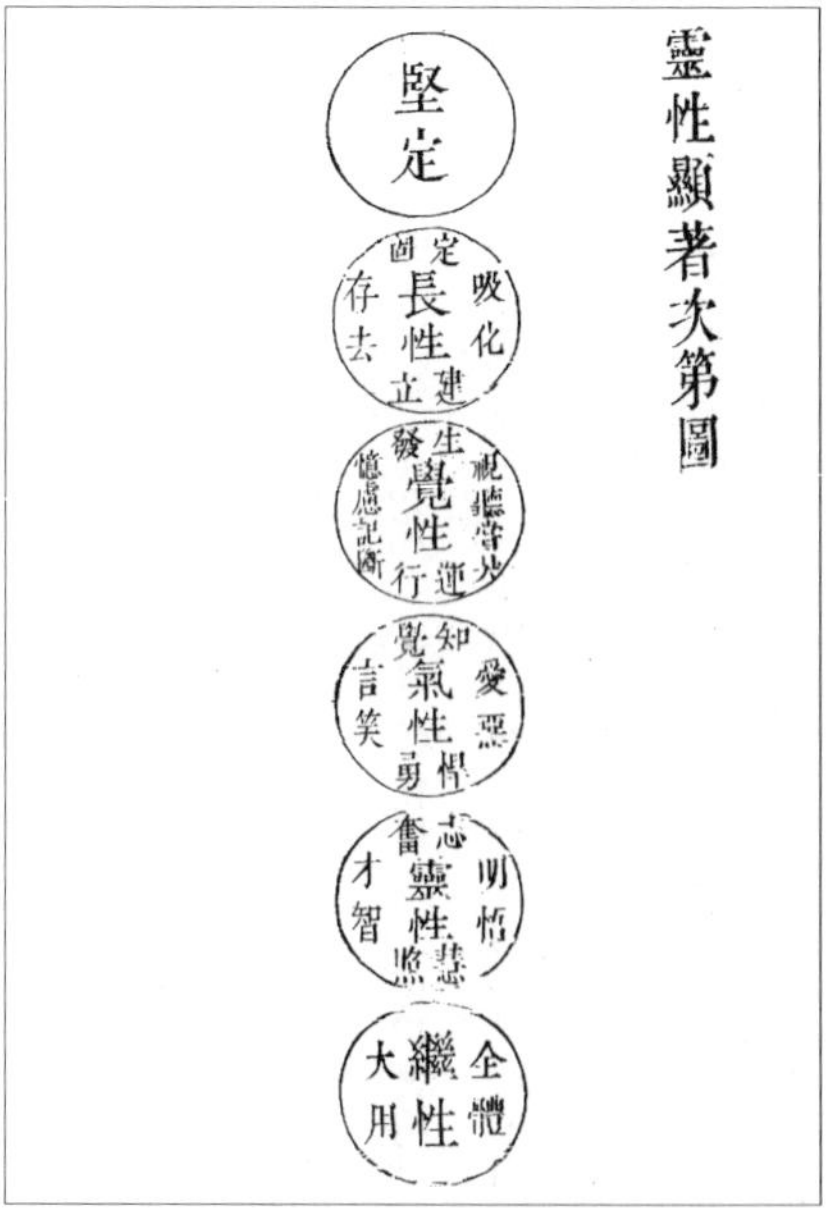
靈性顯著次第圖
堅定
定　固　吸化　長性　存去　立　建
生　發　覺性　行　運
知　覺　愛惡　氣性　言笑　勇　悍
志　奮　明哲　靈性　才智　照　慧
全體　繼性　大用

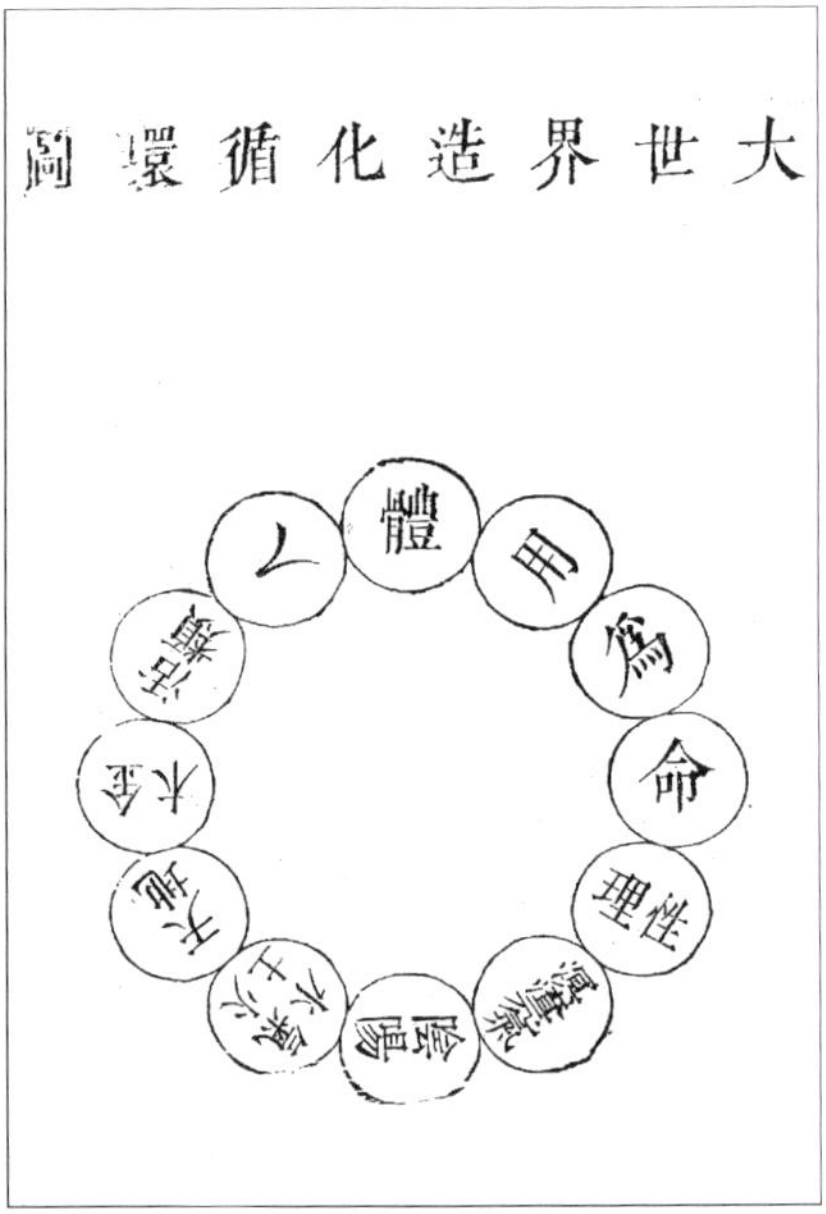
大世界造化循環圖
體
用
爲
命
性理
人

小世界原始返終圖
繼性
種子
清濁
四本

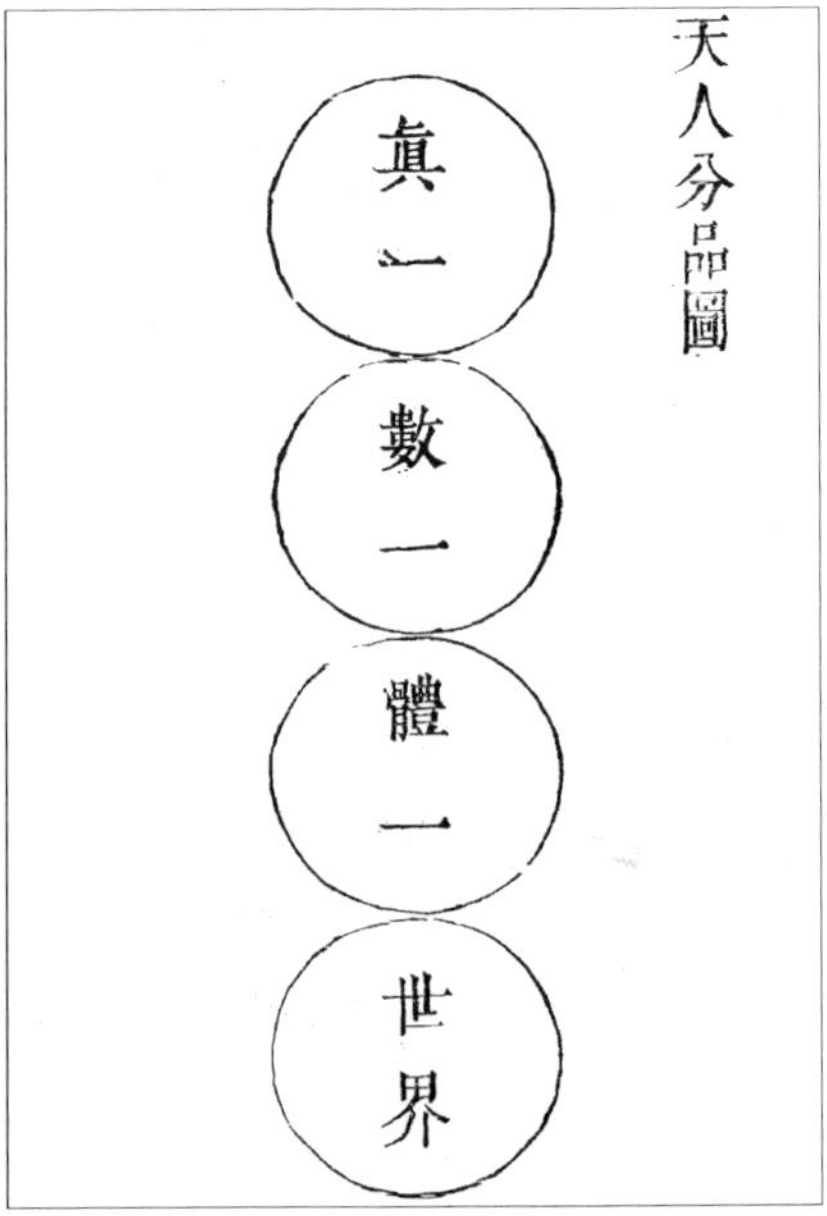
天人分品圖
眞一
數一
體一
世界

天人合一圖
一
眞
一
數
一
體
世界

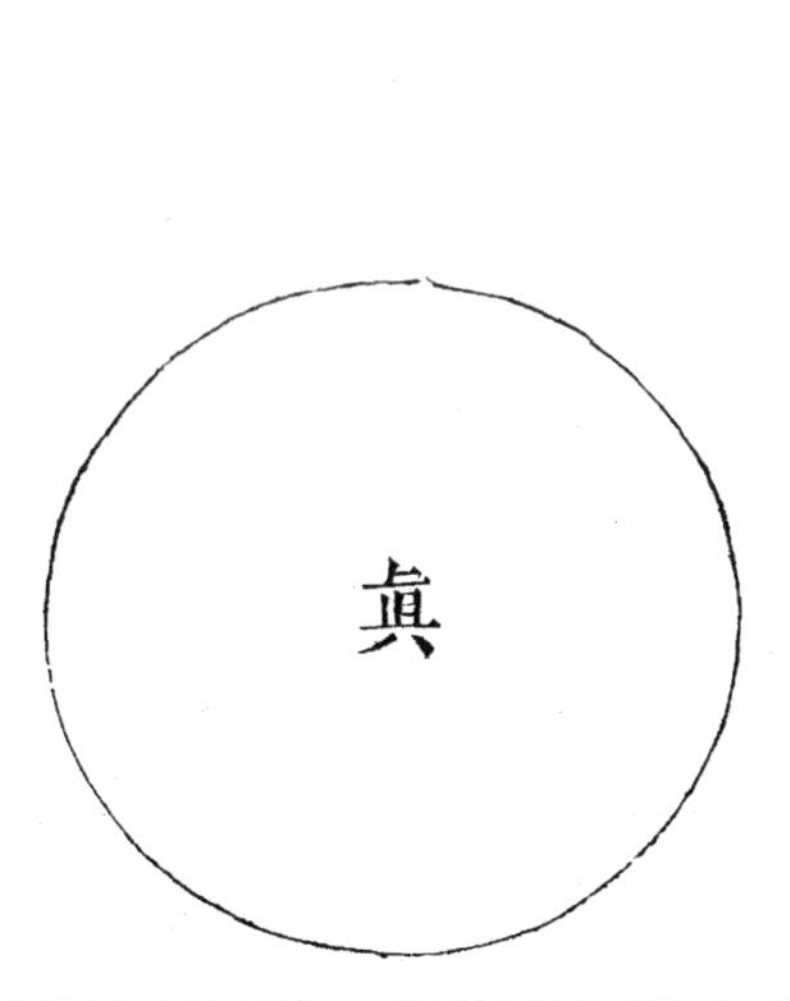

天人渾化圖

清源黑氏曰、大世界自無初之初、分體分用、顯爲著命、以至人性物理、無所不備、是爲先天、凡六品。自元氣顯著、剖陰陽、分四象、位天地、育萬物、以至金石草木鳥獸魚蟲、無所不顯、是爲後天、凡六品。通十二品、而造化之功成焉。先天爲降、後天爲升、升到極盡、盡終返始、則謂大世界造化循環也。小世界自一點孕胎、分清濁、辨四液、以至身心體竅、無美不備、凡六品、此小世界之先天也。自靈活顯著、明愛惡。別善惡、通達一切事理、以至全體大[4]用、無所不通、亦凡六品、此小世界之後天也。通十二品、而小世界之功成焉。先天爲來、後天爲復、復至本境、亦若造化循環、則謂小世界原始返終也。大世界先其所先、而後其所後、故其後天盡於後天而已。小世界先其所後、而後其所先、故其後天則返於先天也。此小世界所以貴於大世界也。大世自大世、小世自小世、殊形別類、異質分宗、則天人分品也。大包小、小包大、精粗互入、理象渾淪、則天人合品也。去其分別之跡、忘乎物我之形、先天後天總歸一致而還於一原、則天人渾化、眞一還眞矣。此其說也、造化之源流、性命之底蘊、無復見精於此。信乎、天方之學之有本也。

④滇云「大字誤。」

天方性理圖傳卷一

概　言

第一卷歷敍大世界所以顯著之由、有理世、有象世。理世者、象數未形而理已具。所謂先天是也。象世者、天地旣立、萬物旣生、所謂後天是也。兩世之顯著、總由一眞、而次第時際、若有所別。列圖爲說、以識梗概。觀文會意、可悟底裏。造化流行之妙、人物賦成之理、舍是無以見其眞確焉。

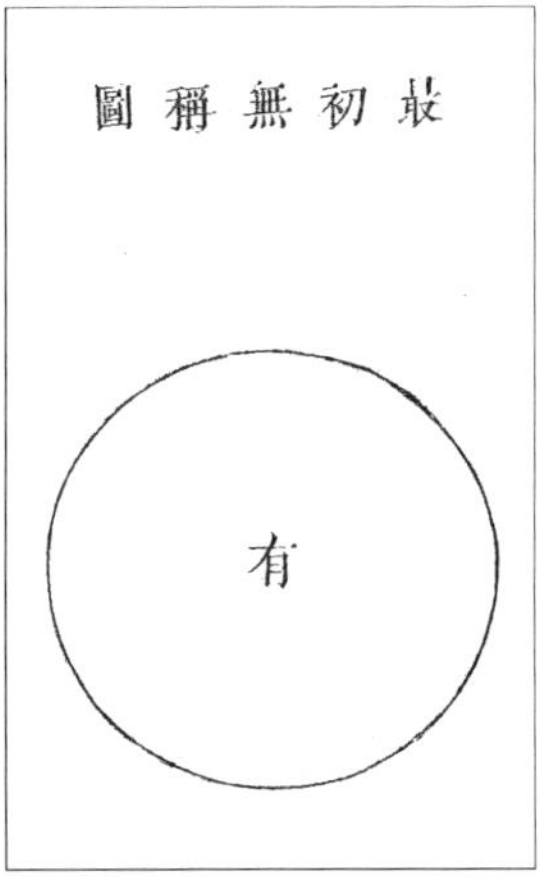

最初無稱圖

最初無稱圖說

造化有初而必有其最初。象數未形、衆理已具、此造化之初也。當其無理可名是爲最初。其造化之本然不可以名稱。諸家以其無稱、而遂謂之爲無、奚可哉。曰、謂之爲無者、非虛無之謂也。謂其有眞而無幻也、有體而無用也。雖然、旣有眞矣。眞卽有也。又何以謂之無。旣有體矣。體卽有也。又何以謂之無。聖人於此不曰無而曰無稱。性理家於此不僅謂之爲有而謂之曰實有。實有者無對待而自立者也。眞幻不分、體用無別、一無所有、而實無所不有也。曰、旣謂之有、有卽稱也。何言無稱。曰、有者義也。稱者名也。最初之境、眞幻體用、義無不具。故謂之有。眞幻體用、名無專屬。故謂之無稱。不審乎名與義之別、而謂有卽稱也誤矣。曰最初之境、毫無虛幻則稱之爲眞可也。毫無作用則稱之爲體可也。而何以言無稱。蓋纔言眞、卽拘於其眞之品而遂與幻分矣。纔言體、卽落於其體之位而遂與用判矣。非此圖之義也。此圖之義、卽眞卽幻卽體卽用、一本萬殊、表裏精粗、始終理氣、一以貫之、而其稱名不落於一邊。故曰無稱。及其動而顯也、分爲數品。一不動品、體也。二初動品、用也。三主宰品、體用分也。四初命品、眞理現也。五性命品、萬理分也。六形氣品、氣象著也。六品備而造化全矣。

清源黑氏曰、最初無初也。無初而爲萬初之初。故曰最初不可言無、以別異學。不可名稱以杜偏見。易云太極、周云無極、釋稱無始、老稱元始。皆言後天之宗。此則先天之本。

眞體無着圖

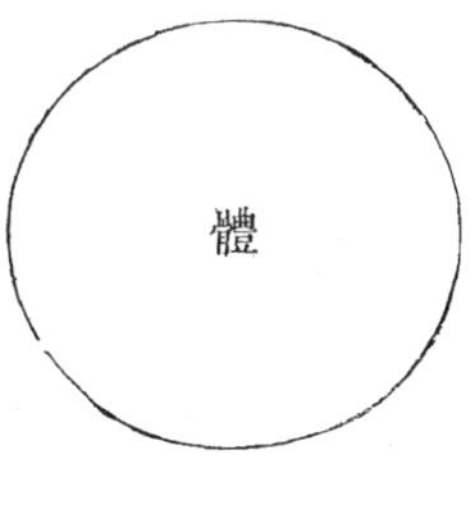

眞體無着圖説

此初圖分品之第一品也。體也、不動品也。説者曰、有體則有動。何言不動。曰、其體也、粹精之至而不落於方所。凡有氣者則動、而此體不屬於氣。凡有象者則動、而此體不屬於象。凡充周有所及而有所不能遍及者則動、而此體則非虛非實、而毫無所用其充周。夫是以謂之曰不動品也。

論其品曰不動、而實爲一切萬動之所從起。動者有着、而此體不動則無着也。不惟不着於聲色、竝不着於舒卷。不惟不着於喧寂、竝不着於覺照。不惟不着於方所、竝不着於有無。一切幻境皆無常、而此一眞體則常存而不朽。一切有形無形之屬有始有終、而此一眞體則無始而無終。無始則由前遡之而不得其分際、無終則由後推之而不得其究竟。人將於何而用其擬議也哉。説者曰、義理之爲物也、亦不動而無着者也。或者此體當屬義理之妙通無礙、而故如是其不動無着也乎。曰、此體爲古今義理所從出之原、而當此之際則竝無義理之可尋也。是故研究此一圖者、於動處求之不得、於着處求之不得。

清源黑氏曰、眞體卽實有也。此則可稱矣。無着非玄無也[5]。如火在石。

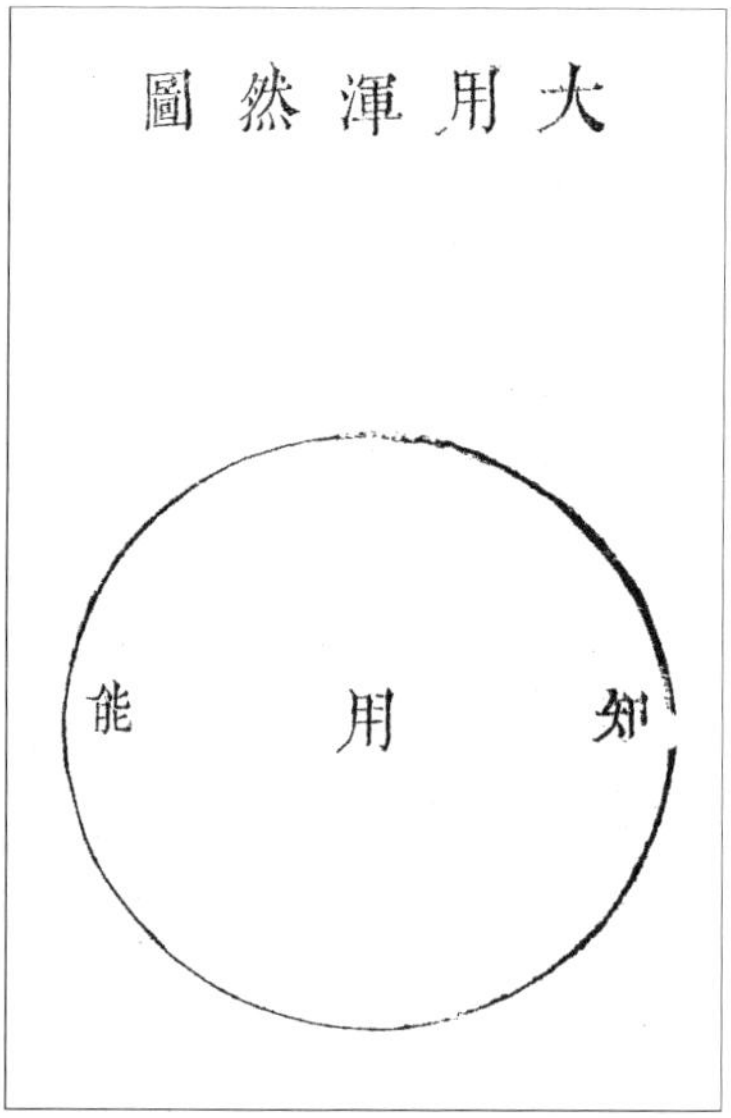

大用渾然圖説

此初圖分品之第二品也。當斯之際、空空洞洞之本體毫未有動。而已寓乎其動之機。不得已而名之曰初動。初動之品卽全體大用也。大用毫未發露。不過卽其本體所含自然之妙、而姑以用名之。夫自然之妙、豈卽是用。但既有自然之妙、必翕翕乎有欲動之機。於是乎以用名之也。大用不過知能二者、自然之妙尚未有知、而已具有無所不知之妙、自然之妙尚未有能、而已具有無所不能之妙。知者言乎其覺照也。能者言乎其安排也。覺照未顯而後此萬種之覺照、皆於此裕其端。安排無跡而後此萬種之安排、皆於此藏其義。知無所知、能無所能、蓋用而未離其體之候也。查密氏曰、知之義、主持之謂也。第此時猶未析其爲主之品。能之義、作成之謂也。第此時猶未見其作成之機。大用之品、蓋總包乎爲主一切當然之動及爲物一切能爲之動、而渾然裕乎其中。查密氏之説、可謂扼此一圖之要已。

清源黑氏曰、體靜用動、體知用能。靜體將著、動用幾生。覺照未顯、無所覺照也。安排無跡、無所安排也。當此之際、如火在炭。

⑤滇云「非字誤。」

體用始分圖說

此初圖分品之第三品也。用含於體而當此之際、稍稍有發露之機。是爲次動品。一無所爲、而已祏能爲之具。總言之曰知能、析言之則生化、與奪、及一切安排布置之類也。用與體未分之時、曰首顯。用與體始分之時、曰次顯。首顯如火之本明、明與火一而未及於遠。次顯如火之外光、光雖不離於火而却能無所不照。當此之際、主宰之品顯焉。蓋爲者主宰爲之也。因爲

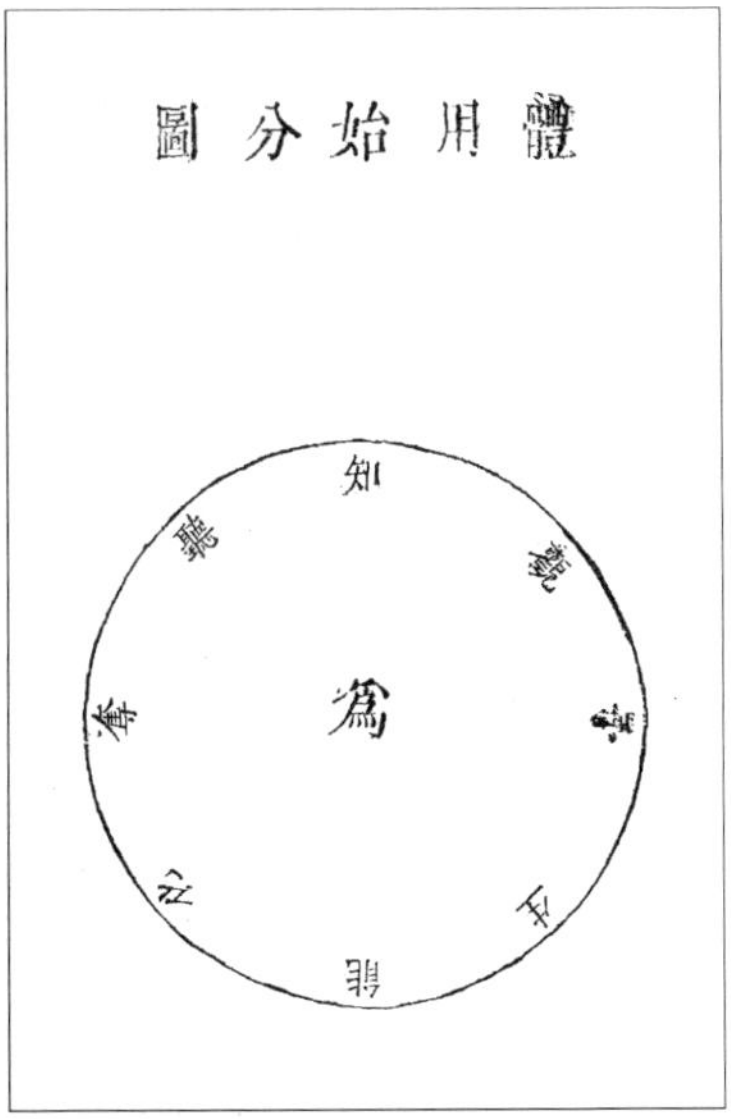

而知其爲主宰也。主宰之品顯則一切能爲之具、皆蒸蒸乎由裏而達之於表矣。總知能之大用而究竟之、則有所爲美者焉、有所爲尊者焉。美者和順之謂也。凡一切萬種之安排、萬種之稱名、萬種之義理、皆屬於和順。尊者威嚴之謂也。凡一切自强、一切常勝、一切永健、皆屬於威嚴。主宰自强之用、但存於已而無所用之。用則天地毀、世界壞矣。蓋以此自强之用、乃不容存一物者也。識者玩味此境、謂之曰前定。蓋主宰將欲造物而先裕此大用於其先也。又稱之曰墨池。謂天地之文章、萬物之義理、莫不先聚精於墨池之中也。查密氏曰、此品卽眞一包含一切本爲授跡之動。是爲眞有之表也。本爲授跡云者、蓋謂眞宰以其本體之所有而賦於物、如印跡然也。

清源黑氏曰、靜境溶溶、動機勃勃、體卽眞也。用卽宰也。惟有眞宰、乃有造化。由裏達表。如火生焰、萬燈可分。前定之稱、墨池之喩、精乎美矣。

眞理流行圖

眞理流行圖說

此初圖分品之第四品也。命者於穆流行之義、乃眞宰發現之首品也。非體也、非用也、亦非爲也。蓋發現之而爲命者、眞宰之發現也。既發現矣、欲復稱之爲主宰不得也。遽欲稱之爲物亦不得也。當此於穆流行之際、眞宰以其本體中無所不有之妙、盡發現於此首品之中。首品者、千古群命之一總命也。後此之造化、皆此首品以眞宰之所發現者而一一發現之也。首品爲眞宰之首品。而但不得以眞宰稱之。首品之所有、一皆眞宰之所有。首品所含之理象、一皆眞宰所含之理象。後此造化之事、皆首品之事、而眞宰若不與其事矣。故於此名之曰代理。卽其流行中之所有者而兩分之。一爲性、一爲智。性卽大用中所謂知之所化也。智卽大用中所謂能之所化也。性智卽眞宰之知能也。此性爲千古一切靈覺之首。此智開千古一切作用之端。性智二者、代行造化之本領也。後此凡屬有靈之物、皆根此性而始。人神鳥獸之類是也。後此凡屬有爲之物、皆根此智而始。天地萬物之類是也。以故首品又名曰大筆。言千古一切理象皆從此大筆寫出者也。又名曰道。蓋爲古今理象往返之道路也。眞宰之起化莫不從此境而起。及萬化之歸眞亦莫不從此境而歸。識者曰、萬化從此境而歸眞矣。此境有不借萬化而同歸於眞者乎。迨至此境亦歸眞矣。而亦何必別其爲首品也乎。

清源黑氏曰、眞宰發現、大命出焉。眞宰爲知、大命爲能、眞宰爲寂、大命爲感。當此之際、如念在心、如火在湯。濂溪無極、青尼大道、牟尼大覺、皆主乎此。

性理始分圖

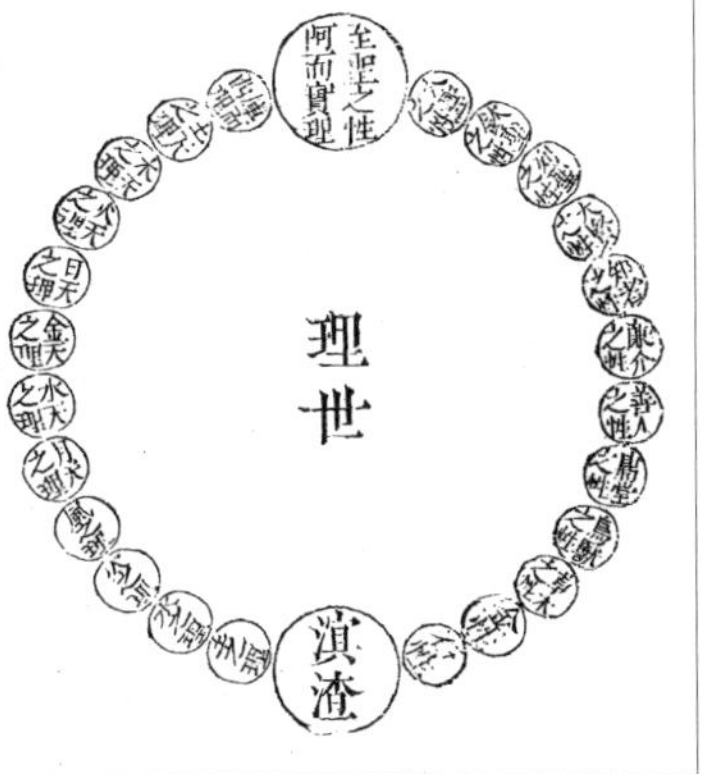

性理始分圖說

此初圖分品之第五品也。自首顯大命中灼灼乎有分析之兆者也。色象未形而其理森然已具。凡爲人爲物爲聖爲凡爲上爲下、及象世所有一切之理氣靡不於此境、若見一渾然之跡焉。首顯大命之本然、曰性、曰智。此之所謂性者、根於大命中之性而起、人之所以然也。此之所謂理者、根於大命中之智而起、物之所以然也。人與物之所以然、皆同出於一原、無有別也。乃物之所以然、則稱之曰理、人之所以然、獨稱之曰性者何也。性則其靈覺者也。稱其靈覺、以別於物也。性者人之所以然也。而人性大概之品有九。理者物之所以然也。而物理大概之品亦有九。性之最初而近於眞宰者、至聖之性也。其次大聖之性、其次欽聖之性、其次列聖之性。其次大賢、其次知者、其次廉介、其次善人、其次庸常、凡九品。物理之最初而合於眞理者、阿而實之理也。阿而實包含八天、而總持其用、天品之至大者也。其次則庫而西之理。庫而西包含七天、代行其用、而亦在阿而實所含之內也。次土天之理、次木天之理、次火天之理、次太陽之理、次金天之理、次水天之理、次太陰之理、凡九品。人天之性理既備、復自人性之所餘剩、而化一切鳥獸之本然。自鳥獸本然之所餘者、而化一切草木之本然。自草木本然之所餘者、而化一切金石之本然。此數等者又自九品人性中而流行以出者也。人之性有生長、有知覺、有靈慧、得其性之全。鳥獸之性有生長、有知覺、無靈慧。草木之性僅有生長、而金石之性則僅有堅定而已。自九天之理之所餘、而化風火水土四行之理。天之理運行不息者也。風火水土之理亦皆運行不息。而惟土之理則微覺其堅凝也。皆次第分析而流行以出者也。由是而總一切流行分析之所餘者爲溟滓焉。則所謂氣者是也。氣則萬有形象之本也。

說者曰、性理之始分也、有如是諸品之不同、先後之不一。其造化有所爲而爲之者乎。抑無所爲而聽其自然者乎。曰、眞理流行而至於此極、當亦聽其自然而然。而但其中高下次第、不致有絲毫之隕越、則是有一定之主持而安排者也。是故謂之爲有爲不可、謂之爲無爲不可。

清源黑氏曰、一實萬分、萬殊一本、所謂無極而太極也。色象未形、而理已具。若意識然、溟渣爲後天之最初、亦卽先天化窮返本之極致。

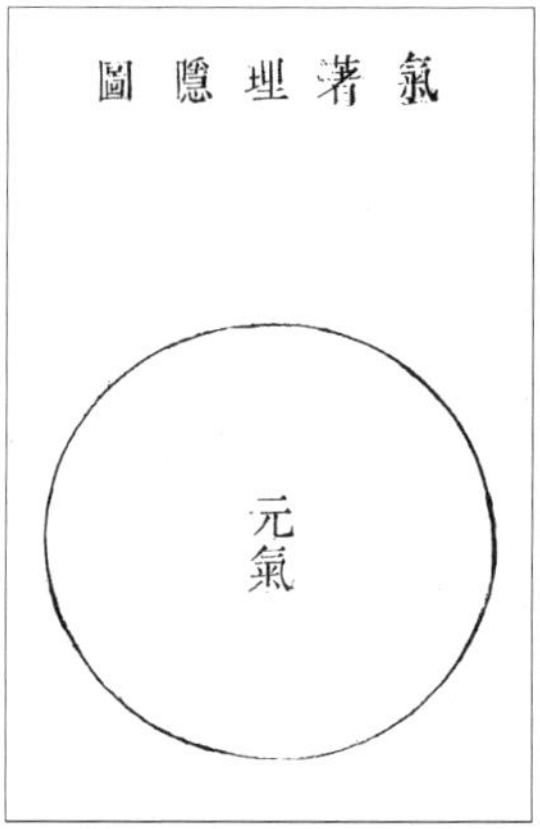

氣著理隱圖說

此初圖分品之第六品也。先天精粹之品、流行至此、始覺其有渾淪之象、則所謂元氣也。先天無色無象之妙、至此而終。後天有色有象之跡、於此而始。此其境殆承流宣化之一大機柱也。元氣雖於穆流行之表、而其爲物也、却不在性理之外、竝亦不在首顯大命之外、竝亦不在全體大用之外。當其最初無稱之時、元氣本然已寓乎其中。但最初之時、分析未形。而流行至此、本然發露。蓋由裏而達於表之會也。其爲物也、似濁而清、似跡而妙。論其次第、乃先天一切流行之所餘、而及其發露也、則凡先天一切之所有。人與其人之性、物與其物之理、無不於此元氣之所發露而因之以發露焉。卽最初中所謂全體大用者、亦莫不於此元氣發露時、而因之以發露焉。是濁也、而爲清之所不能外。跡也、而爲妙之所不能離。是故名之者、不得僅名之爲氣、而必名之曰元氣也。元者、一切精粹之所聚。氣者、一切精粹所寓之器。圖稱氣著理隱者、理非因氣而隱也。蓋理之爲物也、動少而靜多。氣之爲物也、動多而靜少。當斯時也、氣動而理靜。夫是以謂之爲隱。隱者、各有所待而顯耳。元氣發露亦分六品。一、渾同品、卽此際位分也。二、起化品、陰陽分也。三、廣化品、四象著也。四、正位品、天地定也。五、蕃庶品、萬物生也。

六、成全品、人類出也。六品備而元氣之能事畢矣。

清源黑氏曰、眞理爲萬靈之綱而性理由分。元氣爲萬形之綱而色象以著。前此有理無跡、氣隱於理。後此有跡有理、理隱於氣。斯時也、若文字含於筆端、至陰陽分四象著則文字落於方策矣。是爲太極。

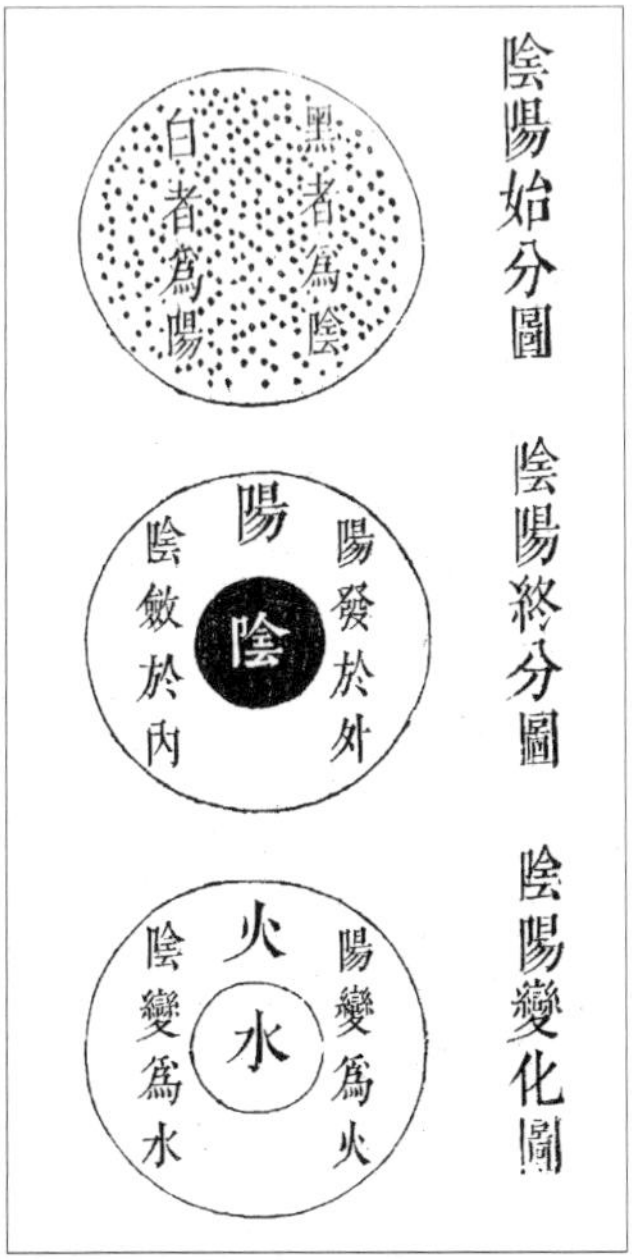

陰陽始分圖説

此元氣起化品也。元氣爲於穆流行之溟渣、而其中所含裕者、皆先天大命中性智之所餘。其分陰分陽、仍卽本其有得於性智之所餘者而分之也。智乃有爲之始而喜動之端。則元氣中所得於智之餘者、自必有喜動之機、而動乎其不得不動也。性則安之不與俱動、則元氣中所得於性之餘者、亦自不與俱動也。性智所餘、一動一不動、遂於其中有兩分之象矣。於其動者、謂之陽。於其不動者、謂之陰。此一氣化而爲兩分之由來也。其初分也、二者互雜、不甚相離。及其後也、陽積於一處、而駸駸乎有向表之機。陰積於一處、而隱隱乎有向裏之勢。智之所餘、化而爲陽、性之所餘、化而爲陰。此陰陽之根、起於性智之所餘也。説者曰、先天之言理也、性先於智、後天之言氣也、智先於性。元氣之流行也、不亦先其所後而後其所先乎。曰、先天理勝之時、智藏於性而性實包乎智。後天氣勝之時、性藏於智而智實包乎性。此陽之大端、起於智之所餘而居於先。陰之大端、起於性之所餘而居於後。亦先後次第、行乎其不得不然者也。

清源黑氏曰、此易有太極、是生兩儀也。陰靜陽動、孰窺其本。左陰右陽、莫識其非。茲曰、根乎性智、發乎表裏則諸義釋然矣。觀其圖若泥水未澄已澄之象、理更分明、陰陽分於同時。而説者言先後次第、誤矣。

四象始形圖説

此元氣廣化品也。當斯之際、陰陽化而爲水火。水得火則生氣。火暴水則生土。是故水火土氣四象成焉。説者曰、陰陽何以化而爲水火。曰、陽根於初命中之智而智又根於大用中之能。智與能皆外明者也。此陽之所以化而爲火、火外明者也。陰根於初命中之性而性又根於大用中之知。性與知皆内照者也。此陰之所以化而爲水、水内照者也。水受火熾而氣生。氣卽水之妙化而欲升騰者也。水體雖下而含有眞陽。故受火熾而其氣直欲升騰。火與水搏而土生。土卽火之存跡而欲墜落者也。火體雖上而含有眞陰。故與水搏而其土不得不墜落。水火土氣四者、高之中有麗下之義。低之中有附上⑥之因。其稱名爲四元。以其爲萬有形色之宗元也。其本義爲四奇。奇者單也。謂四象皆單自成行而無配故也。後此金木生則爲耦行者矣。

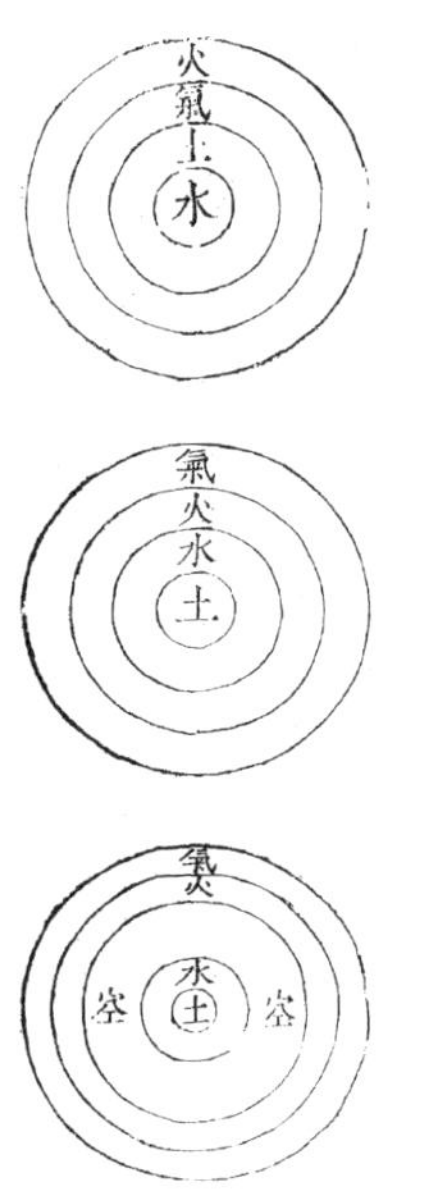

四象始形圖　清升濁降圖　上下分形圖

清源黑氏曰、陰陽化水火、卽猶先天知能化性智也。水火交錯而生氣土、卽猶性智流行而生理氣也。火根智能、故光焰外明而上炎。然内含眞陰、故下爲水濬而灰燼成土。水根性知、故江河内照而下潤。然内含眞陽、故上爲火煦而蒸潮爲氣。初則火上水下、土爲濁陰。故踰氣而下、土下而淸陽之氣上矣。繼之土重於水、又沈水而下。氣輕於火、又越火而上⑦。氣火日上、土水日下。遂劃留空際矣。

⑥滇云「上字誤。」
⑦滇云「二上字誤。」

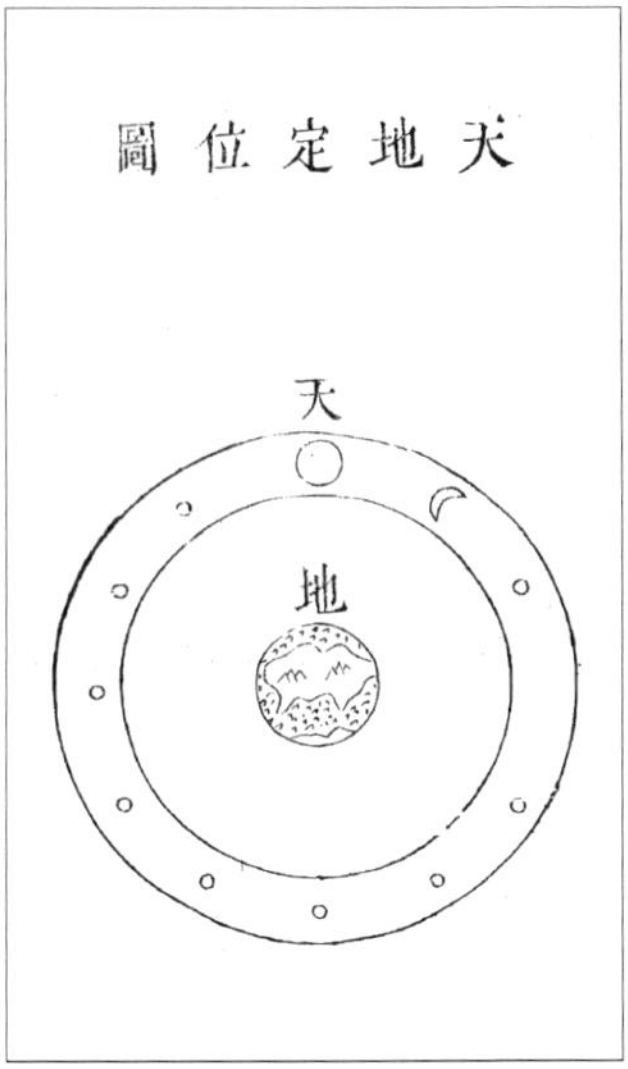

天地定位圖

天地定位圖說

此元氣正位品也。眞陽之氣外發而爲天、眞陰之質內斂而爲地。是以天包乎地、而地寄於天之中央、如鷄子黃白之形。天地定位而水火存於其中矣。夫天卽氣也。氣卽水受火熾而上騰者也。此天之所以定位於上也。地卽土也。土卽火與水搏而存跡以下墜者也。此地之所以定位於下也。定位於上下者、分形於內外也。由地觀天、似乎天高而地下。而若自其天地之全形觀之、實天外而地內也。火無所着而附於天。當其天體之初成也、其氣飛揚而有次第。火卽因其飛揚次第、散入其中而遂成日月星辰之象。水性善下而附於地。當其地體之初定也、其勢或高或下、有堅有泄。水卽隨其高下堅泄、流浸其中而遂成江海河瀆之形。火之存跡下墜而其淸者上附於天。水之眞陽上⑧升而其濁者下附於地。是在天之象、在地之形、未有不因水火交錯而成者也。水火之所以不能無交錯者、蓋緣陽之中含有眞陰、陰之中含有眞陽。而非陽一於陽、陰一於陰者也。

清源黑氏曰、四象形而上下判、形久則堅定矣。然陰陽既分、何以陽復含陰、陰復含陽。曰、水火總出一元、陰陽必無純勝。觀之火內暗、水內明、可知。

---

⑧滇云「上字誤。」

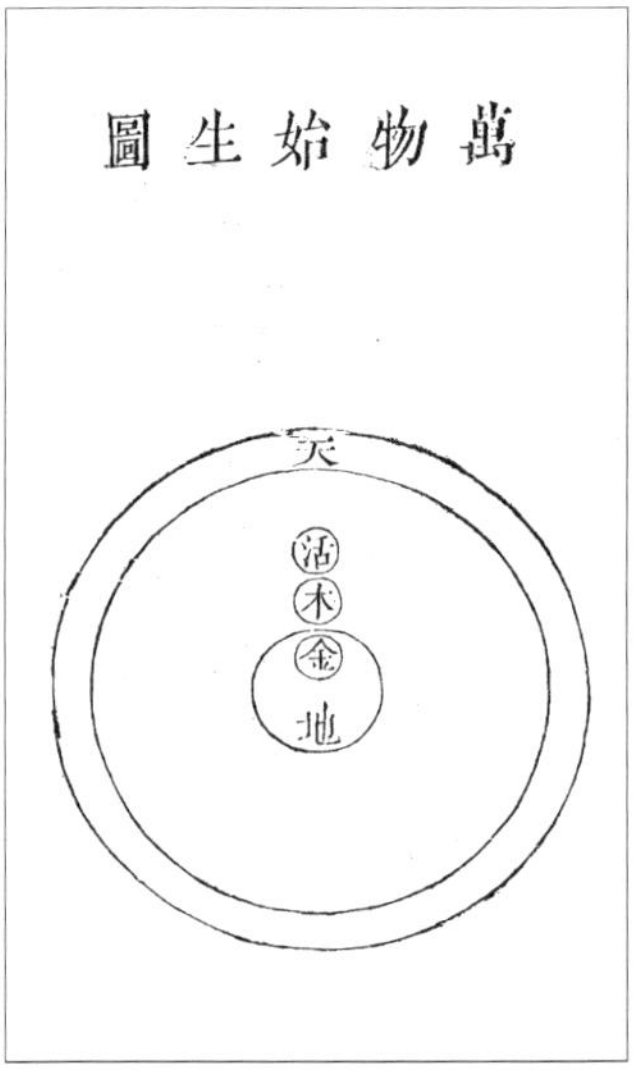

萬物始生圖説

此元氣蕃庶品也。天地定位、水火交錯則化育之事起焉。萬物不可以無因而化育也。天地水火之中、先結聚其爲金木活三者、以爲化育萬有之綱。金木活三者、皆有所配合而成者也。金者、本地水之凝結而得乎氣火之變化以成。木者、本氣火之施授而得乎地水之滋培以生。活者、本氣火水土、四者之湊合而洋溢充滿於空中者也。自天地之化育觀之、則金木活爲天地之三子。自三者之化育觀之、則三者又爲萬有形色之母。是故金氣流行、山得之爲玉石、水得之爲珠蚌、[9]土得之爲五金之鑛、鳥獸得之而成鳥獸之寶、草木得之而爲草木之精。一切萬物得之而各成其爲堅明定固也。木氣流行、山得之生嘉植、水得之生萍藻、沃土得之生禾稼、瘠土得之生草毛。四植之中、稟土勝者爲堅質、稟氣勝者爲中空、稟水勝者多繁花、稟火勝者多果實。而要皆得此木氣以爲化育者也。活氣流行、生於山者爲走獸、其形體與丘陵似。生於林者爲飛禽、其毛羽與枝葉似。生於水者爲鱗介、其鱗甲與水波似。生於土者爲蟄蟲、其形質與土壤似。四生之中、稟氣火勝者能飛、稟土水勝者能走、稟氣土勝者性溫、稟火土勝者性烈、稟氣水勝者性貪、稟水火勝者性暴。而要皆得此活氣以爲化育者也。金木活三者、在天地化育之中而爲三子。而及其後也、萬物莫不資之以爲始、則又實爲萬有形色之母矣。

清源黒氏曰、萬物之大宗三、土與水合而生金、氣與火合而生木、四氣共合而生活類。是天生一、地生一、天地共生一。故只有三也。三者之氣互入於萬有之中、而以其氣勝者爲名、金氣勝名金、木氣勝名木、活氣勝名鳥獸。要知萬物中有萬物也。其生也、有自然之次第。先金、次木、次鳥獸。所以然者、無金則木不生、無木則鳥獸不育。抑萬物之生、皆從地出、自下而上也。故金藏土中、木見土外、鳥獸則飛行於空。三者代天地之化育者也。故曰萬物母。

⑨滇云「土字誤。」

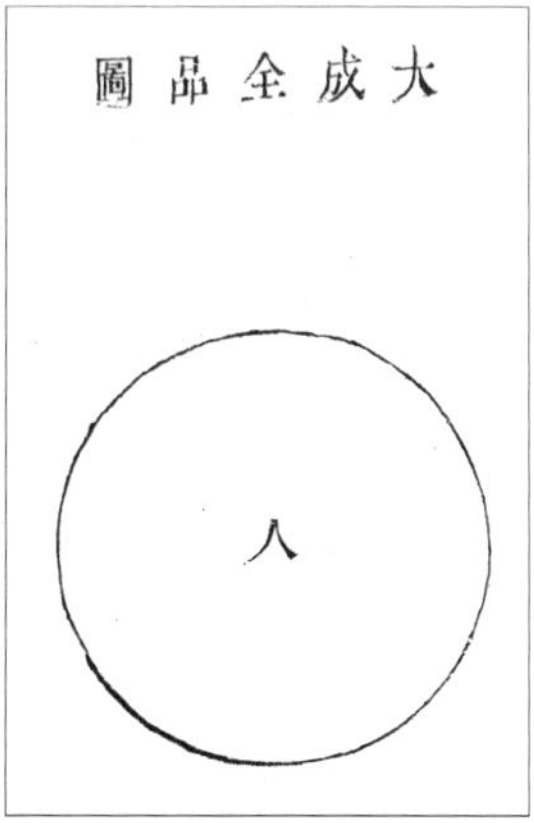

大成全品圖説

此元氣成全品也。天地萬物具備、則人生焉。人之生也、非一聽於陰陽之氣自相摩盪而成者也。實有眞宰主持乎其中。蓋有天地而無人、則天地之設位何用。有萬物而無人、則萬物之取用誰歸。此以知天地萬物之生、凡以爲人也。人也者、眞宰全體大用畢聚於其中、以自然而然之。知能運氣土水火四行之精粹、閲四十晨而其身始成。表裏體竅無不與世界所有相印合。人之身統括一切所有之身、人之心包總一切所有之心、人之性渾含[10]一切所有之性。是以人爲萬物之靈也。自先天之理論之、人之所以爲人、乃一切理氣之種、卽元氣亦從此種而發。自後天之理論之、人之所以爲人、乃一切理氣之果、元氣自分陰分陽、直貫到底、亦無非爲此果而始有諸凡之發露也。後天之果、卽先天之種也。體竅無美不備、而其最微妙者、又無過於心性二者。性有十德、五爲外照、五爲内照。曰視、曰聽、曰言、曰臭、曰觸、是謂五覺、分於心而發之於表。曰憶、曰慮、曰記、曰悟、曰總覺、是謂五力、分於智而寓之於腦。心七層而其情有十、喜也、怒也、愛也、惡也、哀也、樂也、憂也、欲也、望也、懼也。心之十情、相合於性之十德而發者、則其品之上焉者也。此人之所以爲人也。其始受造化而成其爲人之身者、名曰阿丹。後此人類之繁、皆自阿丹生者也。卽其配亦自其左肋而出者也。阿丹天下萬世之元祖也。

清源黒氏曰、四元三子、萃精而成人身。全體大用、畢聚而成人性。先天後天、締結而成其人、爲萬物之靈。天地如樹、人其果、樹全於果。人出而造化之功完焉。故曰、大成全品、後天之果卽先天之種。知果不異於種。庶幾知所以盡人矣。

⑩滇云、「含字誤。」

天方性理圖傳卷二

概　言

第二卷乃發明第一卷未盡之意。其言理也、足乎其前所未盡言之理。其言象也、足乎其前所未盡言之象。然非理自理、象自象也。象卽理也。言象政⑪所以申明其理之所不可見者耳。有心者若能于當體求之則理象皆得、不能于當體求之則理象之去人也遠矣。雖日披閱此圖此文、不過涉獵焉已耳。於性命奚裨。

⑪政＝正（滇）。滇云「正字誤。」

先天性品圖說

先天性品、其說已發明於性理始分圖矣。至此又列圖而詳其說者、研理之文愈詳而理愈著也。先天之性、凡十有四品。至聖之性卽眞宰之自爲首顯者也。其名雖曰至聖之性、而其實卽眞宰之知能德性也。自至聖之性之下、其依次而分著其品第者、皆從此一性之餘光而得各有其性也。此一品之下、以聖性稱者三、以大賢稱者一、以知稱者一、以廉介稱者一、善人庸常之性則又依次而遞下者也。鳥獸草木金鑛石類之性又其下而愈下者矣。溟滓之爲物也、一切性命之所餘、相合變化而成者也。自至聖之性以至於溟滓、凡十有四品、至聖之性與眞宰之本然不甚相遠。而甚至頑鈍迥不相侔者則其品第之界限爲之也。諸品之性與眞宰之本然無同無異。其餘性品亦與眞宰之本然不甚相遠。而甚至頑鈍迥不相侔者則其品第之界限爲之也。諸品之性、發露於形色之後、數窮理極、萬有歸根。仍必盡返而入於至聖之性。乃得以因至聖之性而歸於眞宰之本然。此至聖之性所以爲萬性之始終也歟。

先天性品圖

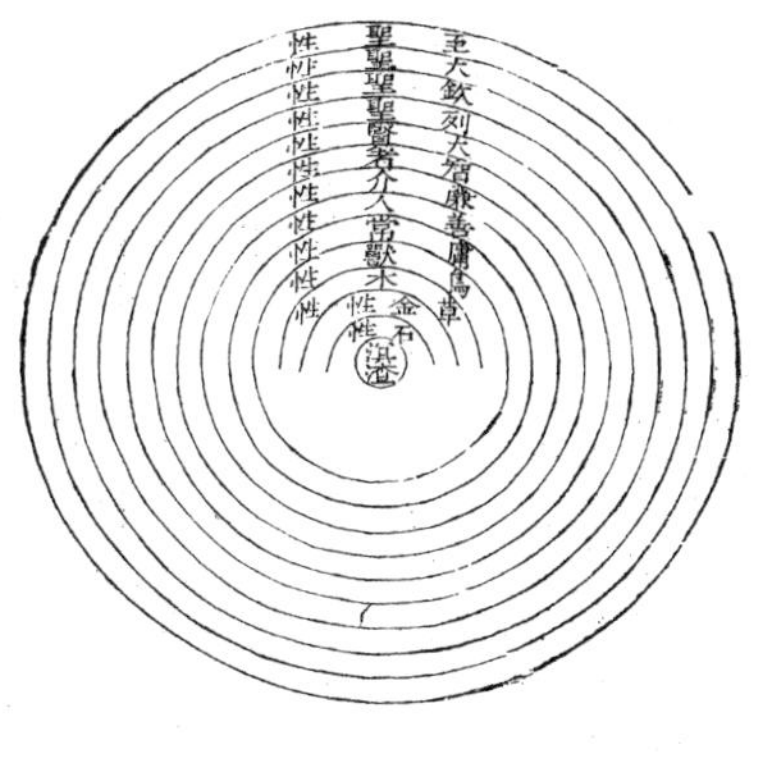

清源黑氏曰、大數盡於九、小數盡於五。合大小數而十四品盡之。先天之理、後天之象皆無過不及之數。然先天之化盡於溟渣、後天之化盡於三子、而人又生於三子之後、則人之身爲卑中至卑也。卑至於極則盡終返始、與眞合焉。所謂妙合而凝也。

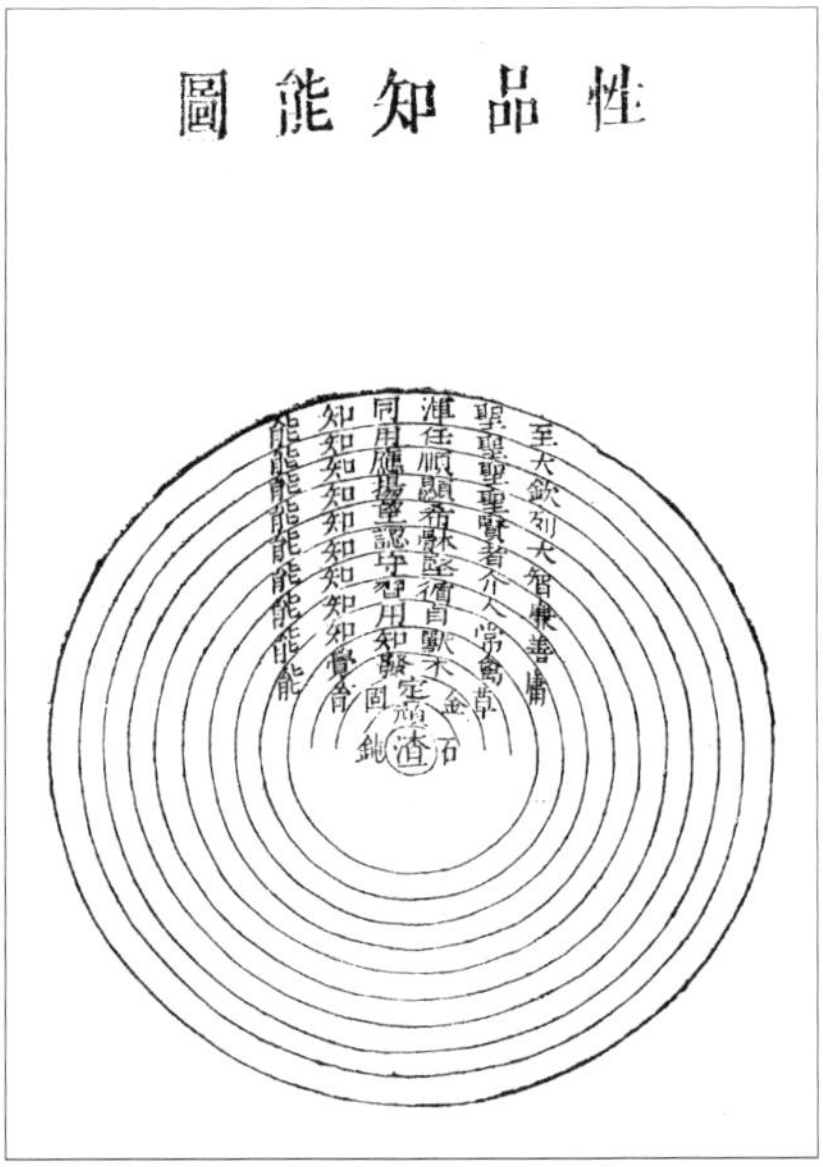

性品知能圖說

先天性凡十四品、其所以彼此分別而各有不同者、別之以其性中之知能耳。此一聖之知能不同於彼一聖之知能、而其品第判然分矣。愚不肖之知能不同於賢知之知能、物之知能不同於人之知能、而其品第相去倍蓰無算矣。至聖爲渾同知能。渾同者、謂其知能與眞宰知能渾同一體、無缺無餘也。大聖爲任用知能。任用者、謂其知能不及於渾同、而眞宰知能却任其所用。如綱維天地者眞宰之知能也。而大聖亦能起死回生、轉移天地等等、任其所用也。欽聖爲順應知能。順應則不能任用、而但順應乎眞宰之運用也。列聖爲顯揚知能。顯揚者謂其凡有得於眞宰知能之發露而盡以宣化於人類也。大賢爲希望知能。知者爲體認知能。希望者、謂其不能聖而欲求至於聖。體認者、謂其求明一本而體認之也。廉介爲堅守知能。善人爲循習知能。庸常爲自用知能。知能而至於自用、則幾幾乎其近於物矣。物雖具有知能而不可以知能稱。禽獸曰知覺、草木曰發生、金石曰堅定、同一知能也。而物類得之於最後。故其品愈下而遂覺其漸遠於眞宰也。若泥其分別之跡、去其先後之形、而復返之於一原焉、物與人未見其甚相遠也。

清源黑氏曰、知能卽各物之本領、受賦於造物者也。造物授之全、人物得之偏。非偏也、用各有宜耳。用之得宜則偏者全。用之失宜則全者偏。顧其人之用之何如耳。各正性命、保合太和、此之謂也。

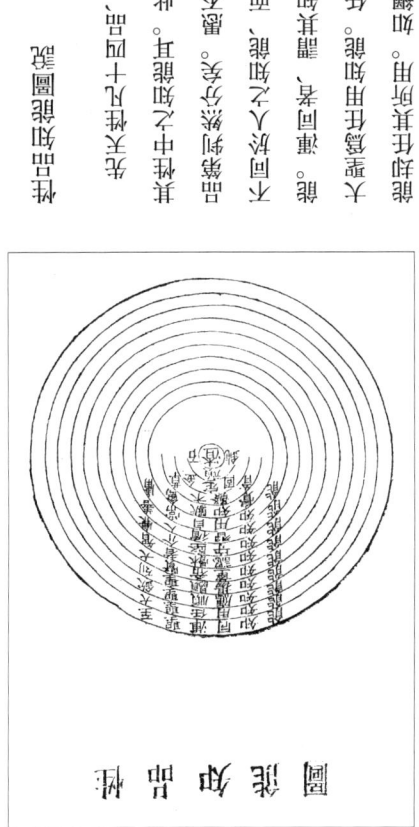

後天形器圖說

後天形器凡十四層。其數與先天性品之數相對。上界之層第九、卽九天之位也。下界之層第五、卽四氣與四氣所生之三子也。阿而實爲至淸無上之天、諸天之懸位於其中也。猶珠之懸於水晶室也。此第一天之體、一面有形向下、一面無形向上。無形而向上者、以其尙屬於先天也。有形而向下者、以其始入於後天也。此際位分、天分先後而兩界却無隔絕。其第二層曰庫而西爲二十八宿及群星所麗之天。雖有形而其形實無容思議者也。當其元火冒入於天體而成象也、其力僅能至此而止。過此以上、則至淸而無可麗矣。下此七天則每一層僅有一星麗之。其三層則土星麗焉。四層則木星麗焉。五層則火星麗焉。六層則太陽麗焉。七層則金星麗焉。八層則水星麗焉。九層則太陰麗焉。天有九而於其最上者稱爲一層。於其最下者稱爲九層。蓋自上而數及於下也、是爲順其次第而數之也。若於其最下者稱爲一天、最上者稱爲九天、則爲逆其次第而數之矣。其每一天安置一星者、蓋每一天有一天之功用、各置一星以作本天功用之機權也。九天之下、其次於天者風、次於風者火、次於火者水、次於水者土、土返而向水、遂與水相凝合而金生焉。金能吸火下降、火降則氣隨入於土而木生焉。木能生而金能鳴。二者相湊又以適合於四氣之感而飛揚生活之氣生焉。木金活三者風火水土四氣所生之三子也。合三子而僅爲十四層之一層。

淸源黑氏曰、經曰、惟阿而實、代行化育。阿而實理、卽先天性智之智也。歸之於物則名曰理。其爲形也、上無下有。其爲器也、上虛下凝。蓋先天後天承流宣化而後天之卵殼也。至庫而西則殼內白翳矣。三子生生之次第、於此尤詳。

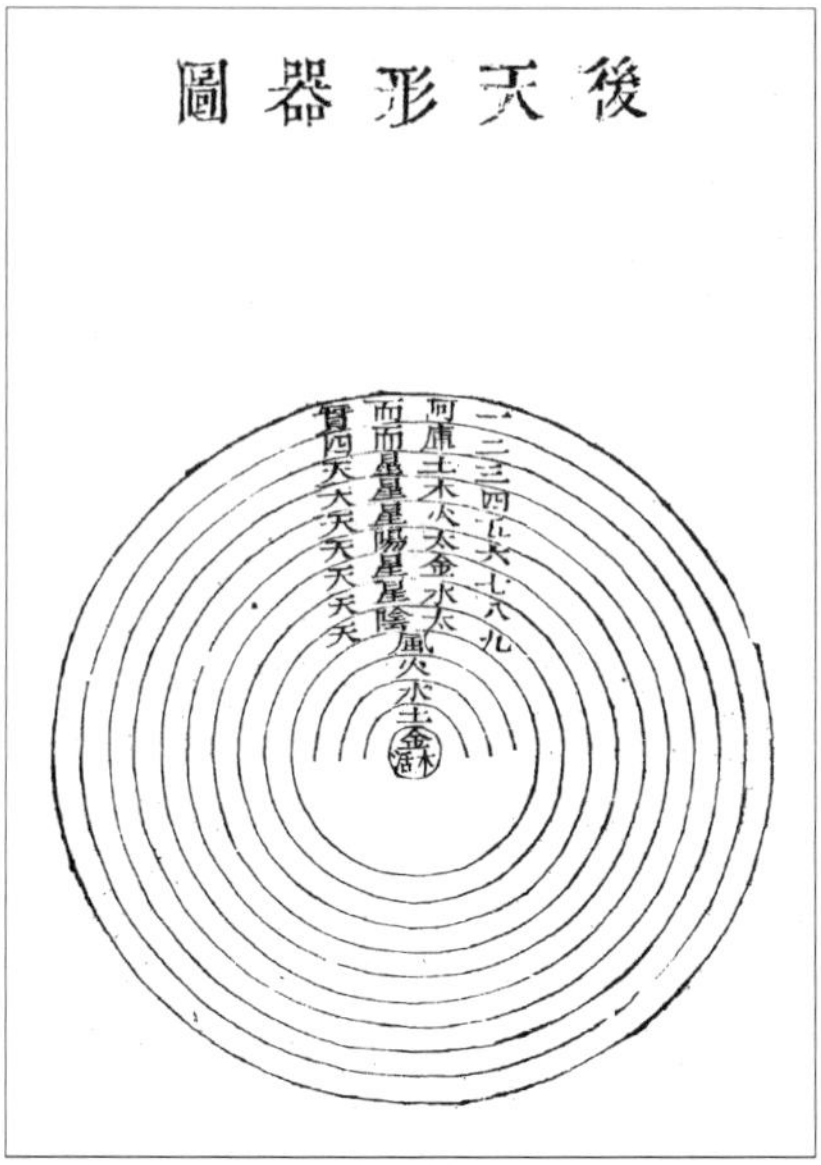

後天形器圖

形器功用圖

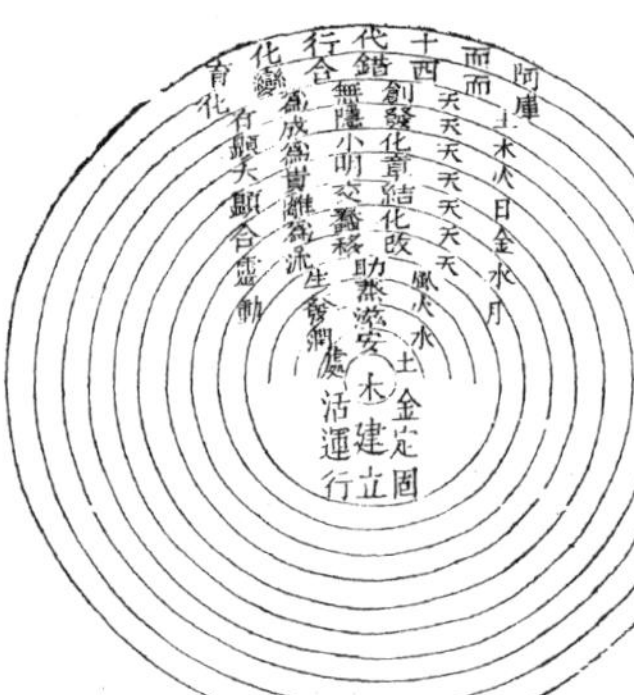

形器功用圖說

形氣十四層、每一層有一層之功用。萬物之紛錯、人事之不同、莫非此十四層功用有以照映而闢合之也。阿而實爲代行造物之功用、以其居形器之最首、而得夫眞宰化育之全能也。一面向理世、一面向象世。凡理世一物欲來於象世、必由此境而來、乃能成其爲象世之人物也。其下諸天之功用、亦莫不由此天而得。故其功用爲諸天功用之總持也。庫而西爲錯合變化之功用。諸天功用皆各有一定、不能彼此相代。而此天獨能代行別天之功用。上代阿而實以總諸天之動、下代諸天以行其本天之用。所以然者、因諸天各載一星而其功用亦只各歸於一事。此天之星無可數計、二十八宿及一切群星莫不麗於其上。故其功用亦無可數計。土星天則創無爲有者也。人物賦形成質、自無趨有、皆此天之功用也。木星天則發隱成顯者也。物之所以生長發達、人之所以才敏茂著、以及一切祥徵瑞應、皆此天之功用也。火星天則化小爲大者也。人物自小而大、由此蔭彼、以及一切苦毒災異、皆此天之功用也。太陽天則章明貴顯者也。其功用特不及於阿而實、庫而西兩天、然較上下六天爲最盛焉。上下六天莫不借此天功用之力、而乃能自行其本天之功用。所以然者、以其位居七政之最中而實爲七政之主宰也。上下六天特其輔佐耳。故凡人禽之生活、草木之長發、金石之變化、花實之蕃碩、人物之貴顯、年力之康壽、皆此天功用爲之。卽雲雨雷電、霧露霜雪、寒暑濕燥、四時往復、萬物消長、一切變化施爲皆莫不成於此天之功用也。金星天爲結交離合之功用。人物交接契合、相感相配、以及一切音聲色貌、香臭氣味、皆莫非此天之功用爲之。水星天則化蠢而爲靈者也。人物有蠢而漸化於靈者、有暗而漸化於明者、除垢却汚、以及一切浸潤透亮之故、皆莫非此天之功用爲之。太陰天則善於改移而流動者也。凡一切乍增乍減、倏成倏敗、以及潮汐之消長、事物之變亂、皆莫非此天之功用爲之。風之功用爲能舒鬱以助生活。火之功用爲能薰蒸以助溫煖。水之功用爲能滋潤以益生味。土之功用爲能負載以奠安處。金則善於定固者也。木則善於建立者也。活則善於運行者也。上界下界之功用全而形器之能事畢矣。功用者眞宰妙用之跡也。妙用者全體之活潑流行而不膠於一定者也。因形器以識形器之功用、復因十四層之功用以悟眞宰之全體大用、則謂形器爲形器可也。卽謂形器爲非形器可也。

清源黑氏曰、人曰知能、物曰功用。總一眞宰之妙用流行而發現於萬物者也。妙用同而功用異者、若心運一筆而書分萬字也。知此乃悟眞宰之全體大用無不周通貫洽、物物皆眞宰之本然顯現也。顧可以形器拘乎哉。

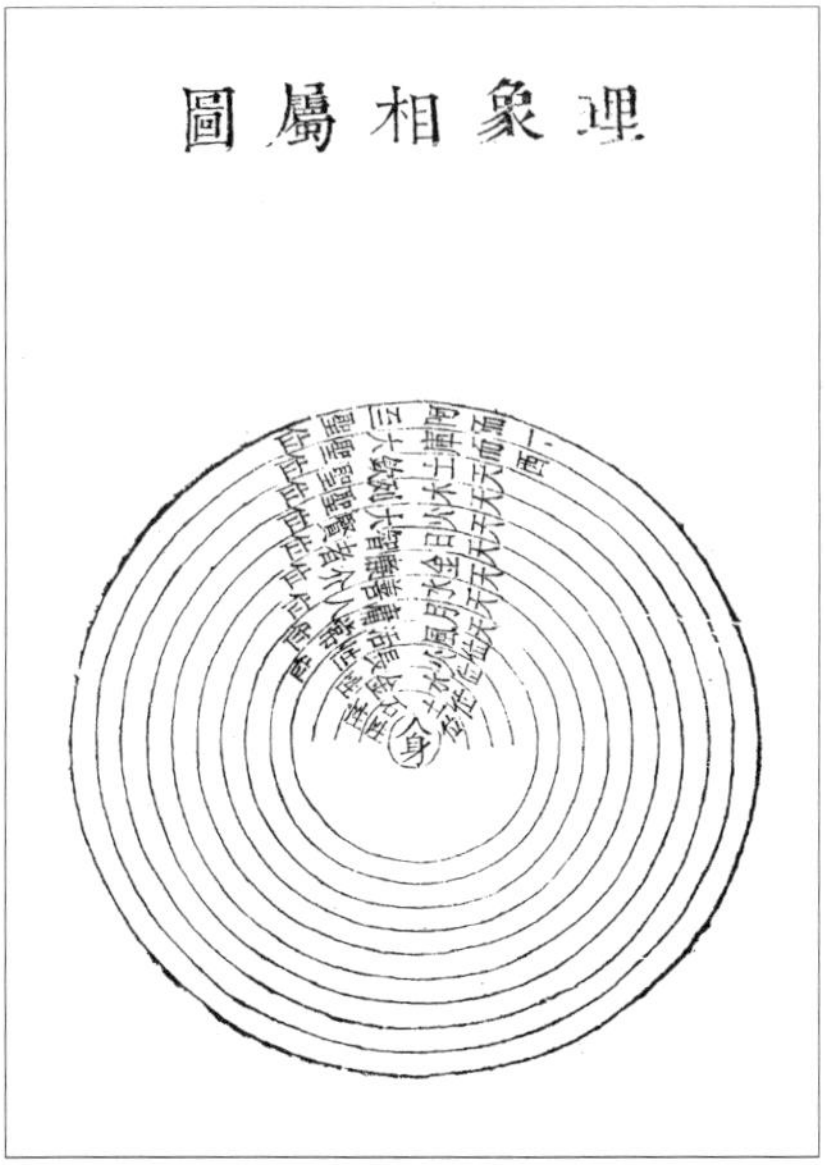

理象相屬圖說

性理先天也。形器後天也。先天之性理爲後天形器之所從出。後天之形器爲先天性理之所藏寓。故理與象本相屬也。說者曰、形器爲性理之所藏寓。但不知其爲藏寓也、性理卽藏寓於形器之閒乎、抑不必依附形器而別有所以妙其藏寓者乎。曰、後天之形器、先天性理之位分也。位分者、言乎其性理之所向、非謂某一品之性理卽囿於某一品之中也。說者曰、各品之象不相淆亂。但不知各品之性爲渾同一理而充滿於不可見聞之閒乎、抑各有所在而不相淆亂乎。曰、先天之性理其所以分別者義理之分別也。義理非有跡者也。是以雖有所分而不見其有分之跡。渾然一理之中、自有不相淆亂之妙。自其於穆流行處觀之、徹上徹下、無非一理之所充周。謂之爲合而不分可也。自其以時發現處觀之、聖凡人物、未嘗有毫釐之隕越。謂之爲合而有分可也。至其理與象之相屬也、亦不過屬於其義而非域於其跡也。阿而實爲至聖之位、庫而西爲大聖之位、土天爲欽聖之位、木天爲列聖之位、火天爲大賢之位、日天爲知者之位、金天爲廉介之位、水天爲善人之位、月天爲庸常之位。要皆因其品第而屬之以其位也。又各以其性與其天之義理相近似者而爲位也。下界之物其性則各從其所生之類而爲位也。得活性而有者從風、得木性而有者從火、得金性而有者從水、得石性而有者從土、皆因乎其本生之類而其位自相屬也。理象之相屬、聖凡人物無二致也。

清源黑氏曰、性理妙物也。包天裹地、莫可限量。不惟人性如此、卽極之蟻蟲蚊蚋、以本量言之、未始不與人性等、未始不與眞宰全體大用等。第自其發現處觀之則各有定位耳。其位也、若意在心究不拘於心中、若性在身究不囿於身內。不然則五尺[12]身當亦五尺性矣。屬義之說可思。

⑫滇云「尺字誤。」滇は下の「釈」を「天」に作る。九天遠近図説の「尺」も同じ。

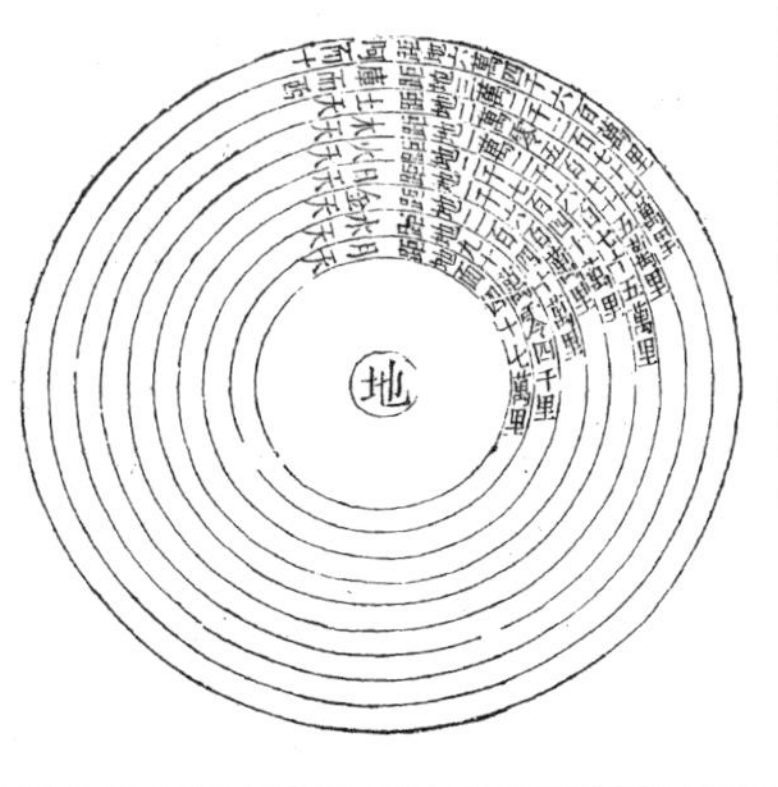

九天遠近圖

九天遠近圖說

天分九重而其所以分則無形者也。無形而得以知其遠近者、蓋觀其本天之星之遠近而因以知其天之遠近耳。太陰天去地約四十七萬里。水星天去地約九十萬四千里。金星天去地約二百四十萬里。太陽天去地約一千六百萬里。火星天去地約二千七百四十萬里。木星天去地一萬二千六百七十五萬餘里。土星天去地二萬五百七十五萬餘里。庫而西去地約三萬二千二百七十七萬里。阿而實去地倍於庫而西去地之數。各天去地遠近之數、蓋卽其各天半徑之數而定之也。知半徑之數則可以知全徑之數矣。卽全徑之數推之、徑一圍三、便可以知周圜之數。而各天全體之爲若干大也、絲毫不爽矣。天之遠近大小、因其星知之。而各天之星則亦有大小一定之體。庫而西之列宿群星、約其大概分爲七等。一等者大於地一百一十倍。二等大於地九十倍。三等大於地七十倍。四等大於地五十三倍。五等大於地三十五倍。六等大於地十七倍。至小者大於地七倍。土星大於地九十倍。木星大於地七十四倍。火星大於地倍半。日大於地一百六十五倍。金星小於地三十六倍。水星小於地二萬餘倍。月小於地三十八倍。天之遠近、星之大小、粲若列眉。觀形器者不可不更知其大者也。地位於九天之中、如大荒中一沙。九天位於人性之中、其爲大爲小、蓋亦猶地位於九天之中也。

清源黑氏曰、溯自元氣分象、自地至天、原無里數可紀。然徑一圍三、數不爽也。以測天、天之遠近可知。以測星、星之大小可曉。天方名賢、造一尺之矩、量盡天地之數。復著測量法譜、以杜荒唐之疑。然亦以器測器也。若本性發現、視九天如一沙。有何難知之數。覽者勿自居井下。

九天旋轉圖

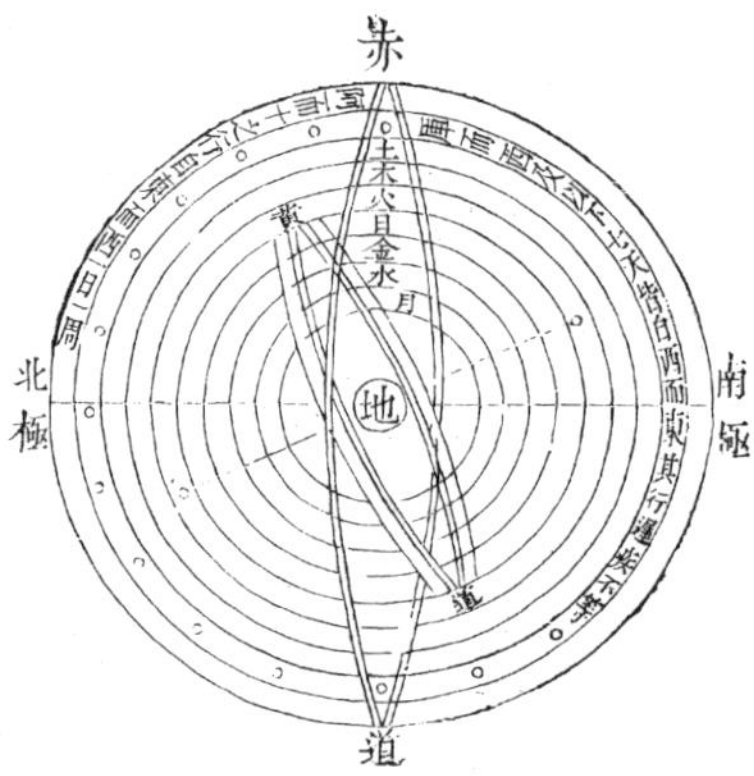

九天旋轉圖說

阿而實之旋轉也、自東而西、是爲自然之動。其餘諸天之旋轉也、自西而東、是爲反掣之動。兩動之説明、乃以知九天旋轉之爲用皆四氣互相關合之所爲也。阿而實何以自東而西。蓋東方者生氣所聚之專位也。氣之專位在東。故其旋轉自東而起。起於東則行於西矣。是之謂自然之動。庫而西竝以下七天何以自西而東。蓋西方者土所分定之正位也。八天之本命、皆與土有相關之義。土之正位在西。故其旋轉自西而起。起於西則行於東矣。庫而西竝以下七天、何以皆與土相關。當其元火冒入於天體而成象也、惟阿而實爲元火之所不能麗。其餘八天皆有焉。土者火之所存跡也。故八天皆與土有相關之義。何爲反掣之動。阿而實之旋轉也、自東而西、帶動以下。八天亦有自東而西之勢。而八天本行實自西而東。故其勢雖爲阿而實所牽動、而本行却不隨之。雖有自東而西之勢、而實爲自西而東之行、是之謂反掣之動。九天之旋轉也、一爲自然之動、八爲反掣之動。兩動不息則不惟東方之氣、西方之土互相融入、即南方之火、北方之水亦莫不因其旋轉帶動而運行布入矣。四氣之所以交融而爲化育萬物之原者、皆九天旋轉之力爲之也。此其説窮理格物者、所不可不知也。赤道黃道之説、南極北極之稱、觀乾象者之所常談焉耳。不復贅。

清源黑氏曰、兩動之說、近代始曉。蟻磨之喻、僅得其形、亦知反掣牽動所以運旋有如是乎。兩氣互入、水火交融之說、大有裨於格致。

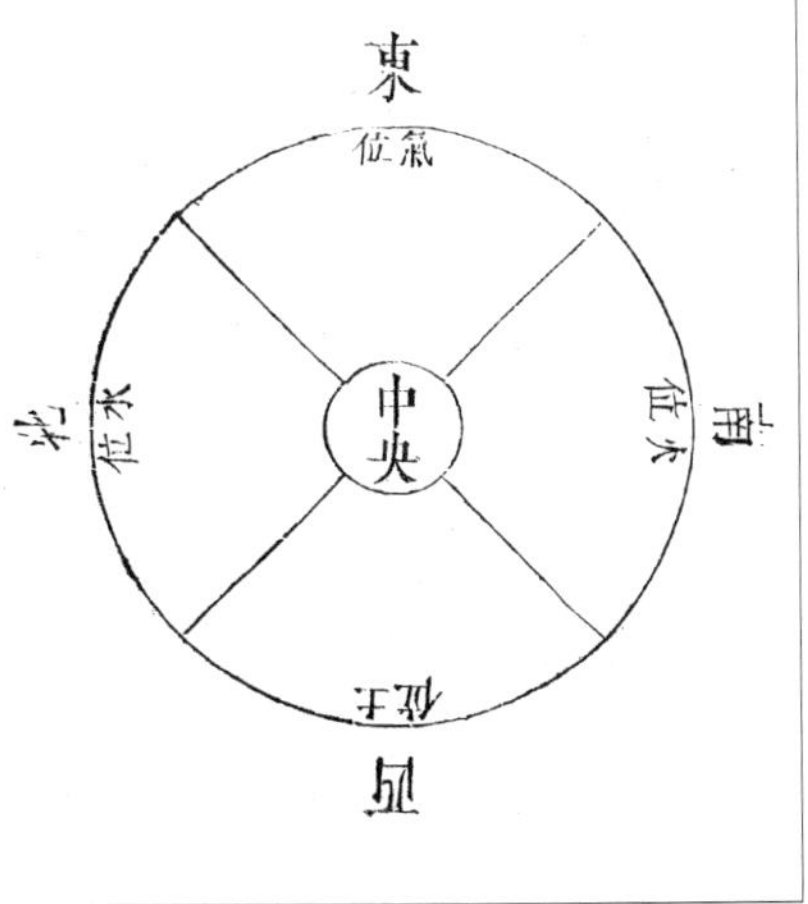

四行正位圖

四行正位圖說

四行卽四象也。氣自水生、土因火出。氣土水火是爲四行。四行爲萬物之母而其每一行各有一專注之位。氣位於東而其行也自東而西。土位於西而其行也自西而東。火位於南而其行也自南而北。水位於北而其行也自北而南。各自其本位而行、至於瀰滿無隙之處、則四氣互相攙入而滾爲一氣矣。四者單行則萬物無自而生。四者相攙則萬物於茲而化育焉。說者曰、南方爲火之正位、北方爲水之正位、無足異也。至於東方爲木之正位。而茲乃曰氣之正位在東。西方爲金之正位。而茲乃曰土之正位在西。其義何也。曰、木生於水、金生於土。當其四行之始分也、木與金尙未有也。其子未形、其母實居。於此氣者水中之眞陽上升者也。氣雖不名爲水而其實爲水之精、木之母也。故其位分專住於東。迨至於木之旣生、而其子與母同宮矣。金爲土子、金未生而其母之正位專列於西。迨至於金之旣生、而其子亦與母同宮矣。木之正位在東、金之正位在西者、其後天也。氣之正位在東、土之正位在西者、先乎其先者也。先後子母之義明、而其位東位西之妙用愈尋而愈出矣。

淸源黑氏曰、南北有定位、東西無定位也。南北以二極爲定位、東西乃以天地爲定位也。蓋天屬氣而爲東、天爲東則地爲西矣。嚮配五行、土中分屬、是未知東西無定位之說也。木金子母精確可思。

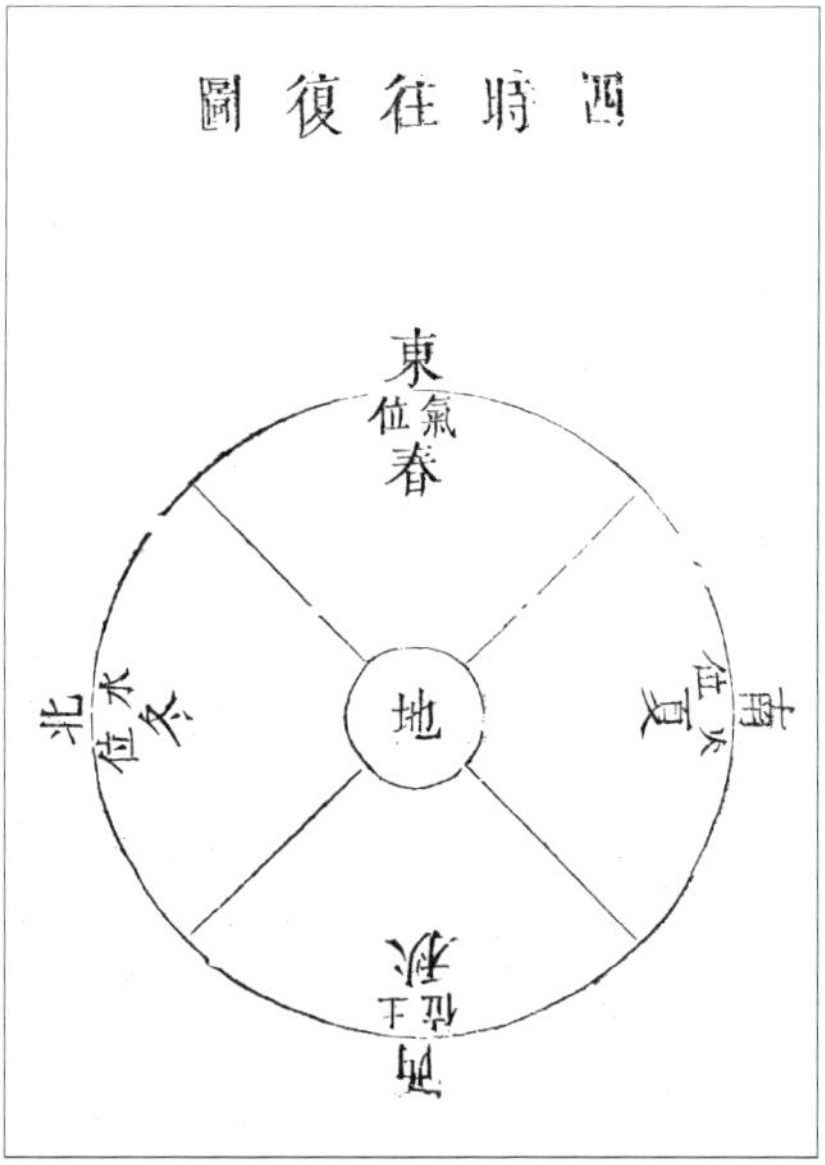

四時往復圖說

未有四氣之先、空中無四時也。四時卽四氣輪轉流行而成者也。輪轉流行之中、各於其某一氣所專盛之位、而因各以其時專稱之也。流行而至於東方所專盛之氣則其時爲春。知春之所以爲春者、融和若此、則知氣之所以爲氣者、其蘊含適如此也。流行而至於南方所專盛之火則其時爲夏。知夏之所以爲夏者、炎盛若此、則知火之所以爲火者、其蘊舍⑬適如此也。流行而至於西方所專盛之土則其時爲秋。知秋之所以爲秋者、收吸若此、則知土之所以爲土者、其既吐而納適如此也。流行而於北方所專盛之水則其時爲冬。知冬之所以爲冬者、堅凝若此、則知水之所以爲水者、其附土而藏適如此也。蓋氣與火之流行、以發越爲流行者也。故其爲時也、春與夏亦皆有發越之象。土與水之流行、以收藏爲流行者也。故其爲時也、秋與冬亦皆有收藏之義。收藏之力既盡則發越之機又起。發越之機起則東方所專盛之氣又於茲而復始矣。此四時之所以往復也。說者曰、四時之序、五行之所循環也。茲乃謂四氣爲之。而木與金不與焉、則將置木金二行於何地乎。且無木則火不生、無金則水不生。火不生則四時中之夏何以突來。水不生則四時中之冬何以倏有。曰、氣火水土、其先天也。木與金之母也。木金二行、其後天也。四單行之子也。假使無木則火不生、則當木未生之先、先天之火何來。假使無金則水不生、則當金未生之先、先天之水何出。蓋先天之火水不生於木金、而四行相聚、實爲後天木金之母。迨木既生而木之力亦能助火。是則木能生火之說也。迨金既生而金之力亦能助水。是則金能生水之說也。因木有助於火而以木補入於火之前、曰木能生火。因金有助於水而以金補入於水之前、曰金能生水者。蓋眞宰化育之妙用、而於四氣對待之中、又以金木二行爲之周旋、接引於其間、以後天而補其先天之所未盡也。

清源黒氏曰、四時成於四行。天屬氣、爲尊爲首。故四時先春也。次火爲夏、土爲秋、水爲冬、皆有自然之次第。氣火上達、故春夏則萬物生。土水下達、故秋冬則萬物息。一生一息、所以成造化而永生生也。

⑬舍＝含（底本、談、還）。蘊舍＝顯著（滇）。含字を舍字の誤りとみなし改正した。

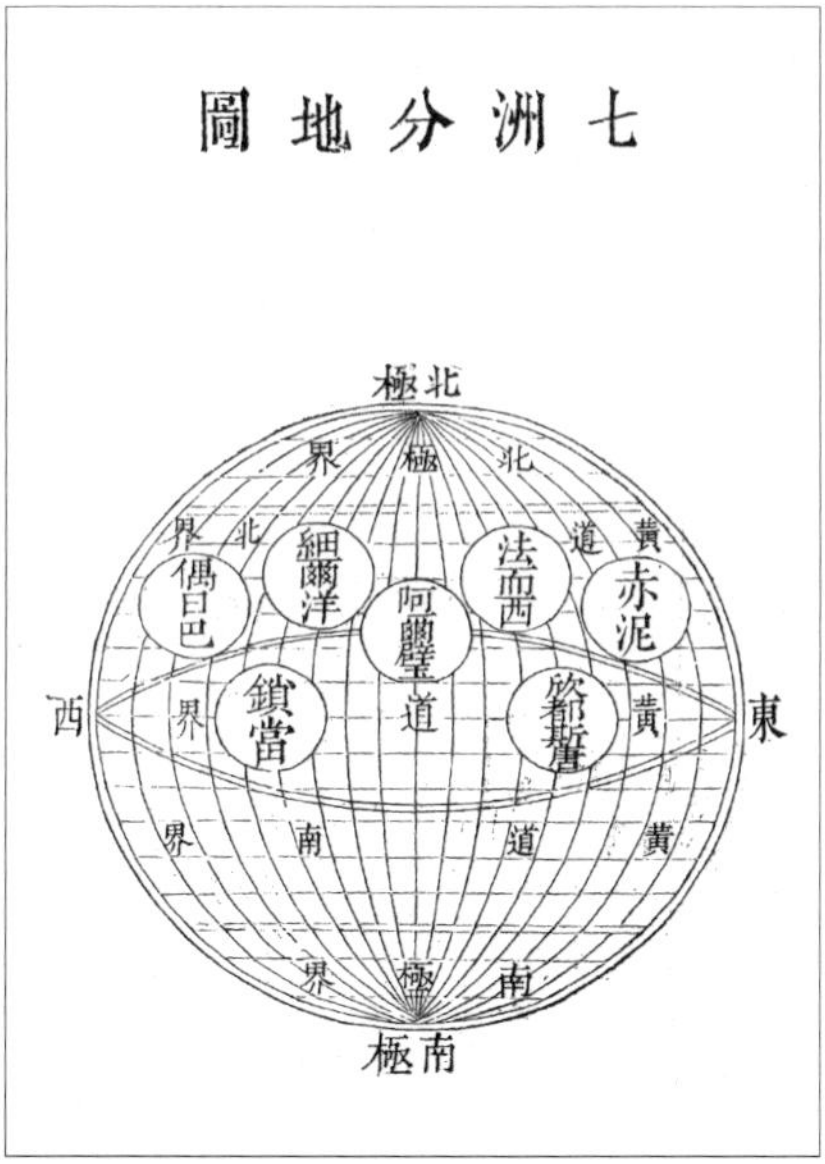

七洲分地圖説

地者、土與水相附而成形者也。其體渾圓而位於空中之中央。周九萬里、其深厚二萬八千六百里。分形有七、是爲七洲。曰阿而璧、曰法而西、曰偶日巴、曰赤泥、曰細爾洋、曰欣都斯唐、曰鎖當。七洲上應七政、某一洲爲某一政之所專屬者、則其地之人物性情、卽與其所屬之星情性相似。而此一洲之祥災瑞應、卽關於此一星之映照。阿而璧當七洲之首位、人類肇生於此。其地爲日所屬、人之性情、明正自强、其物多寶産。法爾西爲木星所屬、其人壯偉能事、其地多嘉植。赤泥爲月所屬、其人志趨易移、其地多濡濕。偶日巴爲火星所屬、其人好辯喜爭、其物多隱毒。欣都斯唐爲水星所屬、其人聰明尙巧、其物多異狀。細爾洋爲金星所屬、其人秀美剛直、物佳麗而地多奇產。鎖當爲土星所屬、多鹵地、草木禽獸稀少、其人鈍窒黒小、善擔負。天方人謂此地爲奴役之國。地七而其中有寒熱溫涼之各異者、以其上應黃道之度數、各有遠近之不同也。合大地而總觀之、自南至北、分五大界。一黃道界。其地甚熱、以其當日輪之正照故也。一南極界、一北極界。此二界甚寒、以其與日輪遠故也。一黃道南界、一黃道北界。此二界寒熱適中、以其與日輪不遠不近故也。地氣寒熱溫涼之故、皆上界黃道爲之映照於其閒也。清源黑氏曰、三教與西洋地圖、洲數互異、難以理白。然天有七政、地有七洲、自然之數也。阿而璧居中位、非故崇也。以日午無影可證。

四際分空圖

四際分空圖說

空中自地至天有四際。近於地者溫際、上於溫者濕際、再上者冷際、近天者熱際。四際蓋本風火水土四行之所結撰而有者也。四際之氣、每自上而下、以爲培育萬物之功。從未有自下而上者也。溫際之氣不行於濕際、冷際之氣不行於熱際。溫際屬土、其氣和平。濕際屬水、其氣稍涼。冷際屬風、其氣肅冽。熱際屬火、其氣炎熱。四際之氣皆萬物之所仰藉、而因時各得以自正其性命者也。又曰、四際者、承天養地之膈膜也。如皮與肉之閒、苟無膈膜爲之接引、則肉不能養皮而皮亦不能爲肉之衞矣。至於地中積陽之氣、有時而上升也。有僅至於溫際者、有過溫際而至於濕際、至於冷際、至於熱際者、其所升之高下不同。故而爲塵爲霧、爲雲爲雨、爲雹爲沙、爲流星、爲彗孛、有等等不一之形狀矣。蓋地中積陽之氣乃日所冲射而入者。其升而上之也、有浮游而上者、有直射而上者。其直射也、又有悠然而上者、有奮激而上者。其浮游而上者、僅至溫際、氣夾土者爲塵、氣單上者爲霧。

其直射而上者爲雲。雲深入於濕際則雨。雲僅至於溫際則不雨。其直射也、悠然夾土而上者爲沙。此氣不能盡至濕際、體重故也。其奮激而上者、直入冷際、冷則其氣凝凍爲雹。其奮激而上者、力甚勇如發矢擲彈則直入於熱際矣。熱際乃火之本位也。積陽之氣再遇火焚、化爲火球而墜之、卽爲流星。此氣當陽勝之日乃有。故流星夏多於冬。若積陽之氣烈甚、直上之力更勇、則能射入熱際之盡、而近於天矣。近天則此氣爲天氣所吸、不得下墜、與天隨行爲彗孛之類。必待久而漸消漸散、以至於無也。

清源黑氏曰、熱際屬火、冷際屬風。熱際當居冷際之下、曰濕⑭際屬水、水火同居則兩相耗而兩不生。惟風閒之則水得以常潤、而火因以常熾矣。觀四行方位、火南水北而氣土閒之、亦是其意。此足以見化物錯綜之妙。

⑭濕＝溫（底本、談、還）、濕（湞）。湞云「濕字誤。」湞にしたがい改正した。

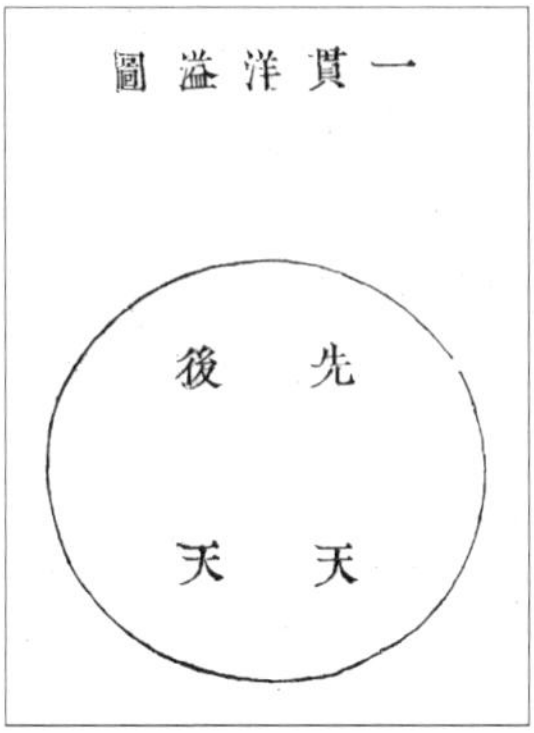

一貫洋溢圖說

自分理分形而至於無所不有也、觀理者、必觀之於未有形色之先、觀形者、又必逐象求之、而謂是皆後天陰陽二氣之所積也。夫觀之於先、觀之於後者分之也。夫一則何分理自理而氣自氣也。抑知宇宙內爲理爲形、皆眞一直貫而洋溢者乎。夫一則何分之有。貫則何隙之有。洋溢則何拘泥之有。無分則散者仍聚也。無隙則空者仍實也。從直而貫者、九天七地、無非一之所充週。從橫而貫者、東西南北、無非一之所遍曁。四氣者、一之流行而爲對待者也。四時者、一之對待而爲流行者也。洋洋乎活潑而不膠於一定。而又何理象之必分而二之也乎。由前觀之、一之無形而爲直貫者、何必非有形之所隱伏。由後觀之、一之有形而爲直⑮貫者、何必非無形者之所飛揚。無形者不必定屬於先天。有形者不必定屬於後天。而又何先天後天之可分也乎。此一貫之所以洋溢彌綸於無盡也歟。彌綸無盡則優優而不竭者、自生生而不已也。生生而不已者、一之屬意於萬物也。而非屬意於萬物也、非萬物無以爲養人之資。屬意於萬物者、屬意於人也。

清源黑氏曰、横貫竪貫、總莫越乎一眞。一執一也。貫含萬也。自其萬有未有之先、一貫已立。自其萬有既形之後、一貫恆然。究其實只一眞宰也。一貫文贅。

⑮直＝横（滇）。滇云「横字誤。」

天方性理圖傳卷三

概　言

第三卷歷敍小世界所以顯著之由。小世界有有形之顯著、有無形之顯著。觀于有形之顯著、可以知造物自然之妙。觀於無形之顯著、可以知天人一致之精。小世界之形、後於天地、小於天地。小世界之理、先於兩閒、廣於兩閒。蓋因大世界有邊際、小世界無邊際。大世界之理有起滅、小世界之理有起無滅故也。然亦未嘗非無起無滅。

人生元始圖

種子

人生元始圖說

天地大世界也。人身小世界也。大世界未有之先、先有六品之理、後有六品有形之象。小世界之有也、先有六品有形之象、後有六品無形之理、大世界先無形而後有形者、由理而達於氣也。小世界先有形而後無形者、由氣而還於理也。其有形者起於一點。乃先天性理所餘而成其爲溟渣者也。天下萬世人生之根種也。

自阿丹秉四行之精萃、結聚成身、而此一點卽寓於其身。及阿丹生子蔭孫、而此一點流派於千萬無算之身、必有千萬無算之一點。而此千萬無算之一點又非自阿丹之身變化繁衍以出者也。緣夫先天性理之世、凡有一性、卽稟有此一點。但自阿丹之身成、而此千萬無算之一點莫不隨入於阿丹之身而藏寓之。其爲物也、妙無可窺、超於色象聲臭之表。當其寄藏於阿丹之身而渾爲一本也。雖包藏萬世之身而不覺其多。及其流派子孫而各爲一本也、而亦不覺其少。其殆繼先天而爲至妙之物者乎。人之有心也、身也、身之有表裏體竅也、知覺性情也、動作云爲也、窮通壽夭也、皆莫不裕乎其中而妙之也。及其流行昭著、亦分爲六品。一元品、卽此種子也。二孽生品、始結胎也。三變化品、四本成也。四成形品、表裏分也。五定質品、體竅全也。六呈露品、靈活現也。小世界有形之六品、蓋不減於大世界有形之六品也。

清源黑氏曰、種子卽實有也。小世界之種子卽大世界之元氣。先天之理各抱一氣、卽猶後天之氣各抱一理。所謂由氣而還於理者、俾其理發明無不盡透也。此人所以爲人也。遠取諸物、近取諸身、所取伊何。觀理者當於此卷留意焉。

胚胎初化圖

胚胎初化圖説

此卽一點入於母腹而初化之象也。是爲孳生品。當其未入母腹之先、存於父脊、清妙無象。迨既離本位而入於子宮、無象者有象矣。象蓋得乎父母交感之氣而成。父之陽動而生水、水挾陽氣而授之於母。母之陰動而生火、火挾陰氣而納此一點於子宮。陰陽交而水火聚。故一也而遂化爲兩。清內藏、濁外護。清者屬陽、卽本父之陽爲母之陰裹而化者也。濁者屬陰、卽本父之水爲母之火熾而化者也。說者曰、清既屬陽、理當外發、而茲乃內斂。濁既屬陰、理當內斂、而茲乃外發何也。曰、小世界之化生與大世界之化生、品數無增無減。但其內外分形、實相反也。大世界之分形、以發越於外者爲大爲上。故其陽者發於外、其陰自斂於內矣。小世界之分形、以藏寓於內者爲大爲上。故其清者藏於內、其濁自圍於外矣。其所以分形相反之故、正足以見造化之奇。而小世界之爲物、較大世界爲愈精愈微也。蓋大世界自無形而化至有形、其勢皆自內至外者也。自內至外則其義盡於其外矣。小世界自有形而化至無形、其勢皆自外至內者也。自外至內則其內之所關合者微矣。如人之一身、心居於至內、身之所不能通者、心能通之。心通無形之位、卽猶阿而實通理世之位也。故小世界以藏寓於內者爲大爲上也。又曰、人心如天、人身如地。如天者上、如地者下。由身而至於心爲升、由心而至於身爲降。此分形相反之妙、足以見造化之奇。而天人之際、其授受也微矣。

清源黑氏曰、人一念之動而有小世界。卽猶眞宰一念之動而有大世界也。然眞宰之動、動於無所不知。人之動、動於所不及覺。不及覺者、仍眞宰之自爲動也。非眞宰無以爲人也。分形相反之理甚妙。

四本分著圖說

此胚胎一月之象也。其自父脊而移入於子宮者、清與濁得子宮之溫養而兩半者分爲四層。是爲變化品。夫自一點而分清濁、蓋亦猶元氣之判而爲兩儀也。本清濁而化爲四層亦猶兩儀之分而爲四象也。最外一層者色黑屬土、其近於黑者色紅屬風、近於紅者色黃屬火、其居於最中者色白屬水。白者、清之至也。黃則其清中之稍濁者也。黑者、濁之至也。紅則其濁中之稍清者也。四者爲人身血肉精氣之本、四本不外清濁二者。而其所以分者、分之以其色也。色之所以分而爲四者、分於子宮陰火之所熾也。其居外而最與火近者、故其色黑。其二層稍與火相格⑰、故其色紅。其稍近於內而僅得火之氣者、故其色黃。其居於最中而與火相遠者、故其色白。四色分而風火水土四行因其色之所成而各有屬焉。一曰⑱、清者之爲色本白。濁者之爲色本紅。蓋清本陽水之所化、陽水色白。濁本陰火之所化、陰火色紅。紅白既判、復爲子宮陰火所溫養、則紅之外變而爲黑、白之外變而爲黃。此又四本分而爲四色之說也。

四本分著圖

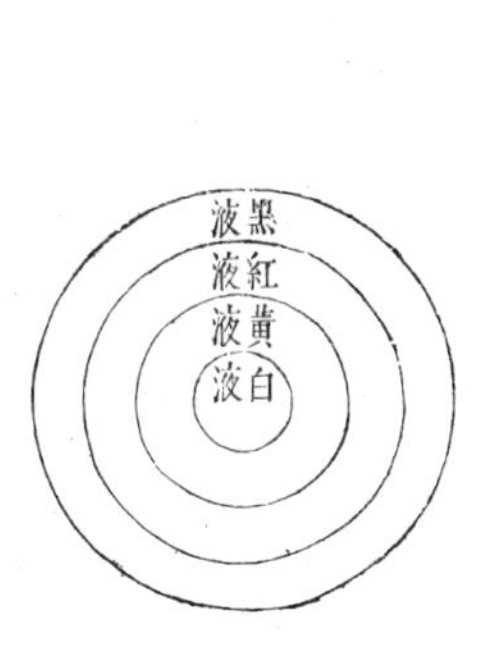

清源黑氏曰、予閱西洋書、亦有四液之說。但未見其言理。茲溯四液之所本、而備晰其所以然。足見天方之學以理勝也。

⑰格＝隔（滇）。滇云「隔字誤。」
⑱滇云「曰字誤。」

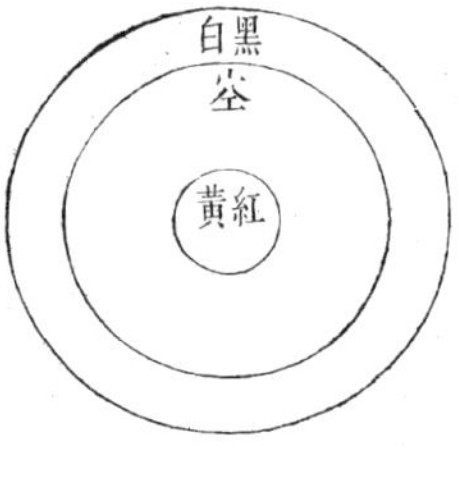

表裏分形圖

表裏分形圖説

此胚胎二月之象也。當此之際、其白黃紅黑四者、得子宮溫養之氣較前爲久。久則風火水土四行之本性飛揚發動、離四色初成之層次而各歸於四行之本位。風歸風位則升而至於其裏。小世界以內爲上。故其至內者爲至上。風升而歸於其最內者、乃歸於其最上也。火歸火位則升而至於風之次、其位亦內也。風火居內則水不能內存。其勢不得不降而就下、以與土相附矣。就下者、就於其表也。風火內升、其形爲心、水土外降、其形爲身。心者天也。身者地也。表裏形分則小世界之天地定位矣。火與風相合而爲心、水與土相附而爲身、其中空焉。亦猶天位於上、地位於下、而中空之義也。是爲成形品。

清源黑氏曰、氣火升而爲心、水土降而爲身、表裏既判、中留空際。四元交互、化育始蕃。是心天身地、理明事順。何人以首天足地爲美談也。

內外體竅圖

內外體竅圖説

此胚胎三月之象也。二月之胎先是表裏分形。至此則表裏各有變化矣。其表之屬土者化爲周身之肉。屬水者流爲脈絡之路。其裏之屬氣者化爲心之質。屬火者發爲靈明之孔而對峙於心之左右。心身既成而卽於心身之閒、結聚四藏以爲四行專住之位。四藏既成而六府亦次第皆具。耳目口鼻四肢百體悉皆分著。是爲定質品也。夫一身之體竅皆藏府之所關合。而其最有關合於周身之體竅者惟腦。蓋藏府之所關合者、不過各有所司。而腦則總司其所關合者也。腦者心之靈氣與身之精氣相爲締結而化焉者也。其爲用也、納有形於無形、通無形於有形。是爲百脈之總原、而百體之知覺運動皆賴焉。何謂納有形於無形。凡目之所曾視、耳之所曾聽、心之所曾知、腦皆收納之而含藏於其內。是其所爲⑲能納也。何謂通無形於有形。蓋腦之中寓有總覺之德也。其筋絡自腦而通至於目則目得其總覺之力而能視。其筋絡通至於耳則耳得其總覺之力而能聽。其筋絡通至於口鼻則口鼻得其總覺之力而口知味、鼻知臭。故肝開竅於目而其目之所以能視者腦之力也。腎開竅於耳而其耳之所以能聽者腦之力也。脾開竅於口、肺開竅於鼻而其口之所以知味、鼻之所以知臭者腦之力也。其筋絡自腦而通至於周身則通身得其總覺之力而手能持、足能行、百體皆知痛癢。卽心爲靈明之府而亦不能不有資於腦。腦得其養而心之靈明加倍。腦失其養而心之志氣亦昏。是之謂通無形於有形也。又曰、心爲室、腦爲堂。凡室之所籌畫者、未有不於其堂而顯露者也。腦蓋承心之所施而施之於百竅也。體竅全而人之形成矣。自此以後、其爲滋養者有二根焉。外根曰臍、內根曰膽。臍能引母之氣血入胃以取其滋養。膽能於氣血之所引入者分別美惡、而但用其美者、收其毒者。此二根者又內外體竅之所由以得其滋養者也。

清源黑氏曰、表裏體竅早已具於種子。此特以時發現也。通身表裏皆關係乎腦、則治人者當先知治腦。故天方醫有腦科、諸家不知也。

⑲爲＝謂（滇）。滇云「謂字誤。」

靈活顯用圖說

此體竅既全以後之象也。體竅既全、靈活生焉。靈活者、人之所以爲人之性也。其性一本而該含六品。一繼性、二人性、三氣性、四活性、五長性、六堅定。堅定不名爲性、以其同於金石之性、無生發故也。繼性者、繼眞宰之本然而有者也。眞宰之性無有開其先者、但有繼其後者。此性則因眞宰之本然以爲本然、故曰繼也。此性卽眞宰之首顯而以爲萬性之本元者也。人性者、人於先天而各得其所分與之性也。此性不遠於繼性。而但因其先天之有分、則其名與義遂不覺其微有所別矣。是謂本性。氣性者、人所稟於後天氣質之性也。是謂愛惡性。活性者、附於軀體而以爲知覺運動者也。是謂食色性。長性者、卽所以生長軀體、自小而大者也。是謂發育性。堅定者、卽所以堅整軀體而不使其解散者也。雖不名性、亦性也。一本而該含六品、是誠分之無可得而分、合之而又確有此自然不同之妙義也。此其所以爲靈活也。人之身自一點分形而漸至於靈活顯用。是爲小世界自有形而化至無形也。靈活者、無形中之有形、有形中之無形、是自天之人、由人合天之一大機局也。無形者附而其人之所以爲人者全矣。無形者復而其人之所以合天者至矣。是爲呈露品也。

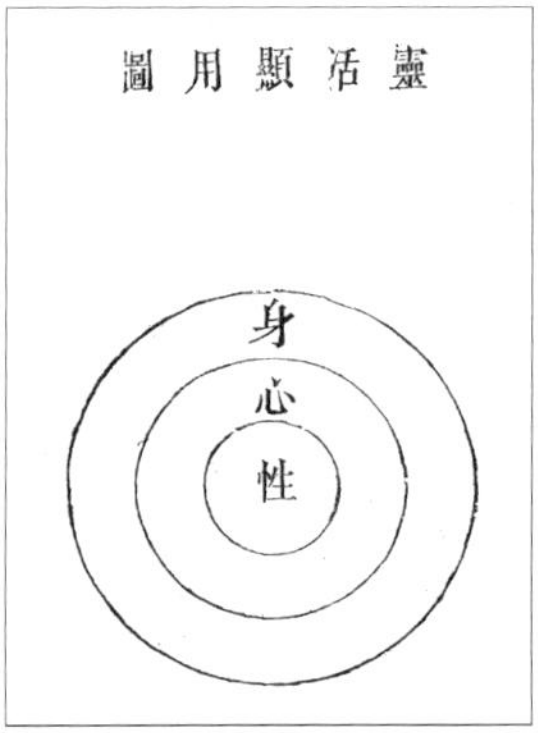

清源黑氏曰、無形至有形、有形動而無形靜。有形至無形、有形靜而無形動。非至此始靈活、乃靈活至此顯也。靈活卽一念之動也。

堅定顯著圖說

此靈活顯用之初品也。靈活之爲物也、一本而該含六品。自繼性、人性而及於氣性、活性、長性、堅定者、由精而及於其粗也。其顯也、堅定先顯而次及於長性、活性、氣性、又次及於人性、繼性者、由粗而及於其精也。由粗而及於其精者、仍然從有形而化至無形之義也。小世界之所以成其爲小世界者、次第然也。夫是

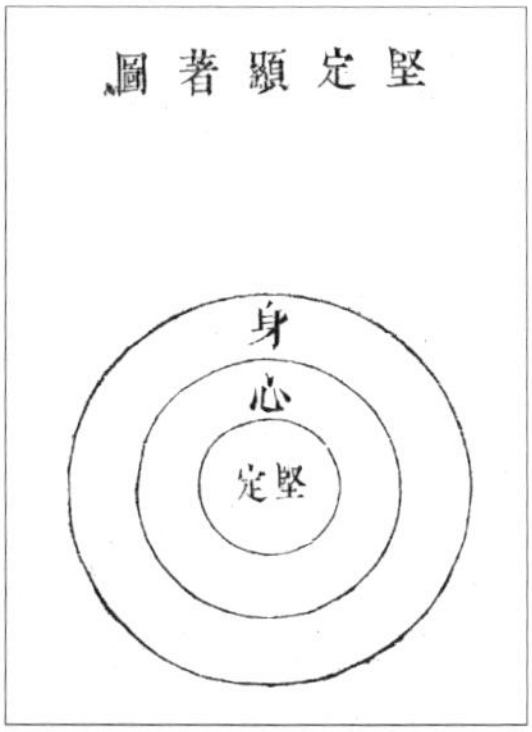

堅定顯著圖

以先顯其所爲堅定也。堅定者、金石之性也。生發非其所職、而堅定則確能絲毫不易。堅定顯則臟腑之懸繫各就本位而不至於搖動。氣血之流通各歸經絡而不至於隕越。百骨之巨細各安分寸而不至於旁溢。通體堅整連束而不得解散者、皆此堅定之力爲之也。小世界得力於堅定之性、亦猶大世界得力於堅定之性也。大世界得此堅定之力則九天七地終古不易其位。日星河嶽終古不改其常。造物之所以綱維天地者、綱維之以此也。小世界得此堅定之力則其通體安整而不易其位、亦猶大世界終古不改其常。堅定之性又卽造物綱維小世界之本領也。造物之全能盡付與人身。而此則其顯用之先見者也。

清源黒氏曰、胚胎五月、筋骨强硬、若金石之韞鑛內。故曰金性顯也。無形化有形、止於金石。有形化無形、始於金石。其堅也、不惟剛堅而柔亦堅。其定也、不惟靜定而動亦定。

發育顯著圖

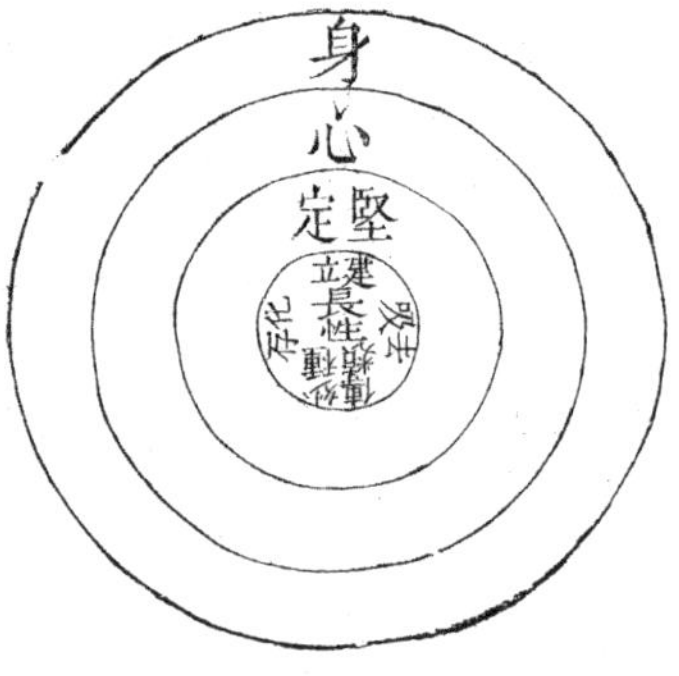

發育顯著圖說

堅定既顯之後、則發育之性顯焉。發育者長性也、草木之性也。草木之性亦無所不包、而生長則其所專職也。長性未顯之時、胎之吸引不得自由、其受養於母也、不過聽其母之精力之所及者而因之以得其養。至此既顯之時則氣力强勝、吸引可以自由、其取資於母也、無論母之精力及與不及、而於不知其然而然、知奪其母之精力以自養矣。得其養則長矣。長性之爲物、有吸力、有化力、有存力、有去力。能吸則有所取以爲養育之因。能化則其所吸者熟而變化出焉。能存則於其所化之精微者、悉收之以散布於臟腑肢體之閒。能去則於其精微之所遺剩者、悉皆除去之而不留也。此四力者長性所含之妙本也。迨夫發育成人之後、又於四力渾聚之中顯露其本有之二力焉。一妙種力、一傳像力。蓋於孳生之時而乃及時顯露者也。妙種者、飲食未化爲氣血之先、此力卽掇其最精之分、培養元脈而妙乎其所以爲種也。傳像者、種子將欲稼胎之時、此力卽以其本體具有之形狀性情悉印授於其中、而以爲傳類之用也。長性之位在肝。蓋其性既能長發而又借肝臟之火、以助其力則長發又倍覺其易也。大世界得此長性之力而成象者其象不衰、成形者其形日盛。小世界生長之性殆卽大世界生長之性也。

清源黑氏曰、胚胎六月而毛髮生、肢體條暢、若草木萌蘖、浥露迎陽、自由生化矣。然既曰發育、何後此又有夭札之不齊。曰、所稟之氣有厚薄、故所生之形有修短。此半由先天也。外感四氣、內戕萬欲、此半由後天也。若推其本然之性則種無有不芽者矣。

⑲滇云「四字誤。」

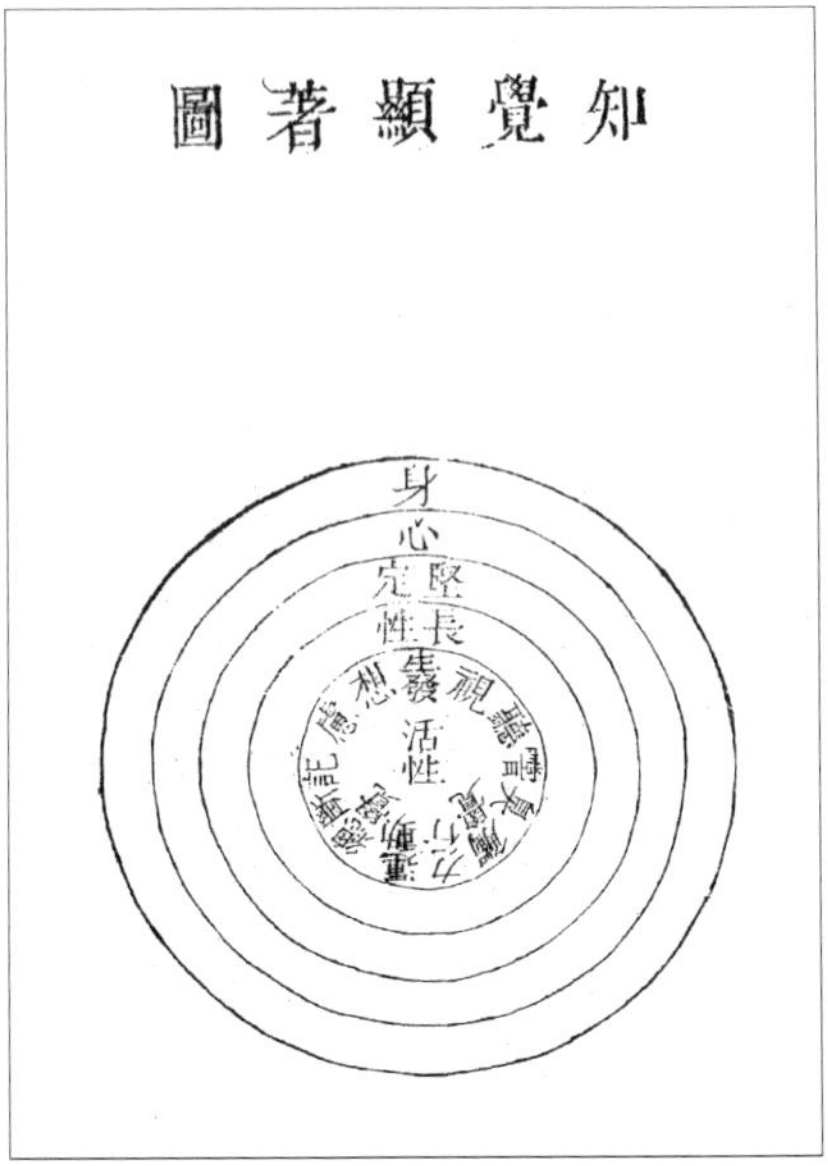

知覺顯著圖説

長性既顯、活性著焉。前此無知覺、而此際則有知覺矣。前此無運動、而此際則有運動矣。知覺運動起於此際、而其性卽以爲終身食色之根。知覺之爲物也、其用十。五寓於外、五寓於內。寓於外者、視聽嘗臭觸也。寄之於耳目口鼻肢體。寓於内者、曰總覺、曰想、曰慮、曰斷、曰記。其位總不離於腦。總覺者、總統内外一切知覺、而百體皆資之以覺者也。其位寓於腦前。想者、於其已得之故而追想之、以應總覺之用也。其位次於總覺之後。慮者、卽其所想而審度其是非可否也。其位寓於腦中。斷者、靈明果決而直斷其所慮之宜然者也。其位次於慮後。記者、於凡内外之一切所見所聞所知所覺者而含藏之不失也。其位寓於腦後。運動者、因其知覺之所至而運動以應之。運之於臟腑之閒者氣之事也。動之於四肢百骸者氣與血兼行之事也。有督力焉、有役力焉。督寓於心、所以起運動者也。役寓於身、所以應督而成其運動者也。活性萬物皆具。然有有知覺者、有無知覺者、有運動者、有不運動者、非其性之或全或不全也。自其外而觀之、若似無知覺者、若似不運動者而其實未嘗無知覺運動也。但其爲知覺也、知覺於人所不及見。其爲運動也、運動於人所不及窺焉耳。如金石之爲物也、人以爲無知覺運動、然鎔之則化、叩之則鳴。此非其所爲知覺乎。生於山、流於水、生於鑛底、見於鑛面。此非其所爲運動乎。金石且然、而況靈於金石者乎。

清源黑氏曰、胚胎七月而生全。知覺一顯、運動卽見、躍躍欲產矣。然更俟一二月而產者何也。余質之、一齊曰、人在母腹中得七政照養。初月土星照、二月木星照、三月火星照、四月太陽、五月金星、六月水星、七月太陰、七政照遍、胎熟而產焉。其更俟一二月者、必其七月中有一二政氣力衰弱、照養未熟。須再加閏照耳。閏土者不育[20]、閏木者生、閏火者達、閏太陽者貴顯。金與水月爲三陰不閏。故越十月者鮮。

⑳滇云「不育二字疑。」

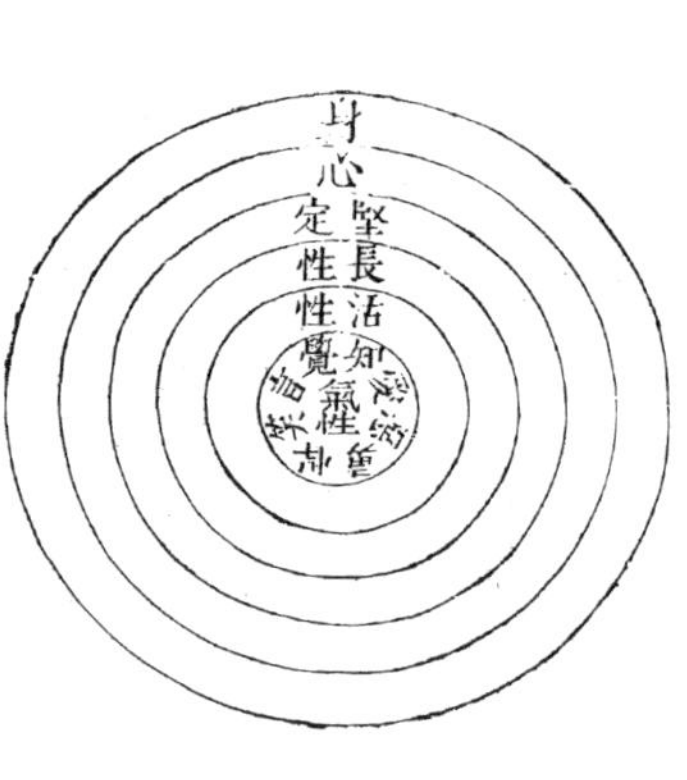

氣性顯著圖

氣性顯著圖説

堅定長活三品顯於未離母腹之時。迨出母腹四十日、氣性顯焉。氣性顯則知愛惡。愛惡二者、淺觀之、不過七情六欲之總稱。擴充之、實爲出凡作聖之本領。當此出離母腹之初、其爲愛爲惡、未甚分明。而約略見端者、見之於天然啼笑之中。故天然之啼笑、愛惡之所見端、氣性之所先顯者也。人爲萬物之靈、具此能愛能惡之機。迨其後擴而充之、因所愛以力行其所當愛之事、因所惡以力去其所當惡之事、皆此氣此力爲之而已[21]。故其人日進於聖賢也。氣性雖屬後天而其所關於人者如此。先賢葉子德曰、氣性者、順承本性之用而以爲用者也。氣性之所能爲者、皆本性之所欲爲者也。本性所有之知能、盡付之於氣性而發現之也。氣性本於氣質。氣質又本風火水土四行而成。人之所得於四行者均則氣性和平而其本性亦得借以全顯矣。所得於四行者不均則氣性不能和平而其本性之顯也亦不全矣。又曰、氣性之名有四而分屬於四行。一曰安定性、屬風。二曰常惺性、屬水。三曰悔悟性、屬火。四曰自任性、屬土。四性通用者中人也。專以風水性用者中人以上者也。用火土則中人以下者也。或曰、風不定者也。安定性何以屬風。曰、風之爲物也、充滿於上下四方之閒、無盈無絀、似不安而實安、似不定而實定。故安定性屬風。專以安定性用者、同於本性以爲用者也。聖人之流亞也。其次以常惺性用者、倣佛本性以爲用者也。賢哲之流亞也。其次以悔悟性用者、猶不失乎本性以爲用者也。下此以自任性用則純乎悖逆、而不同於本性者也。此氣性之所以分、而用氣性者、貴知所審處也。

清源黒氏曰、前此三品顯、人與物共。後此三品顯則人與物分。氣性人物皆具、而於稟賦中各得一情形、彼此絶不相等。如人與鳥獸同屬活類、而鳥則兩翼而飛、獸則四足而走、人則二足而歩趨。烏聲鳴鳴、鴉聲啞啞、牛吼馬嘶。而人則能言能笑、以至飲食居處、寒煖被服、絶不相同、皆由於氣性別之也。人之初生、不過一活物耳。音聲同其鳴啞、乳哺類乎羔犢。若蟲初蟄茫無所知。迨至氣性一顯則愛惡言笑與物分焉。物無言笑也、不同愛惡也。

㉑已＝以（底本、談、還）、已（滇）。滇云「已字誤。」滇にしたがい改正した。

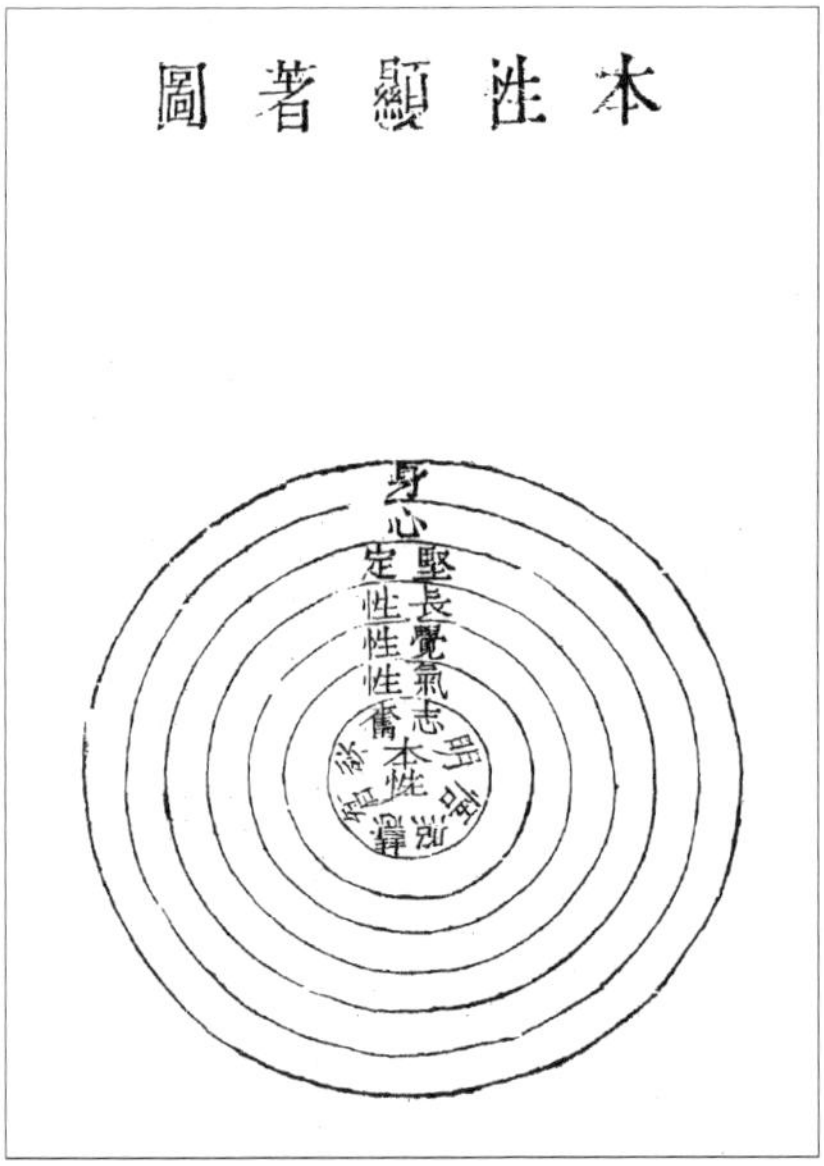

本性顯著圖

本性顯著圖說

本性者、本乎先天之所分與而無美不備者也。其性與後天氣性、活性、長性、堅定之性相渾爲一。但其顯也、有先後之分。後天四品以次而先顯、此一品顯於其最後。本性與繼性、與眞宰之本然、有次第而無彼此。由眞宰之本然而有繼性、由繼性之分與而有本性。是其所爲次第也。而其實本性之知能不異於繼性之知能、不異於眞宰本然之知能。所謂有次第而無彼此也。本性之內、萬理具足、萬事不遺、萬物皆備。其體量如此其廣大也。其光之所通、無不貫徹。而於無不貫徹之中、含有一種清妙之智、統攝活性所有一切之知覺。含有一種清妙之欲、統攝氣性所有一切之愛惡。是謂二力。二力者、專於後天表世發現其本領。又於無不貫徹之中、顯有一種天然返照、絕意後天而直見夫本性從出之所。顯有一種天然趨向、因明於照而直趨夫眞宰本然之眞。是謂二德。二德者、專於先天本始發現其本領。二德必待其人修明之既至而後顯也。人人具有此性卽人人具有此德、具有此力、具有此無不貫徹之光。但其顯有全與不全耳。查密氏曰、人性無所不知、無所不能。其有所不盡其用者、人之不盡其用耳。非其知能有全與不全也。查密之說、蓋深有見於人之本性卽眞宰首顯之繼性、而亦卽眞宰之本然也夫。

清源黑氏曰、氣性以別情形、本性以別義理。義理之別、人之所以貴乎萬物、靈於萬物者也。前此四品顯以時際。此品之顯、惟視氣稟清濁均偏、以見遲早虧全耳。氣性不顯、無以爲人名。本性不顯、無以爲人實。絕意後天、直趨先天。此本性之能事也。

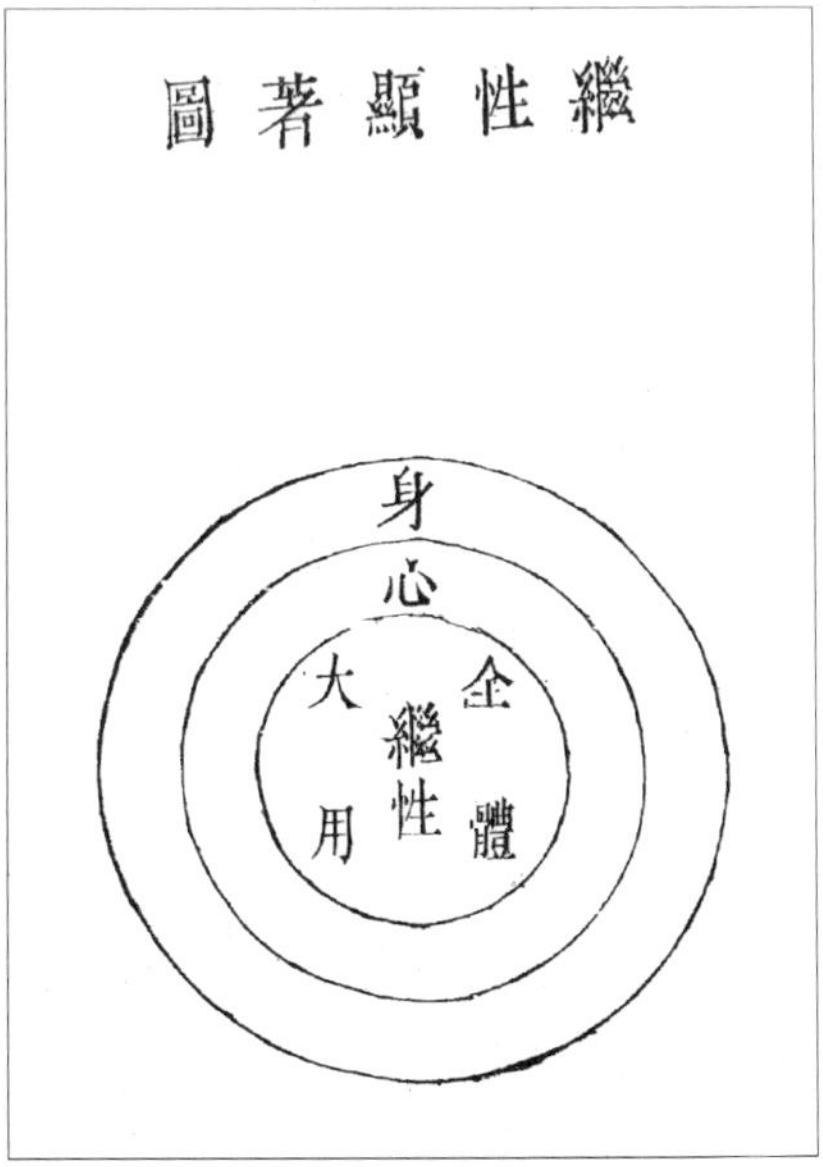

繼性顯著圖說

繼性者、眞宰首顯之元性也。古今人物之性命莫不從此而印析之。所謂千古群命之一總命也。眞宰之起化也從此境起。萬化之歸眞也從此境歸。此一性者、起始歸宿之一大都會也。其爲性也、周徧普世、無去無來、天地人物所公共者也。[22]本性者、人所各具之性也。各具者顯則公具者亦顯。本性與繼性原非二也。本性未分之先、秪此繼性而無本性。繼性分與之後、名爲本性而不名繼性。本性未顯之時、公共之繼性何嘗不日顯於天地之閒。而但其顯也、無與於我。本性旣顯之時、則顯與顯合而兩顯成爲一顯矣。猶光與光合而無可分其爲此之光彼之光也。猶水與水合而無可分其爲此之水彼之水也。兩光成爲一光、兩水成爲一水、是則兩顯成爲一顯之義也。各具之顯、歸入於公共之顯則公共之顯遂若獨顯於我、而繼性遂得爲我之繼性矣。此繼性之所以顯著也。顯則繼性之本體卽我之本體、而何況於知能、何況於作用。顯則我之本體忘其爲繼性之本體、而又何屑屑於知能、何屑屑於作用。則我之命卽千古群命之一總命也。我之景況卽起始歸宿之一大都會也。而眞宰與我豈不成其爲異名同實者哉。夫人身一小世界也。其最後之所顯者、乃起化之最先者也。大世界由無形而顯至有形者、先其所先而後其所後也。眞宰爲之主持於其閒也。天地萬物不得而自由也。小世界由有形而顯至無形者、先其所後而後其所先也。眞宰爲之主持於其閒也。人亦不得而自由也。後其所先、而又且顯至於先之無可先者、眞宰不得主持於其閒也。不得主持於其閒者、自由者也。自由非眞宰不能也。

清源黑氏曰、眞理如印。繼性如跡。跡後於印、故謂之繼。人具本性之知能、廉善賢知欽聖列聖大聖各因其所賦之知能而顯然皆有區別。若繼性顯著則原始返終全體渾化、斯稱人極也。諸家言盡性、天方言顯性一義耳。顯之透卽盡之精、但鮮見其能盡耳。

㉒滇云「共字誤。」

天方性理圖傳卷四

概　言

第四卷乃發明第三卷未盡之意。人極之超妙也、有頓有漸。聖凡之分科也、有天有人。知其頓、不知其漸則其頓不可以爲法。蓋頓超者一二人之路、漸入者千百人之路也。安於凡、不希於聖則無論天事人事皆自棄之矣。蓋知耻則勇、恆可作聖。不勇不恆、欲其超三界而入無上也、難矣。況已不勇恆而復妄議人之勇且恆者乎。自棄而又自棄者也。

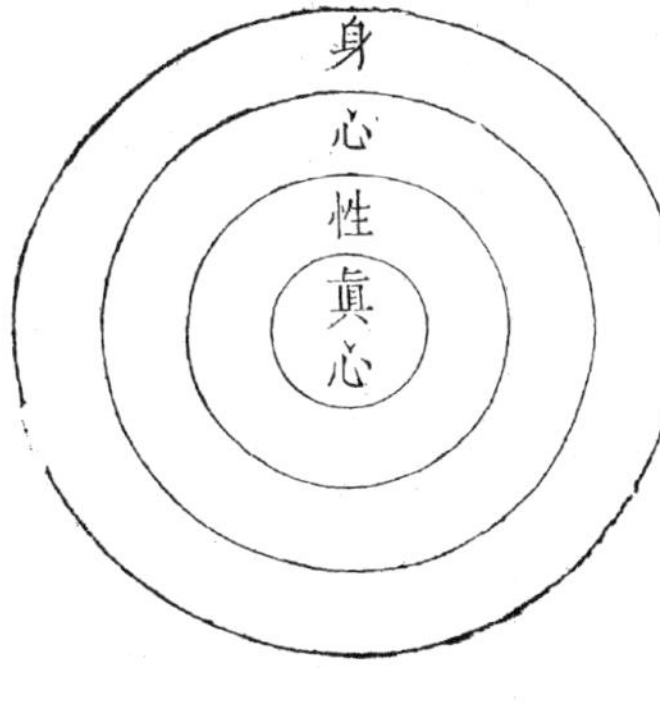

心性會合圖

心性會合圖說

性理未分之先、秖此一心。心也者無方所者也。性理既分之後、不名心而名性。性自理世而趨象世之時、無形無體而寓於心。心之妙體、空寂無外而身内所有之心、心之位也、性之所寓也。心之妙體爲性之先天、心之方寸爲性之寄屬。方寸其後天也。先天之心爲性所分析之源、方寸之位爲性所顯露之助、何也。方寸雖屬後天而其所具之才智、實足以知性、實足以見性。性之虛妙無所不有。但妙而不能自爲顯發也。必得心之才智、足以發之。而其性乃有所借資而顯。性譬則火也。心譬則煤也。煤無火則不熾、火無煤又何以着乎。約而言之、先天之理必有借於後天之心、亦必有借於後天之氣。有後天之心而其理乃燭。有後天之氣而其理乃行。後天之心、何以有燭理之能。蓋胚胎當體竅初分之時、已先有所爲。屬火者發爲靈明之孔、而對峙於心之左右。靈明之孔卽才智之根、而燭理之能已蚤伏於此矣。後天之氣、何以有盡性之能。蓋氣性者順承本性之用而以爲用者也。駕本性之馬也。心之才智足以知之、氣之本量足以行之。而性之始終條理、庶乎其有統會之機矣。此先天之所以必有借於後天也。雖然、謂先天之性全無所以自用其力則又不可。蓋心與性互相爲用、而先後天各以其本領照映於其閒也。以方寸所有之才智與本性中所含清妙之智會合而其爲知也益力。以方寸所有之才智會合本性中所顯天然之返照而其察理也益眞[23]。是知方寸所寓之性亦非全無以自用其力也。借方寸之位以爲寓、因方寸之明以爲用。迨至心之才力既盡而六品性體統會於一、則方寸之位無所用之。而依然成其爲妙體之心而不落於方所也。然後謂心卽性也可、謂性卽心也可。

清源黑氏曰、無形之心爲先天性所從出。有形之心爲後天性所從入。心性爲名、種果一義耳。心者性之郛郭與。心無所住、皆落一邊在。

㉓益＝蓋（談、滇）。

心品藏德圖

心品藏德圖說

形色之心、本一物也。而其品有七。每一品有一品之德。德者心之所得以爲才智者也。每一德有一德之作用、亦猶天有七政而每一政各有專司也。最外一品爲順德藏。順則不逆、然亦有時反順而爲逆者、則以所藏之位、處於最外也。外當氣血流行之衝而德易受其所侵。故順者亦有時而爲逆也。其二品爲信德藏。信則不搖、然亦有時搖動而不信者。蓋因順德受累於氣血之衝、反順爲逆、震動於隣而信德因之以搖也。其三品爲惠德藏。惠則不刻、然亦有時反惠而爲刻者。蓋亦因順信二德之變而此德因之以變也。三德所藏之位、或於心之包、或於心之表、或於心之裏、大約皆落於形色之分際。故易爲氣血所侵而皆至於有變也。後此四德所藏之位、不於其表、不於其裏。雖不離於形色之方寸而却不落於形色之分際、非氣血之所得而侵蔽也。故不至於有變。後此之四德發明而前此之三德亦因之以守其常矣。其四品爲明識藏。此一德顯則燭理明透、而其他知見皆不得而眩惑之。蓋心之有此一品、猶天之有日也。日光能掩諸光、而非諸光之所可得而掩者也。其五品爲篤眞藏。此一德顯則趨向本來、無所牽亦無所障。蓋心之此品猶火也。火性炎上而直趨於內者也。趨於內則自遠於外矣。其六品爲發隱藏。凡先後天一切所有之理、至深至隱而不可以思議者皆藏積於此一品之中。蓋理自無邊無際而來至於此曰發。心自能悅能研、而至於一無所隔亦曰發。發者現之漸也。其七品爲眞現藏。眞之體用、大而無外、亦復小而無內。自有心而眞卽藏寓於此一品之中。但功力未加、才智未盡則藏者終藏而其現無由。迨才智盡矣、功力至矣、由明識而至於篤眞而至於發隱矣、則眞宰之全體大用畢現於此矣。現則方寸之跡泯而無方無所之妙、無分於彼此矣。

清源黑氏曰、七品合七政。理數昭然。視其人功夫何境、卽知其心開幾層。人焉廋哉。明識爲日、智者之品也。日無不明。故智者不惑、其能不變者知止矣。

升降來復圖說

宇宙開千頭萬緒之理、至無盡也。然不過一眞宰之自爲升降來復而已矣。降於種、升於果、來於最下、復於最上。大世界之爲降爲升、卽小世界之爲來爲復。而小世界之爲來爲復、妙於大世界之爲降爲升。則以大世界之由降而升也、其升盡於有形。小世界之自來而復也、其復盡於無形。無形較有形爲至精也。於穆之初、未降未來、名曰主宰。人事之盡、既升既復、名之曰心。先天之化、自一理流行而有繼性、靈性、活性、長性、鑛性、四行之性、遞降而至於元氣止焉。此眞宰之本升而自爲降也。大世界之降也、基之於此。小世界之來也、亦基之於此。後天之化、自元氣分著而有土水火風、金石、草木、鳥獸、漸次發明而至於人止焉。此大世界之由降而爲升也。而實眞宰之由降而自爲升也、所謂降於種而升於果也。後天之果卽先天之種也。小世界之來也、來於大世界自升而降之同時。而其復也、復於大世界由降而升之既畢。復於其最後者、復於其最精也。後天之來、來於一點、由一點而有身形。由身形而有堅定、生長、知覺、靈悟、遞進而至於首顯之繼性止焉。此小世界之自來而爲復也。復至於眞宰本然之地、而大世界之立於其中也、如大荒中之一沙。來於最下、復於最上。所謂無形之復較有形之復爲至精也。爾撒聖人云、人不再生、不能獲天地之義。生者升也。再者二次之謂也。一次隨大世界之升以成其象。一次從小世界之升以盡其理。是之謂再生也。兩升既全而大造之底蘊盡於此矣。經云、兩弧界合、或復至近。兩弧者來降爲一弧、復升爲一弧。升降既全則兩弧界合矣。或復至近者、超越名相之界、立無何有之鄕、全體渾化沕合本然。此至聖獨踐之境也。清源黑氏曰、大化源流、小世始終、聖凡修證之次第、人禽辨別之幾微。由天之人、自人至天之途徑、升降一圖備盡之矣。學者欲識造詣之所至、觀升降圖可無謾焉。

人極大全圖

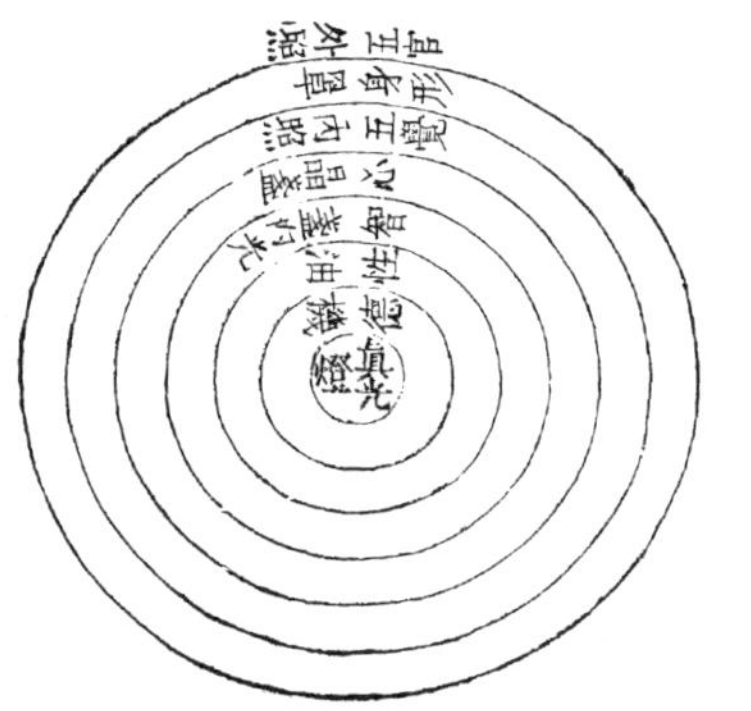

人極大全圖說

極之爲言至也。謂人之所以爲人之妙、至極而無以復加也。妙之外更有妙於此者、人亦不可以言妙、妙亦不可以言極也。五妙之外更無有妙於此者、人之妙乃爲至極而無以復加也。五官也、身體也、五覺也、心也、智也、性也、德也、妙之具也。而若眞光未至則但有其妙之具、而猶非所以極乎其妙也。眞光者、極乎其妙者也。極乎其妙者至、則妙者妙而妙之具總成其爲無所不妙而已矣。眞光猶燈也。燈非機油盞罩、則燈無附着之地。機油盞罩、燈所須之具也。機油盞罩無所不備而燈未附着、則機油盞罩不過僅成其爲燈之具而已。有燈之具而無燈、則其具猶廢器也。若有其具矣、燈亦附着之矣。而燈不盡乎其所以爲燈之妙、非燈之不妙也。燈之具未盡乎其所以爲具之妙、而以故燈亦不能盡乎其妙也。有晶盞矣、而晶盞未瑩潔也。有油矣、而油未澄清也。有機矣、而機未端正也。有罩矣、而罩未透亮也。燈之具未盡乎其妙、而以故燈亦不盡乎其妙也。夫是以內照不朗、外照不徹、盞內之光亦不盡乎其光之盛也。而又何以望其能照物於遠也。機油盞罩各盡其妙、而又附着以燈則燈豈有不燭物於遠者乎。晶盞之妙在於瑩潔、油之妙在於澄清、機之妙在於端正、罩之妙在於透亮。燈之具無所不妙、而其燈之妙更妙於前此百倍矣。人之有五官也、身體也、五覺也、心也、智也、性也、德也、皆妙之具也。猶之乎機油盞罩也。燈之機油盞罩不盡其妙、則燈亦不盡乎其妙。人之機油盞罩不盡其妙、則眞光之燈亦不顯於其妙之具矣。心猶燈之晶盞也、妙在極其瑩潔。身猶燈之罩也、妙在極其無染。性猶燈之油也、妙在極其清澄。德猶燈之機也、妙在極其發現。身心性德無所不妙、而眞光之妙豈有不妙之於此者乎。眞光之妙至而內照外照、夫豈有一物之遺焉者乎。妙至於此而乃以爲極乎其妙之至也。至極而無以復加也。此人極之大全也。

清源黑氏曰、燈光燈具乃忠佞正邪之大分也。人徒飾美其具而不知盛耀其光、何以稱極、何以稱全。抑自失其光而以具之清亮爲光、又何以爲燈、何以爲照。嗟乎、世間燈具之多也。

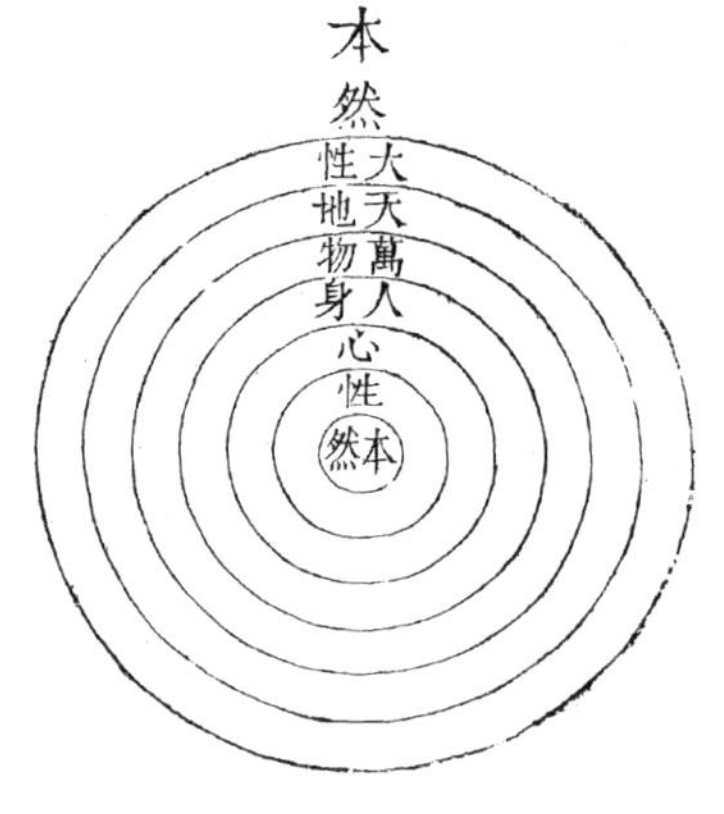

本然流行圖

本然流行圖說

自有天地物我以來、幻境多矣。然而莫非本然之流行也。或自至外而流行於至內、或自至內而流行於至外。自至外而流行於至內者、專屬造化之事。此自然而然之流行也。夫是以自本然無外之流行而有公共之大性焉、有天地焉、萬物焉、有人之身焉、心焉、性焉。而人復各具一流行之本然焉。此自然而然之流行也。自至內而流行於至外者、兼屬人爲之事也。不皆出於自然而然之流行也。自至內本然之發現而人因得以盡其各具之性焉。性盡而其本然流行之心正焉。心正而其本然流行之身正焉。身正則一切皆正而萬物育焉。萬物育則爲有以贊天地之化育而天地位焉。位育無遺則胥天地物我而總還於本然流行之大性焉。大性復而渾入於無外之本然焉。是之謂自至內而流行於至外也。兼屬人爲之事也。雖然名爲人爲之事、而實皆本然之自爲流行也。蓋人者本然流行之人也。以本然流行之人而復具一流行之本然、則身之內外無非本然也。本各具之本然而尋究公共之本然、是仍以本然而尋究本然也。以各具之本然而渾入公共之本然、是仍以本然而渾入於本然也。以本然還本然則本然原無彼此之分。但多此一流行之次第也、實非多此一流行之次第、而自人見之覺其有此流行之次第也。據本然之實以論本然則本然無去無來。而何多此流行之次第乎。人見以爲有性也。而本然中無有是性。人見以爲有天地物我身心也。而本然中實無天地物我、實無身心。何也。歸眞之人、以本然而還本然。當斯之際、天地從此捲矣。時光處所、咸泯其迹矣。卽此便是復生之日矣。天地豈特爲此一人而捲乎。蓋以本然中原無有是天地也。自人見之而以爲有是天地也。時光處所、豈特爲此一人而泥其迹乎。蓋以本然中原無有是時光處所也。自人見之而以爲有是時光處所也。此其境惟歸眞之人知之、而未至於歸眞者不知也。

清源黑氏曰、眞心、眞光、本然一物耳。自其返命召對、謂之眞心。功程之盡也。自其及時發現、謂之眞光。修證之盡也。自其流行充郁、徹表徹裏、無往而不在、謂之本然。功修入於渾化矣。天地人物皆本然之流行、既復本然、何復有天地人物。物囿則死、囿物則生。故曰復生之日也。復生卽歸眞也。歸眞則復生矣。

聖功實踐圖

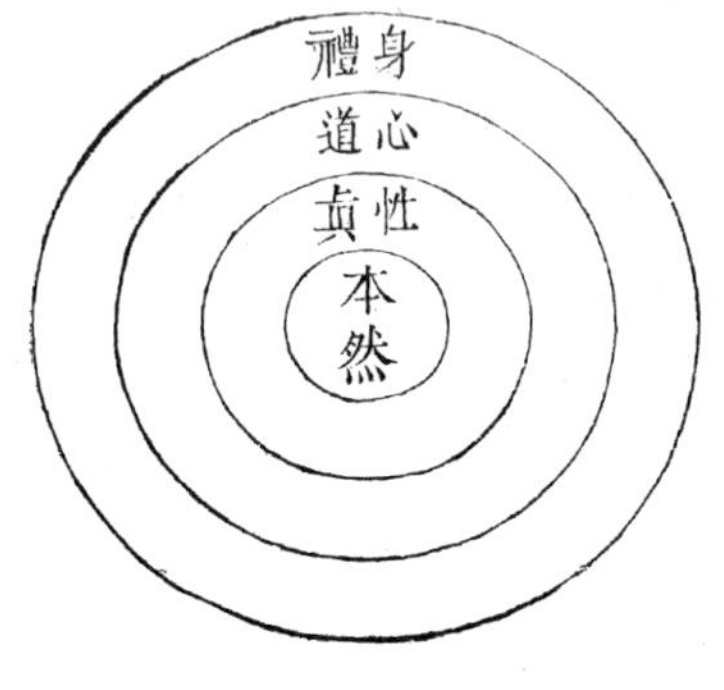

聖功實踐圖說

天地上下人物表裏皆本然之所流行也。而惟聖人能實踐以趨其境。聖人以繼性爲性者也。繼性者、渾同於眞宰之本然。惟渾同故能實踐之也。說者曰、既渾同矣、又何事實踐。曰、實踐者、謂其與眞宰本然流行周遍而無所不到也。惟無所不到而後盡乎渾同之體用也。盡乎渾同之體用而後可以云渾同也。先天之渾同、渾同於虛寂、後天之渾同、渾同於實踐。實踐與虛寂非兩境也。實踐之所在卽虛寂之所在也。聖人知衆人之不能、而又深望於衆人之能之也。乃於不能之中而指示以實踐之路。一曰禮、二曰道、三曰眞。禮者、日用肆應之儀則也。實踐之於其身。道者、却物還眞之趨向也。實踐之於其心。眞者、卽本然沕合而爲禮與道之實際也。實踐之於其性。實踐之於其性、卽實踐之於其本然矣。此三者非性之所本無而强爲設立以示人者也。聖人因其本然流行於人而爲人所固有之條理。等分其次第而指示之也。本然流行於人之身者、有天秩天敍焉、所謂禮也。盡其禮卽爲實踐其流行於身者之本然矣。本然流行於人之心者、有良知良能焉、所謂道也。盡其道卽爲實踐其流行於心者之本然矣。本然流行於人之性者、有全體大用焉、所謂眞也。返於眞卽爲實踐其流行於性者之本然矣。故曰實踐之所在卽虛寂之所在、而非異學之虛寂也。

清源黑氏曰、造化自無化有、而其渾同終歸於虛。人事自有化無、而其渾同必踐於實。一有不實、體卽未渾、一有不踐、用卽未同。渾同實踐只在日用尋常之閒。而人以爲遠渺者、非也。

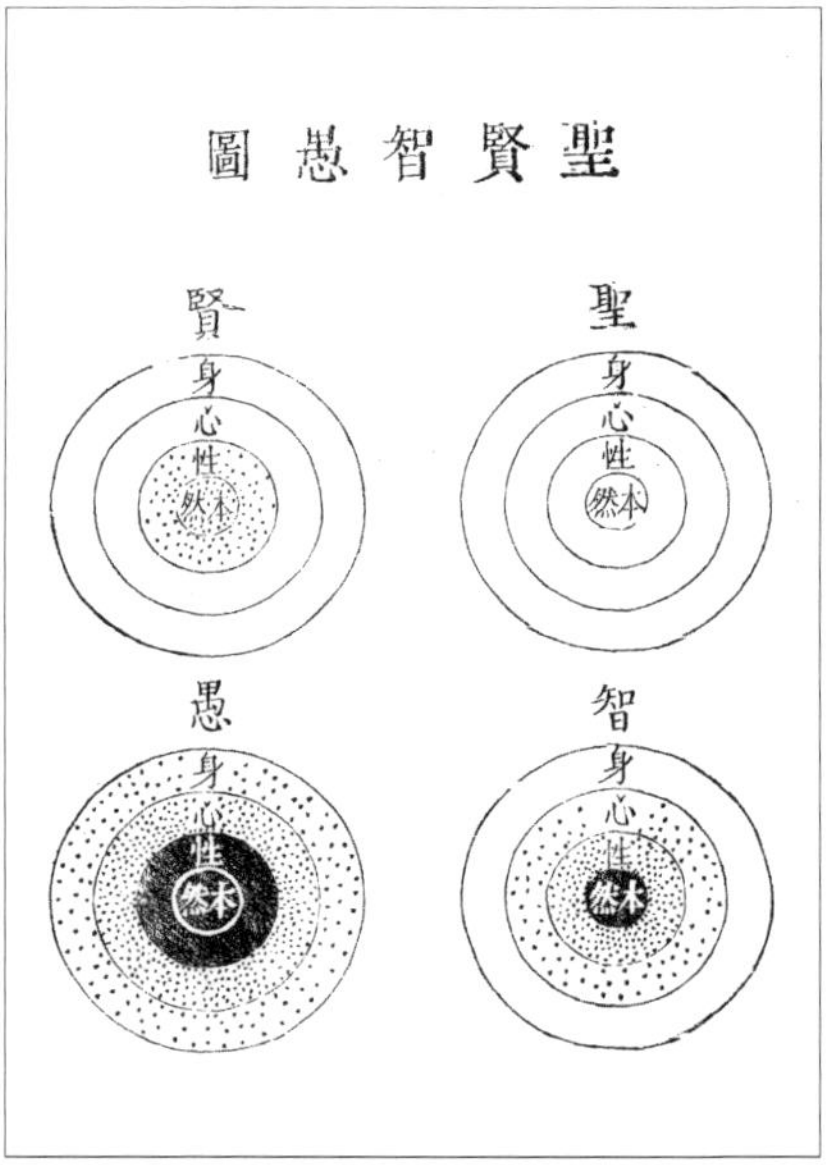

聖賢智愚圖說

聖賢智愚之分也、分以先天理氣、亦分以後天知行。先天之理氣、天定者也。人之所不得而與。後天之知行、自由者也。人之所可得而與也。是故聖賢智愚之分也、半以天定、半以自由。謂是四品之分皆出於天定者、非也。謂非天定而皆出於自由者、亦非也。人事與天事合而品之高下判焉矣。說者曰、氣分清濁、謂先天之氣有不同、可也。乃其理亦有不同者乎。而何謂分之以先天之理氣也。曰、先天性理始分之際、同一本原。而但其既有分也、則其理雖無彼此而却有次第。次第卽其所分之界限也。若自其未分以前論之、則原未嘗有次第也。既已首顯矣、又於首顯之中分析其性理矣、則安得不卽其有次第者論之。理分次第、氣有清濁而其所爲天定者在此矣。天事定之於前而人事又分之於後。此聖賢智愚所以終成其分而其品不相越也。人事者、知與行也。知行雖屬於後天之人事、而其所以有深淺安勉之不同者、則又皆由於先天稟賦之氣有清與濁也。清之中有至清焉。此聖人所稟賦之氣也。其氣以風勝。清矣而不得其清之至焉。此賢人所稟賦之氣也。其氣以水勝。清矣而又居乎其清之次焉。此智者所稟賦之氣也。其氣以火勝。清之數居其十之一二、濁之數居其十之八九。此愚者稟賦之氣也。其氣以土勝。愚者、衆人之謂也。非至頑而不可近之一類也。聖人本其最清之氣而爲知爲行焉。眞知實行與本然渾同於一體者也。賢與智各本其所賦之氣而爲知爲行焉。賢希聖、智希賢、其知行皆各如其本量而止。賢則但能踐其性之條理、而未得渾同於本然。智則但能踐其心之條理、而於性分有所未盡。愚者本其清少濁多之氣而爲知爲行焉。其知不過風俗、其行不過舊規。但能踐其身之條理而於心性二者皆未明也。且竝未能識其身之所以爲條理者出於何因也。此愚之所以終成其爲愚也。說者曰、聖賢智愚之知行皆各因乎先天稟賦之氣、而以爲安勉而以爲淺深。是人事皆天事之所縛也。但有天定、絕無自由、而何謂半以天定、半以自由耶。曰、天定之中有自由焉、其自由在幾微之閒。自由之中有自由焉、其自由在勝心之用。何謂天定之中有自由。蓋天定之中有理有氣。理卽天也。氣卽己也。氣之所在卽己之所在。有己卽自由之根也。何爲自由之中有自由。凡事莫不起於勝心之用也。亦莫不成於勝心之用。各因乎其所稟賦之氣而以爲知行。是自由之中有天定也。各極其心之所勝而以爲知行。是自由之中又有自由也。心之所勝、卽稟賦之氣、亦不得而限域之。卽稟賦之氣、終得而限域之。而心終不欲爲其限域也。是則勝心之爲用無止境也。勝心不屬於先天之理、不屬於先天之氣。而得不謂其屬於後天之自由乎。極之至頑至愚之人、以背理爲可樂、以近理爲不然。而極其所知所行、且出於人類之外、亦此勝心之爲用、則其爲自由也。愈無疑矣。故曰、聖賢智愚之分、半以天定、半以自由也。

清源黑氏曰、聖賢智愚分以理氣知行、不易之論也。然而氣不勝理、理不囿於氣。人豈草木而自限於知能耶。勝心本乎氣性。乃所以成聖賢智愚之肥也。勝於聖則成聖、勝於愚則成愚。然而愚不自識其爲愚也。四圖分著令自認取、可以知勉矣。

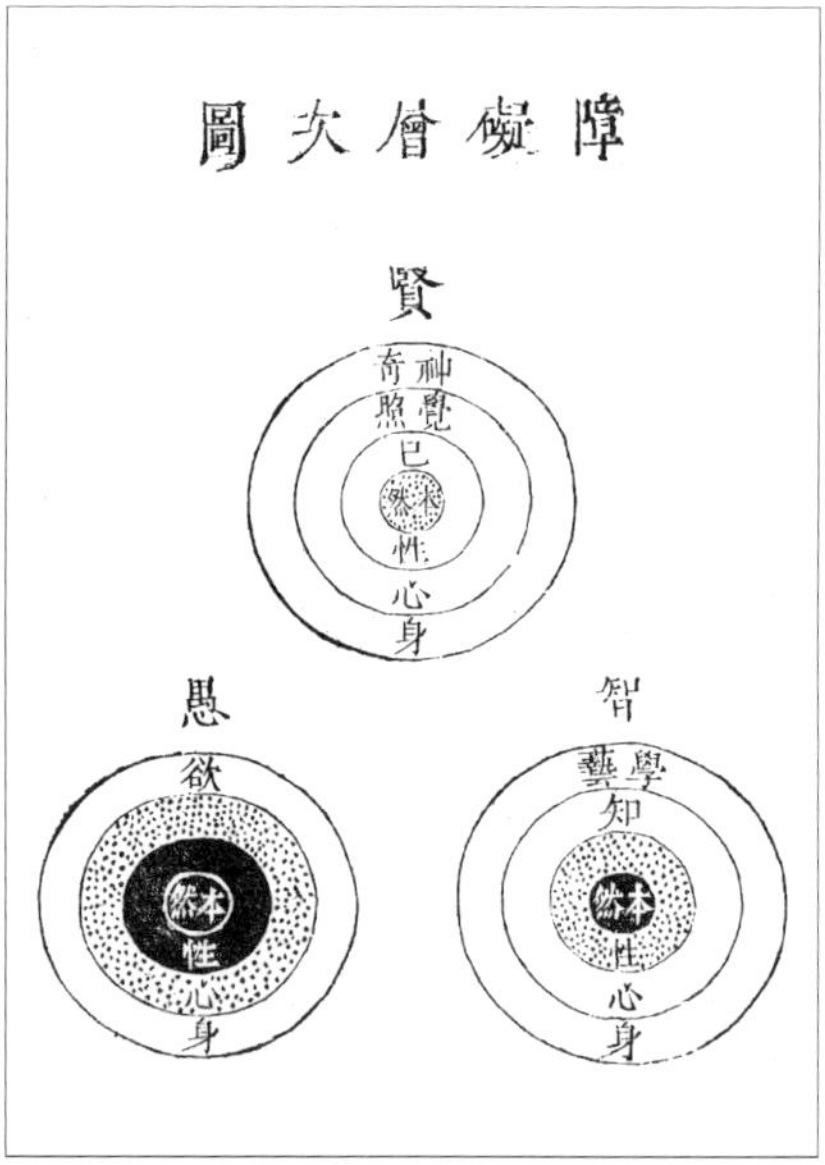

障礙層次圖說

天之所以爲天卽人也。人之所以爲人卽天也。無端而有障礙焉。我與眞宰遂相隔而不相通、則人日在天之中而不知其天之切近也。天日在人之中而無從得其相合。處處皆本然、處處皆障礙、非處處皆障礙、處處皆自爲障礙也。夫是以眞宰無日不與我相通、而我無日得與眞宰相通矣。不惟愚者有所障也、卽智者亦不免焉。不惟智者有所障也、卽賢者亦不免焉。但賢者之所障不同於智者之所障。智者之所障不同於愚者之所障。所障雖有不同、而其與眞宰相隔而不相通則同。愚者之所障在於身、智者之所障在於心、賢者之所障在於性。障在於身者、障於其身之有所求也。身之所求者在聲色臭味、則聲色臭味皆障矣。夫安知聲色臭味之皆本然乎。障在於心者、障於其心之有所恃也。心之所恃者在聞見學藝、則聞見學藝皆障矣。夫安知聞見學藝之皆本然乎。障在於性者、障於其性之未至於化也。性者主之本然而有我之名分也。性未渾入則我之名分尙存。未嘗無神奇也。而其神奇在我而不在主。未嘗無覺照也、而其覺照在我而不在主、則神奇覺照皆障矣。夫安知功力至此、猶然以本然之神奇覺照、而本然之障礙乎。所謂處處皆本然、處處皆成障礙者此也。聖人則處處皆障礙、處處皆本然矣。性者本然之所自顯也。以本然之性而還之本然、何障焉。心者本然之所流行而成焉者也。以本然所流行之心而還之本然、何障焉。身者本然按原有之端莊而流行以成焉者也。以本然之身而適盡乎本然所流行之意、何障焉。夫是以日在聲色臭味之中、而本然之耳目口鼻始得以盡其耳目口鼻之用也、非障也。夫是以日講夫聞見學藝之事、而本然之聰明睿知始得以盡其聰明睿知之功也、非障也。夫是以無日不顯有神奇覺照之能、而本然之全體大用始得以盡其全體大用之妙也、非障也。聖人者統賢智愚三者之障礙而還之於本然者也。又化賢智愚三者之障礙而竝不存一還於本然之跡者也。

清源黑氏曰、天地閒無處非眞主之所在、障礙何居。無物非眞主之所顯、障礙何名。本無障礙、乃自人之意識而起障礙也。障如紙遮日、礙如壁隔燈。去其壁紙、日燈仍照我也。然紙猶有可見、壁則全體俱昧矣。噫、安得無障礙其人也、與言無障礙之精義乎。

疑信累德圖

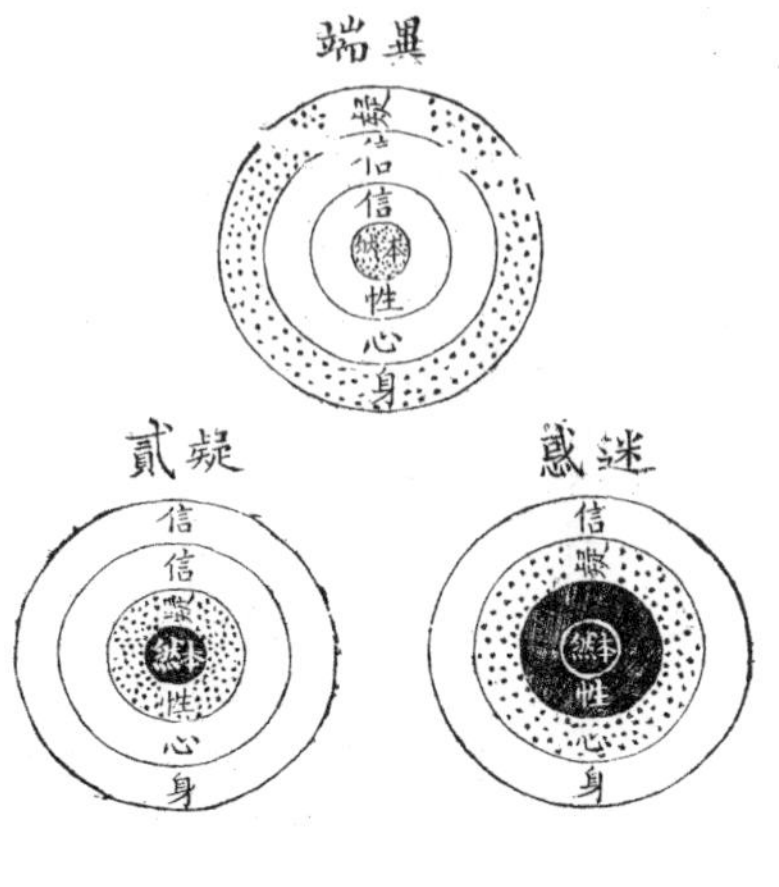

疑信累德圖說

爾里父曰、滿眼是物亦不起疑。天地皆捲亦不起信。斯言也、殆謂眞與眞合、無聲無臭而無所庸其疑信也乎。不惟無所庸其疑也、疑亦無從而有。不惟無所庸其信也、信亦無自而生。疑信之端、寂無起滅而其德何閒然。下此則不能無疑信矣。蓋疑者離也。離於是者近於非。信者定也。定於純者遠於雜。疑信之所關於天人性命者不淺也。愚人不知用疑、亦不知用信。其疑信不足論。其多疑多信而用其心於顚危之介者、大抵皆賢智之流亞也。而其疑信不出身心性三者之境。夫信美德也。若其所信者是、則無論其信於身、信於心、信於性、皆美而無庸以置論也。疑則危矣。以疑爲疑者、其爲患猶淺。以疑爲信者、其患更深。賢智之類大都皆以疑爲信者也。以疑爲疑者、其疑猶可反之而歸於信。以疑爲信者、其疑愈久愈深。而終無自反之一日也。然而其疑亦有淺深之別。疑止於身者、其疑淺。疑入於心者、其疑深、疑起於性者、其疑之爲患也、不可救矣。何謂身疑。日用肆應之際、背其身之條理、而更立一新奇不經見者焉。是之謂身疑。身疑亦德之累也。然而猶可以有待而反也。何謂心疑。冥漠尋眞之際、背其心之條理而喜趨於岐途旁逕。如行路者、南轅而北其轍焉。是之謂心疑。心疑則其爲累深矣。然而苟有猛省之一日則其疑猶可得而反也。反其疑而歸之於信則其心猶可得而用也。其患不至於無救也。亦後有餘步焉、以待其反也。何謂性疑。身心兼到之日、正本性條理發現之時也。神通無所不至、覺照無所不週、此正歸眞者懸崖撒手時也。危莫危於此地矣。而乃於此起一疑焉。曰、我之能耶、主之能耶、其我之能與主對耶、抑我卽主耶。臨至危無轉之地而有此猶豫莫定之猜。眞宰豈容此叵逆者臨於其前耶。將自反而後復無餘步以爲退身之地矣。且其爲時亦無待矣。此疑起於性者之無可救也。功愈深則其境愈險、愈近主則其疑愈無可迴。此皆賢智而悞用其聰明者之過也。爾里父之言、眞可謂返正歸眞之鑑矣。

清源黑氏曰、疑不信也。信則不疑。下愚罔知、賢智自明。究其本然、絕無疑信。何有累德。如欲信不信、疑更生疑、疑信錮結則賢疑、智亦疑。疑累德、信亦累德。其警戒學人者深矣。

順逆分支圖

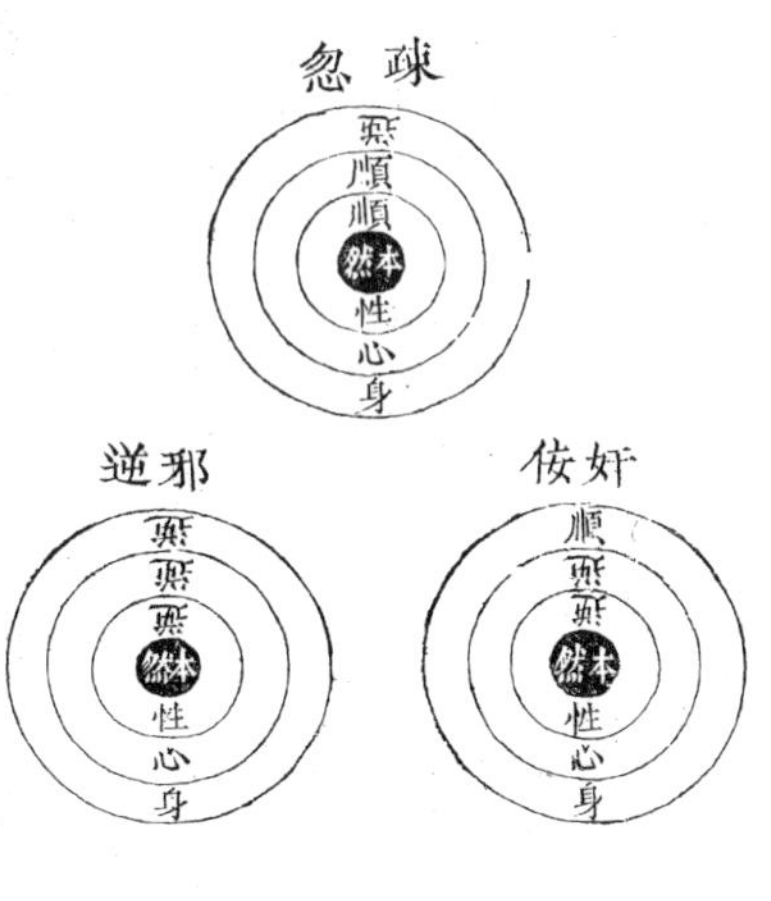

順逆分支圖說

依乎天理而不隨夫人欲之私曰順。純乎人欲而不合乎天理之正曰逆。順逆兩端、固一切善悪公私邪正忠佞所以分支別派之一大總門也。有順逆則人事不齊。無順逆則造化不妙。順逆之中造化機權之所寓也。蓋人之身心、四行相聚而成。四行之性相反相犯、逆之數居多、順之數居少。四行相聚之中順逆之機緘已蚤伏於此。及其發諸事爲、而爲順焉逆焉、造化之奇顯然矣。蓋無順則逆不彰、無逆則順不著。順逆竝列而乃可分其若者之爲順、若者之爲逆也。順逆顯則天理人欲之界、愈較然而無所蔽矣。天理人欲之界顯則眞宰本然之元妙愈粲然而衆著於耳目之閒矣。顯順逆所以顯眞宰也。此造化機權之妙也。惟聖人無順無逆、非無順逆也。順固順、逆亦順也。蓋聖人非四行所得而縛焉者也。下此則何能焉。是故有生而順者、有生而逆者、有似不順而實順、有似不逆而實逆者。先逆而後順、較之先順而後逆者爲有得也。似不順而實順、較之似不逆而實逆者相去不啻天壤也。同一順也、而順有百千之各異其門。是以順之中不能無彼此之論也。等一逆也、而逆有百千之各異其派。是以逆之中仍復有精粗之不一也。紛紛錯雜各自謂是。夫安知順者之少而逆者之多乎。夫安知眞順者且欲借逆之名以藏其順、而不欲露其順者之名乎。夫安知眞逆者巧借順之名以藏其逆、而不欲顯居其逆者之號乎。順在一朝、逆在千古者、此巧借順之名以藏其逆者也。逆在一朝、順在千古者、此假借逆之名以藏其順者也。而其順卒不可滅。何也。眞宰不可得而欺也。而其逆卒不可藏。何也。眞宰必不昧昧焉辜負其人也。若是則不惟眞宰本然之元妙因人之順逆而顯、卽眞宰本然之覺照亦莫不因人之順逆而益彰矣。故曰、顯順逆所以顯眞宰也。然而與其逆也顯眞宰、何如其順也顯眞宰。是在人之審處焉。而自取一尊爵之路矣。

清源黒氏曰、非陰陽無以成造化之功、非順逆無以顯覺照之妙。然而懲治其逆。何也。知夫順之不可揜、逆之不可匿如此、則知無往而非眞主之所在矣。而復錮滯於逆、是其心迷也。懲治、懲治心迷也。懲治卽覺照也。

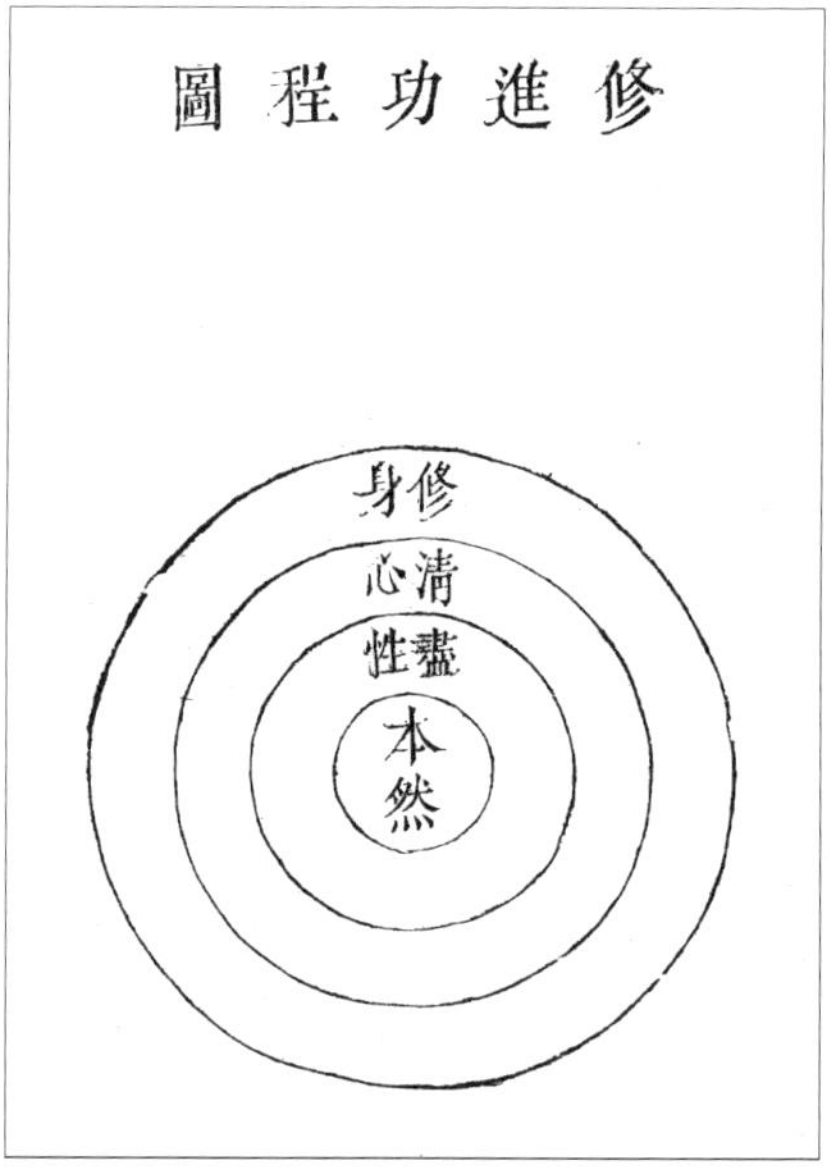

修進功程圖說

人之生也、無嗜欲則不能領略聲色臭味之妙。無功修則不能漸還夫本然之眞。夫聲色臭味之妙何嘗非本然之眞。然而功修未至則一聲一色一臭一味皆足以爲身心性命之累。功修既至則處處皆聲色臭味、處處皆本然矣。處處不離耳目口鼻、卽處處皆不覩不聞矣。處處皆視聽嘗嗅、卽處處皆本然動靜矣。功修之所關於身心性命者、豈淺鮮哉。其功程奈何。一曰正身、一曰清心、一曰盡性。身正則其身爲本然正面之鏡、心清則其心爲返照理世之光、性盡則其性爲天人合一之理。身何以正。有聖教之五事在。念以知所歸也、禮以踐所歸之路也、舍以去愛也、齋以絶物也、聚以歸眞也。工夫之中具有指點之義。因外境以指點其內義也。五事惟禮中指點更爲深長、起立跪坐之閒、靜見物我本然之性、由每事以尋求其指點、因指點以綿密其功夫、身於是乎其可正矣。心何以清。清於外境之無所攖。尤清於內德之無所蔽。心有七層、寓以七德。復有五官、各妙其用。何謂心有五官。蓋心有妙眼、能見無形之色。心有妙耳、能聽無聲之語。心有妙鼻、能嗅妙世之香。心有妙口、能嘗喜主之味。心有妙識、能了精粗之理。盡此五官之用而復於七德無虧缺焉、心於是乎其可淸矣。性何以盡。盡於其心之能知。尤盡於其形之能踐。心以返照爲知則理無遺理、形以順應爲踐則形歸無形。知其全體、復知其大用則我之性明而萬性不外於是。踐其當然、復踐其所以然則發揮盡妙而於穆於此不隔。夫形色卽性也。不知者以形色爲形色。而知者則視形色皆天性。形色未踐、無言性也。形色能踐、亦無言性也。形不異性、性不異形、而性於是乎其能盡矣。由正身以至於淸心、由淸心以至於盡性。此常人之修進也。自外而內者也。修之以其漸也。性盡而心自淸、心淸而身自正。此聖人之修進也。自內而外者也。修之以無待也。然而聖人之修進非所敢望也。

淸源黑氏曰、聲色味臭乃本然所妙之相也。能以理取之則相卽本然。若以欲取之則本然亦相。是故日逐於聲色味臭而杳不知其所爲本然者、嗜欲蔽之也。功修者開蔽通塞以還本然之大法也。

全體歸眞圖說

眞未可以易言歸也。求歸於未有所修之日則歸眞無路。求歸於有所修而未化之日則歸眞有己。無路不可以言歸。有己亦不可以言歸也。言歸於知歸之日[24]則知歸卽非歸也。有爲所歸者、有知所歸者、是二之也。二不可以言歸也。言歸於不知有歸而自歸之日則猶知其有不知也。知其有不知則亦猶之乎其有知也。有知不可以言歸也。然則歸眞者將奈何。曰、求歸於不知所歸之日則用修。修所以磨洗其後天之氣質也。求

全體歸眞圖

歸於將有所歸之日則又當擺脫其修。蓋有所修而不知擺脫則其修皆爲歸眞之障。或亦知擺脫矣、而不能擺脫之以至於盡

則其擺脫亦皆爲歸眞之障。夫是以愈求歸而愈不得歸也。擺脫之道奈何。曰、於其所急欲歸者而忘之、忘乎其修也、而幷忘乎其眞。忘之者歸之機也。然則於何地焉忘之。卽於其視聽云爲處忘之。蓋視聽云爲之地可以背眞、可以憶眞、可以忘眞。若視矣、而必求其有當於眞之所以爲視、則其視已非眞矣。聽矣、而必求其有當於眞之所以爲聽、則其聽已非眞矣。求當之心卽視聽之障也。障則何以言歸。云矣、爲矣、而必皆求其有當於眞焉、則其云者爲者已非眞矣。求當之心卽云爲之障也。障則何以言歸。夫是以愈求歸而愈不得歸也。忘之者將奈何。忘乎其所以爲視之理也、而幷忘乎其我之有視。忘乎其所以爲聽之理也、而幷忘乎其我之有聽。忘乎其所以云爲之理也、而幷忘乎其我之有云爲。知有忘猶不可以言忘也。而必忘乎其所以忘、而尤必忘乎忘乎其所以忘而乃可以爲眞忘也。眞忘者無我無他矣。無我無他則幷泯其歸之跡矣。泯其歸之跡而乃可以爲歸眞之妙境也。是則以無所修爲修、以無所進爲進、仍復以無所得爲得。而乃可以無所歸爲歸也。此全體歸眞之義也。

清源黑氏曰、大世界始於無稱、小世界終於無我。天人一致卽最初無稱矣。然歸眞未易言也。必忘修忘知、忘我忘他、一切俱忘。本然獨湛、一無所歸、始爲歸也。或曰、忘至如此、不幾隣於死槁寂滅乎。惡是何言也。自我形軀發現本然體用、如火着炭、如日光之映玻璃。云何死槁寂滅。

㉔滇云「日字誤。」

天方性理圖傳卷五

概　言

第五卷總大小兩世界未盡詳之義而補說之。義倍精奧、不越一眞。補說之中寓掃抹之意。補之者美之也。掃之者補之也。補之愈精、掃之愈盡。掃之愈疾、補之愈神。理在若有若無之境、文在可解不可解之閒。閱者量其力、盡其心、可解者以解解之。不可解者以不解解之、則善解是書者也。可解者以非所解解之、不可解者以無所不解解之、則不惟書不可解、閱書者亦不可解矣。

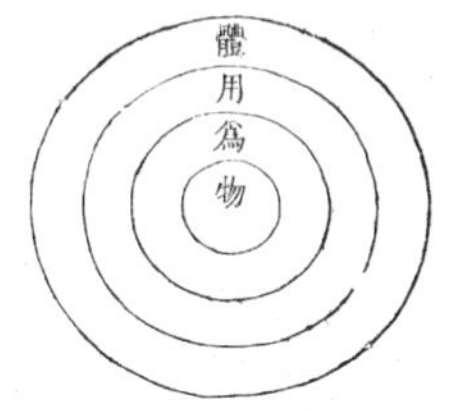

眞一三品圖

眞一三品圖說

冥冥不可得而見之中有眞一焉、萬有之主宰也。其寂然無着者、謂之曰體。其覺照無遺者、謂之曰用。其分數不爽者、謂之曰爲。故稱三品焉。用起於體、爲起於用。是爲由內而達外之敍。爲不離用、用不離體、是爲異名而同實之精。後此萬有不齊之物、皆此異名而同實者之所顯著也。雖然三品亦何嘗之有。蓋眞者無妄之謂也。一者不二之稱也。眞而有體、眞而有用、眞而有爲則皆妄矣。妄則何眞之有。一而有體、一而有用、一而有爲則不特二而且三之矣。三則何一之有。是故眞一之中無去來也、無迷悟也、無動靜也、無起滅也。而又安得有體、而又安得有用、而又安得有爲。雖然無體則用於何起、無用則爲於何生、無爲則萬有不齊之物於何而顯。以是知眞一之必有體也、必有用也、必有爲也。而抑知其不然也。無往非體而眞一未嘗有體、無往非用而眞一未嘗有用、無往非爲而眞一未嘗有爲。是則眞一之本境也。未嘗有體而無往非眞一之體、未嘗有用而無往非眞一之用、未嘗有爲而無往非眞一之爲。是則眞一之顯著也。顯著之境亦非本境之所實有者也。三品之顯著尙非眞一本境之所實有、又何況自三品顯著之萬物乎。而又豈得爲本境之所實有者乎。雖然萬有不齊之物、雖非眞一本境之所實有、而其所顯著之萬物則又無往非眞一本然之顯著者也。聖人曰、隱而名眞、顯而名物。蓋謂無物之非眞也。顯之而爲無形之物則無形之物卽眞也。顯之而爲有形之物則有形之物卽眞也。顯之而爲流行之光陰則光陰卽眞也。顯之而爲一定之處所則處所卽眞也。無所非顯卽無所非眞。此眞一所以爲眞一也。

清源黑氏曰、眞實有而無稱、一無對而自立也。其三品則實有而已。因有可稱、斯有對待。詳惟通部、言眞言物、是一是二、聖人一言、道破千古、㉕竝無二也。二不可、況三。

㉕古＝還淳堂本は右下に「今」字あり。

數一三品圖說

眞一之一、獨之義也。謂其獨一無偶也、其尊獨一無偶、其大獨一無偶、其眞獨一無偶。數一之一、數之所自始也。萬理之數自此一起。萬物之數自此一推。其有也、起於眞一一念之動而顯焉者也。其與眞對則眞一爲眞、數一爲幻。其與尊對則眞一爲主、數一爲僕。其與大對則眞一爲海、數一爲漚。同以一稱而其不同

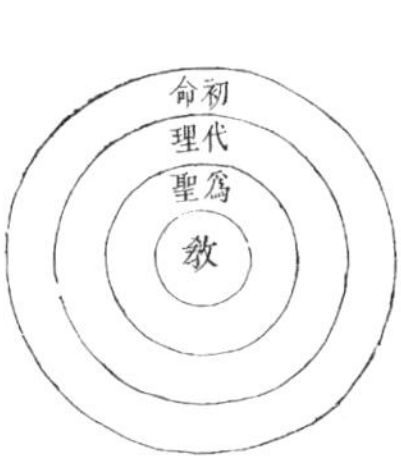

數一三品圖

蓋若此。夫比而較之、數一固不敢妄擬於眞一。而若自數一之本量言之、理世象世皆自此數一而分派以出。卽眞一之從

理世而之於象世、亦須從此出而乃得任意以爲顯著也。數一之本量又如此、原其始終本末亦三品焉。曰初命、曰代理、曰爲聖。初命者、眞一之首顯而爲命之最初者也。代理者、自有此初命而眞一化育之事皆其所代爲發揮者也。爲聖亦代理之意也。色身住世、以人治人而代眞一以廣宣其至道也。是之謂三品。夫此三品非數一之自爲主持而有是三品也。自眞一一念之動顯有此數一、而數一遂因此一念之動而動之。動乎其不得不動也、動乎眞一之所欲動、而竝不自知其所以動也。是故自初命而有是代理之動也、代乎其不得不代也、非數一之所得而自主者也。自代理而有是爲聖之動也、亦聖乎其不得不聖也、非數一之所得而自主者也。雖後此之動、正自無已、而至問此數一者何以有是動而不能有一刻之停止如此、數一不知也。數一不得而知者、仍復眞一之自爲顯著也。眞一自爲顯著而必託之於數一者、眞一之所以不染於幻、不雜於數也。不染於幻者、眞之極也。不雜於數者、一之至也。至眞至一而幻與數無所與於其中者、眞一之本境也。眞一無幻無數而復任意於隱顯之開者、眞一之所以妙乎其眞一也。數一卽眞一之所妙也。

清源黑氏曰、數一三品卽眞一三品之顯也。初命爲體、代理爲用、爲聖爲爲。顯焉而不自知其顯者、無二知也。二知必二體。故曰數一卽眞一之所妙。

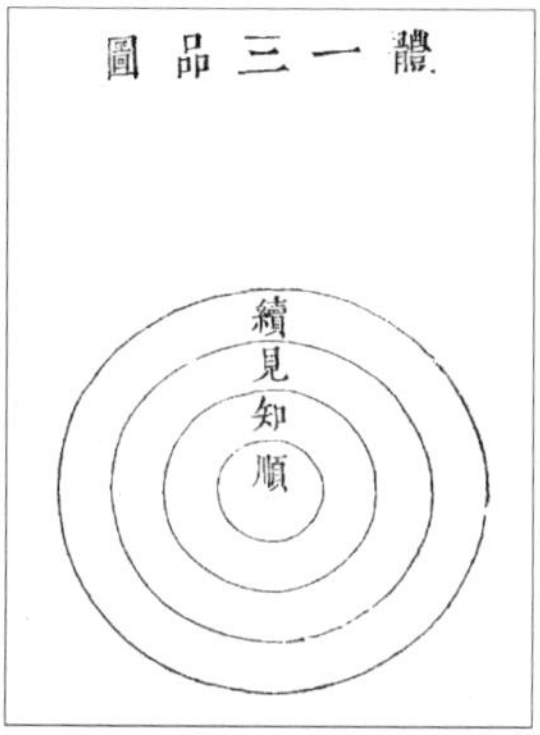

體一三品圖

體一三品圖說

人之生也、其體有三。身體、心體、性體是也。以體而體夫眞一也、亦有三。卽以此三體而體之也。以身體而體夫眞一者、其功在於遵循。遵循者知其所當然而不能知其所以然。此一品者知其名矣、未知其實。以心體而體夫眞一者、其功在於解悟。解悟者見其所以然而不能得其所以然。此一品者見其分矣、未見其合。以性體而體夫眞一者、其功在於無開。無開者本其所以然而渾乎其所以然、至矣。此三品者、古今修眞者之總義也。或一人之功而有此三品之次第、或於此次第之三者而分爲三人。三品之中、體之於知[26]者淺、體之於見[27]者深、體之於性者其深更幾於不可測也。雖然以性體一者、仍是以有我者體之也。以有我體之則我猶有往來。有往來則其迹尚存。一體乎我則無往來矣。然一體乎我而我知其爲一之體乎我也、則其跡未化也。不知則其跡泯矣。然我不知其一之體我而不能必其一之不自知也。一知則猶之乎其有知也、未化也。我不知其有一之體我、而一亦不知其有我之可體也、化矣。

清源黑氏曰、眞一數一不可得而見也。而於體一見之。見其身卽見其爲、見其心卽見其用、見其性卽見其體。身易見而心性難見。故但知其然而不知其所以然也。能以我之三者而體之、則彼之三者不外我而倶見之。能忘乎我之三者而竝忘乎彼之三者則化乎其體、幷化乎其一。體一歸數一、數一歸眞一。眞一亦無自而名眞一矣。故曰化矣。

㉖知＝身（滇）
㉗見＝心（滇）。滇云「身心二字誤。」

三一通義圖說

通者三而一之之謂也。此通於彼曰通。然必有彼而後此乃可以通之也。彼通於此曰通。然必有此而後彼乃可以通之也。若使但有一也、不過一焉而已矣。則將以何者通之。惟一而三也、乃有可得而通之也。眞一者、眞而眞也。數一者、眞而幻也。體一者、幻而眞也。眞而幻則眞通於幻。幻而眞則幻通於眞。幻者、眞之顯也。以幻有之眞而通於本有之眞、則眞通於眞矣。光陰而有白晝也。因其有黑夜而乃以識其爲白晝也。若使純然晝也、無有夜也、則安從而識其爲白晝也。若使純然眞也、無有幻也、則亦安從而別其爲眞一也。且眞一之爲物也、寂然無方所者也。眞而無幻則一寂然而已矣。將於何而通之耶。以是知一而三也、三乎其不得不三也。三乎其不得不三者、眞一

三一通義圖

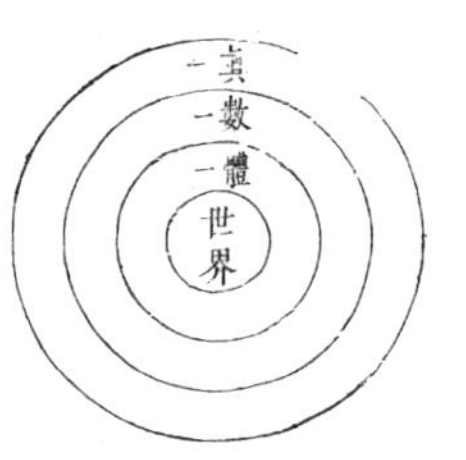

之自爲隱顯也。世界者、三一之所總寓、而得以顯其通焉者也。世界之外有世界焉、世界之內有世界焉、眞理之世界也。世界之外有世界焉、世界之內有世界焉、人極之世界也。無天地之世界則人極之世界無資。無人極之世界則眞理之世界無位。無眞理之世界則人極之世界與天地之世界又無從得而自顯。則世界之有也、亦有乎其不得不有也。有乎其不得不有者、亦眞一之自爲隱顯也。眞一顯而爲數一。數一卽眞一之通也。非眞一之外別有數一也。數一顯而爲體一。體一卽數一之通也。非數一之外別有體一也。三一顯於世界、世界卽三一之所通也。因三者之通而有世界、因世界而乃得以顯三者之通、總眞一之自爲隱顯也。眞一之自爲隱顯者、眞一起於一念之動也。吾不知去此一念之動、仍復有三一之可通焉否也。

清源黑氏曰、通卽一貫也。識得三一通則毋爲三一礙。識得世界爲三一之所通則毋爲世界迷。三一不能礙其理、世界不能蔽其性。談理者復有不明之理乎。言性者復有不盡之性乎。觀象玩物、復有所遺剩而未週偏者乎。噫、通乎此而大世小世、先天後天、一切所有之巨細精麤、表裏隱顯、其視諸掌矣。

自然生化圖

自然生化圖說

造物之生化、不越兩端。不可得而見者理也。可得而見者象也。此二者無所生而生、無所化而化。皆本於自然而然者也。惟其自然而然、夫是以於自然之中而有是理也。於自然之中而有是象也。於自然之中而理與象相入也。理不期與象配而自有相配之機。象不期與理合而自有相合之妙。假使於其中有一毫之安排布置、是造物庸心於其閒也。庸心於其閒、則有安排之所及者、卽有安排之所不及者。有布置之所神者、卽有布置之所不盡神者。造物雖巧當亦不能無過不及之差矣。然則自然而然者奈何。曰、理世之理、象世之象、生焉而有者也、而實非有所生也。化焉而有者也、而實非有所化也。本然所自有當日隱、今日顯矣。未顯之先不增不減。既顯之後非虛非實。理世等等不一之理、象世等等不一之象、本如此也、將來永如此也。本如此、是以無所生而生、無所化而化。永如此、所以生焉而無所生、化焉而無所化。理世之所有非有於象世之先、象世之所有非有於理世之後。理與象有之於本有也。無分先後者也。有先後則是猶有生化之跡、不可以爲自然也。但其顯有先後耳。自然而隱則其隱也、不遠於顯。自然而顯則其顯也、不離於隱。隱而顯、顯而隱、皆本然之自爲眞幻也、非生化也。本然不屬於生化。而謂理與象皆因生化而有也、將謂理象與本然爲二焉者乎。斯亦不自然之甚矣。

清源黑氏曰、人之製物、必因物製物。惟非自然。故不生化。人言自然而不究其自然之理、自然之原。俱無主之説也。抑知自然卽本然也、本然如是、故自然如是也。本其所原有之理象而理象自然也。本其所能爲之隱著而隱著自然也。本其所妙用、生生化化而不息、而生化自然也。自然如是、皆本然如是也。豈空空無主而能自然哉。

名相相依圖說

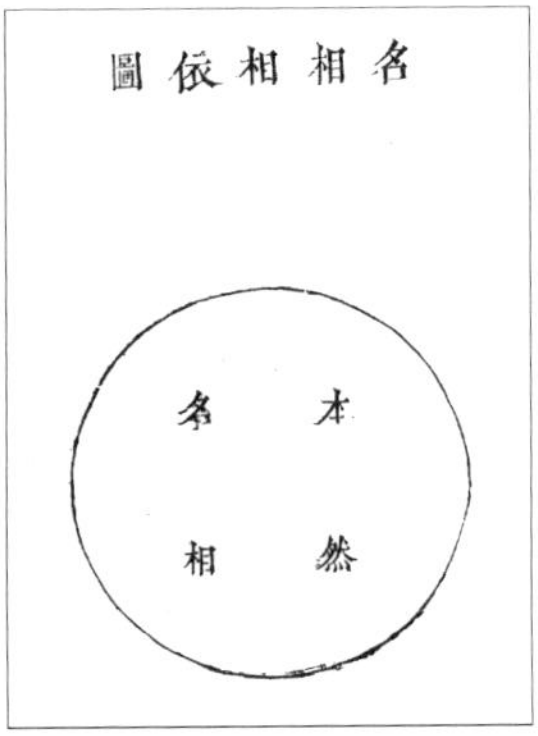

兩物相附曰依。未見一物焉而自相爲依者。若一物則只可謂之獨立、不可謂之相依。此之所謂依者、非一物與一物相依之謂也。自之名與自之相相依、自之相與自之體相依、自之體與自之名相相依。相者體之顯也。因其體爲何如之體、而其相斯爲何如之相、相與體依而相與體非二物也。名者相之稱也。因其相爲何如之相、而其名斯爲何如之名、名與相依而名與相非二物也。名不二於相、相不二於體、一焉而已矣。但名之爲物也虛、相之爲物也幻。虛與幻似乎不近於眞也。然非名則相無稱、非相則眞不顯。虛與幻實眞一之所以自爲變化而自爲稱名也。所可異者體一也而其相不同。不同亦無足異也。而每一不同之相皆眞一一同之全體。眞一之相無量無數則眞一一同之全體亦無量無數矣。全體顧若是多乎哉。一相起則眞一一同之全體現。一相滅豈眞一一同之全體亦滅乎哉。未嘗多也、亦未嘗滅也。秖此一全體耳。現之於此則此卽眞一一同之全體。現之於彼則彼卽眞一一同之全體。現一現二、或一無所現、眞一一同之全體不加少。現百現千、現無量、眞一一同之全體不加多。相者現也。現者隱而顯也。相卽眞也。相依於體者、於無所依之中而强名之曰依也。名者所以道其相之實也。蓋每一相必有一相之義、必有一相相宜之用。相顯則全體現、而此一相所當然之義與其所相宜之用、相固未能自道其詳也。名起則其所當然之義與其所相宜之用俱於其名焉盡之。不知其相之義與其用者、詳其名、可以得其義、知其用矣。是故此一相之名卽此一相之譜也。彼一相之名卽彼一相之譜也。譜者所以道其本相之實也。是故名也者、相之相也。名立而相彰、相彰則眞一之全體顯而愈顯矣。名無相則名爲何名。相無名則相爲何相。名與相二而一者也。非依也。名依於相者亦於無所依之中而强名之曰依也。於相見眞之全體、於名見相之分數、全體與分數非二也。眞一之外無一物也。

清源黑氏曰、最初無稱、何有於名。最初無形、何有於相。自一念動、有一可名。理相象相、名始紛著。究而言之、必無無名之相、必無無相之名、必無無體之名相。故曰無量之名相卽眞宰無量之妙用。不明乎此而謂既有名相、不應是體、遂判名相與體爲二則失之矣。

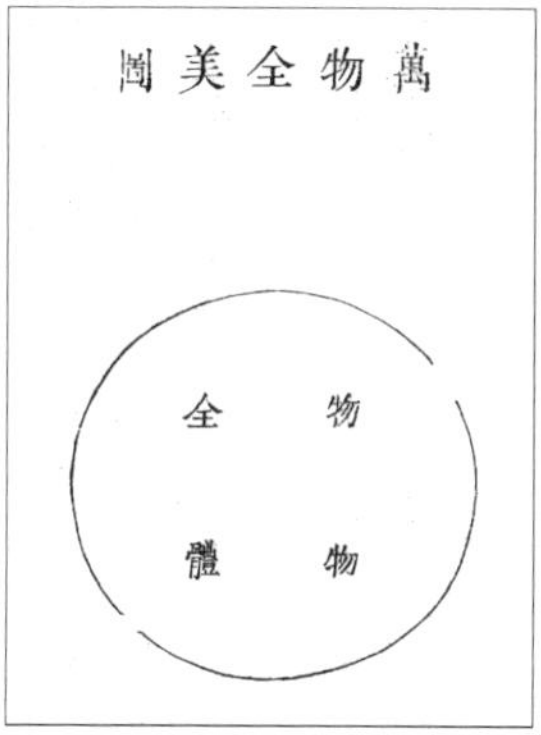

萬物全美圖說

盈天地閒皆物也。卽天地亦物也。物皆眞一之所化、固無一物之不全美也。自其內體觀之、莫不有先天之理。自其外體觀之、莫不有後天之氣。自其內外相合之體觀之、莫不有當然之用。理無不全之理、氣無不全之氣則其用自無不全之用。物有大小而其全美處無大小。物有精粗而其全美處無精粗。天地物之至大而至精者也。任取其中一至小至粗之物與天地較全美、其全美無彼此之分。蓋天地此理、微塵之物亦此理。天地此氣、微塵之物亦此氣。天地有天地當然之用、微塵之物亦有微塵當然之用。但天地當然之用、用之於天地則其爲用也、普。微塵當然之用、用之於微塵則其爲用也、細。若卽此微塵之物極乎其用之分量而推廣之、則其用未始不可與天地比㉘。但既有一天地、不須更有一天地。既有一天地當然之用、不須更有一天地當然之用。微塵之物是以各安其分。而但盡乎其微塵之用耳。論全美則天地此全美。萬物亦此全美也。說者曰、天地閒之物、無有一全美者。天不滿於西北、地不滿於東南。天地亦不能全美、而況其餘。曰、不全正所以成其全也。凡物過於全美、便非全美。純陽之中伏一陰。是其純陽之量未全也。然若無此一陰之伏則陽盡之日、陰何以生。是陽之不全、正所以成其全也。純陰之內伏一陽。是純陰之量未全也。然若無此一陽之伏則陰盡之日、陽何以復。是陰之不全、正所以成其全也。聖人全體無極、淸之至也。其淸中必有一塵。是其純淸之量未全也。然若無此一塵之伏則人道生生不息之機何以寓焉。是淸之不全、正所以成其全也。陰陽之理如此。聖人之理如此、而又何疑於天地萬物乎。說者曰、萬物無不全之體、庸有不全之用。用之全者則於用處見益。用之不全者反於用處見損。曰、萬物卽本然之所發現、無不全之本然、安有不全之應用。但在造化中有時與際之妙耳。當其時宜、在其分際則何不全之有。非其時宜、易其分際則以全者用於不全之地矣。此用萬物者之過也。非萬物之用之過也。擴而觀之、世界一全美之世界也。光陰一全美之光陰也。但宜於南者而北居之、宜於北者而南居之、便覺世界有不全也。夏也而服冬之裘、冬也而服夏之葛、便覺光陰有不全也。不全不美之用、用之者之不得其當耳。於光陰世界乎何尤。

淸源黑氏曰、言全卽有不全、言美卽有不美。惟不全美、始益顯其全美、益成其全美矣。顧㉙其一粟之生、九天之力、豈尚有不全美者乎。

㉘滇云「比字誤。」
㉙顧＝頷（滇）

小中見大圖說

天下之物、小至於芥子焉、微塵焉、亦極乎其小之至矣。雖然不可作小觀也。試觀眞一於寂然無朕之中、偶有微塵一念之動。此一念也、不過一念焉耳。小亦無有小於此者、乃因是而有首顯之大命焉。因大命而有無窮性理之次第焉。因性理之所餘而有元氣焉。元氣之所發揮而有兩儀四象。因四象之分淸分濁而有天地萬物焉。復於天地萬物中而自顯其眞一之全體焉。夫如此其廣大也、皆自微塵一念之動而有。然則小非小也。小之中有至大而無以復加者在也。偶栽爾曰、眞一爲隱藏之寶、其所顯者無非其寶藏也。天地一寶藏也。一物一寶藏也。一塵一滴、一芒一粟一寶藏也。此亦小中見大之義也。然猶未推廣言之也。推廣之則其大有非思議可及者矣。寶藏也者、眞一隱藏之寶之所藏也。藏則不過藏焉已耳。不過寂然無有方所之體之所藏焉已耳。大矣而猶未見其爲大之至也。何也。論及於藏而未論及於發也。發則微芥中所藏眞一之全體、復爲發揮其全體之大用、則亦猶夫前此之發揮而有今日無窮期之天地也。天地而有如許生生不息萬物也。萬物而各抱一無邊無際之眞一也。一物一眞、萬物萬眞、無算無數之物卽無算無數之眞、皆從此微芥中出。微芥其小焉者乎。而其爲大也、尙可得而思議乎。惜乎。無處非小、無處不有小中之大。見及此者亦甚鮮其人也。歐默爾曰、吾未嘗於一物而不見眞一之全體、則庶幾乎能見者矣。

淸源黑氏曰、塵芥不可小觀、人可小觀乎。能於塵芥發揮全體大用。人反不若塵芥而不能發揮全體大用乎。人曰、予愚、自暴自棄也。人曰、予知、究之全體大用、其所知有幾。撫衷自問、能無愧乎。

小中見大圖

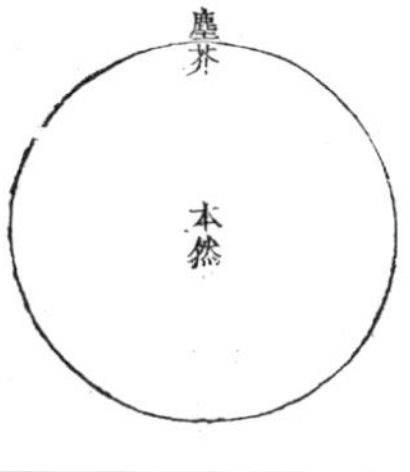

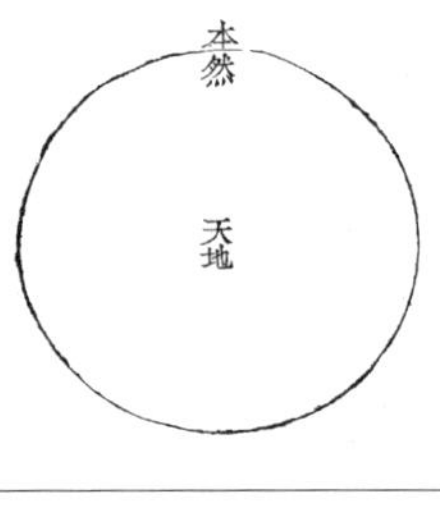

大中見小圖

大中見小圖說

物無有大於天地者也。然大視之則大、小視之則小。亦顧其見之者何如耳。見未復本然之見則其視天地也非小、見能復本然之見則其視天地也非大。蓋天地者形也。有形之天地、無形之天地之所生也。立於無形天地中、觀有形之天地、不啻天地中一塵也。雖然一概視之爲小則又不可。不惟天地不得視之爲小、即萬物亦不得視之爲小。何也。天地萬物無一定之大小也。彼大於此則此小。彼小於此則此又覺其大矣。天地萬物無一定之大小、蓋因眞一無一定之大小也。非眞一有大小也、語大則眞一爲不可思議之大。語小則眞一爲不可思議之小。葉子德曰、阿而實來往於吾心之隅也。次數多矣。而吾未之覺也。此葉子德之所以爲大中見小也。天下之物、即至小如塵沙芥子、亦必有內。有內則可以入乎其中而破之。而眞一之小則至於無內。無內則何以入乎其中而破之也。小之至也。雖然豈眞一果小乎哉。無破云者、謂眞一之體、至虛至寂、無從得其分際而入之也。見之者欲極力表著其大而不得盡乎其大、則反於小焉。盡之語小、正所以語大也。語大則知天地萬物有所自來。其來也皆自大中來也。語小則知生天地萬物者無染。何以見其無染也。無內固無從得染也。

清源黑氏曰、天地之大生於一念則天地亦一念之塵芥耳。不特眞一視天地如塵芥、即塵芥視天地亦如塵芥也。奈何人甘自居其小哉。

一息終古圖説

一呼一吸之謂息。一息光陰之最短者也。一息而終古之事業完焉。人生亦未易至此一息。至此一息者、天地從此人而捲起者也。一息之中、見已往、見現在、見將來。一息之中、見已往理世所有之理、見現在象世所有之象、見將來兩世所有之理象。一息之中、見已往而實未嘗有所往、見現在而實未嘗有所在、見將來而實未嘗有所來。一息之中、見無已往而實無所不往、見無現在而實無所不在、見無將來而實無所不來。一息之中、見無已往而竝自以其見、化入於無已往之中、見無現在而竝自以其見、化入於無現在之中、見無將來而竝自以其見、化入於無將來之中。一息之中如此、一息之中又如此。非一息之外、更須一息也。總此一息焉盡之也。一息之中、有出有入。一息之中、神出神入。一息之中、無出無入。一息之中、從先天入、從後天出。一息之中、從後天入、從先天出。一息之中、從無量無數而入、從一而出。一息之中、從一而入、從無量無數而出。一息之中、從無色無妙而入、從有色有妙而出。一息之中、從有色有妙而入、從無色無妙而出。一息之中、從有所入而入、從無所出而出。一息之中、從無所入而入、從有所出而出。一息之中、從無始無終而入、從有始有終而出。一息之中、從有始有終而入、從無始無終而出。一息之中、從無淨無穢而入、從有淨有穢而出。一息之中、從有淨有穢而入、從無淨無穢而出。一息之中、從有門而入、從無門而出。一息之中、從無門而入、從有門而出。非一息之外、更須一息也。總此一息焉盡之也。一息而終古之事業完焉。此一息非我之一息也。我與主共焉者也。我與主共而有時一息之中、秖見有我、不見有主。主與我共而有時一息之中、秖見有主、不見有我。又有時而一息之中竝不見主、竝不見我。終古之妙盡收納於一息之中。斯亦極乎其一息之妙矣。吾聖登霄、不過一息事耳。自起化之始至歸復之盡、凡所有理象與事無不備見而備識之。此一息而終古之明證也。

一息終古圖

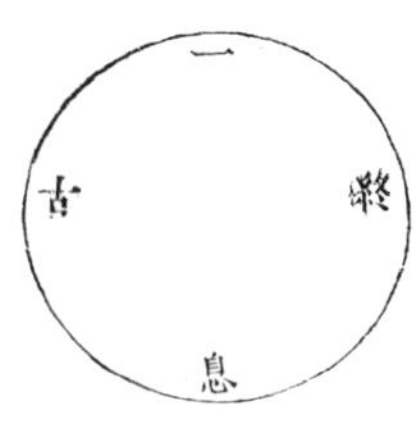

爾里於跨鞍之頃、將天地自始至終之學備述一通、殆亦幾幾乎登霄一息之盛也。亦一息而終古之明證也。

清源黑氏曰、予讀至是篇、或有問者。曰、何如斯則一息而完終古之事業乎。予曰、至此一息、在知與行。知而不行、徒知。行而不至、枉行。是在修眞者能之耳。天地之造化、理象之顯微、吾得而知其始終蕃細矣。不有以體合眞諦而乃錮滯於物欲己私。何能便至此一息。是故本性不顯、未易知此一息、繼性不顯、未易見此一息、眞心不開、未易通此一息、升復不全、未易至此一息。至此一息者、天地莫能制其能、鬼神莫能制其事。範圍曲成、通知有物而無方無體之妙道皆於一息焉盡之。此全體歸眞之驗也。

終古一息圖

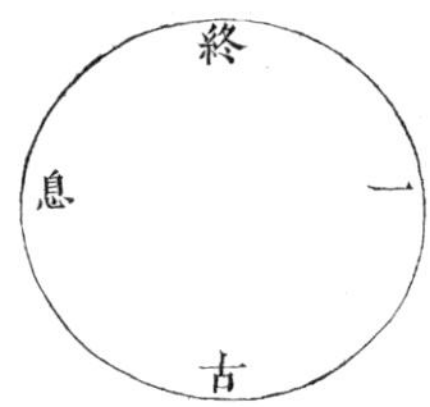

終古一息圖說

古之爲言初也。終其古初之光陰而完此造化一局之事、曰終古。其爲時不可以歲運計也。一息終古者、專自人之德量而言之也。人之所能爲也。終古一息者、專自主宰之本量而言之也。非人之所能爲也。主宰之本量、原無終古、原無一息。蓋以本量中無晨夕也。曰終古、曰一息者、自其有光陰而言之也。然而終古之光陰不可謂不長矣。長則非有無量無數無窮期之理、不足以應終古之發揮也。乃主宰亦既於本量中、而顯有無量無數無窮期之理也如是。長則非有無量無數無窮期之色、不足以應終古之描畫也。乃主宰亦既於本量中、而顯有無量無數無窮期之色也如是。長則非有無量無數無窮期之氣與質、不足以應終古之嗣續也。乃主宰亦既於本量中、而顯有無量無數無窮期之氣與質也如是。如是而其所顯有者可不謂多焉矣乎。然而多也。足以見終古之富、不足以見終古之奇。奇莫奇於終古富有之不可量也。而尤莫奇於富有之不可測。以一命世入一切命世、以一切命世入一命世。而不壞其相者之終古也。以一氣世入一切氣世、以一切氣世入一氣世。而不壞其相者之終古也。以一寶藏入一切寶藏、以一切寶藏入一寶藏。而不壞其相者之終古也。以一本然入一切本然、以一切本然入一本然。而不壞其相者之終古也。以一顯然入一切顯然、以一切顯然入一顯然。而不壞其相者之終古也。以一光陰入一切光陰、以一切光陰入一光陰。而不壞其相者之終古也。以一天地入一切天地、以一切天地入一天地。而不壞其相者之終古也。終古可不謂富焉者乎、可不謂富而奇焉者乎。終其不可測之理也、而復終其不可測之數、終其不可測之形也、而復終其不可測之妙。終古之光陰可不謂富而長焉者乎。然而在主宰本量之中、不過一息焉耳。先賢云、天地之久、半日光陰。蓋謂理世爲半日、象世爲半日也。又一先賢云、主宰造化理象兩世、一呼一吸。爲此言者之二賢也、或亦渾然於眞一之闕下、而不知有晨夕者也。雖然若自眞一本量之極致而言之、一息之説猶多也。眞一本量之中原無所謂終古也。而又何有一息哉。

清源黒氏曰、一息終古乃言聖神功化之極、小世界之事畢矣。終古一息乃述眞宰造化之奇、大世界之事終焉。

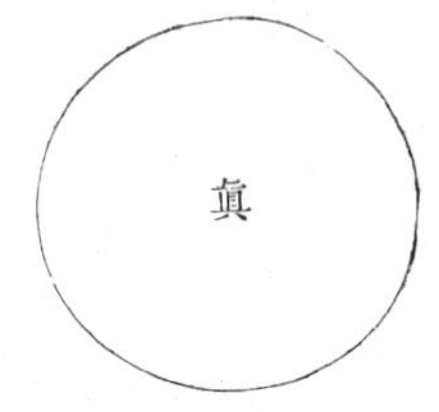

眞一還眞圖

眞一還眞圖說

眞一一念未動之先、寂然無稱、竝眞一之名亦無自而立。而何有眞之可還。還者返乎其初之謂也。人必有不如其初者而後乃返之於其初焉。眞一則何不如其初之有。曰、眞一自有一念之動、而其無所不有者、皆因此一念而有也。一念者眞之所發、妄之所起。妄則未有歷久而不蔽、久假而不歸者也。天地人物起於數之自然、理之不得不然。而迨夫數窮理極之時、天地人物未有不捐棄形質而歸於眞一者、豈眞一獨不厭離情欲而思還復於眞也哉。說者曰、眞一一念之動不過一念之動已耳。似乎無染於全體也。而焉用還爲。且一念甚微、起則成幻、化已成眞。而又安得有眞之可還。曰、一念之動雖不足爲全體之累、然而全體未有不知此一念之動者。全體知則全體動矣。而又安得謂其無染於全體也。且夫所謂起則成幻、化已成眞者、爲修眞者言之則可、爲眞一之本體言之則不可。蓋修者之思也爲也、化入於眞一焉盡之矣。卽有不淨、亦付之眞一焉而聽其自然已矣。修眞者可聽之於眞一。而眞一則更將安所聽乎。幻入於眞則幻固成眞。眞雜於幻則眞又成幻。眞一固不若是之凝滯也。然則如之何而還之。夫亦曰、以無所還爲還而已矣。動焉而現之於理者、聽其理焉而已矣。不必問其理之復有所存發也。動焉而現之於氣者、聽其盡焉而已矣。不必問其氣之復有所翕闢也。動焉而現之於象數者、聽其泯焉而已矣。不必問其象數之復有所起滅也。若必欲收其所爲理氣象數者而盡返之於眞也。眞一固不若是之凝滯也。念之曾有所動者、卽於其動處銷之而無所存其跡。念之未有所動者、卽於其不動安之而無所發於其機。於斯之際、但有寂而無感也。但有默而無朕也。眞幻不分、體用無別、區之無可得而區也。稱之無可得而稱也。仍然一最初之境而已矣。何還焉。

清源黑氏曰、清淨一本然也。一念而起無量之事。然一念不逮一息。況本然中竝無一息乎。一念旋起、一念旋消則本然中亦竝無一念也。此眞一還眞之謂也。眞對幻言、一對萬言。眞還其眞、一還其一。依然最初之境而已。

跋

吾教性學中土從未與聞、一旦譯而公世、不能不詫而異之。然常也、異也、何定之有。布帛菽粟習見故常、火浣胡麻罕覯故異。究之火浣胡麻之地、固亦布帛菽粟視之也。使執毳衣割食者、而語以布帛菽粟則亦蜀之日、粵之雪矣。使火浣胡麻充塞於中土則亦在笥之衣裳、太倉之紅朽矣。故吾教性學、吾教視之、固布帛菽粟、而中土不能不以火浣胡麻同視者。誠以吾教漢晉以前、中土既未有知。自唐迄今、卽知有吾教。而究未知吾教之所言者何學。今得劉子介廉出而纂譯之圖傳之、以通於世。譬一璞然、千餘年來、皆視爲石、此其常也。一旦剖之、連城出焉。有不群起而異視之者乎。故余謂是書之出、不能不詫而異之者、職是故也。雖然、性理天下所公具也、性理之書天下所公言也。公則宜無不同、同則豈容異視。今推中土之不能無異視於吾教者、中土以太極爲先天、以天爲理、以金木配五行、以東西爲有定位、以土旺寄四時。而吾教以理氣本於一眞、太極以前爲先天而分九品之性理、太極以後爲後天而分九品之人物、以天地爲大世界、由理之氣、人爲小世界、由氣之理、以水火氣土爲四行、而金木活類爲其子、以四行分四時、而金木爲氣土之餘也。夫吾人之言性理、果何謂乎。要期以至當之言、明至當之理而已。使其言而本乎天人、合乎彝倫、不謬不悖、不畔不援則固不可以常異分視中西也。使其言而淪於虛無、陷於寂滅、害道惑民則卽聖賢其名、姻族其人、固遠之若鴆毒、避之若鋒鏑也。今吾教之言性學、雖不能悉與中土脗合、然猶幸爲火浣胡麻可與布帛菽粟同其可衣可食。而所異者不過如北之麥而裘、南之稻而絮、非若他說之鴆毒而鋒鏑也。且焉知今日爲蜀之日、粤之雪者、不卽爲在笥衣裳、太倉紅朽耶。余恐覽是書者不以連城視而竟以火浣胡麻視也。因悳數言於書竟。

朝陽黑鳴鳳敬跋

後記

本書は平成十七年度に関西大学に提出した学位論文「劉智の自然学」をもとに加筆訂正したものである。

中国医学の思想を勉強しようと志したわたしが劉智の存在を知ったのは、卒業論文のために中国人の脳にたいする考え方を調べていたときである。だがそのときは劉智がムスリムであるということより、かれが記憶や思考は脳でおこなっていると説いていたことに興味がひかれた。ではどういう身体観であれば脳にそうした機能を付与できるのだろうか、といった突っこんだ問題については『天方性理』ぜんたいの思想を理解する必要があったが、当時はもちろん読解力もなかったし、ましてやイスラームについてはまったく無知であった（さらにいえばイスラームを知らなくても漢文を読めればいけるのではないかと錯覚していた）。それはそれで機会があったらかんがえてみようかしら、という感じで放っておいた。

一大機柱となったのは、東京で『天方性理』の訳注を作成する会ができたと聞きつけ、参加させてもらったことである。その会が、一九九七年からスタートした文部省科学研究費創成的基礎研究「イスラーム地域研究」に、一九九九年から組織された「回儒の著作研究会」通称「回儒研」である。研究会はほとんど手探りの状態からはじまった。『天方性理』ぜんたいの五分の二を（いちおう）読了したところで、母体の「イスラーム地域研究」プロジェクトじた

いは二〇〇二年にいったん終わる。だが回儒研はその後も有志によって活動を続ける。メンバーが東京、関西にわか
れていたため、研究会に集まるための交通費をワリカンにしたこともあった（いまは研究助成を受けています）。だがそ
のあたりから回儒研はドライブ回転をはじめる。読みすすめていくにつれて、なにが問題なのかが明らかになってく
る。したがって読みの深度が高まるとともに進度は低くなっていく。ほぼ月に一回の解読作業ではクラクラするほど
の濃密な時間がながれ、会が終わると毎回いくらか痩せた気がする。イスラームや中国ムスリムにかんする知識をは
じめ、本を読むことのおもしろさをあらためて教わった。回儒研の中心メンバーである青木隆、黒岩高、中西竜也、
仁子寿晴、矢島洋一の諸氏に感謝の意を表する。回儒研がなければ本書はありえなかった。もちろん本書の内容の責
任はわたしにある。

そうした機会があたえられ、『天方性理』における脳機能の意味を考察したのが本書の第6章である。だがこの考
察は他章での検討が基礎になっているし、脳の問題をいつも念頭において研究をすすめてきたわけでもない。『天方
性理』をはじめとするイスラーム漢籍を読むにつれて、中国イスラーム思想じたいに興味がシフトしてきた。とくに
かれらムスリムがイスラームという教義と中国の伝統思想あるいは文化を、自身のなかでどのように折りあいをつけ
ていったのか。あるいはこうした問題の立て方じたい正しいのか、など。

中国イスラーム思想の研究は始まったばかりであり、本書は文字どおりささやかな第一歩にすぎない。考察しきれ
ていない箇所もあるし、シノロジストとして隔靴掻痒な部分もある。だがこれが現時点におけるわたしの到達点であ
る。批判は甘んじて受けたいし、また本書を乗りこえるべく努力し、今後も研究をすすめていくつもりである。

これまでに受けた学恩はかぎりないのだが、ここでは残念ながらかぎらなくてはいけない。学部では山田利明先生をはじめとする東洋大学の諸先生、大学院在学中は坂出祥伸先生をはじめとする関西大学の諸先生に薫陶をいただいた。遠いところにきてしまったが、山田先生から教えていただいた「泥丸九宮説」がそもそものスタートである。坂出先生からは古典の読み方から史料の使い方まで鍛えていただいた。坂出先生が退休されたあとは吾妻重二先生に博士論文を指導していただき、出版をすすめてくださった。心からお礼もうしあげる。京都大学人文科学研究所の田中淡先生、武田時昌先生をはじめとする科学史班の諸先生にも感謝せねばならない。共同研究者、非常勤研究員・講師として発表の場をいただき、中国学の奥深さを教えていただいた。また昨年の十月から関西大学グローバルＣＯＥプログラム文化交渉学教育研究拠点に職をいただき、じっくりと本書をまとめることができた。このポストに就いていなければ時間的に本書の刊行は難しかったとおもう。ＣＯＥ拠点の先生方、事務の方々に感謝もうしあげる。そして本書の編集をしていただいた汲古書院の石坂叡志社長と小林詔子先輩にも感謝もうしあげたい。おかげさまでなんとかここまでこぎつけました。

最後に、両親と岳父母、そしていつもそばで話し相手になってくれている妻、和子に深く感謝する。

二〇〇八年一月

尚文館にて

佐　藤　　実

後記

本書の刊行には平成十九年度日本学術振興会科学研究費補助金（研究成果公開促進費）の助成をうけた。

また第三十二回三菱財団人文科学研究助成「清朝ムスリム学者・劉智『天方性理』の研究」（研究代表者・青木隆）による研究成果の一部である。

著者略歴

佐藤　実（さとう　みのる）

1970年金沢生まれ。

1993年東洋大学文学部中国哲学文学科卒。

2000年関西大学大学院文学研究科中国文学専攻中国哲学専修博士課程単位取得退学。

京都大学人文科学研究所非常勤研究員・非常勤講師、日本学術振興会特別研究員、福井県立大学・金沢大学・関西大学・森ノ宮医療大学非常勤講師などを経て、現在、関西大学文化交渉学教育研究拠点特別研究員。博士（文学）。

著書に『中国思想における身体・自然・信仰』（共著）、訳書に『劉智天方性理巻１訳注』（共訳）、『現代語訳黄帝内経霊枢』（共訳）など。

劉智の自然学
――中国イスラーム思想研究序説――

平成二十年二月六日　発行

著　者　佐　藤　　実
発行者　石　坂　叡　志
整版印刷　富士リプロ㈱
発行所　汲　古　書　院
〒102-0072　東京都千代田区飯田橋二-五-四
電　話　〇三（三二六五）九七六四
ＦＡＸ　〇三（三二二二）一八四五

ISBN978 - 4 - 7629 - 2835 - 2　C3010

索　引

人名・書名索引

ア行

カ行

サ行

語彙索引

サ行

タ行

ナ行

ワ行